Coleção
LEIS ESPECIAIS
para concursos

32

Dicas para realização de provas com questões de concursos e jurisprudência do STF e STJ inseridas artigo por artigo

Coordenação:
LEONARDO GARCIA

LEIS CIVIS ESPECIAIS NO DIREITO DE FAMÍLIA

Leis 12.318/2010, 11.804/2008, 9.278/1996, 8.971/1994, 8.560/1992, 8.009/1990 e 5.478/1968

Respeite o direito autoral

32

Coleção
LEIS ESPECIAIS
para concursos

Dicas para realização de provas com questões de concursos
e jurisprudência do STF e STJ inseridas artigo por artigo

Coordenação:
LEONARDO GARCIA

DIMITRE BRAGA SOARES DE CARVALHO

LEIS CIVIS ESPECIAIS NO DIREITO DE FAMÍLIA

Leis 12.318/2010, 11.804/2008, 9.278/1996,
8.971/1994, 8.560/1992, 8.009/1990 e 5.478/1968

3ª
edição
revista, atualizada
e ampliada

2018

www.editorajuspodivm.com.br

www.editorajuspodivm.com.br

Rua Mato Grosso, 164, Ed. Marfina, 1º Andar – Pituba, CEP: 41830-151 – Salvador – Bahia
Tel: (71) 3045.9051
• Contato: https://www.editorajuspodivm.com.br/sac

Copyright: Edições JusPODIVM

Conselho Editorial: Eduardo Viana Portela Neves, Dirley da Cunha Jr., Leonardo de Medeiros Garcia, Fredie Didier Jr., José Henrique Mouta, José Marcelo Vigliar, Marcos Ehrhardt Júnior, Nestor Távora, Robério Nunes Filho, Roberval Rocha Ferreira Filho, Rodolfo Pamplona Filho, Rodrigo Reis Mazzei e Rogério Sanches Cunha.

Capa: Ana Caquetti

Diagramação: Ideia Impressa *(ideiaimpressadesign@gmail.com)*

ISBN: 978-85-442-1004-8

Todos os direitos desta edição reservados à Edições JusPODIVM.
É terminantemente proibida a reprodução total ou parcial desta obra, por qualquer meio ou processo, sem a expressa autorização do autor e da Edições JusPODIVM. A violação dos direitos autorais caracteriza crime descrito na legislação em vigor, sem prejuízo das sanções civis cabíveis.

"Não devemos pedir a Deus fardos mais leves, mas sim ombros mais fortes.".

Santo Agostinho

Para Rafael e Carol.

AGRADECIMENTOS

Agradeço a parceria da Editora Juspodivm e, de igual modo, ao Coordenador da Coleção Leis Especiais para Concursos, o Prof. Leonardo Medeiros Garcia.

Este livro não teria sido produzido sem o intermédio acadêmico e o incentivo fraterno do querido amigo Marcos Erardth Júnior, a quem direciono sinceros agradecimentos.

PROPOSTA DA COLEÇÃO
LEIS ESPECIAIS PARA CONCURSOS

A Coleção *Leis Especiais para Concursos* tem como objetivo preparar os candidatos para os principais certames do país.

Pela experiência adquirida ao longo dos anos, dando aulas nos principais cursos preparatórios do país, percebi que a grande maioria dos candidatos lê apenas as leis especiais, deixando os manuais para as matérias mais cobradas, como constitucional, administrativo, processo civil, civil, etc. Isso ocorre pela falta de tempo do candidato ou porque faltam no mercado livros específicos (para concursos) em relação a tais leis.

Nesse sentido, a Coleção *Leis Especiais para Concursos* tem a intenção de suprir uma lacuna no mercado, preparando os candidatos para questões relacionadas às leis específicas, que vêm sendo cada vez mais contempladas nos editais.

Em vez de somente ler a lei seca, o candidato terá dicas específicas de concursos em cada artigo (ou capítulo ou título da lei), questões de concursos mostrando o que os examinadores estão exigindo sobre cada tema e, sobretudo, os posicionamentos do STF, STJ e TST (principalmente aqueles publicados nos informativos de jurisprudência). As instituições que organizam os principais concursos utilizam os informativos e as notícias (publicados na página virtual de cada tribunal) para elaborar as questões de concursos. Por isso, a necessidade de se conhecer (e bem!) a jurisprudência dos tribunais superiores.

Assim, o que se pretende com a presente coleção é preparar o leitor, de modo rápido, prático e objetivo, para enfrentar as questões de prova envolvendo as leis específicas.

Boa sorte!

Leonardo Garcia
Coordenador da coleção
www.leonardogarcia.com.br

NOTA À TERCEIRA EDIÇÃO

Com a mesma alegria das duas edições anteriores, apresentamos esta Terceira Edição do livro "Leis Civis Especiais no Direito de Família", totalmente revista, ampliada e atualizada.

Arriscaria dizer que se trata, na verdade, de um novo livro, tão profundas e significativas foram as mudanças que aconteceram, tanto na forma de se pensar o Direito de Família, quanto na legislação aplicável e discutida neste volume, bem como na jurisprudência que se debruça sobre a matéria.

A segunda edição foi de agosto de 2012. São, portanto, seis anos de distância e de transformações.

Nesse ínterim, mudam as normas, mas mudamos nós, também (não apenas as leis e o Direito)! A visão, conquanto mais imparcial e menos apaixonada sobre a matéria, possibilita uma interpretação deveras condizente com o apuro técnico e científico do Direito de Família no Brasil.

O esforço para analisar as Leis Civis Especiais que tratam da matéria de Direito de Família é quase hercúleo. Configura-se, na prática, um caleidoscópio de normas que se fundem, interpenetram e reciprocamente se referenciam, a fim de construir o panorama minimamente claro do denso e complexo contexto atual do Direito de Família no Brasil.

Esgotadas a primeira e a segunda edições, que tinham um formato mais enxuto e proposta mais pragmática, eis que colhemos e refletimos sobre as dezenas de sugestões que nos foram enviadas por e-mail, ou diretamente manifestadas em tantos congressos, seminários e cursos dos quais participamos, incansavelmente, nesse período, em várias partes do país.

Com grata surpresa, fomos agraciados com a notícia de que as edições anteriores vinham sendo frequentemente utilizadas por magistrados que atuam nas Varas de Família e Sucessões, em face da objetividade e do realce à produção jurisprudencial de cada tema abordado.

Assim, absortos pelo significativo volume das mudanças legislativas, culturais e da jurisprudência, e após frequentes convites do sempre presente editor Leonardo Garcia e da Editora Juspodivm (aos quais agradecemos sinceramente), oferecemos ao público leitor esta 3ª Edição, contagiada pela proposta de reestruturar o livro e apresentá-lo em nova dimensão jurídica. Objetiva-se que a obra seja recebida como fonte de pesquisa não apenas dos que se prestam ao concurso público, mas também ao aluno da graduação e da pós-graduação em Direito e áreas afins, com realce para os que se debruçam sobre temas específicos de Direito de Família.

Para esta edição, houve completa reformulação do livro. Muitas foram as transformações pelas quais passou o Direito de Família no período, demandando esforço sistematizador da matéria. Como resultado, o tamanho do livro mais que dobrou em relação ao texto anterior.

Primeiramente foi acrescentada uma nova lei, a **Lei do Bem de Família, Lei 8.009/1990**, importantíssima norma do Direito de Família brasileiro, que tem imensa utilidade na prática forense e é muito cobrada em concursos públicos de diversas carreiras.

O Código de Processo Civil de 2015 (Lei 13.105/2015) trouxe grande impacto nas regras de alimentos, na medida em que revogou as disposições sobre execução da Lei 5.478/1968, dando inovadora roupagem. Por isso, tivemos o cuidado de reelaborar toda a parte relativa ao Processo Civil, com realce para a execução dos alimentos, nas suas diversas formas, apresentando quadros explicativos, análise das normas artigo por artigo e a posição da jurisprudência.

Ainda, é de se ressaltar que duas importantíssimas alterações jurisprudenciais, ambas do Supremo Tribunal Federal, impactaram diretamente nas leis tratadas neste volume: a decisão reconhecendo a **multiparentalidade (Repercussão Geral 622) e a equiparação entre cônjuges e companheiros para efeitos sucessórios (Recursos Extraordinários 646721 e 878694, ambos com repercussão geral reconhecida).** Para enfrentar tais inovações, foram incluídas notas explicativas de cada uma das mudanças, para esclarecer o leitor sobre os impactos das decisões sobre a **Lei de Investigação de Paternidade** e sobre as duas **Leis de União Estável**, respectivamente.

Pelo didatismo e pelo nível de complexidade e aprofundamento, também foram incluídas, em seções próprias, ao final de cada capítulo, as "teses" firmadas pelo Superior Tribunal de Justiça, através da ferramenta **"Jurisprudência em Teses"**, sobre **Alimentos, União Estável** e <u>**Bem de Família**</u>.

Por fim, destacamos a pesquisa da jurisprudência mais recente, tanto dos Tribunais Superiores quanto dos Tribunais Estaduais, acerca dos temas tratados ao longo do livro, acompanhados das questões de concurso relativas a cada matéria.

Doravante, esperamos as importantes contribuições críticas e sugestões sobre o texto que oferecemos.

Boa leitura e bons estudos!

Campina Grande/João Pessoa – PB, janeiro de 2018.

APRESENTAÇÃO

A realização deste livro aconteceu em virtude da ausência de bibliografia direcionada à análise e discussão das Leis Civis Especiais de Direito de Família para os candidatos a provas, seleções e concursos públicos. Trata-se de matéria que tem sido exigida com frequência pelas comissões elaboradoras de certames públicos para ingresso nas carreiras jurídicas, mormente aquelas ligadas à Magistratura, ao Ministério Público, e às Procuradorias Estaduais e Federal.

Preocupa a carência de fontes de estudo para candidatos aos mencionados certames e de instrumentos de consulta aos operadores do Direito no cotidiano das práticas forenses, onde se deparam com temas recorrentes: União Estável, Investigação de Paternidade, Alimentos e outros mais recentes, porém não menos relevantes, a exemplo dos Alimentos Gravídicos e da Alienação Parental.

A doutrina especializada aponta o Direito de Família como sendo o ramo do Direito Civil que mais tem sofrido transformações no seu arcabouço legislativo, assim como vem experimentando mudanças de perspectivas em muitos de seus conceitos elementares.

É possível afirmar que, na última década, a abrangência e a aplicabilidade do Princípio Jurídico da Afetividade têm servido como mote para reavaliações, discussões e reordenamento de preceitos do direito familiarista, trasladando o foco dos juristas, do patrimonialismo liberal do século XIX para a dignidade humana da legislação hodierna. Entrementes, a par da humanização das relações civis e familiares, passou-se a ter o elevado conceito de pluralismo na concepção da família moderna, que abre suas portas para formações familiares e estruturas afetivas que não estão diretamente previstas nas leis, mas são encontradas e reconhecidas na aplicação doutrinária e jurisprudencial. Tão significativas variações teóricas resultam da necessidade de atualização constante por parte dos estudantes que se propõem a analisar as Leis Civis de Direito de Família mediante os entendimentos dos Tribunais Superiores, de forma que o Direito construído na interpretação jurisprudencial voltada à área familiarista, por vezes supera até lições doutrinárias comezinhas.

Este livro, assim como toda a coleção "Leis Especiais para Concursos", segue a ótica da brevidade nas exegeses, a fim de o candidato ater seus estudos ao edital do concurso público que se dispõe a prestar. Procura-se trazer, em cada artigo das leis comentadas, apenas o que há de mais importante a ser observado para este fim, ao passo que se remete o leitor ansioso por discussões mais aprofundadas aos manuais de Direito de Família. Espera-se ter alcançado o intuito de oferecer ao candidato a concursos públicos material de consulta prática, objetiva e rápida, contudo sem perder o norte doutrinário e jurisprudencial mais atualizado acerca dos temas tratados.

Sumário

Abreviaturas 33

Capítulo I – Lei de Alimentos 35
Lei nº 5.478, de 25 de julho de 1968
Art. 1º 35
  1. Conteúdo do Direito de Alimentos 35
  2. Rito especial da Lei de Alimentos 37
  3. Desnecessidade de registro imediato para ações de alimentos.... 38
  4. Da concessão da justiça gratuita 38
  5. Impugnação da justiça gratuita 39
  6. Competência da ação de alimentos 40
  7. Distribuição por dependência para Ações de Execução, Revisão e Exoneração de Alimentos 42
Art. 2º 43
  1. Pedido de Alimentos sem representação de advogado 43
  2. Produção inicial de documentos probatórios 45
  3. Legitimidade do Ministério Público para ajuizar Ação de Alimentos 46
Art. 3º 47
  1. Do pedido inicial 47
Art. 4º 49
  1. Da celeridade na determinação de verba de natureza alimentar.... 49
  2. Renda líquida de bens comuns 50
Art. 5º 51

1. Rito especial da Ação de Alimentos 51
2. Formas de citação 52
3. Citação editalícia 52
4. Prestação de informações por parte do empregador/repartição pública em que trabalhe o devedor de alimentos 52
5. Composição do valor de salário para fins de fixação de pensão alimentícia – Base de Cálculo 53

Art. 6º 55
1. Realização de audiência mesmo sem a presença dos advogados 55

Art. 7º 55
1. Comparecimento à audiência das partes 55

Art. 8º 55
1. Necessidade da presença das testemunhas à audiência 55

Art. 9º 56
1. Contestação na ação de alimentos 56
2. Tentativa de conciliação e eventual instrução probatória 56
3. Da transação no direito de alimentos 56

Art. 10 57
1. Continuidade da audiência de alimentos 57

Art. 11 58
1. Produção de alegações 58

Art. 12 59
1. Intimação pessoal das partes 59

Art. 13 59
1. Aplicação da lei de alimentos 59
2. Ampliação, redução e exoneração da pensão alimentícia 60
3. Alimentos devidos desde a citação e não desde a propositura da ação 62
4. Alimentos provisórios e dignidade humana 64
5. Exigência de contraditório para fins de exoneração da pensão alimentícia 66
6. Alimentos para ex-cônjuge/ex-companheiro. Alimentos transitórios. Fixação por tempo determinado 67

7. Alimentos provisórios devidos até o final da demanda	70
Art. 14	72
1. Não aplicação de efeito suspensivo nos recursos de apelação	72
Art. 15	72
1. Coisa julgada e direito de alimentos	72
2. Proibição de cláusula impeditiva de pleito revisional	73
3. Exoneração de Alimentos	74
4. A Ação Revisional de Alimentos baseada em constituição de nova família por parte do alimentante	74
Art. 16	75
1. Do novo procedimento para a execução de alimentos. A Reforma do CPC 2015 e suas repercussões no Direito de Família	75
2. As regras gerais do CPC-15 sobre a matéria	77
3. A prisão do devedor de alimentos: mudança de paradigmas	79
4. Imediatidade da satisfação do débito alimentar	81
5. Das prestações de alimentos vencidas durante a prisão do devedor	82
6. Estrutura geral do sistema de cobrança de alimentos	82
7. Modos de processamento da cobrança dos alimentos	83
8. Alimentos Provisórios e Provisionais no CPC-15	84
9. Execução dos alimentos provisórios e definitivos	87
10. Ações distintas para cobrança de alimentos pelo rito da prisão e da constrição patrimonial	87
11. Do protesto da dívida de alimentos	89
12. Das hipóteses de impossibilidade de pagar a pensão alimentícia	91
13. Da execução das quantias já vencidas e das que se vencem no curso do processo	91
14. Possibilidade de pedido do cumprimento da sentença no juízo de domicílio do exequente	91
15. Da impugnação à execução de alimentos	92
16. Do cumprimento de sentença pelo rito da expropriação	93

17. Do levantamento mensal da importância incontroversa em casos de concessão de efeito suspensivo à impugnação............ 95
18. Da execução de alimentos fundada em título extrajudicial........ 96
19. Possibilidade de desconto dos valores da execução dos rendimentos ou rendas do executado até o limite de cinquenta por cento das suas rendas líquidas.. 99
20. Prestação de alimentos decorrente de ato ilícito e a constituição de capital suficiente para garantir o pagamento........................ 101
21. Execução de Verbas não alimentares.. 103
22. Execução de Alimentos Provisórios com valor diferente do fixado na sentença 104
23. Tratamento homogêneo das regras de execução para alimentos provisórios e para alimentos definitivos.................................... 105
24. Direito de Preferência do crédito alimentar............................... 106
25. Da utilização de medidas atípicas (Art. 139, IV CPC-15) para a satisfação da obrigação alimentar.. 106

Art. 17 107
1. Prestação de alimentos por meio de outras formas de pagamento.. 107

Art. 18 109
1. Execução de Alimentos conforme regras do CPC. A prisão civil do devedor de alimentos.. 109
2. Procedimento do CPC - 15 para a matéria 110
3. Modalidade expropriatória deve ser o meio utilizado sempre que a dívida perder a característica alimentar 113
4. Pagamento Parcial dos alimentos judicialmente fixados............. 113
5. Possibilidade de prisão domiciliar para o devedor de alimentos. 114
6. Alimentos decorrentes de ato ilícito e prisão civil do devedor.... 115

Art. 19 117
1. Cumprimento da obrigação alimentar: transmissibilidade e prisão civil do devedor de alimentos... 117
2. Transmissibilidade da obrigação alimentar 118
3. Transmissibilidade para parentes colaterais 126

4. Complementação dos alimentos pelos avós. Aplicação do princípio da razoabilidade	128
5. Transmissibilidade para o espólio	129
6. Da prisão civil do devedor de alimentos	130
Art. 20	132
1. Obrigatoriedade de prestação de informações	132
Art. 21	133
1. Abandono Material	133
Art. 22	134
1. Crime contra a Administração: Deixar o funcionário de prestar as informações necessárias à Justiça	135
2. Aplicação de pena para aqueles que dificultam o cumprimento da determinação judicial	135
Art. 23	135
1. Prescrição e renúncia de alimentos	135
2. Prescrição da dívida de alimentos	136
3. Renúncia ao direito de alimentos	137
4. Proibição de cessão entre vivos do direito de alimentos e transmissão da obrigação alimentar	140
5. Compensação de alimentos: exceção	141
6. Constituição de nova união e procedimento indigno do credor de alimentos	142
Art. 24	142
1. Oferta de alimentos	142
2. Ausência do credor à audiência	143
Art. 25	143
1. Da possibilidade de prestação não pecuniária	143
Art. 26	145
1. Aplicabilidade da ação de alimentos internacionais	145
Art. 27	147
1. Aplicação subsidiária do CPC	147
Art. 28	147
Art. 29	147

Capítulo II – Lei de Alimentos Gravídicos 149

Lei nº 11.804, de 5 de novembro de 2008

Art. 1º 149
 1. Dos alimentos gravídicos no direito brasileiro 149
 2. Lei de Alimentos Gravídicos e a teoria concepcionista do início da personalidade jurídica 150

Art. 2º 152
 1. Abrangência dos alimentos gravídicos 152

Art. 3º 152

Art. 4º 152

Art. 5º 152

Art. 6º 153
 1. Fixação dos alimentos gravídicos 153
 2. Crítica à metodologia adotada pela Lei nº 11.804/08. A dificuldade de defesa do "suposto pai" e a utilização de "indícios de paternidade" 155
 3. A questão da irrepetibilidade e o bom senso do magistrado quando da aplicação da norma 157
 4. Manutenção da regra de equilíbrio: possibilidade x necessidade nos alimentos gravídicos 158

Art. 7º 158
 1. Procedimento dos alimentos gravídicos 158

Art. 8º 159

Art. 9º 159

Art. 10 159

Art. 11 159
 1. Aplicação subsidiária da Lei de Alimentos e do CPC: alimentos provisórios, majoração, redução, exoneração etc 159

Art. 12 159

Capítulo III – Lei de Investigação de Paternidade 175

Lei nº 8.560, de 29 de dezembro de 1992

Art. 1º 175

SUMÁRIO

1. Investigação de paternidade e investigação de maternidade 175
2. Aspectos jurídicos do reconhecimento de filhos 176
3. Sistemática de reconhecimento de filhos no Direito brasileiro ... 181
4. Reconhecimento em caso de União Estável 185
5. Reconhecimento em caso de Concubinato 185
6. Da possibilidade de reconhecimento de relação avoenga – ou ação de investigação de paternidade "indireta" 186
7. Artigos correlatos de referência geral à matéria 188

Art. 2º 188

1. Da averiguação oficiosa da paternidade 189
2. Legitimação extraordinária conferida ao MP 191
3. Registro em nome do avô 192
4. Filhos sem pai conhecido 192
5. Da utilização do exame de DNA para aferição da "verdade" biológica x presunção *pater is est* 193
6. Aplicação da cláusula de proibição do venire contra factum proprium no reconhecimento de filhos 198
7. Ação Negatória de Paternidade (ou de Maternidade) 199
8. Adoção à brasileira e investigação de paternidade. Vínculo Socioafetivo 202
9. Preponderância da Paternidade Afetiva em detrimento da Paternidade biológica 208
12. Provimento nº 16/2012 do CNJ sobre a indicação de supostos pais no registro de nascimento, via atividade cartorária 209

Art. 2º-A 210

1. Meios moralmente legítimos 210
2. Presunção da paternidade e a necessidade das provas indiciárias 210
3. Da presunção juris tantum da paternidade 211
4. Crítica à regra do Art. 2º - A 212
5. Recusa de outros parentes (descendentes, irmãos, tios, etc) à realização do exame de DNA 214

25

6. Ação de Investigação de Paternidade independe de prévio ajuizamento de ação de anulação de registro. Entendimento do STJ.. 215

Art. 3º 216

1. Impossibilidade de reconhecimento na certidão de casamento... 216
2. Filiação Sanguínea e filiação socioafetiva............................ 217

Art. 4º 218

1. Consentimento para reconhecimento de filho maior.................. 218

Art. 5º 219

1. Registro de nascimento como regra geral para prova da filiação..... 219
2. Artigos correlatos de referência geral à matéria...................... 219

Art. 6º 220

1. Prova da filiação 220
2. Possibilidade de expedição de certidões ou autorizações de inteiro teor.. 221

Art. 7º 221

1. Efeitos materiais do reconhecimento..................................... 221
2. Investigação de Paternidade e danos morais resultantes de abandono moral e afetivo 223

Art. 8º 224

1. Registros realizados anteriormente à Lei de Investigação de Paternidade 224

Art. 9º 224

Art. 10 224

1. A questão da Multiparentalidade 225
2. Ascendência Genética x Filiação.. 228
3. Renovada dimensão ao exame de DNA 230
4. Novas premissas para a Lei de Investigação de Paternidade...... 232

Capítulo IV – I – Lei da União Estável 233

Lei nº 8.971, de 29 de dezembro de 1994

1. Breves considerações sobre a União Estável no Direito Brasileiro 233

SUMÁRIO

Art. 1º 236
1. Reconhecimento histórico da união estável 236
2. Adaptação das regras de companheirismo ao Novo Código Civil 238
3. A polêmica questão entre Namoro e União Estável 239

Art. 2º 242
1. Regras de divisão de bens hereditários na união estável. Inconstitucionalidade do Art. 1790 do CC/02. Fixação de nova TESE do âmbito do STF em Repercussão Geral 242

Art. 3º 251
1. Divisão de bens comuns 251
2. Regime de bens na união estável 252
3. União estável e união de fato. A proibição, pelo STJ, das Uniões Estáveis Paralelas. Manutenção da "monogamia" 258

Art. 4º 265

Art. 5º 265

Capítulo V – II – Lei da União Estável 267

Lei nº 9.278, de 10 de maio de 1996

Art. 1º 267
1. Conceito de união estável baseado nos requisitos de convivência pública, durabilidade da relação e objetivo de constituição de família 267
2. Proibição de existência de uniões estáveis paralelas 269
3. Utilização de normas do casamento para a União estável, por analogia 270
4. União estável configurada na hipótese de casal que esteja separado de fato ou separado judicialmente 271
5. Homoafetividade e União Estável 273

Art. 2º 277
1. Deveres dos companheiros de união estável em analogia aos direitos dos cônjuges no matrimônio 277

27

Art. 3º	279
Art. 4º	279
Art. 5º	279
1. Do regime de bens da comunhão parcial aplicável às uniões estáveis	279
2. Do contrato de convivência na união estável	283
Art. 6º	286
Art. 7º	286
1. Obrigação de alimentos para conviventes de união estável	286
2. Pensão previdenciária para companheiros de união estável. Desnecessidade de designação prévia do companheiro para fins de concessão de benefício	287
3. Direito real de habitação para companheiros de união estável	287
Art. 8º	291
1. Da conversão da união estável em casamento	291
Art. 9º	292
1. Competência da vara de família para tramitar ações que digam respeito à união estável	292
Art. 10	293
Art. 11	293

Capítulo VI – Lei da Alienação Parental **299**

Lei nº 12.318, de 26 de agosto de 2010

1. Considerações introdutórias sobre a Síndrome da Alienação Parental e suas consequências jurídicas	299
Art. 1º	301
1. Natureza da Alienação Parental	301
2. Alienação Parental e o princípio do melhor interesse da criança	302
Art. 2º	303
1. As situações de Alienação Parental listadas em numerus apertus (ou seja, o rol da lei não é exaustivo)	304

SUMÁRIO

Art. 3º 306
1. Alienação como ato contrário ao direito fundamental de convivência familiar 306
2. Artigos correlatos de referência geral à matéria 307

Art. 4º 309
1. Início do processo a requerimento da parte interessada 309
2. Início do processo de ofício pelo magistrado 309
3. Manifestação da alienação parental em qualquer momento processual 310
4. Alienação Parental em ação autônoma ou incidental 310
5. Da tramitação prioritária 310
6. Da alienação parental inversa: do impedimento de convivência dos filhos com o genitor idoso 310

Art. 5º 311
1. Da necessidade (ou obrigatoriedade?) da perícia realizada por equipe multidisciplinar 312

Art. 6º 313
1. Aplicação de multa na hipótese de Alienação Parental 313
2. Da visita em ambiente terapêutico 314
3. Discussão sobre a destituição (ou suspensão) do poder familiar nos casos de alienação parental. Falsas memórias e abuso sexual 315
4. Declaração da alienação parental, advertência ao genitor alienador e ampliação da convivência com o genitor alienado ... 316
5. Acompanhamento biopsicossocial e/ou psicológico 317
6. Determinação de fixação cautelar de domicílio para criança ou adolescente que esteja sendo vítima da alienação parental ... 317

Art. 7º 317
1. Da alteração da guarda (inversão) e da aplicação da guarda compartilhada 317

Art. 8º 319
1. Alteração de domicílio com objetivo de dificultar o acesso à justiça 319

29

2. Artigos correlatos de referência geral à matéria 319
Art. 9º 320
Art. 10 320
Art. 11 320

Capítulo VI – Lei do Bem de Família 321
Lei nº 8.009, de 29 de março de 1990

Art. 1º 325
   1. Da configuração do Bem de Família legal 325
   2. Aplicação extensiva do conceito de Bem de Família para pessoas solteiras, separadas e viúvas 326
   3. Da aplicação da Lei do Bem de Família para penhoras anteriores a sua vigência 327
   4. Ampliação do rol de bens protegidos pela impenhorabilidade 329
   5. Mitigação do requisito da "moradia no imóvel" pela jurisprudência 330
   6. Da legitimidade de os integrantes da entidade familiar residentes no imóvel protegido pela Lei n. 8.009/90 possuem para se insurgirem contra a penhora do bem de família 331
   7. Da impossibilidade de renúncia ao beneficio do Bem de Família 332
   8. Da vaga de garagem com matrícula própria 333
   9. Do momento da arguição da impenhorabilidade do Bem de Família 334
Art. 2º 335
Art. 3º 335
   1. Das exceções à impenhorabilidade do Bem de Família 336
   2. Veículos, Obras de arte e adornos suntuosos 336
   3. Da abrangência da impenhorabilidade 337
   4. Dos créditos para construção do imóvel sobre o qual recai o Bem de Família 339

5. Da penhorabilidade nos casos de crédito decorrente do financiamento destinado à construção ou à aquisição do imóvel 340
6. Pelo credor de pensão alimentícia 340
7. Não aplicação da impenhorabilidade ao bem imóvel que tenha sido adquirido com produto de crime ou para execução de sentença penal condenatória a ressarcimento, indenização ou perdimento de bens 343
8. Não incidência da impenhorabilidade nas hipóteses de cobrança de impostos, predial ou territorial, taxas de condomínio e contribuições devidas em função do imóvel familiar 344
9. Possibilidade de execução de hipoteca sobre o imóvel oferecido como garantia real pelo casal ou pela entidade familiar 345
10. A complexa questão da penhorabilidade do bem de família do fiador em contrato de locação 346

Art. 4º 348
1. Da fraude na constituição do Bem de Família Legal 349
2. Da anulação da venda ou da transferência da impenhorabilidade 349
3. Da residência familiar em imóvel rural 350

Art. 5º 352
1. Da aplicação da regra da impenhorabilidade na hipótese de haver mais de um imóvel em nome da família 352

Art. 6º 354
Art. 7º 354
Art. 8º 354

Referências Bibliográficas 363

ABREVIATURAS

CC — Código Civil
CJF — Conselho da Justiça Federal
CF — Constituição Federal
CPC-73 — Código de Processo Civil de 1973
CPC-15 — Código de Processo Civil de 2015
CP — Código Penal
ECA — Estatuto da Criança e do Adolescente
EI — Estatuto do Idoso
HC — Habeas Corpus
LA — Lei de Alimentos
LIP — Lei de Investigação de Paternidade
REsp — Recurso Especial
SAP — Síndrome de Alienação Parental
STF — Supremo Tribunal Federal
STJ — Superior Tribunal de Justiça
TJMG — Tribunal de Justiça de Minas Gerais
TJRS — Tribunal de Justiça do Rio Grande do Sul
TJRJ — Tribunal de Justiça do Rio de Janeiro
TJPB — Tribunal de Justiça da Paraíba
UE — União Estável

Capítulo I
Lei de Alimentos

LEI Nº 5.478, DE 25 DE JULHO DE 1968
Dispõe sobre ação de alimentos e dá outras providências.
O PRESIDENTE DA REPÚBLICA. Faço saber que o Congresso Nacional decreta e eu sanciono a seguinte Lei:

Art. 1º. A ação de alimentos é de **rito especial**, independente de prévia distribuição e de anterior concessão do benefício de gratuidade.

§ 1º A **distribuição será determinada posteriormente** por ofício do juízo, inclusive para o fim de registro do feito.

§ 2º A parte que não estiver em condições de pagar as custas do processo, sem prejuízo do sustento próprio ou de sua família, **gozará do benefício da gratuidade, por simples afirmativa dessas condições perante o juiz**, sob pena de pagamento até o décuplo das custas judiciais.

§ 3º Presume-se pobre, até prova em contrário, quem afirmar essa condição, nos termos desta lei.

§ 4º A impugnação do direito à gratuidade **não suspende** o curso do processo de alimentos e será feita em autos apartados.

1. Conteúdo do Direito de Alimentos.

O Direito de Alimentos abrange **valores, prestações, bens ou serviços** que digam respeito à satisfação das necessidades de manutenção da pessoa, seja decorrente de relações de parentesco, seja em face da ruptura de relações matrimoniais ou união estável, seja dos direitos de amparo ao idoso. O exercício do Direito de Alimentos perfaz-se, dentre outros modos, através da Ação de Alimentos e é **recíproco entre pais e filhos**.

Em sentido amplo, **Flávio Tartuce** conceitua os alimentos como sendo aqueles que: *"devem compreender as necessidades vitais da pessoa, cujo objetivo é a manutenção da sua dignidade: a alimentação, a saúde, a moradia, o vestuário, o lazer, a educação, entre outros. Em breve síntese, os* alimentos devem ser concebidos dentro da ideia de patrimônio mínimo. (...) O pagamento desses alimentos visa à pacificação social, estando amparado nos princípios da dignidade humana e da solidariedade, ambos de índole constitucional". [1]

Os alimentos tratados na presente lei não se restringem, entretanto, às relações de filiação, sendo esta norma mecanismo de implementação e satisfação de alimentos devidos entre pessoas cujo vínculo familiar encontra-se estabelecido e comprovado.

A Lei de Alimentos é norma antiga, ainda dos idos dos anos 60 do século passado, mas com forte conteúdo eficacial. Foi projetada para ser o sustentáculo jurídico de demandas rápidas e com breves resultados. Antecipou, assim, no Direito brasileiro, as discussões que somente seriam adaptadas ao Direito Processual Civil décadas depois, como a reunião no mesmo processo das fases de cognição e de satisfação. Atualmente, com a entrada em vigor do CPC-15, a Lei de Alimentos mantém sua vigência e sua aplicabilidade, sendo necessário estabelecer o correto diálogo entre as regras ali contidas e a renovada sistemática processual em vigor no país.

▶ **CF/88 – Art. 227 – Redação dada pela Emenda Constitucional nº 65/2010**

> *Art. 227. É dever da família, da sociedade e do Estado assegurar à criança, ao adolescente e ao jovem, com absoluta prioridade, o direito à vida, à saúde, à **alimentação**, à educação, ao lazer, à profissionalização, à cultura, à dignidade, ao respeito, à liberdade e à convivência familiar e comunitária, além de colocá-los a salvo de toda forma de negligência, discriminação, exploração, violência, crueldade e opressão. (Redação dada Pela Emenda Constitucional nº 65, de 2010)*

▶ **Doutrina:**

> *"Os alimentos são prestações para a satisfação das necessidades vitais de quem não pode provê-las por si, pois carregam em seu bojo o imprescindível sustento à vida da pessoa que precisa atender aos gastos para com a sua alimentação, vestuário, habitação, tratamento médico, diversão, com recursos para a sua instrução e educação, se for menor de idade. Funda-se o dever de prestar alimentos na solidariedade humana*

---

1. TARTUCE, Flávio. Direito Civil. Direito de Família. São Paulo: Método, 2014, p. 468.

reinante nas relações familiares e que têm como inspiração fundamental a preservação da dignidade da pessoa humana, de modo a garantir a subsistência de quem não consegue sobreviver por seus próprios meios, em virtude de doença, falta de trabalho, idade avançada ou qualquer incapacidade que a impeça de produzir os meios materiais necessários à diária sobrevida." **MADALENO, Rolf. Renúncia ao direito de Alimentos. Revista Brasileira de Direito de Família, nº 27.**

→ **Aplicação em Concurso Público:**

- *Defensoria Pública/MA*
  Podem os parentes, os cônjuges ou companheiros pedir uns aos outros alimentos

  (A) mas o cônjuge declarado culpado na separação judicial perde definitivamente o direito a qualquer pensão alimentícia a cargo do cônjuge inocente.

  (B) sendo que na falta de ascendentes cabe a obrigação aos colaterais e na falta destes aos descendentes.

  (C) e sendo várias as pessoas obrigadas a prestar alimentos, todas devem concorrer na mesma proporção.

  (D) porém, a obrigação jamais se transmite aos herdeiros do devedor.

  (E) de que necessitem para viver de modo compatível com a sua condição social, mas serão apenas os indispensáveis à subsistência, quando a situação de necessidade resultar de culpa de quem os pleiteia.

  Resposta: alternativa "e". A assertiva reproduz conceito previsto na legislação atual sobre a obrigação alimentar, embora haja, nos casos de divórcio, desde a edição da Emenda Constitucional nº 66/2010, o entendimento doutrinário no sentido de que não cabe discussão de culpa pelo fim do matrimônio.

2. Rito especial da Lei de Alimentos.

A Lei nº 5.478/68 tem por objetivo tornar mais rápida a prestação de alimentos, por isso se utiliza de rito especial, a fim de colocar à disposição do alimentando instrumentos para **efetivação imediata** do direito.

A estrutura procedimental da Lei de Alimentos possibilita que o resultado prático desejado, ou seja, o pagamento da pensão, seja obtido de maneira rápida. Por essa razão, a norma contém rito próprio, que vem resistindo e convivendo com outras normas procedimentais ao longo do tempo. Basta dizer que a Lei de Alimentos é anterior ao revogado CPC de 1973 e ao atual CPC de 2015.

▶ **Doutrina:**

"A prestação de alimentos, como obrigação de assistência decorrente de relação familiar, com maior ênfase emanada da responsabilidade parental entre pais e filhos, ou de uniões conjugais (casamentos) ou convivenciais (uniões estáveis), tem sido considerada dever jurídico de conduta, cuja relevância oportuniza uma ampla experimentação judiciária a refletir os novos paradigmas advenientes do Código de Processo Civil em plena vigência.

A doutrina e os mais importantes julgados tem sempre compreendido a verba alimentar como satisfação necessária e urgente à dignidade da pessoa do alimentando, de modo a indicar que a obrigação insatisfeita rende consequências graves, convocando, inclusive, as esferas próprias da responsabilização civil ou da responsabilização penal. (...) Agora, com o novo Código de Processo Civil em vigor os alimentos estão mais protegidos, a dignidade do credor alimentário se coloca melhor tutelada e novas medidas processuais inibitórias ao incumprimento da obrigação podem ser implementadas, a tempo instante." **ALVES, Joves de Figueiredo. Alimentos mais protegidos no Novo CPC.** Disponível em: http://professorflaviotartuce.blogspot.com.br/2016/05/alimentos-mais-protegidos-no-novo-cpc.html. Acesso em 17/05/2017.

Ressalte-se que a concessão ou não do benefício da gratuidade será analisada posteriormente ao despacho inicial do juiz, de modo que o trâmite do processo não seja prejudicado por esse incidente.

3. **Desnecessidade de registro imediato para ações de alimentos.**

Em ordem inversa do que determina o CPC, nas ações de alimentos, a distribuição e o registro serão apenas realizados posteriormente ao despacho inicial do juiz, **para fins de celeridade na prestação** requerida pelo autor. Embora prevista desde a primeira formatação legislativa na Lei de Alimentos, a norma é de praticamente nenhuma aplicabilidade na atualidade. Isso acontece porque, em regra, os sistemas eletrônicos dos Tribunais requerem distribuição por meio digital, ou mesmo todo o trâmite da ação acontece por meio eletrônico, desde a entrada em vigor no país das regras concernentes ao Processo Judicial Eletrônico (Lei nº. 11.419/2006). Nas ações de alimentos, a distribuição pelo meio digital funciona da mesma forma, com sorteio eletrônico das Varas, inclusão pelo sistema da numeração do processo e registro dos autos (mesmo que ainda tramitem em formato impresso).

4. **Da concessão da justiça gratuita.**

O benefício da justiça gratuita será concedido mediante simples declaração de incapacidade econômica da parte requerente. Em casos de afirmação inverídica de "pobreza", serão cobradas custas judiciais na ordem de dez vezes o valor devido. Atualmente pouco se cogita a utilização das antigas "Declarações de Insuficiência Econômica" ou "Declaração de Pobreza", a fim de caracterizar a impossibilidade de se arcar com os custos da Ação de Alimentos.

▶ **Artigo correlato:** Lei de Gratuidade Judicial – Lei nº 1.060/50:

> *Art. 5º. O juiz, se não tiver fundadas razões para indeferir o pedido, deverá julgá-lo de plano, motivando ou não o deferimento dentro do prazo de setenta e duas horas.*
>
> *§ 1º. Deferido o pedido, o juiz determinará que o serviço de assistência judiciária, organizado e mantido pelo Estado, onde houver, indique, no prazo de dois dias úteis o advogado que patrocinará a causa do necessitado.*
>
> *§ 2º. Se no Estado não houver serviço de assistência judiciária, por ele mantido, caberá a indicação à Ordem dos Advogados, por suas Seções Estaduais, ou Subseções Municipais.*
>
> *§ 3º. Nos municípios em que não existirem subseções da Ordem dos Advogados do Brasil. o próprio juiz fará a nomeação do advogado que patrocinará a causa do necessitado.*
>
> *§ 4º. Será preferido para a defesa da causa o advogado que o interessado indicar e que declare aceitar o encargo.*
>
> *§ 5º Nos Estados onde a Assistência Judiciária seja organizada e por eles mantida, o Defensor Público, ou quem exerça cargo equivalente, será intimado pessoalmente de todos os atos do processo, em ambas as Instâncias, contando-se-lhes em dobro todos os prazos.*

5. Impugnação da justiça gratuita.

Para que o processo não seja interrompido com discussões alheias à prestação de alimentos, a impugnação da justiça gratuita não paralisa o feito. Entretanto, desde a entrada em vigor do atual CPC, a Impugnação da Justiça Gratuita não é mais processada em apartado[2]. Tal

---

2. "Agora, essa impugnação será nos próprios autos, inexistindo peça própria para isso. Ou seja, conforme a petição que a parte tiver de apresentar, em seu bojo, será aberto um tópico para impugnar a gratuidade deferida pelo juiz. Boa simplificação e afasta a necessidade de mais um incidente processual. E isso ocorrerá: (i) na contestação, se a gratuidade for deferida ao autor; (ii) na réplica, se a justiça gratuita for deferida ao réu; (iii) nas contrarrazões, se a gratuidade da justiça for deferida no recurso; ou (iv) por simples petição, se a gratuidade for

alteração é significativa e implica em economia dos atos processuais, redução do tempo total de cada processo e na instrumentalidade das formas processuais.

Do mesmo modo que nas demais ações que tratam questões de urgência, as Ações de Alimentos tem tramitação prioritária, devendo ser processadas com a máxima celeridade. Não condiz com a esperada rapidez a interrupção do encaminhamento processual para discussão da capacidade econômica da parte. Em regra, quem está a pedir alimentos o faz pela carência de recursos para a sua manutenção e a de seus dependentes.

Cabe deixar claro que a impugnação da justiça gratuita pode ser alegada dentro do conjunto da matéria de defesa, uma vez realizada a citação e aberto prazo para contestação. Em causas envolvendo grandes valores à título de pensão alimentícia, cujos parâmetros da *possibilidade* e da *necessidade* sejam discutidos em patamares econômicos elevados, é possível que a discussão sobre a questão seja de significativo interesse para a solução da demanda, vez que denotará, desde o início, se as partes estão agindo no contexto da decantada boa-fé processual.

A jurisprudência dos Tribunais Estaduais tem se consolidado no sentido de que é possível haver nova deliberação futura sobre a questão, tão logo os alimentos requeridos passem a ser ofertados, no exato contexto do Art. 8º da Lei de Assistência Judiciária Gratuita. A questão, tradicionalmente, era tratada pelos artigos 4º. e 5º da Lei nº. 1060/1950, mas é importante lembrar que os referidos dispositivos foram revogados pela Lei nº. 13.115/2015.

6. **Competência da ação de alimentos.**

A antiga regra de competência prevista no CPC de 1973 foi revogada com a entrada em vigor do CPC atual, e a matéria passou a ser tratada no Art. 53, fixando como regra para as ações de alimentos o foro do domicílio do alimentando.

De igual modo, cabe lembrar que a Justiça brasileira é sempre competente para este tipo de demanda, ainda que o devedor resida no estrangeiro, porque se trata de obrigação que deve ser cumprida no Brasil (CPC - 15,

---

deferida em outro momento processual." DELLORE, Luiz. *Justiça Gratuita no novo CPC: Lado A*. Disponível em: https://jota.info/colunas/novo-cpc/justica-gratuita-novo-cpc-lado-09032015. Acesso em 16 de maio de 2017.

art. 21). Apenas na hipótese de o alimentando residir no exterior, é que a demanda deve ser proposta.

Finalmente, **a Lei dos Juizados Especiais excluiu de sua competência as ações de natureza alimentar** (Lei 9.099/95, art. 3º, § 2º). Importa mencionar que já não é nova a proposta de inclusão de certas demandas de Direito de Família[3], assim consideradas como de menor representação econômica e sem necessidade de intervenção do Ministério Público, no âmbito dos Juizados Especiais. A discussão é retórica e encontra fortes argumentos em ambos os sentidos[4]. De modo geral, cumpre dizer que ainda não se admitem tais demandas no âmbito do Juizado Especial.

▶ **CPC/15 – Art. 53. É competente o foro:**

> *I - para a ação de divórcio, separação, anulação de casamento e reconhecimento ou dissolução de união estável:*
>
> *a) de domicílio do guardião de filho incapaz;*
>
> *b) do último domicílio do casal, caso não haja filho incapaz;*
>
> *c) de domicílio do réu, se nenhuma das partes residir no antigo domicílio do casal;*
>
> *II - de domicílio ou residência do alimentando, para a ação em que se pedem alimentos;*
>
> *(...)*

---

3. "Não há dúvida de que hoje, transcorridos mais de cinco anos desde a vigência da Lei nº 9.099/95, os Juizados Especiais Cíveis e Criminais se constituem na âncora da Justiça brasileira, resgatando a cidadania dos excluídos e a imagem do Poder Judiciário. Os ótimos resultados e as inúmeras vantagens obtidas incentivaram o legislador a transportar a experiência bem sucedida para a Justiça Federal, instituindo, com a Lei nº 10.259, de 16 de julho de 2001, os Juizados Especiais Cíveis e Criminais no âmbito da Justiça Federal. Tal panorama instiga a necessidade de defender a criação de um Juizado Especial que trate exclusivamente das questões conflituosas da família e que propicie ao jurisdicionado uma Justiça mais humana, mais sensível, mais acessível, mais célere e sem custos." ANDRIGHI, Fátima Nancy. *Juizado Especial de Família*. Disponível em: www.stj.jus.br/publicacaoinstitucional/index.php/.../article/.../380. Acesso em 17/05/2017.

4. "Portanto, *pode-se concluir que é possível ajuizar as ações de família, previstas no artigo 693 do novo CPC, no Juizado Especial*, desde que menores não sejam parte, em virtude da vedação do artigo 8º da Lei 9.099/95, inclusive a citação deve ser feita pelo Correio, como regra. Nada impede que divórcio, ainda que litigioso, e com filho menor incapaz ou interditado, seja aviado no Juizado Especial, pois não são tecnicamente parte, mas neste caso, haverá necessidade de intervenção do Ministério Público." MELO, André Luiz Alves. *Novo CPC permite Ações de Família no juizado especial*. Disponível em: http://www.conjur.com.br/2016-ago-02/andre-melo-cpc-permite-acoes-familia-juizado-especial. Acesso em 16/05/2017.

▶ **Lei dos Juizados Especiais – Exclusão das ações de alimentos da sua competência**

> Art. 3º O Juizado Especial Cível tem competência para conciliação, processo e julgamento das causas cíveis de menor complexidade, assim consideradas:
>
> (...)
>
> § 2º Ficam excluídas da competência do Juizado Especial **as causas de natureza alimentar**, falimentar, fiscal e de interesse da Fazenda Pública, e também as relativas a acidentes de trabalho, a resíduos e ao estado e capacidade das pessoas, ainda que de cunho patrimonial. (grifos nossos)

→ **Aplicação em Concurso Público:**

- *Exame Nacional da OAB. 2010.1*
  Assinale a opção correta acerca da prestação de alimentos.
  (A) Os créditos alimentares prescrevem em cinco anos.
  (B) Somente os filhos têm o direito de pedir alimentos.
  (C) O direito a alimentos é recíproco entre pais e filhos.
  (D) Após a separação judicial do casal, mesmo que o cônjuge venha a necessitar de alimentos, ele não mais poderá pleitear ao outro cônjuge a prestação alimentícia.

  Resposta: alternativa c) A obrigação alimentar te como uma de suas características mais marcantes a reciprocidade.

7. **Distribuição por dependência para Ações de Execução, Revisão e Exoneração de Alimentos.**

Por tradicional lição processual, a demanda originária em que foram decididos e fixados alimentos, atrai, por dependência, as futuras Ações de Execução, Revisão e Exoneração de Alimentos. Entretanto, alguns doutrinadores tem se manifestado contra essa disposição. Em algumas Comarcas, nas quais além das antigas Varas de Famílias foram acrescidas de novos Cartórios e Varas especializados na matéria, a distribuição por dependência para demandas de revisionais, exoneratórias ou executivas gera, consequentemente, o inchaço das Varas mais antigas, uma vez que para ela sempre serão dirigidas as referidas ações, em detrimento das novas Varas, que apenas receberão processos originários ou dependentes de julgados por ela proferidos.

Além do mais, importa anotar que para muitos autores, com os quais nos alinhamos, as Ações de Revisão, Execução e Exoneração de alimentos discutem, em regra, fatos novos, o que ensejaria sempre uma nova demanda, independente da antiga Ação. Em outras situações, podemos nos deparar com casais que tramitaram a Ação de Alimentos em uma comarca, mas anos depois, no memento de discussão da Ação de Revisão, por exemplo, nenhum dos ex-cônjuges reside naquela local. Mais uma vez, não se justifica a distribuição por dependência.

> **Art. 2º.** O credor, **pessoalmente, ou por intermédio de advogado**, dirigir-se-á ao juiz competente, qualificando-se, e exporá suas necessidades, provando, apenas, o parentesco ou a obrigação de alimentar do devedor, indicando seu nome e sobrenome, residência ou local de trabalho, profissão e naturalidade, quanto ganha aproximadamente ou os recursos de que dispõe.
>
> § 1º Dispensar-se-á a produção inicial de documentos probatórios;
>
> I – quando existentes em notas, registros, repartições ou estabelecimentos públicos e ocorrer impedimento ou demora em extrair certidões.
>
> II – quando estiverem em poder do obrigado, as prestações alimentícias ou de terceiro residente em lugar incerto ou não sabido.
>
> § 2º Os documentos públicos ficam isentos de reconhecimento de firma.
>
> § 3º Se o credor comparecer pessoalmente e não indicar profissional que haja concordado em assisti-lo, o juiz designará desde logo quem o deva fazer.

1. **Pedido de Alimentos sem representação de advogado:**

   O pedido de Alimentos constitui uma das raras situações em que é possível o exercício do Direito de Ação sem representação por advogado, embora a regra seja a interposição de ação via profissional devidamente habilitado e mediante instrumento de procuração.

   1.1. Requisitos da petição inicial em matéria de alimentos:

   São requisitos da petição inicial na Ação de Alimentos a qualificação do alimentando, as necessidades a serem sanadas mediante o pagamento de alimentos, e a indicação dos dados do alimentante (nome, sobrenome, possível renda mensal, padrão de vida, etc.)

   1.2. Justificativa por meio da relação de parentesco ou da existência de obrigação jurídica:

   Faz-se imprescindível provar a relação de parentesco ou a obrigação jurídica existente entre alimentando e alimentante, como razão e justificativa para a prestação alimentar. Estas são as razões que possibilitam a pretensão alimentícia. Tal obrigação pode ocorrer em consequência de divórcio e de dissolução de união estável, casos em que se falará da obrigação de alimentar incidente para ex-cônjuges ou ex-companheiros.

→ **Aplicação em Concurso Público:**
- *Defensor Público – MS – 2008*
  – Pode o credor de alimentos renunciá-lo quando a obrigação resultar do vínculo de parentesco.
  Resposta: A alternativa é falsa.

1.3. Revogação de doação por ingratidão na hipótese de recusa da prestação de alimentos.

Situação de significativo interesse jurídico, mas poucas vezes lembrada, é a de revogação de doação por ingratidão, no caso de recusa ao pagamento de pensão alimentícia. Trata-se de hipótese em que o doador, em momento futuro, passa a necessitar de alimentos, e os pede ao donatário, pessoa que havia sido anteriormente beneficiada com doação onerosa. Nesse caso, se o donatário pode prestar alimentos ao doador, todavia se nega, sem nenhuma justificativa plausível, é permitida a revogação da doação, com a devolução do bem doado ao doador, a fim de que ele se utilize desse patrimônio para sua manutenção. Consiste situação de **límpida ingratidão** por parte do donatário. Parece que também esta é uma relação obrigacional que caracteriza prestação de alimentos.

▶ **Artigo correlato: Art. 557 – CC/02 – Revogação de doação por ingratidão na hipótese de recusa em prestar alimentos**

> Art. 557. Podem ser revogadas por ingratidão as doações:
>
> I – se o donatário atentou contra a vida do doador ou cometeu crime de homicídio doloso contra ele;
>
> II – se cometeu contra ele ofensa física;
>
> III – se o injuriou gravemente ou o caluniou;
>
> **IV – se, podendo ministrá-los, recusou ao doador os alimentos de que este necessitava.**

1.4. Alimentos ressarcitórios.

Tal espécie de alimentos é devida como mecanismo de reparação de danos materiais, sendo seu principal exemplo aquele oriundo de prática de homicídio cometido pelo autor da ofensa, que nessa especial ordem de análise, passa a ser o devedor de alimentos, consoante previsto no art. 948, II do CC/02.

▶ **Artigo correlato: Art. 948 – CC/02 – Alimentos ressarcitórios na hipótese de indenização decorrente de homicídio.**

> *Art. 948. No caso de homicídio, a indenização consiste, sem excluir outras reparações:*
>
> *I – no pagamento das despesas com o tratamento da vítima, seu funeral e o luto da família;*
>
> *II – na prestação de alimentos às pessoas a quem o morto os devia, levando-se em conta a duração provável da vida da vítima.*

→ **Aplicação em Concurso Público:**

- *(CM/São Paulo/Procurador/2007)*
  Considerando a obrigação de pagar alimentos, decorrente da condenação em ação de reparação de danos, é correto afirmar que
  (A) sendo possível a constituição de capital para assegurar o cumprimento da obrigação, poderá ser determinada a caução fidejussória.
  (B) os alimentos fixados poderão ser revistos, desde que exista uma mudança nas condições econômicas das partes.
  (C) a condenação da prestação de alimentos deve ser fixada para pagamento mensal, podendo ser determinado que o valor seja fixo e pago em uma única vez.
  (D) a constituição de capital por títulos da dívida pública não é possível, uma vez que não podem ser gravados de ônus legais.
  (E) não se admite a substituição da caução por desconto em folha de pagamento, ainda que notória a solvência do devedor.
  Resposta: Alternativa "b". A prática forense apresenta diuturnamente situações bastante interessantes, não sendo incomum a situação de débito de alimentos decorrentes de ação de reparação de danos. Nesses casos, deverão ser obedecidas as mesmas regras para revisão da prestação judicialmente fixada. Um bom exemplo é a Ação de Indenização por Danos Materiais e Morais decorrentes de acidente de trânsito, com pedido de pensão mensal devido ao falecimento das vítimas.

2. Produção inicial de documentos probatórios.

Normalmente a juntada de documentos é requisito essencial para a petição inicial, mas, na hipótese da Ação de Alimentos, a mencionada juntada será dispensada, havendo dificuldade na sua produção, quer por impedimento ou demora por parte de repartições públicas (quando se tratarem de documentos públicos), quer quando tais documentos estiverem em poder do alimentante ou em outro local de difícil acesso.

Fica dispensado o reconhecimento de firma para os documentos públicos, no intuito de trazer celeridade ao processo.

2.1. Acompanhamento do requerente por profissional habilitado.

Na hipótese de o alimentante comparecer pessoalmente, sem intermédio de advogado, caberá designação de profissional para tanto por parte do juiz, função esta que recairá, notadamente, aos membros da Defensoria Pública do Estado.

2.2. Julgador tem a faculdade de indeferir juntada de documento na fase recursal de ação de alimentos.

A Terceira Turma do Superior Tribunal de Justiça (STJ) definiu que, na fase recursal de ação de alimentos, é facultado ao julgador indeferir a juntada de documento comprobatório. Os ministros, por unanimidade, acompanharam o voto da relatora, ministra *Nancy Andrighi*, que destacou que o indeferimento da juntada da petição foi tomado com base em circunstâncias peculiares da ação, as quais são contrárias à análise do STJ na fase de recurso.

→ **Aplicação em Concurso Público:**

- *(TJ/RR/Juiz/2008)*
  Os alimentos serão devidos
- (A) se o cônjuge declarado culpado vier a necessitar de alimentos, e não tiver parentes em condições de prestá-los, nem aptidão para o trabalho, pelo outro cônjuge, fixando o juiz o valor indispensável à sobrevivência.
- (B) somente entre pais e filhos ou entre cônjuges.
- (C) entre irmãos germanos, mas não entre os unilaterais, nos casos previstos em lei.
- (D) pelos ascendentes, recaindo a obrigação independentemente do grau de proximidade.
- (E) sempre na proporção das necessidades do reclamante e dos recursos da pessoa obrigada.
  Resposta: Alternativa "a".

3. Legitimidade do Ministério Público para ajuizar Ação de Alimentos.

Após longas discussão doutrinária e jurisprudencial, no final do ano de 2017 o Superior Tribunal de Justiça – STJ, editou a Súmula de nº. 594 para ratificar a possibilidade de o Ministério Público ajuizar Ações de alimentos em proveito de crianças e adolescentes, independentemente de estarem presentes ou não situações de vulnerabilidade para os menores envolvidos na situação. Havia certo consenso sobre a legitimidade do MP para ajuizar tais demandas nos casos em que crianças e adolescentes não estivessem sob o poder familiar dos pais, quando não houvesse Defensoria Pública em funcionamento da comarca de residência dos menores ou nas hipóteses de situação de risco previstas no Estatuto da Criança e do Adolescente.

A nova súmula desfaz as dúvidas e amplia, de maneira significativa, a atuação do MP nas ações de alimentos para crianças e adolescentes. Agora, o MP está legitimado a interpor ação de alimentos sempre que for necessário. A ideia foi ampliar as possibilidades de atuação do MP nessas circunstancias, favorecendo os direitos de crianças e adolescentes ao pressionamento de verbas alimentares. Abaixo, o texto da nova Súmula:

▶ **Súmula do STJ**

> *Súmula nº 594: "O Ministério Público tem legitimidade ativa para ajuizar ação de alimentos em proveito de criança ou adolescente independentemente do exercício do poder familiar dos pais, ou do fato de o menor se encontrar nas situações de risco descritas no art. 98 do Estatuto da Criança e do Adolescente, ou de quaisquer outros questionamentos acerca da existência ou eficiência da Defensoria Pública na comarca."*

Art. 3º. O pedido será apresentado por escrito, **em 03 (três) vias**, e deverá conter a indicação do juiz a quem for dirigido, os elementos referidos no artigo anterior e um histórico sumário dos fatos.

§ 1º Se houver sido designado pelo juiz defensor para assistir o solicitante, na forma prevista no art. 2º, formulará o designado, dentro de 24 (vinte e quatro) horas da nomeação, o pedido, por escrito, podendo, se achar conveniente, indicar seja a solicitação verbal reduzida a termo.

§ 2º O termo previsto no parágrafo anterior será em 03 (três) vias, datadas e assinadas pelo escrivão, observado, no que couber, o disposto no "*caput*" do presente artigo.

1. Do pedido inicial.

Na petição inicial da Ação de Alimentos haverá um relato dos fatos que justificam o pedido, além da qualificação das partes, os ganhos percebidos pelo alimentante, ou a indicação dos recursos econômicos deste. A petição, encaminhada por escrito, **deverá ser apresentada em 03 (três) vias** distintas. Proventos decorrentes do **FGTS**, bem como **Restituição de Imposto de Renda** também devem ser incluídos na **caracterização das possibilidades do devedor**. Há entendimentos no sentido de que também cabe penhora sobre verbas de cunho salarial, como honorários advocatícios.

▶ Jurisprudência STJ

> DIREITO CIVIL E PROCESSUAL CIVIL. FAMÍLIA. ALIMENTOS. RECURSO ORDINÁRIO EM MANDADO DE SEGURANÇA. EXECUÇÃO DE ALIMENTOS. DETERMINAÇÃO JUDICIAL DE LEVANTAMENTO DE VALORES MANTIDOS EM CONTA VINCULADA DO FGTS. CAIXA ECONÔMICA FEDERAL. TERCEIRO PREJUDICADO. INTERESSE. OFENSA A DIREITO LÍQUIDO E CERTO NÃO CONFIGURADA. (...) – **A determinação judicial de levantamento de valores mantidos em conta vinculada do FGTS para fins de pagamento de débito alimentar** em execução de alimentos, não se configura como ato coator apto a ferir direito líquido e certo da CEF, isso porque, embora legítima como terceira interessada para defender a manutenção e controle das contas vinculadas do FGTS, responsável pelo fiel cumprimento e observância dos critérios estabelecidos na Lei 8.036/90, **não se verifica, de acordo com a interpretação conferida pela jurisprudência dominante deste Tribunal, qualquer ilegalidade na decisão contra a qual se impetrou o mandado de segurança.** (RMS 35826 / SP; DJe 23/04/2012)

▶ Jurisprudência STJ

> DIREITO PROCESSUAL CIVIL. POSSIBILIDADE DE PENHORA SOBRE HONORÁRIOS ADVOCATÍCIOS.
>
> Excepcionalmente é possível penhorar parte dos honorários advocatícios - contratuais ou sucumbenciais - quando a verba devida ao advogado ultrapassar o razoável para o seu sustento e de sua família. Com efeito, toda verba que ostente natureza alimentar e que seja destinada ao sustento do devedor e de sua família - como os honorários advocatícios - é impenhorável. Entretanto, a regra disposta no art. 649, IV, do CPC não pode ser interpretada de forma literal. Em determinadas circunstâncias, é possível a sua relativização, como ocorre nos casos em que os honorários advocatícios recebidos em montantes exorbitantes ultrapassam os valores que seriam considerados razoáveis para sustento próprio e de sua família. Ademais, o princípio da menor onerosidade do devedor, insculpido no art. 620 do CPC, tem de estar em equilíbrio com a satisfação do credor, sendo indevida sua aplicação de forma abstrata e presumida. Precedente citado: REsp 1.356.404-DF, Quarta Turma, DJe 23/8/2013. REsp 1.264.358-SC, Rel. Min. Humberto Martins, julgado em 25/11/2014, DJe 5/12/2014.

LEI DE ALIMENTOS   **Art. 4º**

1.1. Indicação de profissional para acompanhar o demandante que comparece pessoalmente.

Consoante exposto anteriormente, existe a possibilidade de que o credor de alimentos se dirija pessoalmente ao magistrado, hipótese em que o julgador indicará profissional competente para representá-lo. Nesse caso, o Defensor, no prazo máximo de 24 horas, formulará pedido por escrito, nos moldes de petição inicial comum, sendo possível, ainda, a redução a termo da manifestação verbal.

1.2. Pedido de alimentos realizado verbalmente:

Se acaso o pedido inicial for feito verbalmente, poderá o Defensor do alimentando requerer seja reduzido a termo, em 03 (três) vias distintas, as quais serão datadas e assinadas pelo escrivão nos autos do processo. Embora de praticamente nenhuma aplicação prática na atualidade, a presente norma ajuda a compreender a perspectiva de celeridade e de efetividade da Lei de Alimentos.

> **Art. 4º** Ao despachar o pedido, **o juiz fixará desde logo alimentos provisórios** a serem pagos pelo devedor, **salvo se o credor expressamente declarar que deles não necessita**.
>
> Parágrafo único. Se se tratar de **alimentos provisórios** pedidos pelo cônjuge, **casado pelo regime da comunhão universal de bens**, o juiz determinará igualmente que seja entregue ao credor, mensalmente, **parte da renda líquida dos bens comuns**, administrados pelo devedor.

1. **Da celeridade na determinação de verba de natureza alimentar.**

Os alimentos são valores necessários para a subsistência do credor. Por essa razão, a determinação da verba de natureza alimentar a ser paga pelo devedor deve acontecer o mais rápido possível. A Lei de Alimentos determina que sejam fixados os valores tão logo seja despachada a petição inicial.

O CPC-15 também traz procedimento distinto para o cumprimento de sentença que tenha por objeto a satisfação de crédito de alimentos, diferente do cumprimento em sentença em geral.

→ **Aplicação em Concurso Público:**

> *PROVA: MPE-SC. MPE-SC. Promotor de Justiça Substituto - Fase matutina. 2016 De acordo com a Lei n. 5.478/68 (Ação de Alimentos), na ação de alimentos, o Juiz ao despachar o pedido fixará desde logo alimentos provisórios a*

serem pagos pelo devedor, salvo se o credor expressamente declarar que deles não necessita.
a) Verdadeiro
b) Falso
Resposta: Alternativa "a"

▶ **Doutrina:**

"Assim, com base nos arts. 4º e 13, §§ 1º e 3º, ambos da Lei nº 5.478/68, houve a encampação da construção pretoriana a respeito de alimentos provisórios. Yussef Said Cahali aponta as principais diferenças entre alimentos provisórios e os provisionais, que podem ser assim resumidas: a) alimentos provisionais são previstos com gerando hipóteses de ação cautelar típica, prevista no art. 852 do Código de Processo Civil, tendo como ação de conhecimento as ações de estado relacionadas à sociedade conjugal, as ações de revisão de cláusula de renúncia de alimentos no acordo de separação consensual e, antigamente, as ações de rito ordinário visando os efeitos alimentares da paternidade alimentar; ao passo que alimentos provisórios são concedidos no bojo de ações típicas de alimentos (envolvendo parentes ou cônjuges); b) os alimentos provisionais se sujeitam aos pressupostos de todas as medidas cautelares (fumus boni juris e periculum in mora), ao passo que alimentos provisórios consistem, na realidade, em medida antecipatória da tutela definitiva, com a pressuposição da prova pré-constituída da obrigação alimentar."[5]

→ **Aplicação em Concurso Público:**
• TJ/SC – Juiz/2009
(D) Alimentos provisórios são os fixados de forma cautelar na ação investigatória de paternidade, e provisionais, os fixados na ação de alimentos.
Resposta: Alternativa está incorreta! Houve uma inversão das características dos alimentos provisórios e dos alimentos provisionais.

2. **Renda líquida de bens comuns.**

A norma em análise tinha por objetivo proteger a meação oriunda de renda líquida de bens comuns para o casal que vivia sob o regime de comunhão universal de bens. Faz-se necessário lembrar que, quando da promulgação da lei de alimentos, o regime supletivo adotado pelo código Civil de 1916 era a comunhão universal, daí a preocupação do legislador no sentido de que a meação fosse resguardada. Com a promulgação da **Lei do**

---

5. GAMA, Guilherme Calmon Nogueira da. Direito Civil. Família. São Paulo, Ed Atlas, 2009, p. 519.

LEI DE ALIMENTOS   Art. 5º

Divórcio (Lei nº 6.515/77), o regime supletivo passou a ser a comunhão parcial, e esta preocupação perdeu parte de sua importância.

> **Art. 5º** O escrivão, **dentro de 48 (quarenta e oito) horas**, remeterá ao devedor a segunda via da petição ou do termo, juntamente com a cópia do despacho do juiz, e **a comunicação do dia e hora da realização da audiência de conciliação e julgamento**.
>
> § 1º. Na designação da audiência, **o juiz fixará o prazo razoável que possibilite ao réu a contestação da ação proposta** e a eventualidade de citação por edital.
>
> § 2º. A comunicação, que será feita mediante registro postal isento de taxas e com aviso de recebimento, **importa em citação**, para todos os efeitos legais.
>
> § 3º. Se o réu criar embaraços ao recebimento da citação, ou não for encontrado, **repetir-se-á a diligência por intermédio do oficial de justiça**, servindo de mandado a terceira via da petição ou do termo.
>
> § 4º. Impossibilitada a citação do réu por qualquer dos modos acima previstos, **será ele citado por edital afixado na sede do juízo e publicado 3 (três) vezes consecutivas no órgão oficial do Estado**, correndo a despesa por conta do vencido, afinal, sendo previamente a conta juntada aos autos.
>
> § 5º. O edital deverá conter um resumo do pedido inicial, a íntegra do despacho nele exarado, a data e a hora da audiência.
>
> § 6º. O autor será notificado da data e hora da audiência no ato de recebimento da petição, ou da lavratura do termo.
>
> § 7º. O juiz, ao marcar a audiência, **oficiará ao empregador do réu, ou, se o mesmo for funcionário público, ao responsável por sua repartição**, solicitando o envio, no máximo até a data marcada para a audiência, **de informações sobre o salário ou os vencimentos do devedor**, sob as penas previstas no art. 22 desta lei.
>
> § 8º. A citação do réu, mesmo no caso dos artigos 200 e 201 do Código de Processo Civil, far-se-á na forma do § 2º do artigo 5º desta lei. (Redação dada pela Lei nº 6.014, de 27/12/73)

1. Rito especial da Ação de Alimentos.

A Ação de Alimentos tramita em rito especial. Por esta razão, o procedimento ordena os atos de modo específico, diferente do que ocorre normalmente em uma ação regida pelo rito ordinário.

1.1. Encaminhamento da segunda via.

O escrivão/ chefe de secretaria deverá encaminhar ao devedor a segunda via da petição em 48 horas, acompanhada do despacho do juiz que fixa os

51

alimentos provisórios, a data, o dia e a hora da audiência. A presente regra não muda com o CPC-15, muito embora tenha sido utilizada, na prática, uma generalização do procedimento das ações de família, segundo o qual o réu é notificado para participar de uma audiência prévia de conciliação/mediação. Tal procedimento está incorreto, pois foge da regra especial da Lei de Alimentos.

1.2. Audiência una (conciliação e instrução em sequência).

Para dar celeridade à tramitação, o rito desta ação determina que seja realizada audiência una, também chamada de audiência de conciliação e julgamento. Assim, **aberta a audiência, o juiz tentará conciliar as partes**. Sendo atingida a conciliação, o juiz homologa o acordo e julga encerrado o feito. Por outro lado, **não obtida a conciliação, imediatamente o juiz passará à instrução processual**, com depoimento pessoal das partes, apresentação e discussão de provas e testemunhas.

2. Formas de citação.

A regra é a citação por via postal, através de comunicação enviada com Aviso de Recebimento (A.R), a qual será isenta de taxas. Não sendo frutífera a citação postal (porque o devedor não foi encontrado, ou por ter criado embaraços à citação), adotar-se-á, em seguida, a citação pessoal através de oficial de justiça, que se utilizará, então, da terceira via da petição inicial ou do termo, apresentados no momento da distribuição da ação.

3. Citação editalícia.

Restando frustrada tanto a citação postal quanto a citação através de oficial de justiça, determina a lei que seja realizada a citação editalícia, por meio da fixação do edital na sede do juízo, além da publicação por três vezes na imprensa oficial. Esta modalidade de citação igualmente será utilizada quando o devedor se encontrar em lugar incerto e não sabido, consoante a legislação processual civil em vigor.

4. Prestação de informações por parte do empregador/repartição pública em que trabalhe o devedor de alimentos.

Uma das mais interessantes providências criadas pela Lei de Alimentos é a prevista neste parágrafo: **o empregador do devedor deve ser oficiado para fornecer informações relativas aos rendimentos mensais do alimentante**, a fim de que não haja subterfúgios na audiência de conciliação e instrução, bem como para evitar a demora com discussões inócuas. Do mesmo modo, se o devedor for funcionário público, **a repartição onde o mesmo estiver** lotado será responsável pelo envio destes dados. Estas informações servirão de base para a estipulação definitiva da eventual prestação alimentícia.

5. **Composição do valor de salário para fins de fixação de pensão alimentícia – Base de Cálculo.**

A base de cálculo da pensão alimentícia, tomando por base o salário é um dos temas que mais gera dúvidas na prática dos alimentos. A querela é evidente por conta da multiplicidade de regras e de complementos que se aderem aos vencimentos básicos de qualquer cidadão, sendo alguns deles gratificações temporárias e outros acréscimos definitivos. O STJ já vinha reforçando entendimento no sentido de que integra a base de cálculo da pensão alimentar fixada sobre o percentual de salário do alimentante a gratificação correspondente ao terço constitucional de férias e o décimo terceiro salário, conhecidos, respectivamente, como gratificação de férias e gratificação natalina.

Ainda, é importante destacar que a base real de cálculo – para fins de justiça – deve ser considerado o **salário bruto, abatidos os descontos oficiais** (normalmente INSS, FGTS, Imposto de Renda e Contribuição Sindical). Feitas tais deduções, chaga-se ao "valor líquido" sobre o qual deve ser calculado o percentual da pensão alimentícia.

O que ocorre com larga frequência na prática das Varas de Família, é que os alimentantes tem uma série de outros abatimentos do seu valor bruto, autorizados autonomamente, e que diminuem bastante a possibilidade de pagamento, como é o caso de empréstimos consignados, financiamentos de automóveis ou de imóveis, etc.

Em tais situações, a base de cálculo da pensão alimentícia deve ser a aquela já exposta, diminuindo do valor bruto apenas as deduções obrigatórias. As deduções voluntárias, como empréstimos e financiamentos, não podem se sobrepor ao direito de alimentos, que é reconhecido legalmente como de maior importância e sobre o qual recai a prioridade e a preferência na sua satisfação.

▶ **Jurisprudência STJ:**

> *RECURSO REPETITIVO. PENSÃO. ALIMENTOS. SALÁRIO.*
>
> *A Seção, ao julgar o recurso sob o regime do art. 543-C do CPC e da Res. n. 8/2008-STJ, entendeu que integra a base de cálculo da pensão alimentar fixada sobre o percentual de salário do alimentante a gratificação correspondente ao terço constitucional de férias e o décimo terceiro salário, conhecidos, respectivamente, como gratificação de férias e gratificação natalina. Precedentes citados: REsp 686.642-RS, DJ 10/4/2006; REsp 622.800-RS, DJ 1º/7/2005; REsp 547.411-RS, DJ 23/5/2005, e REsp*

158.843-MG, DJ 10/5/1999. REsp 1.106.654-RJ, Rel. Min. Paulo Furtado (Desembargador convocado do TJ-BA), julgado em 25/11/2009.

▶ **Jurisprudência STJ:**

EMPRÉSTIMO CONSIGNADO. DESCONTO. FOLHA. LIMITAÇÃO.

Trata-se de REsp em que a controvérsia cinge-se à limitação dos descontos em folha ao percentual de 30% dos vencimentos da recorrente a título de empréstimo consignado. A Turma entendeu que, ante a natureza alimentar do salário e em respeito ao princípio da razoabilidade, os empréstimos com desconto em folha de pagamento (consignação facultativa/voluntária) devem limitar-se a 30% dos vencimentos do trabalhador. Ressaltou-se que, no caso, o acórdão recorrido consignou que o percentual comprometido dos vencimentos da recorrente, pela mencionada linha de crédito, é próximo de 50%. Assim, deu-se provimento ao recurso. Precedentes citados: RMS 21.380-MT, DJ 15/10/2007, e AgRg no REsp 959.612-MG, DJe 3/5/2010. REsp 1.186.965-RS, Rel. Min. Massami Uyeda, julgado em 7/12/2010.

▶ **Jurisprudência STJ:**

DIREITO CIVIL. PARTICIPAÇÃO NOS LUCROS E RESULTADOS COMO BASE DE CÁLCULO DE PENSÃO ALIMENTÍCIA.

Desde que não haja disposição transacional ou judicial em sentido contrário, as parcelas percebidas a título de participação nos lucros e resultados integram a base de cálculo da pensão alimentícia quando esta é fixada em percentual sobre os rendimentos. A rubrica nominada participação nos lucros e resultados corresponde, segundo entendimento doutrinário, a um "método de remuneração com o qual se assegura ao beneficiário uma parcela, percentualmente fixada, dos lucros obtidos pelo empreendimento econômico. (...) Vale dizer, se a supressão ou acréscimo de verbas na remuneração do alimentante tiver aptidão para alterar as possibilidades do devedor, tudo indica que esses valores farão parte da base de cálculo dos alimentos sempre que fixados em percentual sobre os rendimentos, desde que não haja disposição transacional ou judicial em sentido contrário. E, nessa esteira, haverá um acréscimo nas possibilidades alimentares do devedor, hipótese em que, via de regra, deverá o alimentando perceber também algum incremento da pensão, ainda que de forma transitória, haja vista que o pagamento de participação nos lucros fica condicionado à existência de lucratividade. Assim, as parcelas percebidas a título de "participação nos lucros" configuram rendimento, devendo integrar a base de cálculo da pensão fixada em percentual, uma vez que o conceito de rendimentos é amplo, mormente para fins de cálculo de alimentos. REsp 1.332.808-SC, Rel. Min. Luis Felipe Salomão, julgado em 18/12/2014.

LEI DE ALIMENTOS   Art. 8º

> Art. 6º Na audiência de conciliação e julgamento **deverão estar presentes autor e réu, independentemente de intimação e de comparecimento de seus representantes.**

1. Realização de audiência mesmo sem a presença dos advogados:

A audiência será realizada independentemente da presença dos advogados das partes. As partes (alimentando e alimentante) deverão estar presentes "independentemente" de intimação própria para este fim. Tomando por base a premissa de que a prestação de alimentos é necessidade que requer urgência, a decisão acerca da matéria deve se realizar mesmo sem a presença dos advogados.

> Art. 7º O **não comparecimento do autor** determina **o arquivamento** do pedido, e a **ausência do réu importa em revelia**, além de **confissão** quanto à matéria de fato.

1. Comparecimento à audiência das partes:

É imprescindível que o autor compareça à audiência. **Sua ausência será interpretada como desistência da ação, que será arquivada.** Caso o não comparecimento se dê por parte do devedor, haverá a pena de confissão da matéria probatória alegada pelo autor na inicial, **bem como a aplicação dos efeitos processuais da revelia.**

→ **Aplicação em Concurso Público:**

- *TJ/SC – Juiz /2009*
  Em relação ao direito alimentar, assinale a alternativa INCORRETA:
  (A) Na ação de alimentos, a ausência da parte autora à audiência de conciliação e julgamento importa no arquivamento do pedido, e a da parte ré na revelia, bem como na confissão quanto à matéria de fato.
  Resposta: A alternativa está correta!

> Art. 8º Autor e Réu comparecerão à audiência **acompanhados de suas testemunhas**, 3 (**três no máximo**, apresentando, nessa ocasião, as demais provas).

1. Necessidade da presença das testemunhas à audiência:

Como a audiência se presta simultaneamente para instrução e conciliação e, em seguida, não sendo esta obtida, **cada uma das partes deve comparecer** com suas testemunhas, para a eventualidade de discussão de matéria probatória. Caso o acordo seja alcançado, o juiz homologará a decisão das partes, julgando extinto o processo. Em sentido contrário, se não for possível esse entendimento, inocorrerá outra alternativa que não seja a de passar para a instrução do feito. Há entendimento doutrinário no sentido de que o juiz pode tentar realizar a conciliação em quaisquer outros momentos do processo, inclusive durante a própria fase instrutória, bem como o fim desta.

> **Art. 9º** Aberta a audiência, lida a petição ou o termo, e a resposta, se houver, ou dispensada a leitura, o juiz ouvirá as partes litigantes e o representante do Ministério Público, **propondo conciliação**. (Redação dada pela Lei nº 6.014, de 27/12/73)
>
> § 1º. Se houver acordo, lavrar-se-á o respectivo termo, que será assinado pelo juiz, escrivão, partes e representantes do Ministério Público.
>
> § 2º. Não havendo acordo, o juiz tomará o depoimento pessoal das partes e das testemunhas, ouvidos os peritos se houver, **podendo julgar o feito sem a mencionada produção de provas, se as partes concordarem**.

1. **Contestação na ação de alimentos:**

   Na ação de alimentos, normalmente não é estipulado prazo específico para a contestação, embora o art. 5º determine que deva ser concedido prazo razoável para este fim. **Comumente, esta deverá ser apresentada após aberta a audiência, sendo a sua leitura dispensável, a critério do juiz.** O juiz, como já explicitado anteriormente, deve ouvir as partes, o representante do Ministério Público, e tentar levar as partes a um acordo.

2. **Tentativa de conciliação e eventual instrução probatória:**

   Sendo realizado o acordo, haverá homologação judicial dos termos do acerto, junto com a participação do MP. Não sendo obtida a conciliação, o juiz instruirá o processo através da produção probatória na seguinte ordem: depoimento pessoal das partes, oitiva e arguição de testemunhas e oitiva de peritos (se houver). É **possível que a produção probatória seja dispensada, sempre no intuito de brevidade, por mútuo consenso entre as partes.**

3. **Da transação no direito de alimentos.**

   Resta patente a importância, referida na legislação brasileira, que ressalta a importância do direito fundamental de acesso à justiça, por meio do oferecimento e do estímulo à utilização de meios rápidos e eficazes de composição dos litígios. Dentre as modalidades de composição particular, a transação é um dos exemplos mais salutares, já que, apesar da sua natureza contratual (negócio jurídico bilateral, previsto no Código Civil de 2002 no título referente aos contratos em espécie), funciona, em última análise, como meio altamente eficaz de solução do direito de alimentos.

3.1. Competência do MP e da Defensoria Pública para transação de alimentos

Segundo o Estatuto do Idoso, para fins de alimentos prestados aos idosos, o MP e a Defensoria Pública terão competência para homologar acordos relativos à matéria de alimentos. **Esta disposição tem por objetivo facilitar a realização de acordos relativos à matéria alimentar, e, de modo especial, nos casos de alimentos prestados aos idosos, protegidos por lei especial.**

▶ **ATENÇÃO:** Esta matéria deve ser cuidadosamente revisada pelos candidatos que irão prestar concurso para o Ministério Público e para a Defensoria Pública, por se tratar de uma atribuição específica do Promotor de Justiça e do Defensor Público para a espécie. Observe-se que a redação original do Estatuto do Idoso outorgava essa competência apenas ao MP, mas a nova redação dada pela Lei nº 11.737/2008 expandiu a possibilidade para a Defensoria Pública. **Atente-se, ainda, para o fato de que esta transação servirá como título executivo extrajudicial**, segundo regras aplicáveis pelo CPC.

> **Estatuto do Idoso**
>
> *Art. 13. As transações relativas a alimentos poderão ser celebradas perante o Promotor de Justiça ou Defensor Público, que as referendará, e passarão a ter efeito de título executivo extrajudicial nos termos da lei processual civil. (Redação dada pela Lei nº 11.737, de 2008)*

Art. 10 A audiência de julgamento será **contínua**; mas, se não for possível, por motivo de força maior, concluí-la no mesmo dia, o juiz marcará a sua continuação para o primeiro dia desimpedido, **independentemente de novas intimações.**

1. Continuidade da audiência de alimentos.

Sendo impossível, por qualquer razão, a conclusão da audiência no mesmo dia, será esta estendida para o dia útil forense subsequente, **sem que isso implique na divisão da audiência**. Esta continua tendo o caráter de uma e contínua, mesmo que "fragmentada" em dias distintos.

Importante destacar que tal perspectiva foi formalmente implementada pela sistemática do CPC-15, na medida em que as audiências que tratam de matéria de Direito de Família podem ser subdivididas em tantas "reuniões" quantas forem necessárias para tentar realizar mediação ou conciliação entre as partes.

▶ **Ações de Família no CPC-15.**

CAPÍTULO X
DAS AÇÕES DE FAMÍLIA

Art. 693. As normas deste Capítulo aplicam-se aos processos contenciosos de divórcio, separação, reconhecimento e extinção de união estável, guarda, visitação e filiação.

Parágrafo único. A ação de alimentos e a que versar sobre interesse de criança ou de adolescente observarão o procedimento previsto em legislação específica, aplicando-se, no que couber, as disposições deste Capítulo.

Art. 694. Nas ações de família, todos os esforços serão empreendidos para a solução consensual da controvérsia, devendo o juiz dispor do auxílio de profissionais de outras áreas de conhecimento para a mediação e conciliação.

Parágrafo único. A requerimento das partes, o juiz pode determinar a suspensão do processo enquanto os litigantes se submetem a mediação extrajudicial ou a atendimento multidisciplinar.

(..)

Art. 696. A audiência de mediação e conciliação poderá dividir-se em tantas sessões quantas sejam necessárias para viabilizar a solução consensual, sem prejuízo de providências jurisdicionais para evitar o perecimento do direito.

Art. 11. Terminada a instrução, poderão as partes e o Ministério Público **aduzir alegações finais**, em prazo não excedente de **10 (dez) minutos para cada um**.

Parágrafo único. Em seguida, o juiz **renovará a proposta de conciliação** e, não sendo aceita, **ditará sua sentença**, que conterá sucinto relatório do ocorrido na audiência.

1. **Produção de alegações.**

A apresentação de razões finais orais será facultada às partes pelo juiz, **no prazo de 10 minutos para o alimentante e 10 minutos para o alimentando.** Como há aplicação subsidiária do CPC no procedimento de rito especial da Lei de Alimentos, nada impede que, havendo razões justas, o juiz abra prazo para manifestação das razões finais em forma de memoriais.

LEI DE ALIMENTOS   Art. 13

1.1. Brevidade dos ritos na ação de alimentos.

A tônica da Ação de Alimentos, como se percebe, além da brevidade dos ritos, é a busca pela conciliação das partes. Por essa razão, **após a apresentação das alegações finais, mais uma vez o magistrado tentará conciliar as partes, a fim de levá-las a um acordo.** Em não sendo possível, mais uma vez, a conciliação das partes, passará o juiz, de imediato, a ditar a sentença, com pequeno relatório dos fatos.

> **Art. 12.** Da sentença serão as partes intimadas, pessoalmente ou através de seus representantes, **na própria audiência**, ainda quando ausentes, desde que intimadas de sua realização.

1. Intimação pessoal das partes.

A intimação realizada de forma imediata, logo após a promulgação da sentença, ainda dentro do contexto da audiência, caracteriza-se como mecanismo para acelerar a tramitação processual alimentícia. Ressalte-se, mais uma vez, que essa é a tônica da legislação em comento: buscar meios para uma prestação jurisdicional mais breve.

> **Art. 13.** O disposto nesta lei aplica-se igualmente, no que couber, **às ações ordinárias de desquite, nulidade e anulação de casamento, à revisão de sentenças proferidas em pedidos de alimentos e respectivas execuções.**
>
> § 1º. Os **alimentos provisórios** fixados na inicial **poderão ser revistos a qualquer tempo**, se houver modificação na situação financeira das partes, mas o pedido será sempre **processado em apartado**.
>
> § 2º. Em qualquer caso, os alimentos fixados **retroagem** à data da citação.
>
> § 3º. Os alimentos provisórios **serão devidos até a decisão final**, inclusive o julgamento do recurso extraordinário.

1. Aplicação da lei de alimentos.

O Art 13 da referida lei traz uma das mais importantes regras para o aplicador/estudioso da Lei de Alimentos. Entretanto, faz-se necessário fazer uma atualização dos termos utilizados, haja vista que a antiga Ação Ordinária de Desquite, já há certo tempo não faz mais parte de nosso ordenamento jurídico. **Do mesmo modo, a Ação de Separação Judicial foi extinta pela recente Emenda Constitucional nº 66, de 14 de julho de 2010, que alterou o art. 226, § 6º da CF/88.**

1.1. Hipótese em que será possível o pedido de alimentos.

Pode-se afirmar, então, que as presentes regras se aplicam à Ação de Divórcio (Consensual ou Litigioso), à Ação de Dissolução de União Estável, à Ação de Nulidade de Casamento e à Ação de Anulação de Casamento, além das Revisionais de Alimentos e suas execuções.

→ **Aplicação em Concurso Público:**

> PROVA: CESPE/CEBRASPE. MPE-RR. Promotor de Justiça. 2017
> Tendo em vista que o surgimento de novos tipos de estruturas familiares demanda do direito civil uma revisão constante do conceito de família, julgue os itens a seguir.
> I - A guarda compartilhada implica igualdade de tempo de convívio da criança com cada um de seus genitores, a fim de evitar ofensa ao princípio da igualdade.
> II - O direito de obter, judicialmente, a fixação de pensão alimentícia não prescreve; no entanto, há prazo prescricional para a execução de valores inadimplidos correspondentes ao pagamento da pensão.
> III - O reconhecimento de união estável homoafetiva acarreta aos seus partícipes os mesmos direitos garantidos aos componentes de união estável heterossexual.
> IV - Os avós detêm o direito de pleitear a regulamentação de visita aos netos, a qual poderá ser viabilizada desde que observados os interesses da criança ou do adolescente.
> Assinale a opção correta
> a) Apenas os itens I e II estão certos
> b) Apenas os itens I, III e IV estão certos
> c) Apenas os itens II, III e IV estão certos
> d) Todos os itens estão certos
> Resposta: Alternativa "c".

2. Ampliação, redução e exoneração da pensão alimentícia.

O valor da pensão alimentícia fixada **pode ser revisto e alterado a qualquer tempo, desde que haja modificação na situação econômica das partes**, para melhor ou para pior. Cabem, logo, hipóteses de majoração (aumento) ou redução (diminuição) da prestação alimentícia fixada. Da mesma forma, é possível que ocorra requisição para exoneração de pagamento de pensão, para os casos em que restar comprovado que não haja mais necessidade da mencionada prestação por quem a recebe, ou total impossibilidade de quem a paga.

→ **Aplicação em Concurso Público:**
- *Defensor Público – MS – 2008*
- Com a união estável do credor, cessa para o devedor a obrigação alimentar.
Resposta: A alternativa está correta!

2.1. Aplicação da cláusula *rebus sic stantibus* nas ações de alimentos.

A mais moderna doutrina utiliza a expressão latina *rebus sic stantibus* para caracterizar a alteração ou não do valor da prestação alimentícia. Este brocardo significa, em tradução literal: "enquanto as coisas continuarem assim". Destarte, ocorrendo mudança nas condições econômicas de quem paga (alimentante) ou de quem recebe (alimentando), é possível requerer judicialmente que os préstimos sejam revistos e adotados à atual situação econômica das partes envolvidas.

▶ **Doutrina:**

> "Atualmente é pacífico o entendimento doutrinário e jurisprudencial a respeito da existência da cláusula *rebus sic stantibus* na sentença de homologação de transação e naquela de condenação do devedor, nas hipóteses de alimentos devidos. (...) **O *quantum* da obrigação alimentar tem como pressuposto a manutenção das condições objetivas (de possibilidade e de necessidade) que ensejaram sua estipulação**, o que autoriza a exoneração, a redução ou a majoração dos alimentos caso haja mudança na equação que envolve a necessidade do credor e a possibilidade do devedor. **Diante da própria finalidade do direito de alimentos, seria impossível conceber a imodificação do *quantum debeatur* relativo à obrigação alimentar**, já que a própria tutela jurídica ao alimentário seria inócua em caso de modificação significativa de suas necessidades, sem a correspondente alteração do montante dos alimentos." **GAMA, Guilherme Calmon da. cit. p. 523.**

2.2. Autuação em apartado dos pedidos de pensão alimentícia.

Em qualquer caso de revisão dos valores fixados a título de pensão alimentícia, o pedido será autuado em apartado. Deve-se, entretanto, verificar de acordo com as normas procedimentais de cada Tribunal de Justiça, sobre a aplicação da regra nos casos de Processos Judiciais Eletrônicos.

2.3. Alteração da forma de pagamento da pensão alimentícia em sede de Ação Revisional.

Durante muito tempo a doutrina familiarista teve posição de desagrado em face dos chamados "alimentos *in natura*", haja vista que nessa modalidade, o não pagamento implica, diretamente, na carência/necessidade/fome real do alimentante. Entretanto, a prática processual vem reforçando o posicionamento de que a modalidade é legítima e plausível. Muitas famílias se organizavam de maneira a que o pagamento da pensão repetisse a lógica de se "fazer a feira" (na linguagem popular), e essa conduta permanece. O STJ firmou entendimento no sentido de que é possível fazer a mudança da forma de se pagar a pensão alimentícia em sede de Ação Revisional. Não é incomum que ex-cônjuges, desconfiados sobre a destinação dada ao valor pago à título de pensão alimentícia, requeiram a mudança da forma de prestação e alimentos, deixando de pagar em dinheiro e preferindo entregar, diretamente, os bens, alimentos, etc.

▶ **Jurisprudência STJ:**

DIREITO PROCESSUAL CIVIL. POSSIBILIDADE DE ALTERAÇÃO DA FORMA DE PAGAMENTO DOS ALIMENTOS EM AÇÃO REVISIONAL.

Em sede de ação revisional de alimentos, é possível a modificação da forma da prestação alimentar (em espécie ou in natura), desde que demonstrada a razão pela qual a modalidade anterior não mais atende à finalidade da obrigação, ainda que não haja alteração na condição financeira das partes nem pretensão de modificação do valor da pensão. (...) A variabilidade ou possibilidade de alteração que caracteriza os alimentos, que está prevista e reconhecida no referido artigo, não diz respeito somente à possibilidade de sua redução, majoração e exoneração na mesma forma em que inicialmente fixados, mas também à alteração da própria forma do pagamento sem modificação de valor, pois é possível seu adimplemento mediante prestação em dinheiro ou o atendimento direto das necessidades do alimentado (in natura), conforme dispõe o art. 1.701 do CC. Nesse contexto, a ação de revisão de alimentos, que tem rito ordinário e se baseia justamente na característica de variabilidade da obrigação alimentar, também pode contemplar a pretensão de modificação da forma da prestação alimentar, devendo ser demonstrada a razão pela qual a modalidade anterior não mais atende à finalidade da obrigação, ainda que não haja alteração na condição financeira das partes nem pretensão de modificação do valor da pensão, cabendo ao juiz fixar ou autorizar, se for o caso, um novo modo de prestação. Precedente citado: REsp 1.284.177-DF, Terceira Turma, DJe de 24/10/2011. REsp 1.505.030-MG, Rel. Min. Raul Araújo, julgado em 06/8/2015, DJe 17/8/2015.

3. **Alimentos devidos desde a citação e não desde a propositura da ação.**

Após acalorada discussão doutrinária e jurisprudencial, **restou estabelecido que os alimentos serão devidos desde a citação**, e não desde a propositura da ação, como muitos afirmavam. De modo especial, os alimentos devidos na Ação de Investigação de Paternidade retroagem à citação, conforme matéria sumulada:

▶ **Súmula do STJ**

> *Súmula nº 277: Julgada procedente a investigação de paternidade, os alimentos são devidos a partir da citação.*

▶ **Jurisprudência STJ**

> CIVIL E PROCESSUAL CIVIL – AGRAVO REGIMENTAL NO AGRAVO DE INSTRUMENTO – DIREITO DE FAMÍLIA – AÇÃO DE INVESTIGAÇÃO DE PATERNIDADE – RECONHECIMENTO DO VÍNCULO PATERNO – ALIMENTOS – PEDIDO IMPLÍCITO – SÚMULA 277/STJ Mesmo quando ausente pedido expresso de alimentos, são eles devidos em decorrência da procedência de ação de investigação de paternidade, nos termos da jurisprudência assente desta Corte, desde a data da citação (Súmula 277/STJ). (AgRg no Ag 778187 / PR, DJe 12/12/2008)

▶ **Jurisprudência STJ**

> AGRAVO REGIMENTAL NO RECURSO ESPECIAL – AÇÃO DE INVESTIGAÇÃO DE PATERNIDADE JULGADA PROCEDENTE – EXIGIBILIDADE DOS ALIMENTOS DESDE A CITAÇÃO – SÚMULA 277 DO STJ – VIOLAÇÃO DE DISPOSITIVO CONSTITUCIONAL – INVIABILIDADE DA ALEGAÇÃO. I – **Mesmo quando omisso o Acórdão confirmatório da procedência da ação de investigação de paternidade acerca do termo inicial de exigibilidade dos alimentos, são eles devidos, nos termos da jurisprudência assente desta Corte, desde a data da citação (Súmula 277/STJ).** Agravo regimental improvido. (AgRg no REsp 712218 / DF, DJe 11/09/2008)

▶ **Jurisprudência STJ**

> DIREITO PROCESSUAL CIVIL E CIVIL. LIMITES DOS EFEITOS DA SENTENÇA PROFERIDA EM AÇÃO REVISIONAL DE ALIMENTOS.
>
> **Os efeitos da sentença proferida em ação de revisão de alimentos - seja em caso de redução, majoração ou exoneração - retroagem à data da citação (art. 13, § 2º, da Lei 5.478/1968), ressalvada a irrepetibilidade dos valores adimplidos e a impossibilidade de compensação do excesso pago com prestações vincendas.** Com efeito, os alimentos pagos presumem-se consumidos, motivo pelo qual não podem ser restituídos, tratando-se de princípio de observância obrigatória e que

deve orientar e preceder a análise dos efeitos das sentenças proferidas nas ações de revisão de verbas alimentares. **Ademais, convém apontar que o ajuizamento de ação pleiteando exoneração/revisão de alimentos não exime o devedor de continuar a prestá-los até o trânsito em julgado da decisão que modifica o valor da prestação alimentar ou exonerá-lo do encargo alimentar (art. 13, § 3º, da Lei 5.478/1968).** Da sentença revisional/exoneratória caberá apelação com efeito suspensivo e, ainda que a referida decisão seja confirmada em segundo grau, não haverá liberação da prestação alimentar se for interposto recurso de natureza extraordinária. Durante todo o período de tramitação da ação revisional/exoneratória, salvo se concedida antecipação de tutela suspendendo o pagamento, o devedor deverá adimplir a obrigação, sob pena de prisão (art. 733 do CPC). Desse modo, pretendeu a lei conferir ao alimentado o benefício da dúvida, dando-lhe a segurança de que, enquanto não assentada, definitivamente, a impossibilidade do cumprimento da obrigação alimentar nos termos anteriormente firmados, as alegadas necessidades do credor não deixarão de ser providas. **Nesse passo, transitada em julgado a sentença revisional/exoneratória, se, por qualquer motivo, não tiverem sido pagos os alimentos, a exoneração ou a redução terá efeito retroativo à citação, por força do disposto no art. 13, § 2º, da Lei 5.478/1968, não sendo cabível a execução de verba já afirmada indevida por decisão transitada em julgado (...)** Esse alegado desequilíbrio é a causa de pedir da ação revisional e por esse motivo a lei dispõe que o valor fixado na sentença retroagirá à data da citação. **Por fim, destaca-se que a jurisprudência do STF consolidou-se no sentido de ser possível a fixação de alimentos provisórios em ação de revisão, desde que circunstâncias posteriores demonstrem a alteração do binômio necessidade/possibilidade, hipótese em que o novo valor estabelecido ou a extinção da obrigação devem retroagir à data da citação** (RHC 58.090-RS, Primeira Turma, DJ 10.10.1980; e RE 86.064/MG, Primeira Turma, DJ 25.5.1979). Precedentes citados: REsp 172.526-RS, Quarta Turma, DJ 15/3/1999; e REsp 967.168-SP, Terceira Turma, DJe 28/5/2008. EREsp 1.181.119-RJ, Rel. originário Min. Luis Felipe Salomão, Rel. para acórdão Min. Maria Isabel Gallotti, julgado em 27/11/2013.

4. **Alimentos provisórios e dignidade humana.**

Os alimentos provisórios têm, por natureza, a função de preservar a dignidade humana e suprir as necessidades da parte mais frágil da relação até o final da discussão judicial. Satisfeitas as instâncias recursais, perdem os alimentos o caráter de provisórios e passam a deter o conceito de "definitivos", até que se proceda alteração por meio de eventual Ação de Revisão de Alimentos, ou extinção da obrigação, que se processará através de "Ação de Exoneração".

LEI DE ALIMENTOS   **Art. 13**

▶ **Jurisprudência STJ.**

> *O art. 13, § 2º, da Lei n.º 5.478/68 é de clareza meridiana, ao determinar que "em qualquer caso, os alimentos fixados retroagem à data da citação". Não há razão, portanto, para que o efetivo pagamento se inicie somente depois do decurso de 30 (trinta dias) da citação, mesmo porque a verba alimentar, como sói acontecer, é destinada à sobrevivência do alimentando, plasmada, sobretudo, no dever de cuidado à pessoa que dela necessita, não possuindo assim natureza ressarcitória. (STJ, REsp 660731 / SP, DJe 15/06/2010)*

▶ **Jurisprudência STJ.**

> *CIVIL E PROCESSUAL. RECURSO ESPECIAL. ALIMENTOS PROVISÓRIOS. TERMO FINAL. DECISÃO FINAL. ART. 13, § 3º, DA LEI 5.478/68. DECISÃO EXTINTIVA DA OBRIGAÇÃO. INEXISTÊNCIA DE RECURSO COM EFEITO SUSPENSIVO. PRECEDENTES. I. Nos termos do art. 13, § 3º, da Lei 5.478/68 e da jurisprudência pacificada do STJ, os alimentos provisórios são devidos até a decisão final. Precedentes. II. Situação, todavia, em que já houve decisão extintiva dos alimentos, sem pendência de recurso com efeito suspensivo, tendo inclusive transitado em julgado, o que afasta a incidência da referida norma. Precedentes. III. Recurso especial não conhecido. (STJ, REsp 709470 / RS, DJe 24/05/2010)*

→ **Aplicação em Concurso Público.**

- (TJ/PI/Analista/2009)
    A obrigação de prestar alimentos decorre dos princípios da preservação da dignidade da pessoa humana e da solidariedade familiar. É correto afirmar, segundo a disciplina do Código Civil, que
- (A) o crédito de alimentos pode ser objeto de cessão.
- (B) a obrigação de prestar alimentos transmite-se aos herdeiros do devedor, nos limites da herança.
- (C) o crédito de alimentos pode ser objeto de compensação.
- (D) a obrigação de prestar alimentos é indivisível.
- (E) o crédito de alimentos é penhorável.

    Resposta: Alternativa "b". A prestação de alimentos tem fortíssima característica de direito fundamental, sendo uma das vertentes da dignidade humana. Nesse sentido, certas peculiaridades lhe tornam direito absolutamente personalíssimo, como a impenhorabilidade, a indivisibilidade, a impossibilidade de compensação, etc. Já a transmissão hereditária, "nas forças da herança", é prerrogativa que visa proteger os direitos da pessoa beneficiada com o pensionamento.

5. **Exigência de contraditório para fins de exoneração da pensão alimentícia.**

Segundo entendimento recorrente da jurisprudência nacional, referendado pela Súmula 358 do STJ, a exoneração de alimentos somente poderá ser concedida após apuração e comprovação das condições do alimentando de prover sua própria sobrevivência. Assim sendo, importa ressaltar: não existe exoneração automática da obrigação de pagar alimentos, nem mesmo em virtude de idade.

▶ **Súmula do STJ**

> Súmula 358: O cancelamento de pensão alimentícia de filho que atingiu a maioridade está sujeito à decisão judicial, mediante contraditório, ainda que nos próprios autos.

▶ **Jurisprudência STJ.**

> *ALIMENTOS. NECESSIDADE. MESTRADO.*
>
> Trata-se de recurso interposto contra decisão do tribunal a quo que reformou a sentença para julgar procedente pedido de alimentos feito por estudante maior de idade - que cursa mestrado em universidade pública - contra seu pai (recorrente). (...) Em rigor, a formação profissional completa-se com a graduação, que, de regra, permite ao bacharel o exercício da profissão para a qual se graduou, independentemente de posterior especialização, podendo assim, em tese, prover o próprio sustento, circunstância que afasta, por si só, a presunção iuris tantum de necessidade do filho estudante. Assim, considerando o princípio da razoabilidade e o momento socioeconômico do país, depreende-se que a missão de criar os filhos se prorroga mesmo após o término do poder familiar, porém finda com a conclusão, pelo alimentado, de curso de graduação. A partir daí persistem as relações de parentesco que ainda possibilitam a busca de alimentos, desde que presente a prova da efetiva necessidade. Com essas e outras considerações, a Turma deu provimento ao recurso para desonerar o recorrente da obrigação de prestar alimentos à sua filha. REsp 1.218.510-SP, Rel. Min. Nancy Andrighi, julgado em 27/9/2011.

→ **Aplicação em Concurso Público.**

> PROVA: FGV. OAB. Exame XX – Salvador. 2016
>
> Roberto e Marcela, divorciados, são pais de João. Quando João completou dezoito anos, Roberto, que se encontrava desempregado, de imediato parou de pagar a pensão alimentícia, sem prévia autorização judicial. Com base na situação descrita, assinale a afirmativa correta:

LEI DE ALIMENTOS   Art. 13

 a) *Por estar desempregado, Roberto não é mais obrigado a pagar a pensão alimentícia ao filho maior de idade; logo, o pagamento da pensão pode ser interrompido sem autorização judicial;*
 b) *O implemento da maioridade de João, por si só, faz com que não seja mais necessário o pagamento da pensão alimentícia, independentemente da situação econômica do provedor;*
 c) *O ordenamento jurídico tutela o alimentante de boa-fé; logo, a interrupção do pagamento se dará com o mero fato da maioridade;*
 d) *O cancelamento de pensão alimentícia de filho que atingiu a maioridade está sujeito à decisão judicial, mediante contraditório;*

→ **Aplicação em Concurso Público.**

PROVA: FCC. DPE – SC. Defensor Público. 2017
Cleber procura a defensoria pública porque no dia 13 de junho de 2017 recebeu uma intimação que lhe determinava o pagamento, sob pena de prisão de pensão alimentícia devida a seu filho Caio, fixada em um terço do salário mínimo, referente ao mês de dezembro de 2016 e os que se vencerem no curso da demanda. Cleber informou que deixou de pagar a pensão em dezembro de 2016, porque o seu filho alcançou a maioridade em novembro do mesmo ano e, desde então, cessou os pagamentos. Informou ainda que, atualmente, está desempregado, mas só tem condições de pagar, no máximo, três parcelas vencidas. Diante desta situação hipotética, é correto afirmar que a cobrança é
 a) *devida e apenas a situação de desemprego ou a possiblidade do pagamento só das três últimas parcelas anteriores ao ajuizamento da ação não são suficientes para ilidir a possibilidade de prisão;*
 b) *devida, mas o fato de estar desempregado é justificativa suficiente para afastar a possibilidade de expedição de mandado de prisão;*
 c) *devida, mas o pagamento das três últimas parcelas ilide a possibilidade de expedição de mandado de prisão;*
 d) *indevida, uma vez que o alimentando alcançou a maioridade, cessando o dever de prestar alimentos;*
 e) *indevida, uma vez que o alimentante cobrou o pagamento de um único mês em atraso com pedido de prisão civil do alimentante*
Resposta: Alternativa "a".

6. **Alimentos para ex-cônjuge/ex-companheiro. Alimentos transitórios. Fixação por tempo determinado.**

Sob o conceito de alimentos transitórios, o STJ firmou jurisprudência bastante recente acerca dos chamados "alimentos transitórios", ou seja, **a tempo certo, para situações temporárias e momentâneas, em que os alimentos se fazem necessários, período durante o qual a parte necessitada** deve adquirir/restabelecer sua condição de sustento e mantença própria. No caso abaixo apresentado, relatado pela Ministra Nancy Andrigui, à ex-cônjuge foram outorgados alimentos transitórios até que ela seja reinserida no mercado de trabalho e possa passar a custear sua própria manutenção, momento em que o alimentante deixará de ser obrigado à prestação, **que se extinguirá automaticamente com a autossuficiência financeira da alimentanda.** Esse raciocínio jurídico também é plenamente pertinente nos casos em que os filhos estão saindo da faculdade e ingressando no mercado de trabalho, situação em que os alimentos transitórios são igualmente cabíveis.

Voto da Ministra Nancy Andrigui – Resp. nº 1.025.769 – MG

*"(...) O fosso fático entre a lei e o contexto social impõe ao Juiz detida análise de todas as circunstâncias e peculiaridades passíveis de visualização ou de intelecção no processo, para a imprescindível aferição da capacidade ou não de autossustento daquele que pleiteia alimentos. Dessa forma, é possível, ou talvez, até necessário, a definição de balizas conjunturais indicativas, que venham a dimensionar a presunção de necessidade ou, ainda, que sinalizem no sentido de sua inexistência. Habitualmente, são três as possíveis situações decorrentes de uma dissolução de sociedade conjugal ou convivencial, em cuja constância houve acordo entre os então cônjuges ou companheiros para que um deles se abstivesse da prática de atividade profissional remunerada ou, ainda, que não buscasse ascender profissionalmente, em virtude de atribuições com a administração do lar e de comodidades oferecidas pelo parceiro: **i)** o ex-cônjuge ou ex-companheiro, em decorrência da combinação idade avançada e deficiência ou desatualização na formação educacional, não consegue ou apresenta enorme dificuldade para se estabelecer profissionalmente com remuneração digna; **ii)** o ex-cônjuge ou ex-companheiro, em idade compatível com a inserção no mercado de trabalho, possui formação profissional que lhe garanta, ao menos em tese, colocação profissional que assegure a manutenção de seu status quo ante; **iii)** o ex-cônjuge ou ex-companheiro, apesar de ter idade compatível com o exercício de atividade remunerada, carece de instrução para uma colocação profissional condigna. A primeira situação descrita torna evidente a presunção da necessidade de alimentos. **Isso porque é inadmissível que, após um longo período de relação conjugal ou convivencial, seja o ex-cônjuge ou ex-companheiro tangido ao mercado de trabalho, sem qualificação técnica ou experiência que o habilite a conseguir emprego condizente com a realidade social a que esteve habituado na constância do casamento ou da união estável.** (...) Não se pode tolerar, além do mais, a estipulação da perpetuidade da obrigação de prestar alimentos*

ao ex-parceiro que, por motivos imponderáveis, mantém-se inerte quanto à sua colocação profissional, ainda que se encontre em idade laboral ativa e em plenas condições de desenvolver atividade que lhe propicie autossustento. Sob a perspectiva inescapável da boa-fé objetiva – que deve guiar não apenas as relações negociais, como também as decorrentes de vínculos familiares, como um manancial criador de deveres jurídicos entre os envolvidos, de cunho preponderantemente ético e coerente, como o são os deveres de lealdade, de respeito, de honestidade e de cooperação –, munir-se-á o Juiz de um verdadeiro radar a fim de auscultar a melhor forma de concretização das expectativas e esperanças recíprocas outrora criadas, nascidas do afeto e nutridas pela confiança. (...) É nesse contexto – sempre guardadas as peculiaridades de cada hipótese específica – que os alimentos transitórios surgem como solução possível, isto é, como alavanca temporária para o aprumo socioeconômico do cônjuge necessitado, impedindo, dessa forma, a estipulação de pensões vitalícias destituídas de amparo legal."

▶ **Jurisprudência STJ. Resp. nº 1.025.769 – MG (2008/0017342-0) – ACÓRDÃO**

PROCESSO CIVIL E DIREITO CIVIL. FAMÍLIA. ALIMENTOS. AÇÃO DE SEPARAÇÃO JUDICIAL LITIGIOSA. IMPUTAÇÃO DE CULPA. VIOLAÇÃO DOS DEVERES DO CASAMENTO. PRESUNÇÃO DE PERDÃO TÁCITO. ALIMENTOS TRANSITÓRIOS. ATUALIZAÇÃO MONETÁRIA. (...) **Mesmo que se mitigue a regra inserta no art. 1.694 do CC/02, de que os alimentos devidos, na hipótese, são aqueles compatíveis com a *condição social* do alimentando, não se pode albergar o descompasso entre o *status* usufruído na constância do casamento ou da união estável e aquele que será propiciado pela atividade laborativa possível.** 6. A obrigação de prestar alimentos transitórios – a tempo certo – é cabível, em regra, quando o alimentando é pessoa com idade, condições e formação profissional compatíveis com uma provável inserção no mercado de trabalho, necessitando dos alimentos apenas até que atinja sua autonomia financeira, momento em que se emancipará da tutela do alimentante – outrora provedor do lar –, que será então liberado da obrigação, a qual se extinguirá automaticamente. 7. Nos termos do art. 1.710 do CC/02, a atualização monetária deve constar expressamente da decisão concessiva de alimentos, os quais podem ser fixados em número de salários mínimos. Precedentes. 8. Recurso especial parcialmente provido.

→ **Aplicação em Concurso Público.**
- *(MPE/CE/Promotor de Justiça/2009)*

A ação de separação judicial pode ser proposta por qualquer dos cônjuges, imputando ao outro ato que caracterize grave violação dos deveres do casamento

(A) desde que sejam casados por mais de um ano e a vida em comum se torne insuportável.
(B) desde que um dos cônjuges tenha abandonado o lar conjugal por período superior a trinta (30) dias.
(C) independentemente da insuportabilidade da vida em comum, desde que verificada uma das causas do rol exemplificativo constante da lei.
(D) e torne insuportável a vida em comum, fornecendo a lei rol exemplificativo de condutas autorizantes do pedido.
(E) e torne insuportável a vida em comum, sendo, porém, taxativo o rol que a lei oferece de condutas autorizantes do pedido.

Resposta: Alternativa "d".

▶ **Jurisprudência STJ:**

> *DIREITO CIVIL. PENSÃO ALIMENTÍCIA DEVIDA A EX-CÔNJUGE E FIXAÇÃO, OU NÃO, DE TERMO FINAL.*
>
> *Em regra, a pensão alimentícia devida a ex-cônjuge deve ser fixada por tempo determinado, sendo cabível o pensionamento alimentar sem marco final tão somente quando o alimentado (ex-cônjuge) se encontrar em circunstâncias excepcionais, como de incapacidade laboral permanente, saúde fragilizada ou impossibilidade prática de inserção no mercado de trabalho. Precedentes citados: REsp 1.290.313-AL, Quarta Turma, DJe 7/11/2014; REsp 1.396.957-PR, Terceira Turma, DJe 20/6/2014; e REsp 1.205.408-RJ, Terceira Turma, DJe 29/6/2011. REsp 1.496.948-SP, Rel. Ministro Moura Ribeiro, julgado em 3/3/2015, DJe 12/3/2015.*

7. **Alimentos provisórios devidos até o final da demanda.**

Segundo o art. 13, § 3º da presente Lei de Alimentos, o valor fixado em Alimentos Provisórios será utilizado como balizamento legal até o julgamento definitivo de todos os recursos. Nesse parágrafo que aqui se comenta, há uma complexa questão técnica, uma vez que os alimentos provisórios podem ser alterados quando da prolatação da sentença. Desse modo, a dúvida recai sobre qual o valor exato para execução dos alimentos, se o valor dos alimentos provisórios ou o valor dos alimentos definitivos.

A aplicação fria do § 3º do Art. 13 da Lei de Alimentos leva ao entendimento de que os provisórios devem sempre se sobrepor para fins de execução. Algumas provas de concurso, inclusive, direcionaram seus gabaritos nesse sentido, mas há entendimento firmado pelo STJ com interpretação diversa. Para os Ministros do Superior Tribunal de Justiça, a regra em comento deve prevalecer apenas enquanto não houver substituição pela fixação definitiva em sentença. Nesse sentido, assim se manifestou o Ministro Humberto Gomes de Barros, no julgamento do Resp. nº 714.962 – MG:

> "O termo "decisão final" contido no § 3º do Art. 13 da Lei de Alimentos, diz respeito somente aos alimentos provisórios. Assim, a sentença ou acórdão que julga a ação onde foram concedidos os alimentos provisórios substitui a decisão que os concedeu, de modo que, se julga improcedente o pedido, ou se reduz a verba alimentar, tem eficácia imediata, como na hipótese sob exame."

→ **Aplicação em Concurso Público.**

- *(DPE/SP/Defensor/2007)*
  Thales e Victor ingressaram com ação de alimentos, pleiteando 33% dos ganhos do pai. Os provisórios foram fixados em 25%. A sentença fixou os alimentos definitivos em 20%. Autores e réu recorreram, os primeiros pedem a elevação para 30% e o segundo pede a redução para 15%. Em execução dos valores que não estão sendo pagos, o Defensor deve cobrar o percentual de
  (A) trinta e três por cento.
  (B) trinta por cento.
  (C) vinte e cinco por cento.
  (D) vinte por cento.
  (E) quinze por cento.

  Resposta: A questão teve como reposta fornecida pela elaboradora a alternativa "c". Entretanto, em face dos argumentos já expostos, bem como em consonância com a pacífica jurisprudência do STJ abaixo repetida, entendemos que a resposta correta seria a alternativa "d".

▶ **Jurisprudência STJ.**

> FAMÍLIA. AÇÃO ALIMENTOS PROVISÓRIOS C/C SEPARAÇÃO. APELAÇÃO. EFEITO DEVOLUTIVO.
>
> – A norma do § 3º do Art. 13 da Lei de Alimentos incide, enquanto os alimentos provisórios não forem substituídos pelos definitivos, em sentença.
>
> – Em havendo condenação à prestação de alimentos, a apelação que desafia a sentença terá efeito somente devolutivo. (REsp. nº 714.962 – MG; DJ 18/12/2006)

> **Art. 14.** Da sentença caberá apelação no **efeito devolutivo**. (Redação dada pela Lei nº 6.014, de 27/12/73)

1. Não aplicação de efeito suspensivo nos recursos de apelação.

Não será aplicado o efeito suspensivo à sentença que concede alimentos em face da necessidade de pagamento das prestações até a discussão final da lide. De outra forma, **haveria a perda de efeitos para os alimentos provisórios,** que buscam exatamente garantir a manutenção da parte necessitada ao longo do processo.

▶ **Jurisprudência STJ.**

> *DIREITOS CIVIL E PROCESSUAL CIVIL. REVISIONAL DE ALIMENTOS. PROCEDÊNCIA DO PEDIDO. REDUÇÃO DA PENSÃO. APELAÇÃO. EFEITO SUSPENSIVO. CABIMENTO. PRECEDENTES. AGRAVO DESPROVIDO. – A orientação jurisprudencial que prevalece nesta Corte é no sentido de que a apelação contra a sentença que determina a redução dos alimentos deve ser recebida também no efeito suspensivo, em obséquio ao princípio que privilegia o interesse dos menores em detrimento do direito dos adultos. (AgRg no REsp 332897 / SP, DJ 12/08/2002)*

> **Art. 15.** A decisão judicial sobre alimentos não transita em julgado e pode a qualquer tempo ser revista, em face da modificação da situação financeira dos interessados.

1. Coisa julgada e direito de alimentos.

A alteração do valor estipulado a título de **alimentos provisórios** não faz coisa julgada material, por isso, nunca transita em julgado de forma definitiva. Haverá mera coisa julgada formal, sendo plenamente permitida a revisão dos termos decididos nos mesmos autos em que houve a tramitação da fixação do valor originariamente.

▶ **Doutrina. Opinião doutrinária acerca da formação de coisa julgada material à época em que foi proferida a sentença:**

> *"O art. 15 da Lei nº 5.478/68, ao estabelecer que a decisão judicial sobre alimentos não transita em julgado, permitindo assim a sua revisão diante da modificação da situação financeira de qualquer dos sujeitos dos alimentos, despertou intensa polêmica no âmbito do Direito Processual Civil diante a afirmação de alguns juristas de que o provimento jurisdicional*

que fixava os alimentos não formava coisa julgada. O Código de Processo Civil, de maneira mais técnica, assentou, em seu art. 471, inciso I, que é possível ao juiz julgar o pedido de revisão do que foi determinado na sentença, quando se tratar de relação jurídica comutativa (como no exemplo típico dos alimentos) e sobrevier modificação no estado de fato que ensejou o primeiro julgamento. Há, assim, formação de coisa julgada – não apenas formal, mas também material – relativamente à situação de fato existente à época em que foi proferida a sentença."[6]

▶ **Jurisprudência STJ: – Informativo Nº: 0381 – PENSÃO ALIMENTÍCIA – REVISÃO.**

> Trata-se de REsp em que a recorrente busca revisão de pensão alimentícia fixada em R$ 6.000,00, a qual recebe do recorrido desde o início do ano de 2000, quando ocorreu a separação judicial do casal. Assevera que o ex-marido possui uma das maiores fortunas em sua região e que essa também lhe pertence, mas se encontra na posse e administração exclusiva daquele enquanto o inventário de partilha segue em juízo. Ressalta que todo o patrimônio do casal foi construído ao longo de 22 anos de casamento, que tentou em vão uma partilha amigável, mas o recorrido vale-se de todos os artifícios possíveis para impedir a referida partilha. (...). **Assim, considerada a peculiaridade essencial de que, fixados os alimentos em separação judicial, os bens não foram partilhados e o patrimônio do casal está na posse e administração do alimentante, que protela a divisão do acervo do casal e, por conseguinte, a alimentanda não tem o direito de sequer zelar pela manutenção da parcela do patrimônio que auxiliou a construir, deve ser permitida a revisão dos alimentos enquanto tal situação perdurar.** REsp 1.046.296-MG, Rel. Min. Nancy Andrighi, julgado em 17/3/2009.

→ **Aplicação em Concurso Público.**

- *TJ/SC – Juiz /2009*
(C) A decisão judicial sobre alimentos não faz coisa julgada material.
Resposta: A alternativa está correta!

2. **Proibição de cláusula impeditiva de pleito revisional:**

A revisão dos alimentos faz parte da natureza intrínseca desse instituto, de modo que a exclusão desse direito acarretaria um "engessamento" da

---

6. GAMA, Guilherme Calmon Nogueira da. cit. p. 522.

prestação alimentícia que ficaria defasada com o passar do tempo. O binômio *necessidade x possibilidade* que informa a aplicação das regras de direito dos alimentos restariam, dessa forma, significativamente prejudicadas. **A proibição do pleito revisional através de cláusula contratual é nula**, por se tratar de regra contrária ao direito vigente.

▶ **Jurisprudência STJ.**

> *DIREITO CIVIL. FAMÍLIA. ALIMENTOS ENTRE CÔNJUGES. REVISÃO. ACORDO DE DIVÓRCIO. CLÁUSULA IMPEDITIVA DO PLEITO REVISIONAL. PENSÃO FIXADA SEM CARÁTER COMPENSATÓRIO. ADMISSIBILIDADE DA REDUÇÃO, DIANTE DAS PECULIARIDADES DA ESPÉCIE. A disponibilidade dos cônjuges separandos quanto à pensão não tem a magnitude de tolher a mutabilidade do quantum, ínsita às obrigações alimentares sem caráter compensatório, como na espécie. Recurso especial não conhecido. (REsp 595116 / SC, DJ 20/02/2006)*

3. **Exoneração de Alimentos.**

A exoneração de alimentos **não pode ser feita de modo automático**, como já exposto anteriormente, acerca da discussão da Súmula nº 358 do STJ. A manutenção da verba alimentar decorrerá de aferição judicial da possibilidade de sustento e manutenção do credor ou da impossibilidade de pagamento do devedor.

Questão bastante comum é a que diz respeito aos filhos que completam a maioridade, mas, ainda cursando o ensino superior, pleiteiam a manutenção da prestação alimentícia. O entendimento doutrinário, nesses casos, é no sentido de **continuidade do pagamento até o término do curso superior,** mormente se, em face dos estudos, o alimentando não pode se dedicar a trabalho ou outra atividade remunerada.

4. **A Ação Revisional de Alimentos baseada em constituição de nova família por parte do alimentante.**

Muito comuns são as Ações Revisionais de Alimentos quando o alimentante constitui nova família, normalmente através de casamento ou união estável. Mas o pedido também pode ser fundamentado, na mesma linha de ideias, quando o alimentante amplia seu rol de dependentes como quando, por exemplo, é pai mais uma vez. Certa visão simplista da matéria informa que estaria automaticamente autorizada a revisão da pensão fixada quando sobrevier nova família ou novos filhos ao alimentante.

O STJ firmou entendimento no sentido de que tal revisão nunca pode ser imediata e automática, e que dependerá, sempre, da comprovação da diminuição do requisito da "possibilidade do alimentante".

▶ **Jurisprudência STJ:**

DIREITO CIVIL. VALOR DA PRESTAÇÃO ALIMENTAR EM FACE DE CONSTITUIÇÃO DE NOVA UNIDADE FAMILIAR PELO ALIMENTANTE.

A constituição de nova família pelo devedor de alimentos não acarreta, por si só, revisão da quantia estabelecida a título de alimentos em favor dos filhos advindos de anterior unidade familiar formada pelo alimentante, sobretudo se não houver prova da diminuição da capacidade financeira do devedor em decorrência da formação do novo núcleo familiar. Precedentes citados: REsp 703.318-PR, Quarta Turma, DJ 1°/8/2005; e REsp 1.027.930-RJ, Terceira Turma, DJe 16/3/2009. REsp 1.496.948-SP, Rel. Ministro Moura Ribeiro, julgado em 3/3/2015, DJe 12/3/2015.

> **Art. 16.** Na execução da sentença ou do acordo nas ações de alimentos será observado o disposto no artigo 734 e seu parágrafo único do Código de Processo Civil.
>
> **Revogado pela Lei n°. 13015 de 2015 (Novo CPC).**

1. **Do novo procedimento para a execução de alimentos. A Reforma do CPC 2015 e suas repercussões no Direito de Família.**

A entrada em vigor do Novo Código de Processo Civil (Lei n º 13.105, de 2015) implicou na revogação dos arts. 16, 17 e 18 da Lei de Alimentos. Eram, justamente, os dispositivos que regulavam as regras de cobrança e execução de alimentos. Doravante, as regras para satisfação dos créditos alimentares passam a ser exclusivamente disciplinados no âmbito das normas processuais, ensejando, nesse ponto, unificação dos ritos e eliminando duplicidade normativa que existia anteriormente sobre a matéria.

De fato, quando se tratava de cobrança e execução de verbas alimentares, havia muita confusão, doutrinária e jurisprudencial, acerca de quais regras deveriam ser utilizadas: ou se utilizava as normas previstas na Lei de Alimentos ou as normas do antigo CPC.

Na época da tramitação do Projeto de Lei que se converteu na Lei n º 13.105, de 2015 – Novo Código de Processo Civil, criou-se, no âmbito da doutrina familiarista, expectativa sobre a completa uniformização de procedimentos para tratar de todas as questões relativas ao Direito de Família. Essa hipótese não se configurou em realidade, infelizmente. Tanto é assim que a Lei de Alimentos foi mantida no sistema jurídico e não ocorreu sua revogação expressa – nem tácita -, como se chegou a supor imediatamente após a reforma[7].

As grandes modificações na estrutura do Direito Processual, aí incluídas as regras que tratam de questões de Direito de Família são sintomáticas. A mudança do CPC-15 reestruturou as demandas da matéria de Direito de Família e, em especial, impôs um diálogo ainda mais avançado entre a matéria codificada no âmbito do processo civil e a Lei de Alimentos: ambos os conjuntos normativos necessitam caminhar juntos, haja vista que enquanto um deles fundamenta a fixação da pensão alimentícia, o outro possibilita sua exequibilidade.

As mudanças no processo de cognição, a reestruturação da resposta do réu, a nova dimensão das sentenças e a construção de precedentes são apenas algumas das profundas atualizações que a matéria sofreu, impondo criatividade e disciplina de todos os operadores do Direito de Família.

▶ **Doutrina:**

> "De um lado, estrutura-se um sistema de precedentes judiciais, em que se reconhece eficácia normativa a determinadas orientações da jurisprudência. A proliferação das súmulas nos tribunais e a consagração da súmula vinculante no STF são os exemplos mais ostensivos. A criatividade da função jurisdicional também é característica atualmente bem aceita pelo pensamento jurídico contemporâneo" **DIDIER JR, Fredie. Curso de Direito Processual Civil. 17. Ed. Salvador: Juspodivm, 2015, p. 50.**

---

[7]. Parte da doutrina de Direito de Família entendia ser a Lei de Alimentos, de 1968, norma anacrônica e defasada. Não é esse o nosso entendimento. Ao contrário, a celeridade da Lei de Alimentos permite, ainda nos dias de hoje, um percurso abreviado para ações que versem sobre esta matéria, garantindo a satisfação mais eficaz e rápida da pensão para as pessoas que dela necessitam. De todo modo, por amor ao debate, cumpre registrar a opinião de Maria Berenice Dias:
"De forma para lá de inusitada é conferida sobrevivência à lei de Alimentos (5.478/1968), que já se encontrava em estado terminal. Basta atentar que permite à parte dirigir-se diretamente ao juiz, propondo a ação verbalmente e sem representação de advogado." DIAS, Maria Berenice. **A cobrança dos alimentos no novo CPC.** Disponível em: http://www.migalhas.com.br/dePeso/16,MI229778,21048-A+cobranca+dos+alimentos+no+novo+CPC. Acesso em 17 de maio de 2017.

2. As regras gerais do CPC-15 sobre a matéria.

Em face de mudanças tão significativas, é necessário registrar as novas regras para a matéria de alimentos trazida pelo Código de Processo Civil de 2015.

> **CPC-15. Art. 528.** No cumprimento de sentença que condene ao pagamento de prestação alimentícia ou de decisão interlocutória que fixe alimentos, o juiz, a requerimento do exequente, mandará intimar o executado pessoalmente para, em 3 (três) dias, pagar o débito, provar que o fez ou justificar a impossibilidade de efetuá-lo.
>
> § 1º Caso o executado, no prazo referido no caput, não efetue o pagamento, não prove que o efetuou ou não apresente justificativa da impossibilidade de efetuá-lo, o juiz mandará protestar o pronunciamento judicial, aplicando-se, no que couber, o disposto no art. 517.
>
> § 2º Somente a comprovação de fato que gere a impossibilidade absoluta de pagar justificará o inadimplemento.
>
> § 3º Se o executado não pagar ou se a justificativa apresentada não for aceita, o juiz, além de mandar protestar o pronunciamento judicial na forma do § 1º, decretar-lhe-á a prisão pelo prazo de 1 (um) a 3 (três) meses.
>
> § 4º A prisão será cumprida em regime fechado, devendo o preso ficar separado dos presos comuns.
>
> § 5º O cumprimento da pena não exime o executado do pagamento das prestações vencidas e vincendas.
>
> § 6º Paga a prestação alimentícia, o juiz suspenderá o cumprimento da ordem de prisão.
>
> § 7º O débito alimentar que autoriza a prisão civil do alimentante é o que compreende até as 3 (três) prestações anteriores ao ajuizamento da execução e as que se vencerem no curso do processo.
>
> § 8º O exequente pode optar por promover o cumprimento da sentença ou decisão desde logo, nos termos do disposto neste Livro, Título II, Capítulo III, caso em que não será admissível a prisão do executado, e, recaindo a penhora em dinheiro, a concessão de efeito suspensivo à impugnação não obsta a que o exequente levante mensalmente a importância da prestação.
>
> § 9º Além das opções previstas no art. 516, parágrafo único, o exequente pode promover o cumprimento da sentença ou decisão que condena ao pagamento de prestação alimentícia no juízo de seu domicílio.
>
> Art. 529. Quando o executado for funcionário público, militar, diretor ou gerente de empresa ou empregado sujeito à legislação do trabalho,

o exequente poderá requerer o desconto em folha de pagamento da importância da prestação alimentícia.

§ 1º Ao proferir a decisão, o juiz oficiará à autoridade, à empresa ou ao empregador, determinando, sob pena de crime de desobediência, o desconto a partir da primeira remuneração posterior do executado, a contar do protocolo do ofício.

§ 2º O ofício conterá o nome e o número de inscrição no Cadastro de Pessoas Físicas do exequente e do executado, a importância a ser descontada mensalmente, o tempo de sua duração e a conta na qual deve ser feito o depósito.

§ 3º Sem prejuízo do pagamento dos alimentos vincendos, o débito objeto de execução pode ser descontado dos rendimentos ou rendas do executado, de forma parcelada, nos termos do caput deste artigo, contanto que, somado à parcela devida, não ultrapasse cinquenta por cento de seus ganhos líquidos.

Art. 530. Não cumprida a obrigação, observar-se-á o disposto nos arts. 831 e seguintes.

Art. 531. O disposto neste Capítulo aplica-se aos alimentos definitivos ou provisórios.

§ 1º A execução dos alimentos provisórios, bem como a dos alimentos fixados em sentença ainda não transitada em julgado, se processa em autos apartados.

§ 2º O cumprimento definitivo da obrigação de prestar alimentos será processado nos mesmos autos em que tenha sido proferida a sentença.

Art. 532. Verificada a conduta procrastinatória do executado, o juiz deverá, se for o caso, dar ciência ao Ministério Público dos indícios da prática do crime de abandono material.

Art. 533. Quando a indenização por ato ilícito incluir prestação de alimentos, caberá ao executado, a requerimento do exequente, constituir capital cuja renda assegure o pagamento do valor mensal da pensão.

§ 1º O capital a que se refere o caput, representado por imóveis ou por direitos reais sobre imóveis suscetíveis de alienação, títulos da dívida pública ou aplicações financeiras em banco oficial, será inalienável e impenhorável enquanto durar a obrigação do executado, além de constituir-se em patrimônio de afetação.

§ 2º O juiz poderá substituir a constituição do capital pela inclusão do exequente em folha de pagamento de pessoa jurídica de notória capacidade econômica ou, a requerimento do executado, por fiança bancária ou garantia real, em valor a ser arbitrado de imediato pelo juiz.

§ 3º Se sobrevier modificação nas condições econômicas, poderá a parte requerer, conforme as circunstâncias, redução ou aumento da prestação.

LEI DE ALIMENTOS   **Art. 16**

§ 4º A prestação alimentícia poderá ser fixada tomando por base o salário-mínimo.

§ 5º Finda a obrigação de prestar alimentos, o juiz mandará liberar o capital, cessar o desconto em folha ou cancelar as garantias prestadas.

3. **A prisão do devedor de alimentos: mudança de paradigmas.**

Tradicionalmente, a execução de alimentos, no Brasil, convergiu, direta ou indiretamente, para a prisão civil do devedor, sendo esta a derradeira modalidade de prisão civil em vigor no país (a prisão do depositário infiel não é mais aceita). Questão de nítido respaldo social é a mudança de paradigmas no que diz respeito à coercibilidade da norma que exige o pagamento de alimentos. Anteriormente o pagamento da pensão alimentícia era "garantido" exclusivamente por meio da prisão do devedor. É fato incontroverso que a decretação da prisão, ou apenas a sua "ameaça", mediante decisão judicial que determina o pagamento ou a justificativa no prazo de 03 dias, tem o condão de efetivar, no mais das vezes, a satisfação do débito.

Entretanto, a prisão é uma medida extrema. A restrição da liberdade é situação de enorme gravidade e que deixa marcas profundas, muitas vezes para o resto da vida. São comuns os relatos de pais devedores de pensão alimentícia, que uma vez presos, alegam que as relações pessoais e afetivas com o(s) filho(s) foram completamente destruídas após a prisão. Fica a impressão de que "foi o filho quem mandou prender o pai", ou que o "pai foi preso por conta do filho". Tais deturpações psicológicas do processo de alimentos não tem respaldo teórico, mas não há como negar que elas realmente existem na vida cotidiana.

Outro problema é o fato de o preso não poder trabalhar. A questão é contraditória, sobretudo num país, como o Brasil, onde o nível de desempregados, em média, supera uma dezena de milhões, fenômeno verificável em todas as regiões.

Por fim, uma outra discussão possível trata da falta de legislação apropriada para o regime fechado do devedor de alimentos que está preso. Decerto, salvo melhor juízo, não se aplica ao caso a Lei de Execuções Penais, exatamente por se tratar de uma prisão civil. Assim, por exemplo, questões de revelo são postas em debate, como a possibilidade de visita íntima para o devedor de alimentos preso, ou se dias de trabalho abateriam dias de pena, como ocorre na Execução Penal.

Soa construtiva e é bem-vinda a mudança de perspectivas. A prisão do devedor de alimentos continua sendo a medida exemplar – e última – pra

79

resolver a dívida de alimentos não satisfeita, mas não é a única maneira. Outros modos de se cobrar a dívida e de "forçar" o devedor ao pagamento estão em plena evolução.

▶ **Doutrina:**

> *"A questão que se coloca é: realmente o modelo de prisão por inadimplemento da pensão alimentar é aquele desejável para o sistema? (...) Há uma ideia recorrente no meio forense pela qual depois de decretada a prisão do devedor de alimentos, o dinheiro, até então inexistente, costuma aparecer rapidamente. Aliás, há ainda uma frase, com grande grau de malícia, pela qual a única prisão efetiva no Brasil é a do devedor de alimentos. Se a prisão ou a simples ameaça é forma de coerção efetiva e eficiente, problemas evidentes dela decorrem. Dois são os mais óbvios. O primeiro é o efeito nefasto à relação pessoal e afetiva entre o credor e o devedor. A prisão de um pai a pedido de um filho, ainda que representado por sua mãe, é, geralmente, o fim de qualquer relação pessoal entre eles. A raiva e mágoa que surgem deste meio de coerção é causa de deterioração ou rompimento das relações pessoais. Ainda, se a prisão ocorre, o devedor fica impedido de trabalhar. Isso, por si, não é bom para o credor, pois, quanto menos o devedor trabalha, menos chance tem de pagar o que deve. Pior, se o devedor for demitido porque ficou 90 dias preso, a ruína financeira pode nascer exatamente em razão da prisão."*[8]

É necessário recordar que o período de cumprimento da prisão civil é norma muito discutida na doutrina. A Lei de Alimentos, no Art. 19, não revogado expressamente pelo CPC-15, prevê o prazo de até 60 (sessenta dias) para a prisão civil do devedor de alimentos. Entretanto, a regra do parágrafo 3º do Art. 528 do CPC fala no prazo de um até três meses. Doutrinariamente, **algumas posições se colocam no sentido de que o menor prazo deveria ser o obedecido, em atenção ao princípio de que a execução deve ser realizada de modo menos gravoso para o executado. Mas esse entendimento não deve prevalecer, mantendo-se o prazo mais atual de até três meses.**

Outro dado de relevo é que a prisão civil do devedor de **alimentos não pode ser equiparada à prisão penal, sendo inconcebível, por exemplo, a progressão de regime.**

---

8. SIMÃO, José Fernando. Formas da cobrança de alimentos vão muito além da prisão civil. Disponível em: http://www.conjur.com.br/2015-nov-22/processo-familiar-formas-cobraca--alimentos-alem-prisao-civil. Acesso em 17 de maio de 2017.

> **CPC-15. Atr. 528.** (...)
>
> § 3º Se o executado não pagar ou se a justificativa apresentada não for aceita, o juiz, além de mandar protestar o pronunciamento judicial na forma do § 1º, decretar-lhe-á a prisão pelo prazo de 1 (um) a 3 (três) meses.
>
> (...)
>
> § 7º O débito alimentar que autoriza a prisão civil do alimentante é o que compreende até as 3 (três) prestações anteriores ao ajuizamento da execução e as que se vencerem no curso do processo.

3.1. Regime fechado para prisão de alimentos.

O regime de cumprimento, obrigatoriamente, **será o regime fechado, e o devedor de alimentos deverá ficar separado dos demais presos comuns**. A crítica sobre tal regra também é significativa. Várias unidades prisionais espalhados pelo país não possuem locais específicos para receber os devedores de alimentos que tem suas prisões decretadas. Em tais circunstâncias, **estará autorizado o magistrado a determinar o recolhimento em outro local que se presta para tal finalidade, quando possível**. Não existindo, em qualquer hipótese, espaço destinado para o cumprimento da pena civil, **nossa opinião é no sentido de que estaria, extraordinariamente, autorizado o magistrado, a adotar outro tipo de pena, como por exemplo a prisão domiciliar**, tudo a critério do juízo onde a ação tramita e em face das peculiaridades de cada caso.

> **CPC-15. Atr. 528.** (...)
>
> § 4º A prisão será cumprida em regime fechado, devendo o preso ficar separado dos presos comuns.

4. Imediatidade da satisfação do débito alimentar.

O CPC – 73 permitia uma leitura das regras sobre a satisfação do débito alimentar muito favorável ao devedor. Havia uma remansosa interpretação no sentido de que a possibilidade de se pedir a prisão do devedor não era imediata ao atraso no pagamento da pensão, mas sim configurada na reunião de três meses de atraso. Tal linha interpretativa tão "confortável" ao devedor criou uma prática esdrúxula, segundo a qual o devedor, muitas vezes, quando estava para se vencer a terceira prestação mensal, pagava uma delas, para não configurar o "atraso superior a noventa dias". Eis que estava configurada a expressão "calvário da execução de alimentos", como já afirmado e referenciado anteriormente.

O CPC – 15 modificou a estrutura da cobrança da pensão alimentícia a partir da imediatidade da sua cobrança. Assim, não é mais necessário esperar qualquer prazo para se requerer a prisão do devedor, bastando a configuração do atraso no pagamento. Assim, por exemplo, se a dívida deve ser paga no último dia do mês, e não houve o pagamento, no primeiro dia útil subsequente já é possível ingressar com a medida executiva cabível e apropriada, em conformidade com as modalidades já apresentadas.

A norma: *"o débito alimentar que autoriza a prisão civil é o que compreende até as três prestações anteriores ao ajuizamento da execução"*, constante do parágrafo 7º do art. 528 do CPC – 15, induz a possibilidade de cobrança imediata. Dito de outro modo: basta uma única parcela vencida para ensejar a cobrança forçada do valor dos alimentos.

De fato, não fazia sentido conceder ao devedor a prerrogativa de atrasar deliberadamente o pagamento das prestações alimentícias, situação que configurava nítido "abuso de direito", e que vinha sendo paulatinamente combatido pela melhor jurisprudência mesmo antes da entrada em vigo do atual diploma processual.

5. **Das prestações de alimentos vencidas durante a prisão do devedor.**

Por óbvio, as prestações de alimentos, que são permanentes por natureza, não deixam de ser cobradas enquanto o devedor estiver preso no regime fechado, caso tenha havido essa determinação judicial. Isso se dá, mais uma vez, porque os alimentos representam a manutenção e a sobrevivência do alimentando.

Assim, a previsão da parte final do § 7º do Art. 528 do CPC – 15 não deixa dúvidas que a saída do devedor da prisão no regime fechado só é autorizada mediante a quitação do deito – atualizado – do valor que ensejou a privação de liberdade, somado aos valores que se vencerem ao longo do cumprimento da pena (que vai de um até três meses).

6. **Estrutura geral do sistema de cobrança de alimentos.**

A execução de alimentos, seja ela **fundada em título judicial** ou **extrajudicial**, é organizada de acordo com os seguintes parâmetros:

a) Coação pessoal (rito da prisão), com fundamento nos Arts. 528 e 911 do CPC-15;

b) Expropriação patrimonial (sem a prisão do devedor), com fundamento nos Arts. 528, §8º e 530 do CPC – 15;

c) Desconto em folha de pagamento do devedor, com fundamento nos Arts. 529 e 912 do CPC-15.

Do ponto de vista prático, a cobrança, através de advogado, deve obedecer a um dos caminhos abaixo indicados:

→ Para **Títulos Judiciais:**

1. Cumprimento de sentença ou de decisão interlocutória para a cobrança de alimentos pelo rito da prisão do devedor, com fundamento no Art. 528 do CPC - 15;

2. Cumprimento de sentença ou de decisão interlocutória para a cobrança dos alimentos pelo rito da expropriação, com fundamento no Art. 530 do CPC – 15;

→ Para **Títulos Extrajudiciais:**

1. Interposição de Ação Judicial visando a cobrança pelo rito da prisão do devedor, com fundamento no Art. 911 do CPC-15;

2. Interposição de Ação Judicial visando a cobrança pelo rito da expropriação, com fundamento no Art. 913 do CPC-15.

A eleição do modo de cobrança, bem como do procedimento, conforme acima demonstrado, vai variar de acordo com a natureza do título que dá ensejo ao débito alimentar, bem como com as opções próprias do exequente, além do tempo de atraso no pagamento das prestações em discussão. A sistemática do CPC-15 outorgou maior liberdade deliberativa ao credor, haja vista que trouxe mais opções para a satisfação do débito alimentar.

Identicamente, é possível distinguir as modalidades de execução das verbas alimentares em face do modo de processamento de cada um dos pedidos, sejam eles nos próprios autos, em processos apartados, ou em processo executório autônomo, senão vejamos:

7. **Modos de processamento da cobrança dos alimentos:**

A cobrança dos alimentos deverá ser implementada de diferentes modos, de acordo com a modalidade dos alimentos devidos e com a forma pela qual foi fixada a verba de natureza alimentar. De modo esquemático, temos:

a) Cumprimento da sentença definitiva ou de acordo judicial → cobrança deve ser realizada promovido nos mesmos autos da ação de alimentos, com fundamento no Art. 531 § 2º do CPC-15;

b) Execução dos alimentos provisórios e da sentença sujeita a recurso → cobrança se processa em autos apartados, com fundamento no Art. 531§ 1º do CPC-15;

c) Execução de acordo extrajudicial → cobrança se efetiva através do uso do processo executório autônomo, com fundamento no Art. 911 do CPC-15.

8. **Alimentos Provisórios e Provisionais no CPC-15.**

A distinção entre alimentos provisórios e provisionais vem sendo muito discutida doutrinariamente. De fato, a multiplicidade de opções dadas pelo legislador para a efetivação do Direito dos Alimentos gera questionamentos de ordem procedimental de difícil conciliação. Na verdade, a opção pela modalidade dos alimentos provisórios, dos provisionais, ou da fixação de alimentos pelo instituto da antecipação de tutela sempre foi uma escolha do requerente, através de seu advogado. Daí ressalta a importância do causídico ter nítida percepção da atual situação do cliente, bem como de suas necessidades, a fim de que seja utilizada a ferramenta mais adequada para suas pretensões.

Determina o referido artigo da Lei de Alimentos, que o juiz fixará os alimentos provisórios, **independentemente de requisição da parte autora**, a fim de que a prestação alimentícia seja assegurada até o fim da discussão processual.

Importa, aqui, fazer a devida distinção entre alimentos provisórios e os alimentos provisionais, matéria que sempre gerou constantes dúvidas nos candidatos a concursos e demais estudantes:

Alimentos provisórios	Alimentos provisionais
Têm natureza de tutela provisória de urgência satisfativa, concedida liminarmente, ou seja, antes mesmo da oitiva do devedor, na ação de alimentos, por despacho do juiz. Não há outra ação principal.	**Têm natureza geral de tutela provisória não satisfativa cautelar de urgência**, pois não há a satisfação propriamente do direito em si, mas sim de um direito usado para acautelar outro direito futuro, seja ela antecedente ou incidente, ou nas ações de divórcio, nulidade ou anulação de casamento, ou ainda nas ações de dissolução de união estável.

LEI DE ALIMENTOS

Alimentos provisórios	Alimentos provisionais
Devem ser concedidos **quando houver prova que ateste a probabilidade do direito caracterizador da dependência alimentar**, isto é, vinculo decorrente de parentesco, casamento ou união estável. A urgência já se encontra implícita no caráter particular da verba alimentícia visando à satisfação das necessidades básicas.	Serão concedidos **mediante a comprovação dos requisitos gerais das tutelas de** urgência, baseada na probabilidade do direito a ser acautelado, ou seja, a ser protegido para vir a ser efetivado futuramente, (*"fumus boni iuris"*) e o perigo de dano (*"periculum in mora"*), ou o risco do resultado útil do processo. Em razão da natureza inata de urgência da tutela cautelar, não pode ela ser requerida somente pelo caráter de evidência, apesar de que, se houver na situação fática a incidência de umas das situações do art. 311, CPC/15, pode ela servir de embasamento maior para justificar a tutela, entretanto, não pode o pedido da cautelar ser feito unicamente pelo critério da evidência.
Fundamentação: **Lei nº 5478/68, art. 4º**.	Fundamentação: **CPC/15, arts. 294 a 302, e arts. 305 a 310**.

Ressalte-se que, a partir das mudanças do Novo Código de Processo Civil de 2015, as quais eliminaram o procedimento das tutelas cautelares típicas, dentro do qual se encontrava a medida cautelar de alimentos provisionais, e atípicas, reduzindo-as aos pedidos de tutela provisória de urgência, discute-se dentro do âmbito processual se a divisão entre tutela provisória de urgência satisfativa e não satisfativa (cautelar) é puramente doutrinária ou possui alguma implicação prática.

De toda forma, com a conversão da medida cautelar em tutela provisória cautelar, com suas devidas adaptações, foram excluídos os artigos que tratavam especificamente da ação cautelar de alimentos provisionais, inexistindo a expressão no novo código, apesar de presente ainda na lei de investigação de paternidade. Todavia, caso haja a sua necessidade, é ainda cabível o pedido dos alimentos provisionais, em tutela, atendendo os seus requisitos autorizadores.

Apenas para fins didáticos e de entendimento, a antiga tutela antecipada foi totalmente remodelada no novo código de processo civil, apesar de ainda manter suas características de concessão geral. A tutela, de maneira genérica, pode ser dividida em tutela definitiva ou provisória. Ambas irão se dividir em tutelas satisfativas e não satisfativa.

A primeira, por sua vez, busca o provimento final, seja de maneira antecipada, como ocorre na tutela provisória, ou de maneira definitiva. Já a não-satisfativa, ou cautelar, visa a proteção de um bem jurídico principal para sua futura efetivação ao final. Com relação à tutela provisória, esta se subdividirá em tutela de urgência ou de evidência, ambas podendo ser requeridas ao longo do processo (incidental), ou logo no início, em caráter liminar.

Seguem os **quadros de esquematização**:

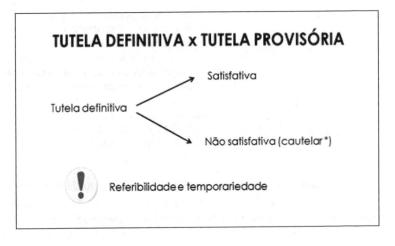

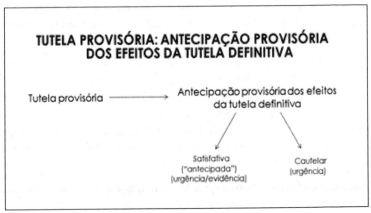

LEI DE ALIMENTOS

Art. 16

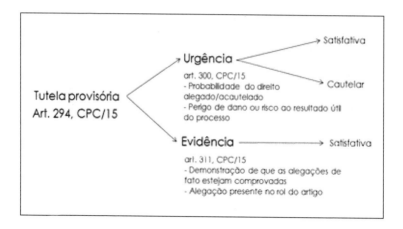

9. **Execução dos alimentos provisórios e definitivos.**

Salvo a distinção no que diz respeito ao modo de processamento (cobrança realizada nos próprios autos ou processada em autos apartados), a regra processual não diferencia, quanto ao modo de execução, os *alimentos provisórios*, fixados liminar ou incidentalmente em decisão interlocutória sujeita a recurso, e *alimentos definitivos*, fixados em sentença, mesmo que pendente de recurso. Ambas as modalidades (*provisórios ou definitivos*) podem ser cobrados por qualquer das modalidades executórias, tanto pelo rito da coação pessoal, quanto da expropriação patrimonial.

10. **Ações distintas para cobrança de alimentos pelo rito da prisão e da constrição patrimonial.**

Uma das expectativas mais decantadas, ao longo da fase de discussão e votação do Projeto de Lei que se transformou no atual Código de Processo Civil, dizia respeito ao fim da dupla ação judicial para cobrança de alimentos que fossem, simultaneamente, exequíveis pela via da prisão e a da constrição patrimonial. Tal problema, infelizmente, não foi solucionado pelo legislador. A dupla via de execuções judiciais continua, obrigando as partes e seus representantes a percorrem, em processos diferentes, a cobrança dos alimentos "atuais" e dos alimentos "antigos".

O art. 530 do CPC-15 autorizou, tão somente, a continuação, nos mesmos autos, da execução quando, uma vez não satisfeita a dívida pela via da coação pessoal (rito da prisão), passa-se, automaticamente, aos procedimentos da constrição patrimonial previstos a partir do Art. 831 e seguintes do CPC-15.

87

A questão é complexa, e vem casando sérios "desconfortos" no momento da sua aplicação. De fato, *vários magistrados descumprem formalmente a norma e unificam os procedimentos, no dia a dia das Varas de Família, a fim de simplificar o rito.* Mas tal procedimento é equivocado, defendo ser atacado por recurso cabível, se for o caso.

É importante lembrar que o CPC-15 não alterou em nada a ação de Alimentos e seu rito permanece o da Lei de Alimentos, a qual continua plenamente em vigor, com exceção dos Arts. 16 a 18 que tratavam da execução e foram revogados.

Cumpre, identicamente, registrar que o antigo Rito Ordinário, pelo qual se cumulavam várias ações, não mais existe no CPC-15, tendo sido substituído pelo Procedimento Comum.

Restam, portanto, duas formas de se pedir, judicialmente, os alimentos:

a) Pelo rito da Lei de Alimentos, com pedido liminar, cumprindo procedimento especial e deferimento imediato dos alimentos provisionais uma vez comprovada a relação de parentesco ou conjugalidade/ companheirismo;

b) Através de ação pelo Procedimento Comum, sendo possível, inclusive, cumular o pedido de alimentos om outros pedidos como divórcio, guarda dos filhos, partilha dos bens, com antecipação ou não dos efeitos da tutela pretendida.

No caso "a", preenchidos os requisitos, o deferimento dos alimentos é liminar, e são chamados de "alimentos provisórios".

No caso "b", o pedido deve ser concessão de tutela satisfativa (antecipação) ou cautelar (garantia do direito de alimentos de maneira definitiva no final do processo). Para essa modalidade de alimentos, o CPC-155 não trouxe nomenclatura específica, e ao que os parece, deve continuar sendo tratado como "alimentos provisionais", por conta da exata distinção que havia na codificação anterior que não foi revogada pela atual. Do ponto de vista prático, o grande problema é que nessa hipótese, o magistrado pode não conceder a tutela requerida na Petição Inicial, pois pode entender que não se trata de procedimento de "extrema urgência", como funcionaria se fosse seguido o rito da Lei de Alimentos.

Caso o magistrado entenda que não estão preenchidos os requisitos da tutela satisfativa ou cautelar, que vai sofrer os efeitos da lentidão processual é a parte alimentanda, que corre o risco de percorrer o processo (ou uma parte dele) sem estar recebendo os alimentos ao longo da demanda.

Como já registrado anteriormente, o que acontece muitas vezes na prática é que, não raramente, muitos advogados e magistrados confundem os ritos e requerem os efeitos dos alimentos provisórios nos processos de procedimento comum. Seria o seguinte exemplo: Uma ação de divórcio cumulada com guarda de filhos, partilha de bens e alimentos, em que se pede a fixação dos alimentos provisórios de maneira liminar, assim que o magistrado despachar pela primeira vez na Petição Inicial. Está errado, posto que estão sendo "misturados" os ritos. Tal confusão procedimental turba a marcha processual e impede a celeridade e o primor técnico que a matéria, por sua importância, exige.

No ponto, cabe dizer que o CPC-15, na sua fase de tramitação, causou muita expectativa de, definitivamente, sepultar a dualidade de ritos para as demandas de alimentos, o que não ocorreu, infelizmente.

11. Do protesto da dívida de alimentos.

O protesto da dívida de alimentos é inovação de cunho pragmático, e objetiva forçar o devedor a cumprir com suas obrigações alimentares através de medidas que constrangem e obrigam, direta ou indiretamente, a satisfação do débito. O protesto é um dos meios alternativos apresentados pelo CPC – 15 para conduzir à satisfação do débito. Parte da doutrina caracteriza tal situação como sendo uma "medida inibitória".

Haverá a determinação judicial no sentido de efetivar o protesto quando o devedor não pagar sua dívida no prazo de três dias, conforme previsto no *caput* do Art. 528 do CPC-15. Essa determinação judicial, que na norma vem descrita como "pronunciamento judicial", ocorrerá independentemente de solicitação da parte exequente. Isto é, trata-se de ato a ser praticado "de ofício" pelo juiz tão logo verifique, ou a inexistência de defesa no prazo tríduo, ou o não reconhecimento de justa causa ao inda implemento alimentar. A inscrição do protesto passa a ser, então, uma medida obrigatória para os procedimentos de execução de alimentos. Tal previsão não estava contida na Lei de Alimentos, e representa inovação dos tempos contemporâneos. A previsão legal para o protesto é a seguinte:

> **CPC – 15, Art. 528, § 1º** Caso o executado, no prazo referido no caput, não efetue o pagamento, não prove que o efetuou ou não apresente justificativa da impossibilidade de efetuá-lo, o juiz mandará protestar o pronunciamento judicial, aplicando-se, no que couber, o disposto no art. 517.

A medida não é de todo inovadora, posto que já havia resoluções das Corregedorias de Tribunais Estaduais editadas nesse sentido[9]. A modificação foi na obrigatoriedade da determinação por parte do magistrado, tão logo reconheça a mora do devedor e este passe sofrer as consequências jurídicas e processuais do seu inadimplemento.

De modo geral, o protesto objetiva constranger publicamente o devedor e impedir a obtenção de crédito financeiro no mercado. Tal protesto deve ser determinado *de ofício* pelo magistrado, diferentemente da medida coercitiva de prisão do devedor de alimentos, que não pode ser deferida *de ofício* pelo magistrado.

▶ **Doutrina:**

> "De acordo com o dispositivo, caso o credo já possua uma decisão reconhecendo o seu direito a alimentos, seja ela de natureza interlocutória ou uma sentença, poderá pleitear o seu imediato cumprimento, seja no mesmo juízo, ou perante o foro em que passar a ter domicílio. Na sequencia, o devedor será intimado pessoalmente para, em três dias, pagar os valores ou justificar a sua impossibilidade, pois, do contrário, poderá ser decretada a sua prisão civil. O NPC, na esteira do que prevê a Constituição (art. 5º. LXVII da CFRB), autoriza que seja apresentada justificativa plausível para o pagamento, hipótese em que não será decretada a prisão civil. Esta impossibilidade absoluta de pagamento deve ser devidamente provada pelo executado e, se for acolhida pelo magistrado, será determinado o protesto do pronunciamento judicial para fins de publicidade desta impontualidade".[10]

---

9. "Registra-se que provimentos administrativos, editados desde a década passada, ou seja, muito antes do novo CPC, buscaram estabelecer medida inibitória ao inadimplemento alimentar, quando orientaram por serem levadas a protesto as decisões judiciais e sentenças determinantes da obrigação de prestar alimentos. Neste sentido, o Provimento 3/2008, de 11 de setembro de 2008, do Conselho da Magistratura de Pernambuco, por nossa iniciativa enquanto Presidente do Tribunal de Justiça estadual, colocou-se como normativo pioneiro, ao dispor sobre o protesto de decisões acerca de alimentos provisórios ou provisionais e de sentença transitada em julgado, em sede de ação de alimentos (DPJ-PE, de 17.09.2008), ditando as providências administrativas de protesto, independente de execução das decisões judiciais inadimplidas." ALVES, Jones de Figueiredo. Pensão alimentícia conta com maior proteção no novo CPC. Disponível em: http://www.conjur.com.br/2016-abr-17/processo-familiar-pensao-alimenticia-conta-maior-protecao-cpc. Acesso em 19 de maio de 2017.

10. HARTMANN, Rodolgo Kronemberg. Comentários ao Novo Código de Processo Civil. Coordenação: Antônio do Passo Cabral Ronaldo Cramber. 2ª ed. Rio de Janeiro: Forense, 2016, p. 838.

12. Das hipóteses de impossibilidade de pagar a pensão alimentícia.

Várias são as justificativas apresentadas na prática das Varas de Família para a os casos de não pagamento de pensão. Dívidas preexistentes, existência de outros (ou novos) filhos, novas uniões (casamento ou união estável) do devedor, desemprego, inexistência de renda fixa, incapacidade para o trabalho, crises econômicas que assolam o país, dentre uma infinidade de argumentos. O importante a se destacar é que apenas a **"impossibilidade absoluta de pagar"** é que deverá ser acatada pelo magistrado, como plausível e, por óbvio, mediante a devida comprovação das alegações trazidas aos autos.

> **CPC-15. Atr. 528. (...)**
>
> § 2º Somente a comprovação de fato que gere a impossibilidade absoluta de pagar justificará o inadimplemento.

13. Da execução das quantias já vencidas e das que se vencem no curso do processo.

O fato de ter sido decretada a prisão **não exime o devedor do pagamento da dívida de alimentos**, sejam os alimentos já vencidos ou os vincendos. Existe uma crença equivocada, por parte dos devedores de alimentos, ao imaginar que "seria mais interessante ser preso e não pagar a dívida". Essa visão não tem qualquer fundamento legal ou jurídico.

O fato de ter sido decretada a prisão – e o seu cumprimento – não tem o condão de fazer desaparecer a dívida de alimentos. Mesmo preso, o devedor ainda será executado para a satisfação das dívidas vencidas, mas a execução se dará por meio de constrição patrimonial após o fim do período da prisão. Acerca das prestações vincendas, nada impede que, não sendo pagas e preenchidos os critérios legais, venha a ser decretada nova prisão do mesmo devedor.

> **CPC-15. Atr. 528. (...)**
>
> § 5º O cumprimento da pena não exime o executado do pagamento das prestações vencidas e vincendas.
>
> § 6º Paga a prestação alimentícia, o juiz suspenderá o cumprimento da ordem de prisão.

14. Possibilidade de pedido do cumprimento da sentença no juízo de domicílio do exequente.

O CPC-15 amplia e facilita o procedimento de execução das verbas de natureza alimentar, na medida em que autoriza que o cumprimento de sentença possa ser realizado diretamente no juízo de seu domicílio, mesmo que este não tenha sido o foro da fiação dos alimentos. Tal procedimento atende às demandas das pessoas que, por inúmeras razões, se mudam de residência/domicílio, tendo sido fixados os alimentos em determinado local, e passando, por exemplo, a necessitar ingressar na justiça para a satisfação da dívida em outro local.

> **CPC-15. Atr. 528.** (...)
>
> § 9º Além das opções previstas no art. 516, parágrafo único, o exequente pode promover o cumprimento da sentença ou decisão que condena ao pagamento de prestação alimentícia no juízo de seu domicílio.

15. Da impugnação à execução de alimentos

Ao devedor de alimentos cabe a impugnação à execução, havendo justificativas plausíveis para tanto, no afã de tentar evitar a satisfação do débito alimentar por suas diversas formas. Essa é única "alternativa" possível ao executado através da modalidade "cumprimento de sentença", a fim de tentar demonstrar a inconsistência da execução de alimentos, e a norma será regida Art. 525 do CPC-15.

> **CPC-15.**
>
> Art. 525. Transcorrido o prazo previsto no art. 523 sem o pagamento voluntário, inicia-se o prazo de 15 (quinze) dias para que o executado, independentemente de penhora ou nova intimação, apresente, nos próprios autos, sua impugnação.
>
> § 1º Na impugnação, o executado poderá alegar:
>
> I - falta ou nulidade da citação se, na fase de conhecimento, o processo correu à revelia;
>
> II - ilegitimidade de parte;
>
> III - inexequibilidade do título ou inexigibilidade da obrigação;
>
> IV - penhora incorreta ou avaliação errônea;
>
> V - excesso de execução ou cumulação indevida de execuções;
>
> VI - incompetência absoluta ou relativa do juízo da execução;
>
> VII - qualquer causa modificativa ou extintiva da obrigação, como pagamento, novação, compensação, transação ou prescrição, desde que supervenientes à sentença.
>
> (...)

No exato teor do parágrafo 6º do Art. 525 do CPC-15, a apresentação de impugnação não impede a prática dos atos executivos, inclusive os de expropriação, podendo o juiz, a requerimento do executado e desde que garantido o juízo com penhora, caução ou depósito suficientes, atribuir-lhe efeito suspensivo, se seus fundamentos forem relevantes e se o prosseguimento da execução for manifestamente suscetível de causar ao executado grave dano de difícil ou incerta reparação

16. Do cumprimento de sentença pelo rito da expropriação.

Por motivos morais, pessoais ou por questões de natureza econômica, a parte exequente pode optar por não utilizar o rito da prisão civil do devedor de alimentos. Nesse caso, haverá o cumprimento de sentença por quantia certa, seguindo o rito da expropriação de bens. Reforce-se: optando o credor pelo rito da expropriação, não será admissível a prisão do executado.

No caso das "dívidas antigas", ou seja, aquelas anteriores aos últimos três meses, não é tolerável o rito da prisão do devedor de alimentos, sendo a execução exclusivamente realizada por meio do rito da expropriação.

Se os alimentos forem decorrentes de título extrajudicial, deve-se manejar Ação de Execução. Se os alimentos forem decorrentes de título judicial, deverá ser manejado o cumprimento de sentença. A matéria tem sua previsão entre os Arts. 523 a 527 do CPC-15.

Importante ressaltar que no caso dos procedimentos de cumprimento de sentença pelo rito da expropriação, **será dispensada a caução prevista no Art. 520, IV, no teor da redação do Art. 521, I, ambos do CPC**, que trata expressamente da execução de alimentos.

Estabelecidas as diferenças entre **impugnação ao cumprimento de sentença de alimentos e embargos à ação de execução de alimentos**, temos o seguinte esquema ilustrativo das distinções:

Espécie dos Alimentos devidos	Rito de Execução	Contraditório do Executado
Alimentos decorrentes de título extrajudicial	- Ação de Execução de Alimentos pelo rito da prisão do devedor CPC- Art. 911 a 912. ou - Ação de Execução de Alimentos pelo rito da expropriação de bens CPC – Art. 913 c/c 824	Embargos à Execução de Alimentos CPC – 914 a 920.
Alimentos decorrentes de título judicial	- Cumprimento de Sentença pelo rito da prisão do devedor CPC – Arts. 528 a 533. ou - Cumprimento de Sentença pelo rito da expropriação de bens, sem prisão do devedor. CPC – Arts. 523 a 527. - Cumprimento de Sentença pelo rito do desconto em folha de pagamento, sem prisão do devedor. CPC- Art. 529.	Impugnação à Execução nos próprios autos. CPC. Art. 525

▶ **Doutrina:**

"Para a cobrança de alimentos vencidos há mais de três meses, somente é possível o uso da via expropriatória, independentemente de ser título executivo judicial (CPC 528) ou extrajudicial (CPC 911). Tratando-se de título executivo extrajudicial, a cobrança depende da propositura de execução judicial (CPC 913), por quantia certa (CPC 824 e ss). Na inicial deve o credor indicar os bens a serem penhorados (CPC 829 § 2.º). Ao despachar a inicial o juiz fixa, de plano, honorários advocatícios de 10% (CPC 827). O executado é citado pelo correio (CPC 246 I) para, em três dias, efetuar o pagamento da dívida (CPC 827), fluindo o prazo da data da juntada aos autos do aviso de recebimento (CPC 231 I). Procedendo ao pagamento nesse prazo, a verba honorária é reduzida pela metade (CPC 827 § 1º). Não efetuado o pagamento, o oficial de justiça procede à penhora e à avaliação dos bens.

A preferência é sempre penhorar dinheiro (CPC 835). O credor pode, mensalmente, levantar o valor do encargo (CPC 913). Quando se trata de cumprimento da sentença, o executado é intimado para pagar em 15 dias, sob pena de incidir multa de 10% e honorários advocatícios em igual percentual (CPC 523 § 1º), além de se sujeitar à penhora (CPC 831). A intimação é feita na pessoa do advogado constituído, por meio de publicação no diário oficial (CPC 513 § 2º). Quando o devedor for representado pela Defensoria Pública ou não tiver representante nos autos, deve ser intimado por carta com aviso de recebimento (CPC 513 § 2º II) ou por edital, se for revel (CPC 513 § 2º IV). A mora se constitui ante a inércia do devedor que, depois de intimado, deixa fluir o período de 15 dias sem proceder ao pagamento (CPC 523). Diante da omissão, o valor do débito é acrescido de multa de 10% e de honorários de 10% (CPC 523 § 1º). O marco inicial de incidência da multa é a intimação do devedor. Caso a execução seja levada a efeito após um ano do trânsito em julgado da sentença, a intimação ao devedor é feita, por meio de carta com aviso de recebimento (CPC 513 § 4º). A carta deve ser encaminhada ao endereço constante dos autos. Considera-se realizada a intimação se o devedor tiver mudado de residência sem prévia comunicação ao juízo (CPC 513 § 3º). Mantendo-se inerte o devedor, deve ser expedido mandado de penhora e avaliação, seguindo-se os atos de expropriação (CPC 523 § 3º e 831). Não há necessidade de o credor pedir, e nem de o juiz determinar tais atos, pois devem ser realizados "desde logo".[11]

17. Do levantamento mensal da importância incontroversa em casos de concessão de efeito suspensivo à impugnação.

Para as situações em que o exequente opta por promover a expropriação judicial através de cumprimento de sentença, não será possível requerer a prisão civil do devedor, por essa ser uma modalidade coercitiva que será aplicada apenas no rito especial que trata de alimentos "urgentes". De todo modo, uma vez interposto o cumprimento de sentença por expropriação, é facultado ao devedor, preenchendo os requisitos legais, apresentar impugnação. Uma vez concedidos efeitos suspensivos à impugnação, nada obsta que o devedor levante, mês a mês, o valor equivalente à pensão alimentícia que esteja depositado judicialmente ou disponível em juízo.

---

11. DIAS, Maria Berenice. A cobrança de alimentos no Novo CPC. Disponível em: http://www.migalhas.com.br/dePeso/16,MI229778,21048-A+cobranca+dos+alimentos+no+novo+CPC. Acesso em 13/10/2017.

CPC-15. Atr. 528. (...)

§ 8º O exequente pode optar por promover o cumprimento da sentença ou decisão desde logo, nos termos do disposto neste Livro, Título II, Capítulo III, caso em que não será admissível a prisão do executado, e, recaindo a penhora em dinheiro, a concessão de efeito suspensivo à impugnação não obsta a que o exequente levante mensalmente a importância da prestação.

18. Da execução de alimentos fundada em título extrajudicial.

Na vigência da legislação processual anterior, havia entendimento majoritário, mas não unanime, na doutrina, no sentido de que a execução de alimentos somente se poderia dar com fundamento de manifestação judicial que analisasse a viabilidade do direito pleiteado. Assim, havia decisão de alimentos baseada em sentença, decisão interlocutória, e acordo homologado judicialmente (alimentos convencionais). Ficava de fora, portanto, os alimentos acertados extrajudicialmente, como se não fosse possível tal execução.

Na vigência do CPC-15, a questão foi superada, e restou claramente estabelecida a existência de duas modalidades de execução de alimentos: aquela fixada em título judicial (Art. 528-533 CPC-15) e aquela resolvida através de título extrajudicial (Art. 911-913 CPC-15).

Caracterizam-se como títulos executivos extrajudiciais, os alimentos previstos nas hipóteses do Art. 784 do CPC-15, com realce para: *a)* a escritura pública ou outro documento público assinado pelo devedor; *b)* o documento particular assinado pelo devedor e por 2 (duas) testemunhas; *c)* o instrumento de transação referendado pelo Ministério Público, pela Defensoria Pública, pela Advocacia Pública, pelos advogados dos transatores ou por conciliador ou mediador credenciado por tribunal. Todas as hipóteses com sincero apelo pragmático e notadamente eivados da valorização das negociações autônomas realizadas pelas próprias partes.

Na hipótese de execução de alimentos fundado em título executivo extrajudicial, é impossível, por razões óbvias, a utilização do rito de cumprimento de sentença haja vista que não há processo em curso para que seja dada a continuidade satisfativa. Para a satisfação dos alimentos decorrentes de títulos executivos extrajudiciais, é obrigatório, portanto, o ingresso de Ação de Execução, nos termos do Art. 911 e seguintes do CPC-15.

CPC-15.

Art. 911. Na execução fundada em título executivo extrajudicial que contenha obrigação alimentar, o juiz mandará citar o executado para, em 3 (três) dias, efetuar o pagamento das parcelas anteriores ao início da execução e das que se vencerem no seu curso, provar que o fez ou justificar a impossibilidade de fazê-lo.

Parágrafo único. Aplicam-se, no que couber, os §§ 2° a 7° do art. 528.

Assim, será necessário processo autônomo, via Petição Inicial e, sendo esta admitida, citação do devedor, momento em que haverá a definição, pelo magistrado, dos honorários advocatícios no percentual de 10% (dez por cento) do crédito que está sendo executado. O prazo para resposta do demandado será de 03 (três) dias.

Esta modalidade executória, identicamente ao cumprimento de sentença, poderá se desenvolver, a critério do exequente, nas seguintes modalidades: coerção via prisão do devedor, execução por expropriação ou execução por desconto em folha.

▶ **Doutrina:**

"A tutela executiva, ou jurissatisfativa, assume como premissa o reconhecimento, em alguma medida, da existência de um direito para o exequente. Há, portanto, boa dose de certeza — conferida por lei ou construída em fase de conhecimento anterior —, que pavimenta caminho voltado para a realização daquele direito já reconhecido. Essa certeza, porém, isto é certo, não inibe o contraditório do executado, que ainda pode reunir elementos capazes de fazer óbice a essa efetivação. ***Na execução de títulos extrajudiciais, particularmente, releva anotar que a inexistência de coisa julgada material produzida por fase de conhecimento anterior abre vereda mais ampla a ser preenchida por possível insurgência do executado.*** *Essa insurgência, como sabido, é instrumentalizada pelos embargos à execução, que sofreram, como instituto, algumas importantes mudanças em seu regramento por força do novel Código de Processo Civil de 2015."*[12]

Finalmente, recorda a doutrina processualista, que nada obsta que as partes, através de instrumentos criados no exercício pleno das suas

---

12. Nóbrega, Guilherme Pupe da. Embargos à execução: questões atuais. Disponível em: http://www.migalhas.com.br/ProcessoeProcedimento/106,MI238155,31047-Embargos+a+execucao+questoes+atuais. Acesso em 13/10/2017.

manifestações de vontade, com esteio no art. 190 do CPC-15, dispositivo de força revolucionária, que dá renovados poderes às partes e aos seus constituintes, restando os atos de validade e reconhecimento de legitimidade dessas "normas privadas" a critério do juiz da causa[13].

▶ **Doutrina:**

> "No bojo desse instrumento, é perfeitamente possível as partes, no exercício do poder geral de negociação que lhe é conferido pelo art. 190, CPC, e dentro dos limites desse dispositivo, moldarem o procedimento executivo. Podem, por exemplo, prever que: i) em eventual e futura execução de alimentos legítimos e convencionados será constituído um capital com imóvel determinado cuja renda servirá para garantir o pagamento dos alimentos; ii) não será utilizada a prisão civil como medida de execução ou que sua duração máxima será de sessenta dias; iii) a prisão civil será possível para alimentos pretéritos; iv) um determinado bem será impenhorável para fins de execução dos alimentos; v) a prisão civil, a constituição de renda ou desconto em folha poderão ser determinados de ofício pelo juiz, assim como a inscrição do devedor na Serasa; vi) se admite o protesto do pronunciamento judicial que julga improcedentes os embargos de executado como medida de coerção. Ainda que o credor alimentando seja menor incapaz, poderá, perfeitamente, figurar nessa espécie de negócio processual, desde que esteja devidamente representado, não esteja em situação de vulnerabilidade e conte, portanto, com assistência técnico jurídica (cf. Enunciado n. 18 do FPPC)."[14]

18.1. Dos Embargos à Execução de Alimentos.

Para a hipótese executiva de título extrajudicial, mediante interposição de Ação de Execução por parte do credor de alimentos, a medida de defesa, na fase executória, para o devedor de alimentos, são os Embargos à Execução. Trata-se de defesa típica para Ação de Execução, e o prazo para sua

---

13. **CPC-15.** Art. 190. Versando o processo sobre direitos que admitam autocomposição, é lícito às partes plenamente capazes estipular mudanças no procedimento para ajustá-lo às especificidades da causa e convencionar sobre os seus ônus, poderes, faculdades e deveres processuais, antes ou durante o processo.
Parágrafo único. De ofício ou a requerimento, o juiz controlará a validade das convenções previstas neste artigo, recusando-lhes aplicação somente nos casos de nulidade ou de inserção abusiva em contrato de adesão ou em que alguma parte se encontre em manifesta situação de vulnerabilidade.
14. DIDIER, Fredie. *Curso de Direito Processual Civil.* Vol. 5. Salvador: Juspodivm, 2016, p. 1037.

interposição será de 15 (quinze) dias contados da juntada aos autos do comprovante de citação, nos termos do Art. 915 do CPC-15.[15]

Os Embargos à Execução não terão, em regra, efeito suspensivo, podendo ser concedido pelo juiz verificados os pressupostos legais. Mas tais efeitos suspensivos não podem impedir o levantamento, pelo alimentante, das quantias já depositadas, de maneira que seja protegido o direito do alimentante.

Já para os alimentos indenizativos fundados em títulos extrajudiciais, como os resultantes de acordos e transações, haverá a aplicação das regras de constitulção de renda já analisadas anteriormente. Decisão do magistrado da causa pode determinar, ao executado, que seja compelido a constituir determinado capital, cuja renda seja suficiente para garantir a satisfação da obrigação de alimentos.

Também para essa modalidade de execução baseada em título extrajudicial, é possível a caracterização do abandono material, em face de reconhecida conduta meramente procrastinatória por parte do devedor, que muitas vezes se esquiva da justiça, escondendo-se, por exemplo, para não pagar os alimentos devidos.

19. **Possibilidade de desconto dos valores da execução dos rendimentos ou rendas do executado até o limite de cinquenta por cento das suas rendas líquidas.**

Muito importante a utilização expressa, pelo CPC-15, da possibilidade de desconto dos valores da execução dos alimentos para todos aqueles devedores que tenham renda fixa que possa ser deduzida de contracheques, desconto em folha, etc. A rigor, com a regra atual, os devedores que tenham renda declarada em tais condições não devem ser presos. Essa é uma medida alternativa à prisão, muito bem recebida pela doutrina, pelas razões contrárias à prisão civil já apresentadas.

Ainda, a mesma regra traz os limites de desconto, até o montante de 50% (cinquenta por cento) dos seus ganhos líquidos, aí computados a soma da prestação vincenda com a parcela da prestação vencida sobre os vencimentos do executado para permitir que o devedor continue arcando com as suas despesas corriqueiras. A regra tem nítido cunho de proteção e de

---

15. **CPC- 15.** Art. 915. Os embargos serão oferecidos no prazo de 15 (quinze) dias, contado, conforme o caso, na forma do art. 231.

respeito à dignidade da pessoa do devedor, sob clara premissa da constitucionalização das referidas regras.

A determinação de desconto, por parte do magistrado, deve ser aplicada imediatamente, constando no termo o prazo de duração do desconto em folha de pagamento. O não cumprimento dessa norma por parte da autoridade/empresa/empregador responsável pelo pagamento do devedor implicará em crime de desobediência, norma que já vinha prevista (e continua sendo tratada conjuntamente) pelo Art. 22 da Lei de Alimentos.

CPC-15.

Art. 529. Quando o executado for funcionário público, militar, diretor ou gerente de empresa ou empregado sujeito à legislação do trabalho, o exequente poderá requerer o desconto em folha de pagamento da importância da prestação alimentícia.

§ 1º Ao proferir a decisão, o juiz oficiará à autoridade, à empresa ou ao empregador, determinando, sob pena de crime de desobediência, o desconto a partir da primeira remuneração posterior do executado, a contar do protocolo do ofício.

§ 2º O ofício conterá o nome e o número de inscrição no Cadastro de Pessoas Físicas do exequente e do executado, a importância a ser descontada mensalmente, o tempo de sua duração e a conta na qual deve ser feito o depósito.

§ 3º Sem prejuízo do pagamento dos alimentos vincendos, o débito objeto de execução pode ser descontado dos rendimentos ou rendas do executado, de forma parcelada, nos termos do caput deste artigo, contanto que, somado à parcela devida, não ultrapasse cinquenta por cento de seus ganhos líquidos.

▶ **Doutrina:**

"O art. 529 do CPC prevê a possibilidade de efetivação da obrigação alimentar mediante desconto em folha, isto é, pelo abatimento de um valor da remuneração recebida pelo devedor. É medida executiva elogiável pela sua eficácia e simplicidade. O procedimento de execução por desconto é muito singelo, havendo pouco de peculiar. Inicia-se a requerimento do credor, em petição em que deve ser solicitada a ordem de desconto em folha de pagamento do valor da prestação alimentícia - respeitando-se, obviamente, os requisitos dos arts. 319 e 524 do CPC. Recai sobre alimentando (credor dos alimentos) o ônus de indicar, já no seu requerimento inicial, a fonte pagadora a que se destina a ordem de desconto em folha; não dispondo da informação, basta que peça ao juízo que requisite as informações necessárias a repartições públicas, providenciando, se for o caso, a quebra do sigilo bancário e fiscal do executado (Lei n. 5.4 78/1968, art. 20). Feito requerimento, o alimentante (devedor) deverá ser intimado para o cumprimento voluntário da obrigação, no prazo de quinze dias (art. 523, caput, por analogia), sob pena de expedição de ofício determinando desconto na fonte pagadora a partir da primeira remuneração posterior do executado, a contar do protocolo do ofício (art. 529, § 1º, CPC). Neste ofício, constarão os nomes e os números de inscrição no cadastro de pessoas físicas do credor e do devedor, o valor da prestação a ser descontada mensalmente, o tempo de sua duração e a conta na qual deve ser realizado o depósito, conforme o art. art. 529, § 2º, CPC".[16]

20. **Prestação de alimentos decorrente de ato ilícito e a constituição de capital suficiente para garantir o pagamento.**

Os chamados alimentos indenizativos são aqueles decorrentes de ato ilícito, impostos como indenização por danos causados. Parte da doutrina trata o tema como "alimentos impróprios", vez que não se inserem nas exatas definições das demais prestações de alimentos decorrentes de parentesco, de conjugalidade ou de companheirismo.

Para tal modalidade de execução de alimentos, existe previsão expressa no CPC-15, no Art. 533:

> Art. 533. Quando a indenização por ato ilícito incluir prestação de alimentos, caberá ao executado, a requerimento do exequente, constituir capital cuja renda assegure o pagamento do valor mensal da pensão.
>
> § 1º O capital a que se refere o caput, representado por imóveis ou por direitos reais sobre imóveis suscetíveis de alienação, títulos da dívida pública ou aplicações financeiras em banco oficial, será inalienável e impenhorável enquanto durar a obrigação do executado, além de constituir-se em patrimônio de afetação.
>
> § 2º O juiz poderá substituir a constituição do capital pela inclusão do exequente em folha de pagamento de pessoa jurídica de notória capacidade econômica ou, a requerimento do executado, por fiança bancária ou garantia real, em valor a ser arbitrado de imediato pelo juiz.
>
> § 3º Se sobrevier modificação nas condições econômicas, poderá a parte requerer, conforme as circunstâncias, redução ou aumento da prestação.

---

16. DIDIER, Fredie. *Curso de Direito Processual Civil*. Vol. 5. Salvador: Juspodivm, 2016, p. 728.

Diverge a doutrina sobre a aplicação, aos alimentos indenizativos, dos ordinários meios de cobrança do crédito alimentar, como a coerção pessoal mediante prisão civil, o desconto em folha e a expropriação patrimonial. Somos pela opinião de que é plenamente possível a utilização dos referidos meios de satisfação da dívida, haja vista que não existe diferenciação prática entre os beneficiários dos alimentos "próprios" ou "impróprios".

Entretanto, o STJ firmou entendimento consolidado no sentido de que os alimentos indenizativos somente podem ser cobrados através da constituição de renda, sendo descabido o pedido de prisão civil do devedor, senão vejamos:

▶ **Jurisprudência STJ.**

> HABEAS CORPUS. ALIMENTOS DEVIDOS EM RAZÃO DE ATO ILÍCITO. PRISÃO CIVIL. ILEGALIDADE. 1. Segundo a pacífica jurisprudência do Superior Tribunal de Justiça, é ilegal a prisão civil decretada por descumprimento de obrigação alimentar em caso de pensão devida em razão de ato ilícito. 2. Ordem concedida. HC 182228 / SP. Ministro JOÃO OTÁVIO DE NORONHA. Quarta Turma. DJe 11/03/2011.

Uma vez fixados os alimentos indenizativos através de sentença, mediante requerimento do exequente, poderá o juiz condenar o devedor a constituir capital suficiente a prover renda para o pagamento da pensão alimentícia. Por determinação legal, o capital mencionado pode ser representado por imóveis ou por direitos reais sobre imóveis suscetíveis de alienação, títulos da dívida pública ou aplicações financeiras em banco oficial. Ainda, será inalienável e impenhorável enquanto durar a obrigação do executado, além de constituir-se em patrimônio de afetação, ou seja, ficará restrito a satisfação do crédito de alimentos.

Tal determinação não pode ser efetivada de ofício pelo magistrado. Como deve render o suficiente para o pressionamento de alimentos, o capital constituído deve ser em quantia bastante para tal finalidade.

Finalmente, cumpre referendar posicionamento de parte da doutrina que afirma ser possível a utilização da execução mediante "constituição de capital" para outras modalidades de execução de alimentos, não ficando restrito aos alimentos indenizativos, embora a expressão legal do Art. 533 do CPC seja nesse sentido. É que devem ser reconhecidas todas as formas que facilitem o cumprimento do pagamento da pensão alimentícia, valorizando as alternativas dadas à pena de prisão, que notadamente tem o condão de afastar afetivamente ainda mais alimentante e alimentando.

20.1. Possibilidade de alteração do valor da prestação de alimentos decorrente de indenização por ato ilícito.

Os alimentos indenizativos, como quaisquer outros, podem ser objeto de Ações Revisionais (majoração ou diminuição da pensão), bem como de Ação de Exoneração de Alimentos.

▶ Jurisprudência STJ:

> As duas únicas variações que abrem a possibilidade de alteração do valor da prestação de alimentos decorrentes de indenização por ato ilícito são: (i) o decréscimo das condições econômicas da vítima, dentre elas inserida a eventual defasagem da indenização fixada; (ii) a capacidade de pagamento do devedor: se houver acréscimo, possibilitará o pedido de revisão para mais, por parte da vítima, até atingir a integralidade do dano material futuro; se sofrer decréscimo, possibilitará pedido de revisão para menos, por parte do próprio devedor, em atenção a princípios outros, como a dignidade da pessoa humana e a própria faculdade então outorgada pelo art. 602, § 3º, do CPC (atual art. 475-Q, § 3º, do CPC). (REsp 913431 / RJ, DJe 26/11/2008)

21. Execução de Verbas não alimentares.

Cumpre lembrar distinção importante trazida pela doutrina, no que diz respeito à existência de verbas "de caráter alimentar" e verbas de "caráter não alimentar", muito embora, por uma redundância terminológica e por atecnia legislativa, se tratem de matérias com fundamento na dívida de alimentos.

A verba de conteúdo alimentar tem sua fundamentação no princípio da dignidade da pessoa humana, e está adstrito ao próprio conceito de "sobrevivência" e de "manutenção" da pessoa que detém esse direito. Comumente, é de se encontrar verbas de caráter alimentar em prestações de alimentos propriamente ditas, mas também em créditos de natureza indenizatória ou mesmo em honorários advocatícios havendo firmada jurisprudência sobre o tema.

Nada obsta que a sentença fixe verbas alimentares e, conjuntamente, verbas não alimentares. Essa peculiaridade decorrerá da natureza das questões levadas para apreciação do magistrado. A multifacetada casuística do Direito de Família cria situações inusitadas, ainda mais quando decorrentes de acordos, nos quais ambas as partes fazem concessões recíprocas a fim de encerrar a demanda. Nesses casos, importa lembra que mesmo que a matéria tenha sido discutida e acordada em Ação de Alimentos, aquelas disposições que não tenham natureza de verba alimentar não podem ser executadas pelo rito próprio do Direito de Alimentos.

▶ **Jurisprudência STJ**

HABEAS CORPUS – EXECUÇÃO DE DÉBITO ALIMENTAR – TÍTULO JUDICIAL QUE FIXA ALIMENTOS DEFINITIVOS EM DEZ SALÁRIOS MÍNIMOS, ACRESCIDO DA OBRIGAÇÃO DE CUSTEAR A MANUTENÇÃO DE BEM IMÓVEL COMUM (QUE NÃO SERVE DE MORADIA À ALIMENTANDA) TAMBÉM NO VALOR DE DEZ SALÁRIOS MÍNIMOS – PAGAMENTO PARCIAL – EM TESE, **A OBRIGAÇÃO DE CUSTEAR IMÓVEL COMUM QUE NÃO SERVE DE MORADIA À ALIMENTADA NÃO CONSUBSTANCIA VERBA ALIMENTAR E, POR CONSEGUINTE, AFASTA A ADOÇÃO DA PRISÃO CIVIL DO DEVEDOR, COMO MEIO COERCITIVO** – CONCESSÃO PARCIAL DA ORDEM IMPETRADA, PARA AFASTAR A EFICÁCIA DO DECRETO PRISIONAL TÃO-SOMENTE EM RELAÇÃO AOS DÉBITOS RELACIONADOS À MANUTENÇÃO DE SÍTIO. I – Efetivamente, tem-se, nesse juízo de cognição sumária, que a condenação ao pagamento de 10 (dez) salários mínimos, destinado a suprir as despesas de manutenção do sítio (que não serve de moradia à alimentada), patrimônio comum, até posterior partilha, **não se reveste de caráter alimentar, sendo certo, por conseguinte, que o inadimplemento desta verba (e, somente desta) não confere ao exeqüente a possibilidade de executar o respectivo valor pelo Rito do artigo 733 do Código de Processo Civil, que, como é de sabença, elege como meio coercitivo a prisão do alimentante inadimplente**; II – A definição, assim, de verba destinada ao custeio de manutenção de sítio (patrimônio comum), tem, na verdade, o condão de impedir que a (ex) esposa, que, ao que parece, ficou incumbida da administração de bem comum, enquanto não efetivada a partilha, retire da pensão destinada, única e exclusivamente, a sua subsistência, valor necessário ao custeio de outra despesa, no caso, a manutenção de bem imóvel da responsabilidade de ambos os litigantes. O inadimplemento deste valor, ainda que censurável e passível de execução pelos meios ordinários, não permite, tal como pretendido, a utilização da prisão civil do devedor, como meio coercitivo ao cumprimento da obrigação, porque, de verba alimentar, não se trata; III – Ordem parcialmente concedida, convalidando-se a liminar anteriormente deferida, para suspender a eficácia do decreto prisional, com atendimento à observação. (HC 232405 / RJ. DJe 30/05/2012).

22. Execução de Alimentos Provisórios com valor diferente do fixado na sentença.

Questão elegante é aquela que diz respeito à execução dos alimentos provisórios quando o valor destes é diferente do valor fixado na sentença.

Importa recordar que os "provisórios" tem natureza emergencial, podendo ser alterados após análise mais amiúde do magistrado. Assim, caso a sentença estabeleça valor superior ao que tinha sido fixado na decisão interlocutório dos "provisórios", **é cabível a execução do valor da diferença desde a data da citação, por atenção ao art. 13, § 2º da Lei de Alimentos**. Ressalte-se, ainda, que a eventual cobrança de juros para essa execução **somente pode ser cabível a partir da sentença, sendo impossível a cobrança de juros a partir da citação, uma vez que não era permitido ao devedor conhecer dessa dívida**. Por exemplo, se os "provisórios" fixados na sentença são no valor de 03 salários mínimos, e após alguns meses de tramite da demanda o juiz estabelece em sentença o valor final de 04 salários mínimos a titulo de alimentos definitivos, cabe a execução do valor de 01 salário de diferença, desde a data da citação. Entretanto, quando a sentença fixa valor menor que tinha sido previsto nos "provisórios", em atenção ao caráter da *irrepetibilidade dos alimentos*, entendemos não ser cabível a "devolução" do valor que foi pago a mais durante o curso da ação.

23. **Tratamento homogêneo das regras de execução para alimentos provisórios e para alimentos definitivos.**

    Encerrando discussão doutrinária e jurisprudencial existente na codificação anterior, o CPC-15 trouxe tratamento homogêneo para a execução dos alimentos, independentemente de se tratarem de alimentos provisórios ou alimentos definitivos. Ou seja, estejam ou não ainda na fase de deliberação final dos seus valores, os alimentos serão executados da mesma maneira.

    A diferenciação se dará, tão somente, no que diz respeito ao modo como serão processadas. A execução dos alimentos provisórios e a dos alimentos fixados em sentença não transitada em julgado (provisionais) deverá ser feita em autos apartados. O cumprimento de sentença de alimentos definitivos será feito nos próprios autos. A execução de alimentos extrajudiciais deverá ser processada através de Ação de Execução Autônoma.

    CPC 15.
    Art. 531. O disposto neste Capítulo aplica-se aos alimentos definitivos ou provisórios.

    § 1º A execução dos alimentos provisórios, bem como a dos alimentos fixados em sentença ainda não transitada em julgado, se processa em autos apartados.

    § 2º O cumprimento definitivo da obrigação de prestar alimentos será processado nos mesmos autos em que tenha sido proferida a sentença.

24. Direito de Preferência do crédito alimentar.

O crédito de natureza alimentar é mais importante que qualquer outro crédito de natureza diversa, sobretudo quando recaia mais de uma penhora sobre o mesmo bem do devedor. Na prática, isso significa dizer que alguns credores devem receber antes de outros, e que, sendo o bem penhorado insuficiente para satisfazer toda a dívida, alguns credores receberão os valores devidos, e outros não. Em tais hipóteses, os valores devidos à título de alimentos deverão ser satisfeitos em primeiro lugar, em preferência aos demais credores.

▶ **Doutrina:**

> "Já se viu que, havendo mais de uma penhora sobre o mesmo bem (CPC, art. 797), o produto da sua venda será repartido, considerando a ordem das preferências e prelações dos diversos credores concorrentes. E, nesse contexto, a dívida alimentar prefere a todas as outras civis e fiscais, afinal visa à tutela do direito à vida. É crédito que antecede a todos os outros, contando inclusive com garantia patrimonial mais extensa e profunda: os salários e verbas análogas, que como regra são impenhoráveis, (CPC, art. 833, IV e§ 2º), e o bem de família, também penhorável em execução de alimentos, inclusive indenizativos (Lei n. 8.009 /1990, art. 3º, III). O art. 100 da Constituição Federal estabelece a preferência do crédito alimentar sobre todos os outros na execução contra a Fazenda Pública, ainda que seja de dívida de pequeno valor. Em uma interpretação sistemática e conforme a Constituição, impõe-se posicionar o crédito alimentar em primeiro lugar, preferindo a outras prelações materiais e àquele credor quirografário titular de penhora anterior."[17]

25. Da utilização de medidas atípicas (Art. 139, IV CPC-15) para a satisfação da obrigação alimentar.

Tema inovador trazido pelo atual Código de Processo Civil, e de enorme repercussão, são as chamadas "medidas atípicas" previstas no Art. 139, IV, segundo o qual o magistrado pode utilizar de poderes jurídicos baseados em conceitos jurídicos indeterminados, no afã de garantir o cumprimento de medidas determinadas em decisões interlocutórias ou em sentenças. É o que alguns processualistas tem chamado de "dever-poder geral de efetivação do juiz".

---

17. DIDIER, Fredie. Curso de Direito Processual Civil. Vol. 5. Salvador: Juspodivm, 2016, p. 732.

LEI DE ALIMENTOS — Art. 17

CPC-15.

Art. 139. O juiz dirigirá o processo conforme as disposições deste Código, incumbindo-lhe:

(...)

IV - determinar todas as medidas indutivas, coercitivas, mandamentais ou sub-rogatórias necessárias para assegurar o cumprimento de ordem judicial, inclusive nas ações que tenham por objeto prestação pecuniária;

No âmbito do Direito de Família, especialmente nos alimentos, a aplicação de tais medidas tem superado o critério de "normalidade" das ações judiciais. Medidas extravagantes têm sido observadas após a entrada em vigor no novo Código, como apreensão de documentos como a Carteira Nacional de Habilitação – CNH e o Passaporte. Em outros casos, são determinadas medidas coercitivas mais drásticas como apreensão do animal de estimação do devedor ou bloquei do seu veículo, para o compelir ao pagamento das dívidas. Parece-nos que são medidas exageradas.

É de se dizer que as medidas atípicas somente podem ser utilizadas após o exaurimento de todas as medidas típicas, sob pena de subversão da ordem processual estabelecida, e que também não podem violar garantias constitucionais como o direito de liberdade e o direito de ir e vir.

O Direito de Família não pode ser mais importante que a própria família. A satisfação da dívida não pode suplantar os direitos da pessoa. Enfim, o Direito de Família não pode ser um fim em si mesmo. É necessário cautela, ponderação e bom senso.

Art. 17. ~~Quando não for possível a efetivação executiva da sentença ou do acordo mediante desconto em folha, poderão ser as prestações cobradas de alugueres de prédios ou de quaisquer outros rendimentos do devedor, que serão recebidos diretamente pelo alimentando ou por depositário nomeado pelo juiz.~~

Revogado pela Lei 13.105 de 2015 (Novo CPC).

---

1. **Prestação de alimentos por meio de outras formas de pagamento.**

O Antigo artigo 17 da Lei de Alimentos foi revogado pelo Novo Código de Processo Civil. A regra tratava das hipóteses em que o pensionamento não era possível de ser realizado através do desconto em folha de pagamento do devedor. Como se sabe, nem sempre será possível que a prestação da pensão alimentícia seja realizada por meio de desconto em folha de pagamento. Tome-se, como exemplo, o profissional autônomo que não tem renda mensal fixa, comprovada por contracheque.

Nesses casos, diversos meios poderão ser utilizados para satisfazer a dívida, incidentes sobre quaisquer outros rendimentos de que disponha o alimentante. O pagamento, se não for realizado diretamente, efetuar-se-á via depósito bancário ou judicial. Para aferir a possibilidade do alimentante, nesses casos, a justiça está autorizada a se valer da cotação em salários mínimos. A indexação em salários mínimos, como se sabe, é proibida constitucionalmente, mas aceita, excepcionalmente, para fins de pensionamento de alimentos, nos casos de profissionais autônomos, sem renda fixa comprovada.

▶ **Jurisprudência STF: Indexação de prestação de caráter alimentar em salários mínimos.**

> PENSÃO ESPECIAL. FIXAÇÃO COM BASE NO SALÁRIO-MÍNIMO. C.F., ART. 7, IV. A vedação da vinculação do salário-mínimo, constante do inc. IV do art. 7. da Carta Federal, visa a impedir a utilização do referido parâmetro como fator de indexação para obrigações sem conteúdo salarial ou alimentar. Entretanto, não pode abranger as hipóteses em que o objeto da prestação expressa em salários-mínimos tem a finalidade de atender as mesmas garantias que a parte inicial do inciso concede ao trabalhador e à sua família, presumivelmente capazes de suprir as necessidades vitais básicas. Recurso extraordinário não conhecido. (RE 170203 / GO – GOIÁS, Relator(a): Min. ILMAR GALVÃO Julgamento: 30/11/1993)

▶ **Jurisprudência STJ: Fixação da pensão alimentícia em salário mínimo.**

> RECURSO ESPECIAL. AÇÃO DE INDENIZAÇÃO. DANOS MATERIAIS E MORAIS. ACIDENTE DE TRÂNSITO. PENSIONAMENTO. EXERCÍCIO DE ATIVIDADE REMUNERADA. FIXAÇÃO EM SALÁRIO MÍNIMO. PRECEDENTES DA CORTE. Quanto à vinculação da pensão ao salário mínimo, a fim de evitar distorções, é possível em razão de seu caráter sucessivo e alimentar e, por esse motivo que, "segundo a jurisprudência dominante no C. Supremo Tribunal Federal e nesta Corte, admissível é fixar-se a prestação alimentícia com base no salário-mínimo". Agravo regimental provido. (AgRg no REsp 1076026 / DF, DJe 05/11/2009)

▶ **Jurisprudência STJ: Instituição de índice para correção de pensão alimentícia.**

> É possível a instituição de índice para correção monetária da pensão alimentícia, desde que expressamente acordado. As verbas acessórias

– juros de mora e correção monetária – seguem a sorte do principal, constituindo-se, igualmente, em verba de natureza alimentar. O atraso no recolhimento da diferença entre o valor histórico da pensão e seu montante corrigido, respeitada a atualidade da dívida, autoriza sua cobrança pelo procedimento do art. 733 do CPC. Recurso especial provido. (AgRg no HC 121283 / SP, DJe 02/04/2009)

→ **Aplicação em Concurso Público:**

- *Ministério Público – PB – 2010*
- A pessoa obrigada a suprir alimentos poderá pensionar o alimentando, ou dar-lhe em casa hospedagem e sustento, desde que autorizado pelo juiz.

Resposta: A alternativa está correta.

Art. 18. ~~Se, ainda assim, não for possível a satisfação do débito, poderá o credor requerer a execução da sentença na forma dos artigos 732, 733 e 735 do Código de Processo Civil.~~

Revogado pela Lei 13.105 de 2015 (Novo CPC)

---

1. **Execução de Alimentos conforme regras do CPC. A prisão civil do devedor de alimentos.**

O CPC-15, entre os arts. 528 e 533 e a partir do art. 831 e seguintes, estabelece regras para a execução das prestações de alimentos, inclusive provisórios, após a deliberação judicial do *quantum* a ser pago, seja essa deliberação através de sentença definitiva ou de decisão interlocutória. Se não for possível o desconto automático em folha de pagamento do réu, bem como se resultar infrutífero o recolhimento do valor devido através de depósito judicial ou de pagamento pessoal ao credor, não restará outra alternativa para o alimentando ter satisfeito seu direito de alimentos, senão a execução judicial do valor.

Mesmo na hipótese de haver impugnação à execução por parte do devedor, o valor mensal relativo à prestação alimentícia deverá ser pago normalmente. Como já reiterado, é uma das características mais importantes da lei a manutenção das necessidades do credor ao longo da demanda. Implica na manutenção e na sobrevivência do alimentando.

▶ **Doutrina:**

> *"Nem sempre por miséria, mas também por espírito de vingança, muitos réus simplesmente esquecem a premente necessidade do alimentando*

(especialmente seus filhos), e passam a se esquivar de sua obrigação, visando atingir sua ex-esposa(o) ou companheira(o), em uma atitude lamentável, de pouco respeito aos ditames morais que devem pautar a convivência humana." [18]

→ **Aplicação em Concurso Público:**

- *FCC – 2010 – DPE – SP – Defensor Público*
  Ao ser atribuído o valor da causa nas ações de execução de alimentos fixados em favor de criança, o Defensor Público deve considerar
  (A) a soma do débito vencido e de uma prestação anual.
  (B) uma prestação anual da pensão alimentícia fixada no título judicial.
  (C) a soma dos três últimos meses da pensão alimentícia vencidos no momento da distribuição da ação e de uma prestação anual.
  (D) a soma dos três últimos meses da pensão alimentícia vencidos no momento da distribuição da ação.
  (E) a integralidade do débito vencido.
  Resposta: Alternativa "a".

2. **Procedimento do CPC - 15 para a matéria.**

   CPC- 15
   Art. 528. No cumprimento de sentença que condene ao pagamento de prestação alimentícia ou de decisão interlocutória que fixe alimentos, o juiz, a requerimento do exequente, mandará intimar o executado pessoalmente para, em 3 (três) dias, pagar o débito, provar que o fez ou justificar a impossibilidade de efetuá-lo.

   O Procedimento trazido pelo CPC- 15 para a hipótese de execução de alimentos é o seguinte:

   A) o devedor será comunicado (intimação) para que efetue o pagamento do débito vencido, apresente comprovante de que já fez o pagamento ou justifique o não pagamento através de argumentos que convençam o juiz;

   B) Caso não seja realizado o pagamento dentro do prazo tríduo, nem feita justificativa para o não pagamento, ou, ainda, mesmo que feita justificativa, o juiz não a aceite, haverá decretação de prisão do devedor de alimentos por tempo não inferior a um e não superior a três meses.

---

18. GAGLIANO, Pablo Stolze. ***A prisão civil do devedor de alimentos.*** Disponível em: <http://www.juspodivm.com.br/i/a/%7BF443AAFD-11DB-47D1-8EBF – 73AD69EEA2%7D_026.pdf>.

LEI DE ALIMENTOS   Art. 18

▶ **OBS. 01:** Esgotado o prazo de 03 dias acima referido (Art. 733 do CPC), continuando inadimplente o devedor, não é necessário que haja requerimento do réu para a prisão. Esta deve ser decretada *de ofício* pelo juiz.

▶ **OBS. 02:** A prisão do devedor de alimentos tem natureza de "prisão civil", ou seja, **não terá caráter punitivo.**

▶ **Jurisprudência STJ**

PRISÃO CIVIL. ACORDO. ALIMENTOS.

Os Impetrantes desejam impedir a prisão civil do paciente em autos de execução de alimentos, alegando que há acordo homologado e a credora estaria a executar a genitora do paciente, que emitira nota promissória viabilizadora do citado acordo. A Turma entendeu que, por si só, a celebração de acordo nos autos da execução de alimentos, se não cumprido o avençado, não impede a prisão civil do devedor e que a execução de sua genitora pela nota promissória emitida também não tem esse condão, mesmo diante da nomeação de bens à penhora. No acordo, restou expresso que seu descumprimento acarretaria a prisão, e a nomeação à penhora apenas garante a execução, podendo haver embargos. Precedentes citados: HC 16.602-SP, DJ 3/9/2001, e RHC 10.838-RS, DJ 7/5/2001. HC 20.369-SP, Rel. Min. Carlos Alberto Menezes Direito, julgado em 26/3/2002.

▶ **Jurisprudência STJ**

DIREITO PROCESSUAL CIVIL. PRISÃO CIVIL DE ADVOGADO.

O advogado que tenha contra si decretada prisão civil por inadimplemento de obrigação alimentícia não tem direito a ser recolhido em sala de Estado Maior ou, na sua ausência, em prisão domiciliar. A norma do inciso V do art. 7º da Lei 8.906/1994 - relativa à prisão do advogado, antes de sua condenação definitiva, em sala de Estado Maior, ou, na sua falta, no seu domicílio - restringe-se à prisão penal, de índole punitiva. O referido artigo é inaplicável à prisão civil, pois, enquanto meio executivo por coerção pessoal, sua natureza já é de prisão especial, porquanto o devedor de alimentos detido não será segregado com presos comuns. Ademais, essa coerção máxima e excepcional decorre da absoluta necessidade de o coagido cumprir, o mais brevemente possível, com a obrigação de alimentar que a lei lhe impõe, visto que seu célere adimplemento está diretamente ligado à subsistência do credor de alimentos. A relevância dos direitos relacionados à obrigação - vida e dignidade - exige que à disposição do credor se coloque meio executivo que exerça pressão séria e relevante em face do obrigado. Impõe-se evitar

111

um evidente esvaziamento da razão de ser de meio executivo que extrai da coerção pessoal a sua força e utilidade, não se mostrando sequer razoável substituir o cumprimento da prisão civil em estabelecimento prisional pelo cumprimento em sala de Estado Maior, ou, na sua falta, em prisão domiciliar. Precedente citado: HC 181.231-RO, Terceira Turma, DJe 14/4/2011. HC 305.805-GO, Rel. Min. Paulo de Tarso Sanseverino, julgado em 13/10/2014 (Vide Informativo nº 537).

▶ **Jurisprudência STJ**

DIREITO CIVIL. IMPOSSIBILIDADE DE PRISÃO CIVIL DO INVENTARIANTE PELO INADIMPLEMENTO DE PENSÃO ALIMENTÍCIA.

Não cabe prisão civil do inventariante em razão do descumprimento do dever do espólio de prestar alimentos. Isso porque a restrição da liberdade constitui sanção de natureza personalíssima que não pode recair sobre terceiro, estranho ao dever de alimentar. De fato, a prisão administrativa atinge apenas o devedor de alimentos, segundo o art. 733, § 1°, do CPC, e não terceiros. Dessa forma, sendo o inventariante um terceiro na relação entre exequente e executado - ao espólio é que foi transmitida a obrigação de prestar alimentos (haja vista o seu caráter personalíssimo) -, configura constrangimento ilegal a coação, sob pena de prisão, a adimplir obrigação do referido espólio, quando este não dispõe de rendimento suficiente para tal fim. Efetivamente, o inventariante nada mais é do que, substancialmente, auxiliar do juízo (art. 139 do CC/2002), não podendo ser civilmente preso pelo descumprimento de seus deveres, mas sim destituído por um dos motivos do art. 995 do CC/2002. Deve-se considerar, ainda, que o próprio herdeiro pode requerer pessoalmente ao juízo, durante o processamento do inventário, a antecipação de recursos para a sua subsistência, podendo o magistrado conferir eventual adiantamento de quinhão necessário à sua mantença, dando assim efetividade ao direito material da parte pelos meios processuais cabíveis, sem que se ofenda, para tanto, um dos direitos fundamentais do ser humano, a liberdade. Precedente citado: REsp 1.130.742-DF, Quarta Turma, DJe 17/12/2012. HC 256.793-RN, Rel. Min. Luis Felipe Salomão, julgado em 1º/10/2013.

▶ **Artigo correlato:** CF/88 – Art. 5º, LXVII

Art. 5º. Todos são iguais perante a lei, sem distinção de qualquer natureza, garantindo-se aos brasileiros e aos estrangeiros residentes no País a inviolabilidade do direito à vida, **à liberdade**, à igualdade, à segurança e à propriedade, nos termos seguintes:

(...)

LXVII. *Não haverá prisão civil por dívida, salvo a do **responsável pelo inadimplemento voluntário e inescusável de obrigação alimentícia e a do depositário infiel.***

▶ **Jurisprudência STJ**

HABEAS CORPUS – AÇÃO DE EXECUÇÃO DE ALIMENTOS – INADIMPLÊNCIA DE DÉBITOS ALIMENTARES ATUAIS – PRISÃO CIVIL – LEGALIDADE – APLICABILIDADE DO VERBETE Nº 309/STJ – OBSERVÂNCIA – DILAÇÃO PROBATÓRIA PELA VIA DO PRESENTE REMÉDIO HERÓICO – IMPOSSIBILIDADE – PAGAMENTO PARCIAL DO DÉBITO – NÃO ELISÃO DO DECRETO PRISIONAL – ORDEM DENEGADA. I – Anota-se que o débito alimentar que tem o condão de ensejar a prisão civil é tão-somente aquele reputado como atual, que, nos termos do Enunciado n. 309 da Súmula desta Corte, consiste nas três prestações anteriores ao ajuizamento da execução e nas que se vencerem no curso da demanda; II – Fixado judicialmente o débito alimentar, ao alimentante compete providenciar o pagamento a tempo e modo, sob pena de incorrer em mora. **Para obstá-la, incumbiria ao executado, no prazo de três dias, pagar os débitos atuais, provar que o fez, ou justificar a impossibilidade de efetuá-lo**, providências, porém, não levadas a efeito pelo alimentante; III – Ordem denegada. (HC 232930 / SP; DJe 30/05/2012)

3. **Modalidade expropriatória deve ser o meio utilizado sempre que a dívida perder a característica alimentar.**

Sempre que o patrimônio do devedor possibilitar a execução pela via da constrição patrimonial, assim deve ser levada a cabo a execução de alimentos, ainda mais quando já superada a caracterização da natureza alimentar da verba que se discute.

▶ **Jurisprudência STJ**

HABEAS CORPUS. EXECUÇÃO DE ALIMENTOS. PRISÃO CIVIL. DESCONTOS EM FOLHA DE PAGAMENTO. PATRIMÔNIO DO DEVEDOR SUFICIENTE PARA QUITAR O SALDO REMANESCENTE VIA EXPROPRIAÇÃO. MEDIDA EXTREMA QUE NÃO SE MOSTRA RAZOÁVEL NO CASO. LIMINAR CONFIRMADA. ORDEM CONCEDIDA. (HC 219109 / RJ; DJe 22/03/2012)

4. **Pagamento Parcial dos alimentos judicialmente fixados.**

Exceto se tiver havido autorização judicial através de Ação Revisional de Alimentos, não se tolera o pagamento parcial da dívida de alimentos. Este adimplemento parcial poderá gerar a prisão civil do devedor, uma vez que esta situação implicará em descumprimento de decisão judicial.

▶ **Jurisprudência STJ**

PRISÃO CIVIL. PAGAMENTO PARCIAL DA OBRIGAÇÃO ALIMENTÍCIA.

A Turma reafirmou que o pagamento parcial da obrigação alimentar não afasta a regularidade da prisão civil. Destacou-se que este Superior Tribunal entende ser legítima a prisão civil do devedor de alimentos, quando fundamentada na falta de pagamento de prestações vencidas nos três meses anteriores à propositura da execução ou daquelas vencidas no decorrer do processo (Súm. n. 309/STJ). Ademais, eventuais alegações quanto à incapacidade material do recorrente de satisfazer a prestação alimentícia devem ser discutidas nos autos da ação de alimentos, não no âmbito estreito do writ, cujo trâmite não comporta dilação probatória. Precedente citado: HC 209.137-SP, DJe 13/9/2011. RHC 31.302-RJ, Rel. Min. Antonio Carlos Ferreira, julgado em 18/9/2012.

▶ **Jurisprudência STJ**

*RECURSO EM HABEAS CORPUS. EXECUÇÃO DE ALIMENTOS. ANÁLISE DE PROVAS. IMPOSSIBILIDADE. PAGAMENTO PARCIAL DE DÉBITO. DESCUMPRIMENTO DE ACORDO. PRISÃO CIVIL. POSSIBILIDADE. PRECEDENTES. RECURSO NÃO PROVIDO. 1. **O habeas corpus não é a via adequada para o exame aprofundado de provas a fim de averiguar a condição econômica do devedor, a necessidade do credor dos alimentos e o eventual excesso do valor dos alimentos.** Precedentes. 2. **O pagamento apenas parcial dos valores devidos a título de alimentos não afasta a possibilidade de decretação da prisão civil do devedor conforme já reiteradamente decidido pelo STJ.** 3. Está pacificado no âmbito da Segunda Seção desta Corte que o "descumprimento de acordo firmado entre o alimentante e os alimentados, nos autos da ação de alimentos, pode ensejar o decreto de prisão civil do devedor, porquanto a dívida pactuada constitui débito em atraso, e não dívida pretérita" (HC 221.331/SP, Rel. Ministro RAUL ARAÚJO, QUARTA TURMA, julgado em 22/11/2011, DJe 07/12/2011). (RHC 29250 / MT; DJe 28/02/2012)*

5. Possibilidade de prisão domiciliar para o devedor de alimentos.

Muito se tem discutido acerca da efetividade da prisão civil do devedor de alimentos no Brasil. A matéria exigira maior divagação teórica, que não se enquadra com a pretensão deste trabalho. Entretanto, é necessário lembrar que mecanismos alternativos têm sido apresentados pela doutrina, dentre os quais a prisão domiciliar, a inclusão do devedor de alimentos no cadastro de inadimplentes (SPC/SERASA), obrigação de prestação de serviços à comunidade, restrições bancárias, bloqueio em contas, etc.

No que tange a prisão domiciliar, argumenta-se que este meio serviria como alternativa para a condução do devedor para a restrição de liberdade em estabelecimento próprio para tal fim. Afora as críticas, é certo que a constrição pessoal, chegando ao extremo da prisão civil, ainda se reveste em mecanismo de grande utilidade prática. A prisão domiciliar somente tem sido admitida pelos Tribunais Superiores quando o devedor se encontra enfermo ou necessitado de atendimentos especiais que não possam ser prestados no estabelecimento prisional.

▶ **Jurisprudência STJ**

> DIREITO CIVIL E PROCESSUAL CIVIL. PROTESTO E INSCRIÇÃO DO NOME DO DEVEDOR DE ALIMENTOS EM CADASTROS DE INADIMPLENTES.
>
> Em execução de alimentos devidos a filho menor de idade, é possível o protesto e a inscrição do nome do devedor em cadastros de proteção ao crédito. Não há impedimento legal para que se determine a negativação do nome de contumaz devedor de alimentos no ordenamento pátrio. Ao contrário, a exegese conferida ao art. 19 da Lei de Alimentos (Lei n. 5.478/1968), que prevê incumbir ao juiz da causa adotar as providências necessárias para a execução da sentença ou do acordo de alimentos, deve ser a mais ampla possível, tendo em vista a natureza do direito em discussão, o qual, em última análise, visa garantir a sobrevivência e a dignidade da criança ou adolescente alimentando. Ademais, o princípio do melhor interesse da criança e do adolescente encontra respaldo constitucional (art. 227 da CF). Nada impede, portanto, que o mecanismo de proteção que visa salvaguardar interesses bancários e empresariais em geral (art. 43 da Lei n. 8.078/1990) acabe garantindo direito ainda mais essencial relacionado ao risco de vida que violenta a própria dignidade da pessoa humana e compromete valores superiores à mera higidez alteração das atividades comerciais. Não por outro motivo o legislador ordinário incluiu a previsão de tal mecanismo no Novo Código de Processo Civil, como se afere da literalidade dos arts. 528 e 782. Precedente citado: REsp 1.533.206-MG, Quarta Turma, DJe 1º/2/2016. REsp 1.469.102-SP, Rel. Min. Ricardo Villas Bôas Cueva, julgado em 8/3/2016, DJe 15/3/2016.

6. Alimentos decorrentes de ato ilícito e prisão civil do devedor.

A fixação de alimentos decorrentes de ato ilícito é ação relativamente comum. O exemplo mais corriqueiro é aquele que fixa alimentos a partir de indenização decorrente de acidente de trânsito.

Nesses casos, por entendimento jurisprudencial, as mesmas regras de revisão dos valores de alimentos são possíveis, entretanto, não cabe a prisão civil do devedor dessa verba. Ou seja, cabe a execução dos valores em atraso, mas apenas através do procedimento de constrição patrimonial. O STJ tem entendimento pacífico sobre a questão, como se pode ler na decisão abaixo.

▶ **Jurisprudência STJ**

> HABEAS CORPUS. EXECUÇÃO DE ALIMENTOS. PRISÃO CIVIL. SÚMULA 309/STJ.
> OBRIGAÇÃO ALIMENTAR. PEDIDO ALTERNATIVO DE PRISÃO DOMICILIAR. (...) 4. **A jurisprudência desta Corte, somente tem admitido o recolhimento domiciliar do preso portador de doença grave quando demonstrada a necessidade de assistência médica contínua, impossível de ser prestada no estabelecimento prisional** (HC 55421/SC, Rel. p/ Acórdão Ministro HAMILTON CARVALHIDO, SEXTA TURMA, DJ 26/11/2007). (HC 178652 / SP; DJe 16/12/2010)

▶ **Jurisprudência STJ**

> HABEAS CORPUS. ALIMENTOS DEVIDOS EM RAZÃO DE ATO ILÍCITO. PRISÃO CIVIL. ILEGALIDADE. 1. **Segundo a pacífica jurisprudência do Superior Tribunal de Justiça, é ilegal a prisão civil decretada por descumprimento de obrigação alimentar em caso de pensão devida em razão de ato ilícito.** 2. Ordem concedida. (HC 182228 / SP; DJe 11/03/2011)

→ **Aplicação em Concurso Público:**

- *(DPE/MS/Defensor/2008)*
  Considere as seguintes assertivas. Está correto apenas o que se afirma em:
I. Transmite-se aos herdeiros do devedor, nos limites da herança, a obrigação de prestar alimentos à ex-companheira.
II. Quem deixa de pagar débito alimentar decorrente de ato ilícito não está sujeito à prisão civil.
III. A diferença de causa nas dívidas não impede a compensação se uma se originar em alimentos.
IV. Não pode o credor deixar de exercer, porém lhe é vedado renunciar o direito a alimentos, sendo o respectivo crédito insuscetível de cessão, compensação ou penhora.
(A) I e IV.
(B) III e IV.
(C) I e II.
(D) II e III.
Resposta: Alternativa "c".

LEI DE ALIMENTOS

Art. 19

Art. 19. O juiz, para instrução da causa ou na execução da sentença ou do acordo, **poderá tomar todas as providências** necessárias para seu esclarecimento ou para o cumprimento do julgado ou do acordo, inclusive a decretação de **prisão do devedor até 60 (sessenta) dias.**

§ 1º O cumprimento integral da pena de prisão **não eximirá** o devedor do pagamento das prestações alimentícias, vincendas ou vencidas e não pagas. (Redação dada pela Lei nº 6.014, de 27/12/73)

§ 2º Da decisão que decretar a prisão do devedor, caberá **agravo de instrumento**. (Redação dada pela Lei nº 6.014, de 27/12/73)

§ 3º A interposição do agravo **não suspende** a execução da ordem de prisão. (Redação dada pela Lei nº 6.014, de 27/12/73)

1. **Cumprimento da obrigação alimentar: transmissibilidade e prisão civil do devedor de alimentos.**

Parte da doutrina considera o Art. 19 da Lei de Alimentos revogado, em parte, uma vez que há conflito com o CPC-15 (Art. 528, § 3º) em relação ao prazo de duração da prisão civil do devedor de alimentos, conforme já explicado anteriormente. Feita essa ressalva, cumpre dizer que o restante do artigo permanece inalterado, com importantes regulamentações acerca da satisfação da dívida alimentar.

A ideia exposta pelo art. 19 da Lei de Alimentos tem como foco o cumprimento integral da prestação de alimentos, em razão da característica de subsistência dessa prestação. Isso significa dizer que a prestação alimentícia não pode ser paga parcialmente. Se não ocorrer o pagamento, ou ocorrendo este de forma parcial, haverá a possibilidade de transmissão da obrigação alimentar para outros parentes coobrigados, ou, ainda, da medida da prisão civil do devedor de alimentos, como instrumento coercitivo disponível na legislação. Tanto a transmissibilidade quanto a prisão civil do devedor alimentar são mecanismos criados pela lei para garantir a satisfação do débito de alimentos.

→ **Aplicação em Concurso Público:**

- *(MPE/SE/Analista/2009)*
  Sobre os alimentos no Direito de Família, considere:
  I. Se um dos cônjuges separados judicialmente vier a necessitar de alimentos, será o outro obrigado a prestá-los mediante pensão a ser fixada pelo juiz, caso não tenha sido declarado culpado na ação de separação judicial.

II. Se a parte que deve alimentos em primeiro lugar não estiver em condições de suportar totalmente o encargo, serão chamados a concorrer os de grau imediato e sendo várias as pessoas obrigadas a prestar alimentos, haverá solidariedade entre elas.
III. Fixado juridicamente, o valor dos alimentos torna-se irredutível após o trânsito em julgado da sentença.
IV. O direito a alimentos é irrenunciável.
V. O novo casamento do cônjuge devedor não extingue a obrigação constante da sentença de divórcio, mas o casamento do credor faz cessar para o devedor o dever de prestar alimentos.

Está correto o que se afirma apenas em
(A) I, II e III.
(B) I, III e IV.
(C) I, IV e V.
(D) II, III e IV.
(E) III, IV e V.
Resposta: Alternativa "c".

2. **Transmissibilidade da obrigação alimentar.**

A obrigação alimentar tem caráter subsidiário. Isto significa dizer que, em não sendo possível o cumprimento do débito pelo devedor originário, a obrigação é repassada aos demais credores que possam, eventualmente, ser chamados à prestação. Observe-se que não se trata (como comumente se confunde) de obrigação solidária. Se assim fosse, seria permitido ao credor demandar qualquer dos devedores solidários envolvidos. O que, repita-se, não se aplica, como regra, no direito brasileiro.

→ **Aplicação em Concurso Público:**
- *Procurador da República – 2007*
- A despeito da lei dispor que a obrigação alimentar decorrente da relação de parentesco deve recair nos ascendentes mais próximos em grau, ela pode ser imposta, em concurso, a parentes que pertencem a categorias diversas.
Resposta: A alternativa está correta.

2.1. **Alimentos como obrigação subsidiária.**

Exemplo bastante comum é o do chamamento dos avós para complementar e/ou responder individualmente pelo débito alimentar. A demanda em que o neto convoca diretamente o avô para prestar alimentos desrespeita a "legitimidade de parte", condição mínima para o transcurso da ação.

Nesse caso, não cabe ao juiz outra alternativa que não seja julgar extinto o processo sem julgamento, alegando ilegitimidade de parte.

O correto, portanto, em virtude da subsidiariedade da prestação alimentar, é que ocorra a transmissibilidade apenas quando os imediatamente responsáveis provem que não podem arcar com o débito, recaindo, ai sim, o débito para os demais responsáveis.

▶ **Jurisprudência – STJ. Informativo Nº 0459**

> **AVÓS. ALIMENTOS. LEGITIMIDADE PASSIVA.**
>
> Trata-se, na origem, de ação de alimentos ajuizada contra a avó paterna. A Turma deu provimento ao recurso e extinguiu a ação sem julgamento do mérito, reiterando o entendimento de que a obrigação dos avós em relação aos netos é subsidiária e complementar, ou seja, primeiramente respondem os pais e, se eles se virem impossibilitados de prestá-la, total ou parcialmente, somente aí pode ser intentada a ação contra os progenitores. Precedentes citados: *HC 38.314-MS, DJ 4/4/2005; REsp 70.740-SP, DJ 25/8/1997, e REsp 81.838-SP, DJ 4/9/2000. REsp 1.077.010-SP, Rel. Min. Aldir Passarinho Junior*, **julgado em 7/12/2010.**

▶ **Jurisprudência – STJ:**

> *OBRIGAÇÃO ALIMENTAR. AVOENGA. ÔNUS DA PROVA.*
>
> *In casu, a questão está em analisar a validade da decisão do tribunal a quo que indeferiu pedido de alimentos provisórios em favor dos recorrentes os quais deveriam ser prestados pela recorrida, avó dos alimentandos. A Min. Relatora destacou que, apenas na impossibilidade de os demandados genitores prestarem alimentos, serão os parentes mais remotos, estendendo-se a obrigação alimentar, na hipótese, para os ascendentes mais próximos. O desemprego do alimentante primário - genitor - ou sua falta confirmam o desamparo do alimentado e a necessidade de socorro ao ascendente de grau imediato, fatos que autorizam o ajuizamento da ação de alimentos diretamente contra este. Contudo o mero inadimplemento da obrigação alimentar por parte do genitor, sem que se demonstre sua impossibilidade de prestar os alimentos, não faculta ao alimentado pleitear alimentos diretamente aos avós. Na hipótese, exige-se o prévio esgotamento dos meios processuais disponíveis para obrigar o alimentante primário a cumprir sua obrigação, inclusive com o uso da coação extrema preconizada no art. 733 do CPC. Assim, fixado pelo tribunal de origem que a avó demonstrou, em contestação, a impossibilidade de prestar os alimentos subsidiariamente, inviável o*

recurso especial, no particular, pelo óbice da Súm. n. 7-STJ. Com essas considerações, a Turma negou provimento ao recurso. REsp 1.211.314-SP, Rel. Min. Nancy Andrighi, julgado em 15/9/2011.

▶ **Jurisprudência – STJ:**

ALIMENTOS. RESPONSABILIDADE SUBSIDIÁRIA. AVÓS.

A Turma deu provimento ao recurso especial a fim de deferir o chamamento ao processo dos avós maternos no feito em que os autores pleiteiam o pagamento de pensão alimentícia. In casu, o tribunal a quo fixou a responsabilidade principal e recíproca dos pais, mas determinou que a diferença fosse suportada pelos avós paternos. Nesse contexto, consignou-se que o art. 1.698 do CC/2002 passou a prever que, proposta a ação em desfavor de uma das pessoas obrigadas a prestar alimentos, as demais poderão ser chamadas a integrar a lide. Dessa forma, a obrigação subsidiária deve ser repartida conjuntamente entre os avós paternos e maternos, cuja responsabilidade, nesses casos, é complementar e sucessiva. Precedentes citados: REsp 366.837-RJ, DJ 22/9/2003, e REsp 658.139-RS, DJ 13/3/2006. REsp 958.513-SP, Rel. Min. Aldir Passarinho Junior, julgado em 22/2/2011.

→ **Aplicação em Concurso Público:**

- *PROVA: FCC. DPE-BA. Defensor Público. 2016*
    A respeito dos alimentos, é correto afirmar que
    a) por expressa disposição de lei, somente incidem sobre a gratificação natalina e o terço de férias se constar expressamente no título que estipulou o direito aos alimentos;
    b) diante do inadimplemento do pai, a obrigação é transmitida imediatamente aos avós;
    c) cessam automaticamente com a maioridade do alimentando, salvo determinação judicial expressa em sentido contrário;
    d) cessam com o casamento ou a união estável do credor, assim como no caso de o credor portar-se de maneira indigna contra o alimentante;
    e) a prova do desemprego do devedor de alimentos é suficiente para afastar possibilidade de prisão civil.
    Resposta: Alternativa "d".

→ **Aplicação em Concurso Público:**

- *Magistratura – MS – 2008*
- O direito à prestação de alimentos é recíproco entre pais e filhos, e extensivo a todos os ascendentes e, na falta destes, cabe a obrigação aos descendentes, independentemente da ordem de sucessão.
    Resposta: A alternativa está correta.

2.1.1 Súmula do STJ sobre a natureza complementar e subsidiária da obrigação dos avós.

A fim de reforçar o entendimento já consolidado acerca da obrigação alimentar dos avós, o STJ editou, no final de 2017, a Súmula de número 596 expressando a natureza complementar e subsidiária dos avós em relação aos netos. Esse já vinha sendo o posicionamento pacífico da Corte sobre o tema, com larga aplicação em todos os Tribunais Estaduais. A Súmula nova apenas referenda a posição jurisprudencial em comento.

O texto da Súmula é o seguinte:

▶ **Súmula STJ - 596**

> *"A obrigação alimentar dos avós tem natureza complementar e subsidiária, somente se configurando no caso de impossibilidade total ou parcial de seu cumprimento pelos pais."*

No mesmo sentido, o próprio STJ, em decisão recentíssima, de dezembro de 2017, tem relativizado cada vez mais a prisão dos avós em ações de alimentos, tomando por base exatamente os mesmos fundamentos de que a natureza da prestação é complementar e subsidiária. A recomendação, portanto, é a de que deve ser convertida a prisão em penhora, sempre que possível. Assim, sempre que as pessoas idosas indicarem bens a penhora, a execução através da prisão civil deve ser convertida para a execução sob o rito da expropriação patrimonial.

▶ **Jurisprudência STJ.**

> *CIVIL. PROCESSUAL CIVIL. HABEAS CORPUS. **PRISÃO** CIVIL POR **ALIMENTOS**. OBRIGAÇÃO ALIMENTAR AVOENGA. CARÁTER COMPLEMENTAR E SUBSIDIÁRIO DA PRESTAÇÃO. EXISTÊNCIA DE MEIOS EXECUTIVOS E TÉCNICAS COERCITIVAS MAIS ADEQUADAS. INDICAÇÃO DE BEM IMÓVEL À PENHORA. OBSERVÂNCIA AOS PRINCÍPIOS DA MENOR ONEROSIDADE E DA MÁXIMA UTILIDADE DA EXECUÇÃO. DESNECESSIDADE DA MEDIDA COATIVA EXTREMA NA HIPÓTESE. 1- O propósito do habeas corpus é definir se deve ser mantida a ordem de **prisão** civil dos **avós**, em virtude de dívida de natureza alimentar por eles contraída e que diz respeito às obrigações de custeio de mensalidades escolares e cursos extracurriculares dos netos. 2- A prestação de **alimentos** pelos **avós** possui natureza complementar e subsidiária, devendo ser fixada, em regra, apenas quando os genitores estiverem impossibilitados de prestá-los de forma suficiente. Precedentes. 3- O fato de os **avós** assumirem espontaneamente o custeio da educação dos menores não significa que a execução na hipótese*

de inadimplemento deverá, obrigatoriamente, seguir o mesmo rito e as mesmas técnicas coercitivas que seriam observadas para a cobrança de dívida alimentar devida pelos pais, que são os responsáveis originários pelos **alimentos** necessários aos menores. 4- Havendo meios executivos mais adequados e igualmente eficazes para a satisfação da dívida alimentar dos **avós**, é admissível a conversão da execução para o rito da penhora e da expropriação, que, a um só tempo, respeita os princípios da menor onerosidade e da máxima utilidade da execução, sobretudo diante dos riscos causados pelo encarceramento de pessoas idosas que, além disso, previamente indicaram bem imóvel à penhora para a satisfação da dívida. 5- Ordem concedida, confirmando-se a liminar anteriormente deferida. HC 416886 / SP. Rel. Ministra NANCY ANDRIGHI. DJe 18/12/2017.

2.2. Caráter solidário dos alimentos prestados aos idosos.

▶ **ATENÇÃO!** A regra geral do caráter subsidiário dos alimentos não se aplica no caso de alimentos prestados ao idoso. Isto porque o Estatuto do Idoso (Lei nº 10.741 de 1º de outubro de 2003, art. 11) prevê que, no caso específico de alimentos prestados aos idosos, **a relação obrigacional alimentar tem caráter solidário**, e não subsidiário. Dessa forma, o idoso pode escolher, livremente, qual dos coobrigados ele quer demandar, na maneira que lhe pareça mais fácil ou mais acessível. Por se tratar de obrigação solidária, resta ao devedor "escolhido" demandar em face dos demais o ressarcimento do valor pago. Ex: um pai, em idade avançada, que se vê necessitado de prestação de alimentos, pode querer o pagamento do valor de qualquer dos filhos, ou de qualquer dos netos, indiferentemente.

2.3. Aplicação da regra da solidariedade também para crianças e adolescentes.

Entende-se, ainda, tomando por base a lição da doutrina familiarista mais atualizada, que a mesma regra da solidariedade aplicada aos idosos, **também deve nortear as obrigações de alimentos para crianças e adolescentes**, tendo em vista que também são grupos colocados em situação de atendimento prioritário.

2.4. Crítica ao caráter solidário da obrigação alimentar prestada aos idosos.

A estipulação trazida pelo Estatuto do Idoso, no sentido de que a obrigação de alimentos, nestas hipóteses, deve ser solidário, tem recebido severas críticas, com as quais nos filiamos. Ocorre que a imposição da obrigação alimentar sobre apenas um (ou alguns) dos devedores permite construir situações processuais absolutamente injustas. De um lado, por ser **necessária a busca do mecanismo da intervenção de terceiros** para o ressarcimento da dívida, ampliando a demanda jurisdicional e inchando ainda mais o Judiciário. Em segundo, por ser bastante cômodo para o devedor não demandado pelo idoso se esquivar do pagamento com subterfúgios também processuais. E, finalmente, em face da **perda do caráter alimentar da dívida** entre o devedor que paga e os demais devedores corresponsáveis, cuja aferição será feita através de execução de valor, sem a possibilidade da prisão por dívida de alimentos.

▶ **Doutrina.** Ana Maria Gonçalves Louzada, Juíza de Direito do Distrito Federal, lança críticas a este aspecto do Estatuto do Idoso:

> "Entendo como de lamentável erronia legislativa este artigo ao enunciar a solidariedade da dívida alimentar, **pois isto implicará, até mesmo, a prisão daquele devedor que sempre pagou em dia sua quantia estipulada em juízo, por não ter condições financeiras de suportar toda a dívida**. De outra banda, isto também oportunizará em um dos obrigados, maliciosamente, mantenha-se inerte quanto ao pagamento de sua parte da dívida, uma vez que o idoso poderá requerer que esta, na totalidade, seja paga por aquele obrigado que sistematicamente pagava sua parte, ao supor que este tenha perfeitas condições de arcar com todo pensionamento alimentar. **Ademais, além de a dívida solidária poder ensejar prisão civil, este obrigado, ao desejar se ver ressarcido do valor pago em juízo, tendo em vista seu direito de regresso (art. 283 CC), não poderá requerer a respectiva prisão dos devedores recalcitrantes, pois não se tratará de dívida alimentar, mas de dívida de valor, o que impede o decreto de segregação".[19]

▶ **Artigos correlatos:**

Estatuto do Idoso

Art. 3º É obrigação da família, da comunidade, da sociedade e do Poder Público assegurar ao idoso, com absoluta prioridade, a efetivação do direito à vida, à saúde, à alimentação, à educação, à cultura, ao esporte, ao lazer, ao trabalho, à cidadania, à liberdade, à dignidade, ao respeito e à convivência familiar e comunitária.

Art. 11. Os alimentos serão prestados ao idoso na forma da lei civil.

Art. 12. A obrigação alimentar é solidária, podendo o idoso optar entre os prestadores.

---

19. LOUZADA, Ana Maria Gonçalves. Família e Jurisdição. Coordenadores: Eliene Ferreira Bastos e Asiel Henrique de Sousa. Belo Horizonte: Del Rey, 2006.

Art. 14. *Se o idoso ou seus familiares não possuírem condições econômicas de prover o seu sustento, impõe-se ao Poder Público esse provimento, no âmbito da assistência social.*

▶ **Jurisprudência STJ – Alimentos para Idosos – aspecto solidário**

> Direito civil e processo civil. Ação de alimentos proposta pelos pais idosos em face de um dos filhos. Chamamento da outra filha para integrar a lide. Definição da natureza solidária da obrigação de prestar alimentos à luz do Estatuto do Idoso. – **A doutrina é uníssona, sob o prisma do Código Civil, em afirmar que o dever de prestar alimentos recíprocos entre pais e filhos não tem natureza solidária, porque é conjunta.** – A Lei 10.741/2003, atribuiu natureza solidária à obrigação de prestar alimentos quando os credores forem idosos, que por força da sua natureza especial prevalece sobre as disposições específicas do Código Civil. – O Estatuto do Idoso, cumprindo política pública (art. 3º), assegura celeridade no processo, impedindo intervenção de outros eventuais devedores de alimentos. – A solidariedade da obrigação alimentar devida ao idoso lhe garante a opção entre os prestadores (art. 12). Recurso especial não conhecido. (REsp 775565 / SP, DJ 26/06/2006).

→ **Aplicação em Concurso Público:**

- *FCC – 2008 – DPE – SP – Oficial de Defensoria Pública*
  O direito de assistência material traduzido no dever de prestação de alimentos é devido
- (A) de pais para filhos menores e de filhos maiores para pais idosos.
- (B) de filhos, menores ou maiores, para pais idosos, vedada a reciprocidade.
- (C) de pais para filhos menores, não se admitindo o inverso.
- (D) reciprocamente entre filhos e pais idosos.
- (E) reciprocamente entre pais idosos e filhos menores.

Resposta: alternativa "a". A obrigação de alimentos é recíproca, aplicando-se tanto dos pais para com os filhos menores, como dos filhos maiores para os pais já idosos que comprovadamente não tenham meios para usa manutenção.

2.5 Devedores sucessivos de alimentos e formação de litisconsórcio passivo ulterior.

No que diz respeito à convocação simultânea de devedores de primeiro grau e de segundo grau na linha ascendente (por exemplo, pai e avós paternos ao mesmo tempo), a doutrina e a jurisprudência de nossos Tribunais tem firmado entendimento no sentido de que é possível a convocação simultânea de devedores de níveis hierárquicos diferentes, uma vez que a demanda pode não ser frutífera em relação ao primeiro obrigado, passando-se de imediato à análise das condições econômicas (possibilidade) dos demais.

Entretanto, essa possibilidade de demandar ambas as partes não implica na responsabilidade solidária. Desse modo, se o pai da criança e os avós são demandados na inicial, por economia processual, tem sido aceita essa formatação do polo passivo, mas lembrando, como exposto acima, que não se trata de "responsabilidade solidária", mas sim subsidiária. Os devedores, portanto, são sucessivos, e o segundo somente será convocado a responder ou complementar o pensionamento na impossibilidade total ou parcial do primeiro.

Outros autores defendem a formação de um litisconsórcio passivo ulterior, ao passo em que, restando comprovada a impossibilidade total ou parcial da quitação dos alimentos pelo primeiro obrigado (ainda no mesmo exemplo, o pai da criança), é que seriam convocados os ascendentes de segundo grau, fato que justificaria a constituição do litisconsórcio passivo ulterior.

Do ponto de vista pragmático, não nos vislumbra efetiva a possibilidade de ambas as partes figurarem no mesmo polo passivo, se que ambas estejam plenamente caracterizadas como responsáveis pela condução processual. O mais coerente seria permitir a convocação dos terceiros responsáveis apenas após a comprovação da impossibilidade de pensionamento. Essa medida evitaria desnecessária turbação processual. E, ao que parece, não foi outro, senão essa a intenção do legislador do Código Civil ao normatizar a possibilidade de convocação de terceiros para participarem como devedores na Ação de Alimentos.

2.6. Legitimidade do MP para propor Ações de Alimentos em proveito de crianças e adolescentes.

O STJ encerrou celeuma doutrinária e jurisprudencial que discutia sobre a legitimidade do Ministério Público ingressar com Ação de Alimentos em face de crianças e adolescentes independentemente do exercício do poder familiar dos pais, ou de o infante se encontrar nas situações de risco descritas no art. 98 do Estatuto da Criança e do Adolescente (ECA). A legitimada é reconhecida e se caracteriza na doutrina da proteção integral das crianças e adolescentes prevista na legislação em vigor.

▶ **Jurisprudência STJ**

> DIREITO PROCESSUAL CIVIL. LEGITIMIDADE DO MINISTÉRIO PÚBLICO PARA AJUIZAR AÇÃO DE ALIMENTOS EM PROVEITO DE CRIANÇA OU ADOLESCENTE. RECURSO REPETITIVO (ART. 543-C DO CPC E RES. 8/2008-STJ).
>
> O Ministério Público tem legitimidade ativa para ajuizar ação de alimentos em proveito de criança ou adolescente, independentemente do exercício do poder familiar dos pais, ou de o infante se encontrar nas situações de risco descritas no art. 98 do Estatuto da Criança e do Adolescente (ECA),

ou de quaisquer outros questionamentos acerca da existência ou eficiência da Defensoria Pública na comarca. De fato, o art. 127 da CF traz, em seu caput, a identidade do MP, seu núcleo axiológico, sua vocação primeira, que é ser "instituição permanente, essencial à função jurisdicional do Estado, incumbindo-lhe a defesa da ordem jurídica, do regime democrático e dos interesses sociais e individuais indisponíveis". Ademais, nos incisos I a VIII do mesmo dispositivo, a CF indica, de forma meramente exemplificativa, as funções institucionais mínimas do MP, trazendo, no inciso IX, cláusula de abertura que permite à legislação infraconstitucional o incremento de outras atribuições, desde que compatíveis com a vocação constitucional do MP. Diante disso, já se deduz um vetor interpretativo invencível: a legislação infraconstitucional que se propuser a disciplinar funções institucionais do MP poderá apenas elastecer seu campo de atuação, mas nunca subtrair atribuições já existentes no próprio texto constitucional ou mesmo sufocar ou criar embaraços à realização de suas incumbências centrais, como a defesa dos "interesses sociais e individuais indisponíveis" (art. 127 da CF) ou do respeito "aos direitos assegurados nesta Constituição, promovendo as medidas necessárias a sua garantia" (art. 129, II, da CF). No ponto, não há dúvida de que a defesa dos interesses de crianças e adolescentes, sobretudo no que concerne à sua subsistência e integridade, insere-se nas atribuições centrais do MP, como órgão que recebeu a incumbência constitucional de defesa dos interesses individuais indisponíveis. (...) Nessas situações, o ajuizamento da ação de alimentos continua ao alvedrio dos responsáveis pela criança ou adolescente, ficando condicionada, portanto, aos inúmeros interesses rasteiros que, frequentemente, subjazem ao relacionamento desfeito dos pais. Ademais, sabe-se que, em não raras vezes, os alimentos são pleiteados com o exclusivo propósito de atingir o ex-cônjuge, na mesma frequência em que a pessoa detentora da guarda do filho se omite no ajuizamento da demanda quando ainda remanescer esperança no restabelecimento da relação. Enquanto isso, a criança aguarda a acomodação dos interesses dos pais, que nem sempre coincidem com os seus. REsp 1.265.821-BA e REsp 1.327.471-MT, Rel. Min. Luis Felipe Salomão, julgados em 14/5/2014.

3. **Transmissibilidade para parentes colaterais.**

A orientação legal acerca da prestação de alimentos pelos colaterais encerra-se no parentesco de segundo grau, quais sejam: irmãos, unilaterais ou bilaterais. Desse modo, a obrigação de pagar alimentos distribui-se na seguinte ordem: em primeiro lugar, os ascendentes; depois, os descendentes e, por fim, os irmãos. Há entendimento doutrinário a fim de convocar outros parentes colaterais para efetivar a responsabilidade de pagar alimentos, como os colaterais de terceiro grau (tios e sobrinhos), todavia

LEI DE ALIMENTOS

entendimento recente do STJ negou provimento do pedido de sobrinhos que pleiteavam alimentos em favor das tias.

▶ **Jurisprudência STJ:**

> **Informativo Nº 0381 – Alimentos. Sobrinhos.** A Turma decidiu que as tias dos menores representados pela mãe na ação de alimentos não são obrigadas a pagar alimentos aos sobrinhos após a separação dos pais. No caso dos autos, a mãe não trabalha e o pai, com problemas de alcoolismo, cumpre apenas parcialmente o débito alimentar (equivalente a um salário mínimo mensal). Ressalta a Min. Relatora que a voluntariedade das tias idosas que vinham ajudando os sobrinhos após a separação dos pais (irmãs do pai alcoólatra) é um ato de caridade e solidariedade humana, que não deve ser transmudado em obrigação decorrente do vínculo familiar. **Ademais, a interpretação majoritária da lei pela doutrina e jurisprudência tem sido que os tios não devem ser compelidos a prestar alimentos aos sobrinhos.** Por tratar-se de ato de caridade e de mera liberalidade, também não há o direito de ação para exigibilidade de ressarcimentos dos valores já pagos. Invocou, ainda, que, no julgamento do HC 12.079-BA, DJ 16/10/2000, da relatoria do Min. Sálvio e Figueiredo, reconheceu-se que a obrigação alimentar decorre da lei, que indica os parentes obrigados de forma taxativa e não enunciativa, sendo assim são devidos os alimentos, reciprocamente, pelos pais, filhos, ascendentes, descendentes e colaterais até segundo grau, não abrangendo, consequentemente, tios e sobrinhos. REsp 1.032.846-RS, Rel. Min. Nancy Andrighi, julgado em 18/12/2008.

▶ **Artigos correlatos: Código Civil**

> *Art. 1.696. O direito à prestação de alimentos é recíproco entre pais e filhos, e extensivo a todos os ascendentes, recaindo a obrigação nos mais próximos em grau, uns em falta de outros.*
>
> *Art. 1.697. Na falta dos ascendentes cabe a obrigação aos descendentes, guardada a ordem de sucessão e, faltando estes, aos irmãos, assim germanos como unilaterais.*
>
> *Art. 1.698. Se o parente, que deve alimentos em primeiro lugar, não estiver em condições de suportar totalmente o encargo, serão chamados a concorrer os de grau imediato; sendo várias as pessoas obrigadas a prestar alimentos, todas devem concorrer na proporção dos respectivos recursos, e, intentada ação contra uma delas, poderão as demais ser chamadas a integrar a lide.*

→ **Aplicação em Concurso Público:**

- *Magistratura – RS – 2008*
- A transmissibilidade, aos herdeiros da obrigação de prestar alimentos é restrita ao companheiro e ao cônjuge.
  Resposta: A alternativa está errada.

4. Complementação dos alimentos pelos avós. Aplicação do princípio da razoabilidade.

Os avós, por questão de transmissibilidade, **podem ser convocados a complementar o pensionamento dos netos**, sempre que ficar patente na análise judicial que os pais não têm condições de prestá-lo integralmente. **Não se justifica, portanto, que os avós sejam chamados a suprir a pensão alimentícia completa**, sob pena de desvirtuar a responsabilidade que, como se sabe, é inata aos genitores. O Prof. Paulo Lobo expressa com clareza essa questão.

▶ **Doutrina**

> *"A razoabilidade está na fundamentação, por exemplo, da natureza complementar da obrigação alimentar dos avós, a saber, é razoável que estes apenas complementem os alimentos devidos pelos pais, quando estes não puderem provê-los integralmente, sem sacrifício de sua própria subsistência.* **Não é razoável que os avós sejam obrigados a pagar completamente os alimentos a seus netos, ainda quando tenham melhores condições financeiras que os pais.**" LOBO, Paulo. Famílias. 3ª ed. São Paulo: Saraiva, 2010, p. 376.

▶ **Jurisprudência STJ: Obrigação alimentar dos avós é subsidiária e complementar**

> CIVIL E PROCESSUAL. AÇÃO DE ALIMENTOS DIRIGIDA CONTRA OS AVÓS PATERNOS. AUSÊNCIA DE PRÉVIO PEDIDO EM RELAÇÃO AO PAI. RESPONSABILIDADE DOS PROGENITORES SUBSIDIÁRIA E COMPLEMENTAR. AUSÊNCIA, OUTROSSIM, DE PROVA DA POSSIBILIDADE DOS RÉUS. SÚMULA N. 7-STJ. INCIDÊNCIA. CC, ART. 397. EXEGESE. I. A exegese firmada no STJ acerca do art. 397 do Código Civil anterior **é no sentido de que a responsabilidade dos avós pelo pagamento de pensão aos netos é subsidiária e complementar à dos pais, de sorte que somente respondem pelos alimentos na impossibilidade total ou parcial do pai que, no caso dos autos, não foi alvo de prévia postulação.** II. Ademais, a conclusão do Tribunal de Justiça acerca da ausência de condições econômicas dos avós recai em matéria fática, cujo reexame é obstado em sede especial, ao teor da Súmula n. 7. III. Recurso especial não conhecido. (REsp 576152 / ES, DJe 01/07/2010)

→ **Aplicação em Concurso Público:**
- *Ministério Público – MS – 2005.*
  Considere a seguinte situação hipotética. André, menor, propôs ação de alimentos contra seu genitor, Fernando. Na ação, ficou provada a impossibilidade de Fernando sustentar o filho. Nessa situação, os avós paternos assumem solidariamente com o filho o encargo familiar de André, pois a sentença deve condenar pais e avós solidariamente ao pagamento da verba alimentar na parte correspondente à contribuição paterna.
  Resposta: A assertiva está incorreta. A obrigação, nesse caso, não é solidária, mas sim, subsidiária.

5. **Transmissibilidade para o espólio.**

Como se sabe, o espólio também recebe a transmissibilidade da obrigação alimentar. Tal obrigação está fundamentada na regra de manutenção da vida dos alimentandos, e o acervo hereditário deve suportar tal obrigação.

▶ **Doutrina**

> *"Os herdeiros do devedor na forma da lei: quem paga e quanto se paga. A responsabilidade pelas dívidas do morto compete à herança ou espólio (herança objeto de inventário). Isso significa que a responsabilidade será, em um primeiro momento, do espólio, pois a herança, antes da partilha é um todo uno e indiviso (art. 1.791.). O espólio reúne o patrimônio do falecido, logo responde pela obrigação alimentar nas exatas condições em que respondia o devedor. O espólio paga integralmente os alimentos vencidos e vincendos. É o patrimônio do falecido que arca com suas dívidas. Contudo, pode-se imaginar que o falecido vivia de seu salário e com ele pagava os alimentos devidos. Se com a morte há sensível redução patrimonial, o espólio tem legitimidade para pleitear, por ação revisional, a redução do valor dos alimentos, levando-se em conta a alteração de um dos polos do binômio: a possibilidade do devedor (art. 1.694, §1º). Após a partilha, não há mais espólio, e os herdeiros recebem os bens do falecido. Nesse momento, cabe aos herdeiros pessoalmente o pagamento dos alimentos, já que por força do artigo 1700 a obrigação se transfere."*[20]

▶ **Jurisprudência STJ.**

> *DIREITO CIVIL. ÓBITO DE EX-COMPANHEIRO ALIMENTANTE E RESPONSABILIDADE DO ESPÓLIO PELOS DÉBITOS ALIMENTARES NÃO QUITADOS.*

---

20. SIMÃO, José Fernando. Transmissibilidade dos alimentos: a lei, a doutrina e STJ. Disponível em: http://www.conjur.com.br/2016-jul-03/transmissibilidade-alimentos-lei-doutrina-stj-parte

> Extingue-se, com o óbito do alimentante, a obrigação de prestar alimentos a sua ex-companheira decorrente de acordo celebrado em razão do encerramento da união estável, transmitindo-se ao espólio apenas a responsabilidade pelo pagamento dos débitos alimentares que porventura não tenham sido quitados pelo devedor em vida (art. 1.700 do CC). De acordo com o art. 1.700 do CC, "A obrigação de prestar alimentos transmite-se aos herdeiros do devedor, na forma do art. 1.694". Esse comando deve ser interpretado à luz do entendimento doutrinário de que a obrigação alimentar é fruto da solidariedade familiar, não devendo, portanto, vincular pessoas fora desse contexto. A morte do alimentante traz consigo a extinção da personalíssima obrigação alimentar, pois não se pode conceber que um vínculo alimentar decorrente de uma já desfeita solidariedade entre o falecido-alimentante e a alimentada, além de perdurar após o término do relacionamento, ainda lance seus efeitos para além da vida do alimentante, deitando garras no patrimônio dos herdeiros, filhos do de cujus. Entender que a obrigação alimentar persiste após a morte, ainda que nos limites da herança, implicaria agredir o patrimônio dos herdeiros (adquirido desde o óbito por força da saisine). Aliás, o que se transmite, no disposto do art. 1.700 do CC, é a dívida existente antes do óbito e nunca o dever ou a obrigação de pagar alimentos, pois personalíssima. Não há vínculos entre os herdeiros e a ex-companheira que possibilitem se protrair, indefinidamente, o pagamento dos alimentos a esta, fenecendo, assim, qualquer tentativa de transmitir a obrigação de prestação de alimentos após a morte do alimentante. (...) Assim, admite-se a transmissão tão somente quando o alimentado também seja herdeiro, e, ainda assim, enquanto perdurar o inventário, já se tratando aqui de uma excepcionalidade, porquanto extinta a obrigação alimentar desde o óbito. A partir de então (no caso de herdeiros) ou a partir do óbito do alimentante (para aqueles que não o sejam), fica extinto o direito de perceber alimentos com base no art. 1.694 do CC, ressaltando-se que os valores não pagos pelo alimentante podem ser cobrados do espólio. REsp 1.354.693-SP, Rel. originário Min. Maria Isabel Gallotti, voto vencedor Min. Nancy Andrighi, Rel. para acórdão Min. Antonio Carlos Ferreira, julgado em 26/11/2014, DJe 20/2/2015.

6. **Da prisão civil do devedor de alimentos.**

A par do que já foi exposto anteriormente, quando tratamos das inovações do CPC-15 para as regras de execução de alimentos, cumpre, ainda, registrar, sobre q prisão civil do devedor de alimentos, que a Constituição Federal de 1988 reza, em seu art. 5º, LXVIII, que não haverá prisão civil por dívida, salvo as hipóteses de **inadimplemento voluntário de dívida alimentar** e nos casos de depositário infiel. Esta última modalidade, entretanto, já tem posicionamento firmado contrário à prisão civil, de forma que resta apenas, atualmente, no direito pátrio, a prisão civil do devedor de alimentos. Esta prisão tem por natureza e objeto **coagir o devedor a satisfazer a obrigação alimentar**.

O prazo máximo da prisão civil por alimentos é de 02 (dois) meses. Ressalte-se que apenas haverá imposição de prisão civil nos casos em que o inadimplemento for efetivamente voluntário, não cabendo nas hipóteses de descumprimento do pagamento por causas alheias à vontade do devedor. Compreende-se que se trata, na verdade, de medida coercitiva, e não de pena. **A medida coercitiva deve ser cumprida em regime fechado**. Não haverá determinação de prisão do devedor de verba alimentar *de ofício*, mas apenas mediante requerimento de uma das partes ou do Ministério Público.

O entendimento da jurisprudência dominante é no intento de que as prestações vencidas há mais de três meses perdem o caráter alimentar e, por isso, não implicariam em prisão do devedor. Este ponto de vista foi ratificado na Súmula 309 do STJ.

▶ **STJ Súmula: 309**

> O débito alimentar que autoriza a prisão civil do alimentante é o que compreende as três prestações anteriores ao ajuizamento da execução e as que se vencerem no curso do processo.

▶ **Jurisprudência STJ.**

> Faz-se necessária a quitação integral das três últimas parcelas anteriores ao ajuizamento da execução, acrescidas das vincendas, para que seja afastada a aplicação do disposto no art. 733, § 1º, do CPC, providência não adotada na espécie. Precedentes. Eventuais justificativas cifradas em aspectos de índole fático-probatória, como eventual incapacidade financeira do paciente, bem como existência de acordo verbal alterando a forma de pagamento do débito, não se submetem à augusta via do writ. (STJ, HC 158356 / TO, DJe 10/06/2010)

▶ **Jurisprudência STJ.**

> O simples depósito das três últimas prestações alimentícias não ilide, por si só, a possibilidade de prisão civil do devedor de alimentos, uma vez que, pelo enunciado da Súmula 309 desta Corte Superior admite-se a prisão pelo débito que compreende as três prestações anteriores ao ajuizamento da execução e as que se vencerem no curso do processo. (STJ, RHC 27580 / TO, DJe 18/05/2010)

▶ **STJ – Informativo nº 0447**

RHC. ALIMENTOS. PRISÃO. CIVIL.

A Turma negou provimento ao recurso ordinário em que a defesa alega que a representante legal do alimentado se recusa a receber bens móveis e imóveis oferecidos à penhora e, assim, dificulta o pagamento do débito alimentar com a finalidade de ver decretada a prisão civil do paciente, que pretende pagar o débito de forma menos gravosa. Aduz o recurso, ainda, que o alimentado não estava privado de suas necessidades, visto que reside com a mãe em condomínio de luxo, pertencendo a classe social privilegiada. **O Min. Relator, para negar o recurso, baseou-se nas circunstâncias descritas no acórdão recorrido de que a ordem de prisão originou-se da obrigação anterior assumida pelo paciente de prestar alimentos e de que ao devedor foram dadas todas as chances para cumprir sua obrigação de pai**. Ademais, explicou que cabe ao credor a escolha da forma de execução dos alimentos: **pela cobrança com penhora de bens, conforme o art. 732 do CPC, ou pela execução do procedimento do art. 733 do mesmo código, caso em que é admissível a prisão civil**. Observa, também, ser pacífico o entendimento de que, para afastar a ordem de prisão decretada com base no art. 733, § 1º, do citado código, não basta o adimplemento de parcela do débito executado, é necessário que o devedor pague as últimas três parcelas anteriores ao ajuizamento da demanda acrescidas das vincendas (Súm. n. 309-STJ), o que não ocorreu no caso dos autos. Por fim, considerou não ser possível aferir, na via eleita, a incapacidade financeira do paciente para pagar a verba alimentar no valor fixado judicialmente ou mesmo a necessidade do alimentado. Precedentes citados: RHC 12.622-RS, DJ 12/8/2002, e RHC 22.001-SP, DJ 1º/10/2007. RHC 27.936-RJ, Rel. Min. Paulo de Tarso Sanseverino, julgado em 16/9/2010.

> **Art. 20.** As repartições públicas, civis ou militares, inclusive do Imposto de Renda, **darão todas as informações necessárias** à instrução dos processos previstos nesta lei e à execução do que for decidido ou acordado em juízo.

1. **Obrigatoriedade de prestação de informações.**

Quaisquer informações que possam ser utilizadas pelo juízo servirão como fonte de informações para a decretação do valor da pensão alimentícia, bem como para fins de **comprovação de rendimentos**, de modo que a execução não reste frustrada. A plena busca do órgão julgador pela **reunião de dados que possam fundamentar o convencimento** deve ser valorizada e efetivada ao logo da discussão processual.

> **Art. 21.** O art. 244 do Código Penal passa a vigorar com a seguinte redação:
>
> Art. 244. Deixar, **sem justa causa**, de **prover a subsistência** do cônjuge, ou de filho menor de 18 anos ou inapto para o trabalho ou de ascendente inválido ou valetudinário, não lhes proporcionando os recursos necessários ou faltando ao pagamento de **pensão alimentícia judicialmente acordada**, fixada ou majorada; deixar, sem justa causa, de socorrer descendente ou ascendente gravemente enfermo:
>
> Pena – Detenção de **1 (um) ano a 4 (quatro) anos e multa**, de uma a dez vezes o maior salário-mínimo vigente no País
>
> Parágrafo único. Nas mesmas penas incide quem, sendo solvente, frustra ou ilide, de qualquer modo, **inclusive por abandono injustificado de emprego ou função**, o pagamento de pensão alimentícia judicialmente acordada, fixada ou majorada.

1. **Abandono Material.**

   A alteração do art. 244 do Código Penal trata do crime de **Abandono Material**, consoante alteração da Lei de Alimentos. Consiste na ausência de assistência familiar, caracterizado por furtar-se ao sustento ou pagamento de pensão alimentícia para filhos menores ou para ascendentes que façam necessidade do auxílio alimentar, assim como para dependentes deficientes ou enfermos.

   O CPC-15 tratou diretamente da questão do abandono material no Art. 532, ao prever que, se durante a etapa de cumprimento da dos alimentos, restar caracterizada conduta procrastinatória do devedor/executado, como mais uma das medidas coercitivas pra satisfação do débito alimentar, deve o magistrado (ou qualquer outra pessoa, por ser matéria de ordem pública) dar ciência do fato ao Ministério Público para a apuração dos indícios da prática do crime de abandono material.

   > CPC-15.
   > Art. 532. Verificada conduta procrastinatória do executado, o juiz deverá, se for o caso, dar ciência ao Ministério Público dos indícios da prática do crime de abandono material.

   Ressalte-se, mais uma vez, que qualquer pessoa pode, através de comunicação ao órgão do Ministério Público, reunido provas, fazer a indicação da existência de crime de abandono material, que deverá ser apurado através de inquérito policial a fim de deixar evidente autoria e materialidade do delito.

▶ **OBS. 01:** A doutrina penalista classifica o abandono material em três espécies: a) pratica o crime quem deixa de proporcionar ao sujeito passivo da obrigação alimentar o necessário para sua subsistência; b) quem deixa de assistir ou socorrer o sujeito passivo gravemente enfermo; c) quem pratica o chamado "abandono pecuniário", modalidade típica que pressupõe a existência de sentença judicial impondo ao sujeito ativo a obrigação de pagar pensão alimentícia, seja em caráter provisório, seja em caráter definitivo.

▶ **OBS 02:** Esta omissão injustificada pode ocorrer mesmo que o cônjuge ou os demais dependentes estejam sob o mesmo teto do alimentante.

▶ **Doutrina.**

> *"Deixar de prover a subsistência (não mais dar sustento para assegurar a vida ou a saúde), sem justa causa, à subsistência do cônjuge, ou de filho menor ou inapto para o trabalho, ou de ascendente inválido ou maior de 60 anos (deixando de fornecer auxílio) ou faltando ao pagamento (deixar de remunerar) pensão alimentícia judicialmente acordada, fixada ou majorada, bem como deixar de socorrer (abandonar a defesa ou proteção) descendente gravemente enfermo, também sem justa causa. É mais um tipo misto cumulativo, significando que a prática de mais de uma conduta implica na punição por mais de um delito, em concurso material".* **NUCCI, Guilherme de Souza. Manual de Direito Penal. Parte Geral e Parte Especial. 3ª ed., rev., atualizada e ampliada. São Paulo: RT, 2007, p. 837.**

→ **Aplicação em Concurso Público:**

- *Ministério Público – RN – 2009*
- No crime de abandono material não é aplicável a declaração de incapacidade para o exercício do pátrio-poder, como efeito extra-penal da condenação.
- O agente que deixa, sem justa causa, de socorrer cônjuge, descendente ou ascendente, gravemente enfermo, pratica o delito de abandono material.
- *Resposta: Ambas as alternativas estão erradas.*

Art. 22. Constitui crime contra a administração da Justiça, deixar **o empregador ou funcionário público** de prestar ao juízo competente as informações necessárias à instrução de processo ou execução de sentença ou acordo que fixe pensão alimentícia:

Pena – Detenção de **6 (seis) meses a 1 (um) ano**, sem prejuízo da pena acessória de suspensão do emprego de **30 (trinta) a 90 (noventa) dias.**

LEI DE ALIMENTOS   **Art. 23**

> Parágrafo único. Nas mesmas penas incide quem, de qualquer modo, **ajuda o devedor a eximir-se ao pagamento** de pensão alimentícia judicialmente acordada, fixada ou majorada, ou se recusa, ou procrastina a executar ordem de descontos em folhas de pagamento, expedida pelo juiz competente.

1. **Crime contra a Administração: Deixar o funcionário de prestar as informações necessárias à Justiça.**

   Trata-se de norma que tem por objetivo **evitar que as informações sobre as rendas do devedor deixem de chegar ao conhecimento do juízo.** Este mecanismo evita que o devedor esteja apresentando, ele próprio, rendas desconexas com a realidade. Se acaso o empregador ou funcionário público deixar de prestar estas informações, incorrerá em crime conforme previsto no artigo ora comentado.

   ▶ **ATENÇÃO:** O candidato deve observar que, além da pena de detenção, a norma prevê a possibilidade de suspensão do emprego pelo prazo de 30 (trinta) a 90 (noventa) dias, determinado pelo juiz.

2. **Aplicação de pena para aqueles que dificultam o cumprimento da determinação judicial.**

   As penas aplicáveis na hipótese anterior serão também cabíveis para todos que ajudarem o devedor no desiderato de não pagar a prestação alimentícia devida, seja qual for o meio utilizado.

> **Art. 23.** A prescrição quinquenal referida no art. 178, § 10, inciso I, do Código Civil só alcança as prestações mensais e não o direito a alimentos, que, embora irrenunciável, pode ser provisoriamente dispensado.

1. **Prescrição e renúncia de alimentos.**

   Para a perfeita compreensão deste dispositivo, é imprescindível que o candidato recorde que, quando da edição da presente Lei, o Código Civil em vigor era o revogado CC/1916 (Código Beviláqua), que falava em prazo prescricional de 05 anos para as prestações alimentícias vencidas.

   O atual Código Civil (art. 206) reduziu este prazo prescricional para 02 (dois) anos.

▶ **Art. 206. Prescreve:**

(...)

§ 2º Em dois anos, a pretensão para haver prestações alimentares, a partir da data em que se vencerem.

2. Prescrição da dívida de alimentos.

A prescrição da dívida decorrente de pensão alimentícia engloba as prestações que já tenham sido determinadas (fixadas) judicialmente e que não foram pagas. Isto significa dizer que, s**e já existe decisão judicial sobre a matéria, e o devedor encontra-se inadimplente, o credor pode executar até o limite de dois anos de dívidas já fixadas e não cumpridas.** As dívidas anteriores a 02 anos prescrevem, pois, em regra, perdem o caráter de necessidade e urgência que tradicionalmente pautam este tipo de prestação.

▶ **OBS. 01:** Se ainda não houve fixação judicial, não há que se falar em prescrição, pois a matéria ainda está pendente de decisão.

▶ **OBS. 02:** Após impetrar a execução de alimentos, todas as prestações vencidas após a citação, bem como as vincendas, passam a estar abrangidas pela relação processual de execução, vez que a citação válida interrompe a prescrição.

▶ **Jurisprudência STJ.**

Pagamento por Terceiro alheio à obrigação de alimentos. Prescrição.

> *DIREITO CIVIL. PRAZO PRESCRICIONAL DA PRETENSÃO DE REEMBOLSO DE DESPESAS DE CARÁTER ALIMENTAR.*
>
> *Se a mãe, ante o inadimplemento do pai obrigado a prestar alimentos a seu filho, assume essas despesas, o prazo prescricional da pretensão de cobrança do reembolso é de 10 anos, e não de 2 anos. Realmente, se, na hipótese em análise, houvesse sub-rogação da pessoa que assumiu as despesas de caráter alimentar, essa pessoa, na qualidade de terceira interessada, substituiria, na condição de credor, o alimentado com todas as suas características e atributos (art. 349 do CC), e, apesar de propiciar a satisfação do credor originário, remanesceria o vínculo obrigacional anterior (agora, entre o terceiro adimplente e o devedor). Dessa maneira, havendo sub-rogação, o prazo prescricional a incidir na espécie seria o previsto no art. 206, § 2º, do CC: 2 anos para a pretensão de cobrança de prestações alimentares. Contudo, na situação aqui analisada, o credor não pode ser considerado terceiro interessado, não podendo ser futuramente obrigado na quitação do débito. Assim, a pretensão creditícia ao*

*reembolso exercitada por terceiro é de direito comum, e não de direito de família". **No entanto, no caso de um terceiro alheio à obrigação alimentar e que vem a pagar o débito, é o próprio legislador que assevera se tratar de gestão de negócios. Sendo assim, a prescrição a incidir na espécie não é a prevista no § 2º do art. 206 do CC, mas a regra geral prevista no art. 205 do CC, segundo o qual a "prescrição ocorre em dez anos, quando a lei não lhe haja fixado prazo menor".** REsp 1.453.838-SP, Rel. Min. Luis Felipe Salomão, julgado em 24/11/2015, DJe 7/12/2015.*

→ **Aplicação em Concurso Público:**

- *(TCE/RR/MPC/2008)*
  De acordo com o Código Civil a pretensão para haver prestações alimentares vencidas, a partir da data dos respectivos vencimentos é de
  (A) 01 ano.
  (B) 02 anos.
  (C) 03 anos.
  (D) 05 anos.
  (E) 10 anos.
  Resposta: Alternativa "b".

3. Renúncia ao direito de alimentos.

A doutrina familiarista prevê, já de longa data, o entendimento segundo o qual **não cabe renúncia ao direito de alimentos**. O entendimento foi repetido no CC/02 no art. 1707. Esta concepção teórica fundamentou-se na ideia de que a parte credora do direito de alimentos pode não exercer atualmente a ordem de pagamento que lhe cabe, mas não pode abrir mão definitivamente dessa possibilidade (o que consistirá em renúncia), haja vista que pode vir a necessitar dessa prestação em momento futuro.

▶ **CC/02, art. 1707. Irrenunciabilidade ao Direito de Alimentos:**

> **Art. 1.707.** Pode o credor não exercer, porém lhe é vedado renunciar o direito a alimentos, sendo o respectivo crédito insuscetível de cessão, compensação ou penhora.

→ **Aplicação em Concurso Público:**

- *FCC – 2002 – MPE-PE – Promotor de Justiça*
  Émerson, maior de idade e necessitado, pediu alimentos a seu pai, Cléberson, que nunca lhe pagou nada a esse título. Na contestação, Cléberson

alegou renúncia aos alimentos, pois nunca lhe foram cobrados, e, em assim não sendo, prescrição dos valores. Nesse caso, é importante lembrar que:
(A) os alimentos são irrenunciáveis, assim como as verbas alimentares são imprescritíveis.
(B) deixar de exercer o direito de pedir alimentos induz sua renúncia, além do que não se cobra parcela atrasada a título de alimentos.
(C) os alimentos são irrenunciáveis, mas quem viveu até agora sem as parcelas atrasadas já decaiu do direito de cobrá-las.
(D) não ocorreu a renúncia aos alimentos, que deve sempre ser expressa, e que as verbas alimentares não renunciadas são imprescritíveis.
(E) os alimentos são irrenunciáveis e a prescrição ocorre em dois anos, mês a mês.
Resposta: alternativa "e". O direito de alimentos é irrenunciável, como regra geral, e segundo o art. 206, § 2º do CC/02, a prescrição ocorre em dois anos. Atente-se, entretanto, que prescrição não será aplicada contra absolutamente incapaz e, portanto, o prazo só se iniciaria quando o filho atingir 16 anos completos. Ainda, prescrição também não corre entre pais e filhos enquanto durar o poder familiar que só se extingue aos 18 anos ou com a emancipação. Por essa razão, o prazo se inicia com a chegada da maioridade, já que antes disto a prescrição estava impedida de acontecer.

→ **Aplicação em Concurso Público:**

- *TJ/SC – Juiz /2009*
  b) É vedado ao alimentando renunciar ao direito de alimentos, embora possa não exercer esse direito.
  Resposta: A alterativa está correta!

▶ **ATENÇÃO:** No que pese a tradição jurídica em torno do direito de alimentos, o Superior Tribunal de Justiça tem consolidado o entendimento no sentido de que, **após a homologação do divórcio, não cabe pleito de alimentos para quem expressamente os recusou anteriormente.**

▶ **Jurisprudência STJ: Renúncia do direito de alimentos.**

> AGRAVO REGIMENTAL NO AGRAVO DE INSTRUMENTO. AUSÊNCIA DE PREQUESTIONAMENTO. INCIDÊNCIA DAS SÚMULAS 282 E 356 DO STF. ALIMENTOS. SEPARAÇÃO CONSENSUAL. DIVÓRCIO. CLÁUSULA DE DISPENSA. POSTULAÇÃO POSTERIOR. IMPOSSIBILIDADE. **Consoante entendimento pacificado desta Corte, após a homologação do divórcio, não pode o ex-cônjuge pleitear alimentos se deles desistiu expressamente por ocasião do acordo de separação consensual.** Precedentes da 2ª

Seção. 4. Agravo regimental a que se nega provimento. (AgRg no Ag 1044922 / SP, DJe 02/08/2010).

3.1. Renúncia válida do direito de alimentos nos casos de divórcio e dissolução da união estável.

Igualmente interessante é a aplicação do Enunciado nº 263 do Conselho da Justiça Federal, que interpreta a renúncia ao direito de alimentos como sendo uma **medida possível nas hipóteses de divórcio (para casamento) e dissolução de união estável**. Segundo essa análise doutrinária expressa no enunciado, a irrenunciabilidade do direito de alimentos somente seria possível nos casos em que subsista o vínculo de direito de família. A matéria, entretanto, não é pacífica na doutrina familiarista, havendo sérias posições em sentido contrário, com as quais nos filiamos.

▶ **Enunciado nº 263 do CJF:**

> **Art. 1.707:** O art. 1.707 do Código Civil não impede seja reconhecida válida e eficaz a renúncia manifestada por ocasião do divórcio (direto ou indireto) ou da dissolução da "união estável". A irrenunciabilidade do direito a alimentos somente é admitida enquanto subsista vínculo de Direito de Família.

→ **Aplicação em Concurso Público** – *Questão discursiva*:
- **PROVA: CEFET. MPE-BA. Promotor Estadual. 2015.**
  Analise o caso concreto apresentado e responda, de forma objetiva, às questões abaixo sobre alimentos: "Um casal heterossexual, ambos financeiramente independentes, com um filho menor advindo da relação, termina o casamento mediante sentença homologatória de separação judicial, na qual pactuaram: a renúncia recíproca de alimentos (entre cônjuges), a guarda do filho menor com a genitora e a prestação de alimentos em favor desse filho, a ser paga pelo genitor, no valor de quatro salários mínimos". (a) Qual o conceito e a natureza jurídica das duas hipóteses de obrigação alimentar mencionadas no caso concreto? (b) Sobrevindo dificuldade financeira superveniente à separação a qualquer dos cônjuges, o direito brasileiro protege o eventual pleito de alimentos entre si? Fundamente se positivo ou negativo e o porquê. (c) Sobrevindo a maioridade civil do filho menor e estando habilitado à prática de todos os atos da vida civil: em quais hipóteses poderá esse filho continuar a perceber alimentos dos seus genitores? Fundamente explicitando-as; e, acaso esse filho maior e capaz esteja percebendo alimentos dos seus genitores, poderá vir a perdê-los em razão da prática de atos de ingratidão ou indignidade contra seus genitores? Como e por quê?

→ **Aplicação em Concurso Público:**
- Magistratura – RS – 2008
  - A expressão "deixar de exercer" é sinônima de "renunciar alimentos".
  Resposta: A alternativa está errada.

3.1.1. Renúncia ao Direito de Alimentos e Pensão por Morte. Comprovação de necessidade superveniente.

O Superior Tribunal de Justiça tem firmado entendimento em relação ao pagamento de Pensão Previdenciária para ex-cônjuge que, mesmo tendo renunciado os alimentos quando da separação/divórcio do casal, consegue comprovar necessidade econômica superveniente, ou seja, que a situação econômica da alimentanda mudou, de modo que passou a necessitar de alimentos. Essa, na essência, parece ser a tônica do pensionamento caracterizado supervenientemente. A matéria foi traduzida na Súmula de nº 336 do STJ:

▶ **STJ Súmula nº 336 – Renúncia aos Alimentos da Mulher na Separação Judicial – Direito à Pensão Previdenciária por Morte do Ex-Marido**

> A mulher que renunciou aos alimentos na separação judicial tem direito à pensão previdenciária por morte do ex-marido, comprovada a necessidade econômica superveniente.

▶ **Jurisprudência – STJ**

> ADMINISTRATIVO E PROCESSUAL CIVIL. VIOLAÇÃO DO ART. 535 DO CPC. SÚMULA 284. LITIGÂNCIA DE MÁ-FÉ. AUSÊNCIA DE PREQUESTIONAMENTO. RATEIO DA PENSÃO. **NECESSIDADE ECONÔMICA DA EX-MULHER QUE RENUNCIOU AOS ALIMENTOS QUANDO DA SEPARAÇÃO JUDICIAL.** (...) 4. O Tribunal de origem consignou estar provada a dependência econômica da agravada de seu ex-marido. **Aplicou, à espécie, a Súmula 336/STJ: 'A mulher que renunciou aos alimentos na separação judicial tem direito à pensão previdenciária por morte do ex-marido, comprovada a necessidade econômica superveniente.** (AgRg no AREsp 120249 / PA; DJe 15/05/2012)

4. Proibição de cessão entre vivos do direito de alimentos e transmissão da obrigação alimentar.

A prestação de alimentos é de natureza personalíssima. Não se admite, portanto, cessão entre vivos. Entretanto, existe a possibilidade de transmissão da obrigatoriedade de pagar alimentos via sucessão *mortis causa*, nos limites das forças da herança. De fato, a legislação civil aplicável ao tema determina que o crédito ou o débito alimentar não pode ser negociado como se fosse um pacto negocial patrimonial comum.

A transação do *quantum* é plenamente permitida, por exemplo, no momento conciliatório da audiência (para mais, para menos, para pagar durante certo prazo, para não pagar etc.), mas não pode ser transferido a terceiros, **assim como não pode haver compensação entre dívidas sendo uma delas de natureza alimentar**, posto que sua natureza é de sobrevivência e de manutenção. Já a sucessão por morte é aplicável porque quem fica adstrito ao pagamento é o patrimônio e não a pessoa. Por esse motivo, os herdeiros são obrigados a arcar com a prestação alimentar, *nas forças da herança*, ou seja, até o limite do que recebem a título hereditário.

5. **Compensação de alimentos: exceção.**

Lastreado em sólido posicionamento legislativo e doutrinário, em regra, os alimentos não são passíveis de compensação. Entretanto, em julgado bastante interessante, o STJ abriu a possibilidade e interpretação distinta por exceção, ao reconhecer hipótese válida de compensação de verbas alimentares por abatimento de despesas de IPTU e cotas condominiais pagas pelo alimentante, relativo a bem imóvel ocupado pelos alimentandos. A perspectiva é interessante e abre precedente para outras intepretações casuísticas da mesma natureza.

▶ **Jurisprudência – STJ**

> *EXECUÇÃO. PENSÃO ALIMENTÍCIA. COMPENSAÇÃO.*
>
> *Discute-se se as dívidas alimentícias podem ser objeto de compensação. No caso, as instâncias ordinárias reconheceram ser possível a compensação do montante da dívida de verba alimentar com o valor correspondente às cotas condominiais e IPTU pagos pelo alimentante, relativos ao imóvel em que residem os ora recorrentes, seus filhos e a mãe deles. Pois, embora o alimentante seja titular da nu-propriedade do referido imóvel e o usufruto pertença à avó paterna dos recorrentes, os filhos e a mãe moram no imóvel gratuitamente com a obrigação de arcar com o condomínio e o IPTU. (...) Assim, concluiu que, de acordo com as peculiaridades fáticas do caso, não haver a compensação importaria manifesto enriquecimento sem causa dos alimentandos. Isso posto, a Turma não conheceu o recurso. Precedente citado: Ag 961.271-SP, DJ 17/12/2007. REsp 982.857-RJ, Rel. Min. Massami Uyeda, julgado em 18/9/2008.*

6. Constituição de nova união e procedimento indigno do credor de alimentos.

O código Civil determina que, diante de nova união, cessarão os efeitos da obrigação alimentar, segundo entendimento tradicional no sentido de que o antigo marido (ou companheiro) não é obrigado a prestar alimentos ao ex-cônjuge (ou ex-companheiro) e seu novo par. Da mesma forma, na situação de o credor de alimentos realizar procedimento indigno, implicará, também, na cassação da obrigação alimentar.

▶ **CC/02, Art. 1708. Cessação da obrigação alimentar.**

> **Art. 1.708.** Com o casamento, a união estável ou o concubinato do credor, cessa o dever de prestar alimentos.
>
> Parágrafo único. Com relação ao credor cessa, também, o direito a alimentos, se tiver procedimento indigno em relação ao devedor.
>
> O Enunciado nº 264 do Conselho da Justiça Federal tenta auxiliar a interpretação no intento de averiguar quem vem a cometer ato de indignidade, **fazendo uma analogia com o instituto da indignidade para receber herança**, previsto no art. 1804 do CC/02.

▶ **Enunciado nº 264 do CJF:**

> **Art. 1.708:** Na interpretação do que seja procedimento indigno do credor, apto a fazer cessar o direito a alimentos, aplicam-se, por analogia, as hipóteses dos incs. I e II do art. 1.814 do Código Civil.

Art. 24. A parte responsável pelo sustento da família, e que **deixar a residência comum** por motivo, que não necessitará declarar, poderá **tomar a iniciativa** de comunicar ao juízo os rendimentos de que dispõe e de pedir a citação do credor, para comparecer à audiência de conciliação e julgamento destinada à fixação dos alimentos a que está obrigado.

1. Oferta de alimentos.

Aqui temos a **oferta de alimentos**, situação em que o mantenedor da família (responsável pelo seu sustento), ao deixar o lar familiar e sabedor de sua responsabilidade, faz comunicação judicial de seus rendimentos e requer seja citado o credor para vir a juízo deliberar sobre o valor a ser pago a título de pensão, que será fixada judicialmente pelo magistrado.

LEI DE ALIMENTOS   Art. 25

▶ **Jurisprudência – STJ: Oferta de alimentos em União Estável.**

UNIÃO ESTÁVEL. Ação declaratória. Alimentos. Legítimo interesse. O companheiro tem legítimo interesse de promover ação declaratória (art. 3º do CPC) da existência e da extinção da relação jurídica resultante da convivência durante quase dois anos, ainda que inexistam bens a partilhar. **Igualmente, pode cumular seu pedido com a oferta de alimentos, nos termos do art. 24 da Lei 5478/68.** Recurso conhecido e provido. (REsp 285961 / DF, DJ 12/03/2001).

2. **Ausência do credor à audiência.**

A doutrina entende que a ausência do credor à audiência geraria duas hipóteses possíveis. A primeira seria a **extinção do processo sem julgamento**. A segunda seria o julgamento à **revelia**. Parece mais lógica a segunda situação, posto que se o próprio credor procura o judiciário a fim de ofertar alimentos, decerto esse fato deriva da veemente necessidade da parte credora. Julgar o processo extinto, enfim, nessa situação, não resolveria o problema.

> **Art. 25.** A **prestação não pecuniária** estabelecida no art. 403 do Código Civil, só pode ser autorizada pelo juiz se a ela **anuir** o alimentado capaz.

1. **Da possibilidade de prestação não pecuniária.**

É possível que a prestação da obrigação de pagar alimentos **seja "convertida" em outra modalidade de prestação**, que comumente passou a se chamar de "prestação *in natura*". Trata-se da hipótese de o devedor pagar o que deve não em dinheiro, mas em mantimentos, "feira", aluguel, vestuário, calçados, etc. Essa espécie de substituição, embora prevista na legislação, não é comumente adotada pelos juízes, posto que coloca em risco o **sustento e a manutenção do alimentando**: se acaso o devedor não faz a entrega dos bens à guisa de prestação alimentícia, o credor ficará sem o seu sustento.

De toda sorte, esse tipo de prestação somente poderá ser realizado **se houver a concordância do credor e autorização do juiz para tanto**. Não poderá ser, em hipótese alguma, mera deliberação do credor nesse sentido.

1.1. **Classificação da obrigação alimentar de acordo com a natureza da prestação devida.**

Normalmente a doutrina divide a obrigação alimentar de acordo com a natureza da prestação devida em **prestação alimentar própria** e **prestação**

143

alimentar imprópria. **Prestação alimentar própria** é aquela chamada de prestação *in natura*, segundo a qual o devedor oferece os elementos necessários para suprir a necessidade do alimentando, como por exemplo, dar moradia ou entregar os alimentos propriamente ditos para consumo. Já a **prestação alimentar imprópria** é a prestação através da entrega de quantia em dinheiro.

▶ Jurisprudência – STJ.

> RECURSO ESPECIAL. ADMINISTRATIVO E PREVIDENCIÁRIO. PENSÃO À EX-CÔNJUGE. SEPARAÇÃO JUDICIAL. ALIMENTOS RECEBIDOS IN NATURA. **O acórdão recorrido decidiu que teria restado devidamente comprovado que a ex-esposa, apesar de não receber pensão alimentícia, recebia alimentos in natura, o que a torna beneficiária da respectiva pensão**. Recurso desprovido. (REsp 380341 / SC, DJ 26/08/2002).

▶ **Jurisprudência – STJ.**

> HABEAS CORPUS – EXECUÇÃO DE ALIMENTOS, SOB O RITO DO ARTIGO 733 DO CPC – Alteração unilateral de acordo judicial para efetivação de pagamento in natura ao alimentado – pedido de compensação – impossibilidade, em tese – inadimplemento de débitos alimentares atuais – prisão civil – possibilidade – **alegações de acordo verbal e suprimento das necessidades do alimentando, por meio de prestação in natura – dilação probatória na via writ – impossibilidade** – decisão que determina o pagamento das verbas alimentares sob pena de prisão de até 60 dias – decreto prisional – não expedição – ordem denegada. (HC 109416 / RS, DJe 18/02/2009).

▶ **Artigo Correlato do CC/02:**

> CC/02. **Art. 1.701.** A pessoa obrigada a suprir alimentos poderá pensionar o alimentando, ou dar-lhe hospedagem e sustento, sem prejuízo do dever de prestar o necessário à sua educação, quando menor.
>
> **Parágrafo único.** Compete ao juiz, se as circunstâncias o exigirem, fixar a forma do cumprimento da prestação.

→ **Aplicação em Concurso Público:**

- *(TJ/AP/Juiz/2009)*
  A pessoa obrigada a suprir alimentos poderá

(A) substituir, apenas em parte, e até o limite de dois terços (2/3) a prestação pecuniária por hospedagem e sustento.
(B) apenas pensionar o alimentando, sendo-lhe vedado substituir a prestação por hospedagem e sustento.
(C) pensionar o alimentando, ou dar-lhe hospedagem e sustento, sem prejuízo do dever de prestar o necessário à sua educação, quando menor, cabendo, neste caso, ao Ministério Público estabelecer a forma de cumprimento da prestação.
(D) pensionar o alimentando, ou dar-lhe hospedagem e sustento, sem prejuízo do dever de prestar o necessário à sua educação, quando menor, cabendo ao juiz, se as circunstâncias o exigirem, fixar a forma do cumprimento da prestação.
(E) pensionar o alimentando, ou dar-lhe hospedagem e sustento, salvo se se tratar de menor, porque, neste caso, a prestação terá de ser necessariamente em dinheiro, além do que for preciso para a educação.
Resposta: Alternativa "d".

Art. 26. É competente para as ações de alimentos decorrentes da aplicação do Decreto Legislativo n°. 10, de 13 de novembro de 1958, e Decreto n°. 56.826, de 2 de setembro de 1965, o **juízo federal da Capital da Unidade Federativa Brasileira em que reside o devedor**, sendo considerada instituição intermediária, para os fins dos referidos decretos, a Procuradoria-Geral da República.

Parágrafo único. Nos termos do inciso III, art. 2°, da **Convenção Internacional sobre ações de alimentos**, o Governo Brasileiro Comunicará, sem demora, ao Secretário Geral das Nações Unidas, o disposto neste artigo.

1. **Aplicabilidade da ação de alimentos internacionais.**

A ação que trata de alimentos internacionais envolve partes de estados estrangeiros distintos. Alimentante e alimentando são de nacionalidades diferentes, e, muitas vezes, a aplicação da norma de alimentos ocorre em outros países. Assim teríamos, por exemplo, a fixação de alimentos em outro país, a ser cumprida no Brasil ou, de modo inverso, determinação de alimentos realizada no nosso país e que deve ser satisfeita em país distinto. Este diferente competência internacional foi abordada através da aplicação do **Decreto número 56.826/65**, que promulgou a **Convenção sobre Prestação de Alimentos no Estrangeiro**, a qual regula a cooperação internacional em matéria de alimentos, complementado pelo art. 26 da Lei 5.478/68. Nestes casos, resta clara a atuação do **Ministério Público Federal como Instituição Intermediária**, quando está envolvido interesse de credor residente no exterior. Já nas hipóteses em que o alimentando reside no exterior e o alimentante no Brasil, **aplica-se a regra do artigo 109, III, da CF/88,** qual seja, a atribuição da **competência à Justiça Federal.**

▶ **Doutrina.**

> "*A ação de alimentos internacionais, envolvendo sujeitos que estejam em países diversos, insere-se nesse âmbito de competência, consistindo em executar a decisão que fixou o valor dos alimentos, proferida pelo juiz do país onde vive o alimentando, no país do alimentante. Isto é, transitada em julgado a sentença que arbitrou os alimentos no juízo onde reside o beneficiário, residindo o provedor em estado estrangeiro, cumpre ao país signatário do Tratado fazer cumprir essa decisão.*
>
> *Essa ação será proposta pela Procuradoria da República, que detém as respectivas atribuições na Justiça Federal, na Seção ou Subseção Judiciária do Município em que o alimentante está domiciliado. O Ministério Público Federal sempre intervém em nome do alimentando e deverá encaminhar as informações pertinentes a Autoridade estrangeira, para o devido acompanhamento.*
>
> *Em se tratando de alimentando residente no Brasil e alimentante residente no exterior, o procedimento é inverso, com a exceção de que a Autoridade Remetente é o procurador-geral da República. Sendo assim, o alimentando, dirigindo-se ao Ministério Público Federal, entrega a documentação, que é encaminhada ao procurador-geral da República. Posteriormente, essa documentação é enviada à Instituição Interveniente estrangeira do país em que reside o alimentante, e a ação é proposta pela referida Instituição, que acompanhará todo o trâmite e remeterá as informações para o MPF no Brasil.*" MAGALHÃES, Carolina da Cunha Pereira França. **Estudo da Competência da Justiça Federal no Direito de Família.** Disponível em: http://jus.uol.com.br/revista/texto/16977/estudo-da-competencia-da-justica-federal-no-ambito-do-direito-de-familia. Acesso em 20 de outubro de 2010.

▶ **Jurisprudência – STJ.**

> SENTENÇA ESTRANGEIRA. ALIMENTOS. COBRANÇA. PARCELAS EM ATRASO. **CONVENÇÃO DE NOVA YORK SOBRE PRESTAÇÃO DE ALIMENTOS NO ESTRANGEIRO. DECRETO 56.826/65.** INSTITUIÇÃO INTERMEDIÁRIA. MINISTÉRIO PÚBLICO FEDERAL. HOMOLOGAÇÃO DEFERIDA. PRESENTES OS REQUISITOS AUTORIZADORES. 1. Nos termos do artigo VI, da Convenção de Nova York Sobre Prestação de Alimentos no Estrangeiro, **o Ministério Público Federal, na qualidade de Instituição Intermediária,**

pode tomar todas as providências necessárias à efetivação da cobrança de prestações alimentícias, dentre as quais pleitear a homologação de sentença estrangeira, onde fixada a obrigação alimentar, com o objetivo de torná-la exeqüível no Brasil. Pedido de homologação deferido. SEC 2133 / PT. Corte Especial. Min. Fernando Gonçalves. DJ 08/11/2007.

> **Art. 27.** Aplicam-se **supletivamente** nos processos regulados por esta lei as disposições do Código de Processo Civil.

1. Aplicação subsidiária do CPC.

Por se tratar de legislação com regras materiais e procedimentais, a Lei de Alimentos reproduz **rito próprio**, com a finalidade de que as ações que tramitam nessas condições possam ser decididas e julgadas com a maior brevidade possível. Entrementes, por óbvio, a lei em comento não poderá (nem é seu objetivo) solucionar todas as questões processuais e procedimentais advindas de sua aplicação. Por esta razão, sempre que a lei especial for omissa, será aplicado, de modo subsidiário, o CPC, como fonte última e definitiva para dirimir eventuais dúvidas.

> **Art. 28.** Esta lei entrará em vigor 30 (trinta) dias depois de sua publicação.
>
> **Art. 29.** Revogam-se as disposições em contrário.
>
> Brasília, 25 de julho de 1968;
> 147º da Independência e 80º da República.

Capítulo II
Lei de Alimentos Gravídicos

> **LEI Nº 11.804, DE 5 DE NOVEMBRO DE 2008**
>
> Disciplina o direito a alimentos gravídicos e a forma como ele será exercido e dá outras providências.
>
> **O PRESIDENTE DA REPÚBLICA**
>
> Faço saber que o Congresso Nacional decreta e eu sanciono a seguinte Lei:
>
> Art. 1º Esta Lei disciplina o direito de alimentos da **mulher gestante** e a forma como será exercido.

1. Dos alimentos gravídicos no direito brasileiro.

A legislação em vigor até a promulgação da lei de alimentos gravídicos (Lei nº 5.478/68) dificultava sobremaneira a aplicação do direito de **alimentos para nascituros**, na mediada em que seu art. 2º exigia a comprovação de parentesco entre os envolvidos para configurar o débito alimentar. Mesmo com a vigência do exame de DNA, essa aferição se fazia dificultosa, haja vista que a realização do referido exame enquanto a criança se encontra no útero materno tem gravidade real e forte risco para a vida do bebe.

Por essas razões, a jurisprudência nacional, já há certo tempo, vinha se manifestando no sentido da possibilidade de concessão de alimentos ao nascituro, mas sem previsão legal, o que somente veio a ocorrer com a vigência da **Lei nº 11.804/00**.

▶ **Doutrina.**

> "A obrigação de alimentar também **pode começar antes do nascimento e depois da concepção**, pois, antes de nascer, existem despesas que tecnicamente se destinam à proteção do nascituro e o direito seria inferior à vida se acaso recusasse atendimento a tais relações, solidamente fundadas na pediatria. Esses alimentos são, portanto, de natureza distinta,

para fim de por a salvo o direito à vida do nascituro, pois não se destinam a sustento vestuário, moradia, educação e outros encargos próprios dos alimentos em geral. Todavia, na hipótese de mãe solteira sem rendimentos próprios, os alimentos devidos pelo genitor ao nascituro incluem os necessários para a subsistência dela, enquanto perdurar a gravidez. O estado de necessidade deve ser demonstrado, não bastando as circunstâncias que envolveram a concepção". LOBO, Paulo. **Famílias**. São Paulo: Saraiva, 2010, p. 380.

2. **Lei de Alimentos Gravídicos e a teoria concepcionista do início da personalidade jurídica.**

Urge anotar que, com a vigência da Lei nº 11.804/2008, certos aspectos da **teoria natalista** do Código Civil parecem perder a aplicabilidade. Segundo essa teoria, a personalidade jurídica teria início a partir do nascimento com vida, deixando a lei a salvo, desde a concepção, dos direitos do nascituro.

Com a Lei de Alimentos Gravídicos, notadamente, o nascituro não tem expectativa de direitos, mas sim direitos propriamente ditos. Isso significaria a inversão, ao menos para fins de matéria alimentar, para uma análise **concepcionista** da personalidade, já que os alimentos gravídicos são direitos garantidos desde a concepção do feto.

▶ **Jurisprudência – STJ. Informativo Nº 0459. Entendimento pacífico do STJ acerca dos direitos personalíssimos do nascituro.**

SEGURO DPVAT. MORTE. NASCITURO.

Trata-se de REsp em que se busca definir se a perda do feto, isto é, a morte do nascituro, em razão de acidente de trânsito, gera ou não aos genitores dele o direito à percepção da indenização decorrente do seguro obrigatório de danos pessoais causados por veículos automotores de via terrestre (DPVAT). Para o Min. Paulo de Tarso Sanseverino, voto vencedor, o conceito de dano-morte como modalidade de danos pessoais não se restringe ao óbito da pessoa natural, dotada de personalidade jurídica, **mas alcança, igualmente, a pessoa já formada, plenamente apta à vida extrauterina, embora ainda não nascida**, que, por uma fatalidade, teve sua existência abreviada em acidente automobilístico, tal como ocorreu no caso. Assim, considerou que sonegar o direito à cobertura pelo seguro obrigatório de danos pessoais consubstanciados no fato 'morte do nascituro' entoaria, ao fim e ao cabo, especialmente aos pais já combalidos com a incomensurável perda, a sua não existência, malogrando-se o respeito e a dignidade que o ordenamento deve reconhecer, e reconhece inclusive, àquele que ainda não nascera (art. 7º da Lei n. 8.069/1990, Estatuto da Criança e do Adolescente). **Consignou não haver espaço para diferenciar o filho nascido daquele plenamente formado, mas ainda no útero da mãe**, para fins da pretendida indenização ou mesmo daquele que, por força do acidente, acabe tendo seu nascimento antecipado e chegue a falecer minutos após o parto. **Desse modo, a pretensa compensação advinda da indenização securitária estaria voltada a aliviar a dor, talvez não na mesma magnitude, mas muito semelhante à sofrida pelos pais diante da perda de um filho, o que, ainda assim, sempre se mostra quase impossível de determinar.** Diante dessas razões, entre outras, a Turma, ao prosseguir o julgamento, por maioria, deu provimento ao recurso. *Precedente citado: REsp 931.556-RS, DJe 5/8/2008. REsp 1.120.676-SC, Rel. originário Min. Massami Uyeda, Rel. para acórdão Min. Paulo de Tarso Sanseverino,* **julgado em 7/12/2010.**

→ **Aplicação em Concurso Público –** *Questão Discursiva.*
- *PROVA: CESPE/CEBRASPE. DP-DFT. Defensor Público. 2013.*
  Discorra sobre o direito aos alimentos no âmbito do direito civil brasileiro, diferenciando suas espécies quanto à origem (legítimo ou de família, voluntário e ressarcitório). Discorra, ainda, em relação aos alimentos decorrentes do direito de família, sobre o conceito e a possibilidade dos alimentos gravídicos no ordenamento jurídico pátrio.

2.1. O termo inicial dos alimentos gravídicos é a concepção.

A despeito da controvérsia doutrinária entre as teorias natalista e concepcionista, o termo inicial do dever de cumprir com os alimentos gravídicos é a concepção, sendo esta entendida, majoritariamente, o instante em que o óvulo é fecundado pelo espermatozoide, quando se tratar de fecundação natural, e o momento da inserção do embrião artificialmente fecundado no útero materno, para as hipóteses de fecundação em laboratório.

▶ **Jurisprudência do TMRO.**

> **ALIMENTOS GRAVÍDICOS. FIXAÇÃO. VALOR. TERMO INICIAL.** O valor dos alimentos gravídicos, a serem convertidos em pensão após o nascimento com vida, deve ser fixado em observância ao princípio da razoabilidade tanto quanto no binômio necessidade/possibilidade, de cuja obrigação o alimentando não se exime pela simples alegação de se encontrar desempregado. A ausência de prova acerca da abastada condição econômico-financeira de quem tem o dever de alimentar impede

a majoração da verba fixada. O auxílio financeiro devido à gestante deve ter início a partir da concepção, dada a natureza emergencial dos alimentos gravídicos tanto quanto porque elimina os óbices processuais e a má-fé do devedor acaso fossem fixados a partir da citação. Apelação. 0007705-65.2011.8.22.0102. J. 22/10/2013.

> **Art. 2º** Os alimentos de que trata esta Lei compreenderão os valores suficientes para cobrir as **despesas adicionais** do período de gravidez e que sejam dela decorrentes, **da concepção ao parto**, inclusive as referentes à **alimentação especial, assistência médica e psicológica, exames complementares**, **internações, parto, medicamentos** e demais prescrições preventivas e terapêuticas indispensáveis, **a juízo do médico**, além de outras que **o juiz** considere pertinentes.
>
> Parágrafo único. Os alimentos de que trata este artigo referem-se **à parte das despesas que deverá ser custeada pelo futuro pai**, considerando-se a contribuição que também deverá ser dada pela mulher grávida, **na proporção dos recursos de ambos**.

1. **Abrangência dos alimentos gravídicos.**

A intenção do legislador ao tratar dos alimentos gravídicos foi a garantia dos direitos do nascituro, dentre os quais se destacam a **manutenção da vida intrauterina**, os **cuidados médicos e terapêuticos** com a gestação, a **alimentação específica** decorrente das necessidades próprias da gravidez, dentre outras medidas peculiares que o art. segundo da lei trouxe em amplo rol, mas não exaustivo. Detalhadamente temos as **"despesas da concepção ao parto"**, **"alimentação especial"**, **"assistência médica e psicológica"**, **"exames complementares"**, **"internações"**, **"medicamentos"**, dentre outras exigências peculiares ao estado de gestação, que podem variar de caso para caso, e devem ter sua aplicabilidade averiguada pelo magistrado.

Note-se, como lembra o parágrafo único do artigo em análise, que estas despesas, assim como funciona com os alimentos tradicionais, devem ser dividas entre o futuro pai e a futura mãe, na proporção das suas possibilidades econômicas. Essa ressalva insere-se no sentido de evitar a interpretação incoerente de que apenas o pai deve ser responsabilizado pelos custos destas despesas.

> **Art. 3º (VETADO)**
>
> **Art. 4º (VETADO)**
>
> **Art. 5º (VETADO)**

LEI DE ALIMENTOS GRAVÍDICOS

Art. 6º

> **Art. 6º** Convencido da existência de **indícios da paternidade**, o juiz fixará alimentos gravídicos que perdurarão **até o nascimento da criança**, sopesando as necessidades da parte autora e as possibilidades da parte ré.
>
> Parágrafo único. Após o nascimento com vida, os alimentos gravídicos **ficam convertidos** em pensão alimentícia em favor do menor até que uma das partes solicite a sua revisão.

1. Fixação dos alimentos gravídicos.

A fixação do *quantum* dos alimentos gravídicos **deve ser determinada pelo magistrado**, desde haja o convencimento da existência de indícios da paternidade. O binômio *necessidade x possibilidade*, que tradicionalmente rege a matéria de direito de alimentos será identicamente utilizado nas ações que tratam dos alimentos gravídicos, além da recente averiguação da **razoabilidade** na aplicação da medida.

Por expressa determinação legal, após o nascimento com vida, os alimentos gravídicos serão automaticamente convertidos em alimentos definitivos. Qualquer cláusula relativa ao tema impondo condicionantes é nula, como por exemplo, a conversão dos alimentos gravídicos em definitivos após o nascimento após realização do exame de DNA.

▶ **Jurisprudência – TJMG.**

> APELAÇÃO CÍVEL - ALIMENTOS GRAVÍDICOS - CONVERSÃO EM DEFINITIVOS - ACORDO HOMOLOGADO POR SENTENÇA - FIXAÇÃO DE PRAZO PARA EXAME DE DNA EXTRAJUDICIAL - SUBORDINAÇÃO DO ENCARGO AO COMPARECIMENTO DA GENITORA AO LABORATÓRIO - ART. 6º, P.U., DA LEI 11.804/2008 - NASCIMENTO COM VIDA - ÚNICA CONDICIONANTE - NULIDADE DA CLÁUSULA - RECURSO PROVIDO. É nula a clausula do acordo homologado por sentença que subordina a conversão dos alimentos gravídicos em definitivos à realização do exame de DNA extrajudicial, desobrigando o alimentante do pagamento em caso de não comparecimento da genitora ao laboratório no prazo fixado, haja vista que o artigo 6º, parágrafo único da Lei 11.804/2008, apresenta como condicionante apenas o nascimento com vida.

▶ **Jurisprudência do STJ.**

> **Recurso especial. Constitucional. Civil. Processual civil. Alimentos gravídicos. Garantia à gestante. Proteção do nascituro. Nascimento com vida. Extinção do feito. Não ocorrência. Conversão automática dos

alimentos gravídicos em pensão alimentícia em favor do recém-nascido. MUDANÇA De titularidade. Execução promovida pelo menor, representado por sua genitora, dos alimentos inadimplidos após o seu nascimento. Possibilidade. Recurso improvido. 1. Os alimentos gravídicos, previstos na Lei n. 11.804/2008, visam a auxiliar a mulher gestante nas despesas decorrentes da gravidez, da concepção ao parto, sendo, pois, a gestante a beneficiária direta dos alimentos gravídicos, ficando, por via de consequência, resguardados os direitos do próprio nascituro. 2. Com o nascimento com vida da criança, os alimentos gravídicos concedidos à gestante serão convertidos automaticamente em pensão alimentícia em favor do recém-nascido, com mudança, assim, da titularidade dos alimentos, sem que, para tanto, seja necessário pronunciamento judicial ou pedido expresso da parte, nos termos do parágrafo único do art. 6º da Lei n. 11.804/2008. 3. Em regra, a ação de alimentos gravídicos não se extingue ou perde seu objeto com o nascimento da criança, pois os referidos alimentos ficam convertidos em pensão alimentícia até eventual ação revisional em que se solicite a exoneração, redução ou majoração do valor dos alimentos ou até mesmo eventual resultado em ação de investigação ou negatória de paternidade. 4. Recurso especial improvido. (STJ, RESP Nº 1.629.423, Relator: Marco Aurélio Bellizze, Terceira Turma, J. 06/06/2017).

→ **Aplicação em Concurso Público:**
- *PROVA: FCC. DPE-ES. Defensor Público. 2016*
  Os alimentos gravídicos serão fixados pelo juiz
a) *desde que a mulher grávida firme declaração de que o réu é o pai, e compreenderão os valores suficientes para cobrir as despesas adicionais do período da gravidez, perdurando até o nascimento da criança, e após o nascimento com vida ficam convertidos em pensão alimentícia em favor do menor, até que uma das partes solicite sua revisão;*
b) *apenas se houver presunção de paternidade e compreenderão os valores suficientes para cobrir as despesas adicionais do período da gravidez, perdurando até o nascimento da criança, e após o nascimento com vida ficam convertidos em pensão alimentícia em favor do menor, até que uma das partes solicite sua revisão;*
c) *se convencido da existência de indícios da paternidade, compreendendo os valores suficientes para cobrir as despesas adicionais do período da gravidez, perdurando até o nascimento da criança, e após o nascimento com vida ficam convertidos em pensão alimentícia em favor do menor, até que uma das partes solicite sua revisão;*
d) *somente se provado o casamento do réu com a gestante e compreenderão os valores suficientes para cobrir as despesas adicionais do período da gravidez, inclusive a alimentação especial, assistência médica e psicológica à*

gestante, perdurando até o nascimento da criança, e após o nascimento com vida ficam convertidos em pensão alimentícia, observando-se as necessidades do alimentando e as possibilidades do alimentante;
e) *só excepcionalmente, se convencido da existência de indícios da paternidade, após justificação judicial prévia e compreenderão os valores suficientes para cobrir as despesas alimentícias da gestante, excluída a assistência médica, que deverá ser oferecida pelo poder público, perdurando até o nascimento da criança, que, nascendo com vida, deverá propor ação de alimentos, os quais serão estabelecidos na proporção de suas necessidades e das possibilidades do alimentante.*

Resposta: *"c".*

2. **Crítica à metodologia adotada pela Lei nº 11.804/08. A dificuldade de defesa do "suposto pai" e a utilização de "indícios de paternidade".**

A matéria disciplinada na presente lei teve por fulcro sistematizar a aplicação de alimentos nos casos de gravidez, consolidando entendimento que já era pacífico na doutrina brasileira, segundo o qual o nascituro, dentre outras prerrogativas, detém o direito de alimentos. Entretanto, o modo segundo o qual a lei foi constituída merece severa crítica. A obrigatoriedade de respeito ao contraditório e manutenção da ampla defesa não foram devidamente observados para o "suposto pai", haja vista que a lei fala em "indícios de paternidade". Então, questiona-se: **quais seriam os indícios suficientes para caracterizar uma paternidade?** A mera declaração da mãe? Depoimento de testemunhas? Fotos? *E-mails*? Cartas de amor? Parece-nos temerária a outorga da decisão ao magistrado fundada apenas em indícios. Ressalte-se, por fundamental, que o texto aprovado no Congresso e encaminhado ao Presidente da República para sanção trazia, no art. 8º, a possibilidade de realização de exame de DNA intrauterino sempre que o "suposto" pai contestasse a paternidade.

Essa medida foi tolhida por veto presidencial, sob o argumento de que a realização deste exame pode gerar graves complicações para a gestação, assim como para feto, igualmente para a mãe. **Igualmente, havia no texto original do art. 5º a designação de audiência de justificação, para se discutir a relação de paternidade, que, também foi vetado,** sob o argumento de que em nenhuma outra ação de alimentos essa audiência é necessária, o que acarretaria lentidão e demora na prestação jurisdicional.

De toda sorte, a formatação final da Lei nº 11.804/2008 dá enormes possibilidades de indicação fraudulenta da paternidade, já que a verdade biológica somente poderá ser obtida após o nascimento da criança. Até então, durante todo o período de gestação e após o nascimento, deverá o "suposto" pai arcar com os débitos alimentares de um filho que, no mais das vezes, não saberá sequer se é seu.

▶ **Jurisprudência – TJMG.**

> AGRAVO DE INSTRUMENTO - ALIMENTOS GRAVÍDICOS- INDÍCIOS DE PATERNIDADE -EXISTÊNCIA - PEDIDO DEFERIDO - DECISÃO REFORMADA. Deve ser reformada a decisão que indefere o pedido de alimentos gravídicos ante a existência de indícios convincentes para imputar a provável paternidade ao requerido. TJMG. AGRAVO DE INSTRUMENTO-CV Nº 1.0330.14.001025-8/001. J. 30/06/2017.

▶ **ATENÇÃO!** É assente o entendimento do STJ de que, em razão do princípio da **irrepetibilidade dos alimentos** e, sobretudo da **boa-fé do beneficiário**, não estão os benefícios de natureza alimentar, sujeitos a devolução, quando legitimamente recebidos, em razão de decisão judicial. (AgRg no REsp 887042 / RJ. Rel. Min. Ministra Maria Thereza de Assis Moura. DJe 08/03/2010).

2.1 A utilização de fotografias, postagens em redes sociais e conversas de whatsapp.

A tecnologia vem mudando consideravelmente as elações de família e, por consequência, as formas de se compreender e aplicar o próprio Direito de Família. As cartas de antigamente foram substituídas pelos *e-mails*, e as fotos impressa e reveladas, pelas fotos digitais, muitas vezes postadas em redes sociais. As conversas em aplicativos como "*whataspp*" também passaram a ser utilizadas e reconhecidas como meios juridicamente possíveis de comprovação da existência de relacionamentos afetivos, e de relações de paternidade, como no caso dos alimentos decorrentes de gravidez. Nesse sentido, interessante julgado do TJRS sobre a utilização de conversas no *whatsapp* para configurar a relação íntima do casal.

▶ **Jurisprudência do TJRS.**

> Agravo de instrumento. Ação de alimentos gravídicos. Possibilidade, no caso. 1. O requisito exigido para a concessão dos alimentos gravídicos, qual seja, "indícios de paternidade", nos termos do art. 6º da lei nº 11.804/08, deve ser examinado, em sede de cognição sumária, sem muito rigorismo, tendo em vista a dificuldade na comprovação do

alegado vínculo de parentesco já no momento do ajuizamento da ação, sob pena de não se atender à finalidade da lei, que é proporcionar ao nascituro seu sadio desenvolvimento. 2. *No caso, considerando os exames médicos a comprovar a gestação, as fotografias e, em especial, as conversas mantidas pelas partes via whatsapp*, há plausibilidade na indicação de paternidade realizada pela agravante, decorrente de relacionamento mantido no período concomitante à concepção, restando autorizado o deferimento dos alimentos gravídicos, no valor equivalente a 30% do salário mínimo nacional. Agravo de instrumento parcialmente provido. TJRS, AI Nº 70071951578, Relator: Ricardo Moreira Lins Pastl, 8ª CACIV, J. 09/03/2017.

3. **A questão da irrepetibilidade e o bom senso do magistrado quando da aplicação da norma.**

Por entendimento já de há muito pacificado, a verba alimentar é irrepetível. Entretanto, essa característica da obrigação alimentar precisa ser serenamente ponderada, principalmente em situações como a dos Alimentos Gravídicos. Na prática, muitas vezes, o que se percebe é que muitos magistrados deixam de aplicar as normas relativas aos Alimentos Gravídicos em face desse tipo de risco proporcionado em face da irrepetibilidade.

▶ **Jurisprudência – STJ**

> PROCESSO CIVIL E DIREITO CIVIL. RECURSO ESPECIAL. ANTECIPAÇÃO DE TUTELA. FIXAÇÃO DE ALIMENTOS EM AÇÃO DE REPARAÇÃO CIVIL. CAUÇÃO INICIALMENTE EXIGIDA. PEDIDO DE MAJORAÇÃO. INDEFERIMENTO. PONDERAÇÃO SOBRE IRREPETIBILIDADE DA VERBA. (...) 2. Sendo corolário de um valor fundamental da sociedade brasileira – a proteção da dignidade da pessoa humana – o princípio da irrepetibilidade dos alimentos deve preponderar. **Contudo, diante da seriedade de tal medida e da possibilidade de se causar à parte inocente significativos prejuízos, é necessário ao judiciário, especialmente em causas não vinculadas a direito de família, atenção redobrada ao fixar uma prestação de natureza alimentar em provimento antecipatório.** (...) 4. A obrigação alimentar é irrepetível. Mas o processo civil deve ser campo de distribuição de justiça, não terreno de oportunidades. O montante que deverá ser considerado irrepetível ao final do processo, na hipótese de julgamento de improcedência, deve ser exclusivamente o valor pago para a subsistência digna da autora da ação, conforme demonstrarem as provas do processo. **Determinar a irrepetibilidade e qualquer montante que supere esse valor implicaria causar injustificado prejuízo ao réu, caso se lhe reconheça razão ao final da demanda. Por esse motivo,**

a caução determinada deve ser mantida, ainda que o respectivo valor não seja majorado. (REsp 1252812 / RS; DJe 02/03/2012).

4. **Manutenção da regra de equilíbrio: possibilidade x necessidade nos alimentos gravídicos.**

Fica mantida, para os alimentos gravídicos a mesma regra de geral de equilíbrio já analisada para a Lei de Alimentos: proporcionalidade x possibilidade, sendo, sempre que necessário, temperada pela razoabilidade na fixação dos valores, tudo em consonância com a realidade financeira de ambos os genitores.

▶ **Jurisprudência do TJMG.**

> **Agravo de instrumento - direito de família - alimentos gravídicos - trinômio proporcionalidade / necessidade / possibilidade - não observância - quantum - razoabilidade - redução - possibilidade.** - Os alimentos gravídicos referem-se à parte das despesas que deverá ser custeada pelo futuro pai, na proporção de seus recursos. - Para o arbitramento dos alimentos provisórios deve ser observado o trinômio proporcionalidade, necessidade e possibilidade, norteador da obrigação alimentícia. - Embora a questão deva ser melhor elucidada durante a instrução do feito, impõe-se a redução da verba alimentar provisória, quando flagrante o excesso do encargo arbitrado. Tal medida visa que a prestação não se torne onerosa ou impraticável, causando prejuízos a ambas as partes. - Agravo parcialmente provido. TJMG – Agravo de Instrumento – Cv. 1.0172.12.001568-7/001, Relator(a): Des.(a) Versiani Penna , 5ª CÂMARA CÍVEL, julgamento em 21/03/2013, publicação da súmula em 26/03/2013.

Art. 7º O réu será citado para apresentar resposta em **5 (cinco) dias**.

1. **Procedimento dos alimentos gravídicos.**

A regra de procedimento trazida pela Lei de Alimentos Gravídicos prevê resposta do réu **no prazo de (05) cinco dias**. Esta manifestação se equipara à contestação do rito ordinário, ou seja, oportunidade de defesa concedida ao "suposto pai", a fim de que ele se pronuncie acerca da paternidade que lhe é imputada.

→ **Aplicação em Concurso Público:**
  - *FCC – 2010 – DPE – SP – Defensor Público*

LEI DE ALIMENTOS GRAVÍDICOS | **Art. 12**

A Lei nº 11.804/2008 disciplina o direito aos alimentos gravídicos. Um dos aspectos processuais tratado é o que regula o momento inicial do exercício do direito de defesa. Assim, a contestação deve ser apresentada:
(A) na audiência de instrução e julgamento, que é a designada na mesma decisão que fixa os alimentos provisórios.
(B) no prazo de 15 dias a partir da juntada do mandado.
(C) no prazo de 15 dias, contados a partir da audiência de conciliação, que é designada na mesma decisão que fixa os alimentos provisórios.
(D) no prazo de 05 dias, contados a partir da juntada do mandado.
(E) no prazo de 15 dias, contados a partir da audiência de conciliação designada na mesma decisão que fixa os alimentos provisórios.
Resposta: Alternativa "d".

Art. 8º (VETADO)

Art. 9º (VETADO)

Art. 10. (VETADO)

Art. 11. Aplicam-se **supletivamente** nos processos regulados por esta Lei as disposições das Leis nos 5.478, de 25 de julho de 1968, e 5.869, de 11 de janeiro de 1973 – Código de Processo Civil.

1. **Aplicação subsidiária da *Lei de Alimentos* e do *CPC*: *alimentos provisórios, majoração, redução, exoneração etc...***

Conforme exposto anteriormente, a metodologia de uso das leis especiais prevê a **aplicação subsidiária** de normas gerais sempre que a lei especial for omissa ou apresentar lacuna. Como regra, este tipo de norma tem caráter de regras materiais e procedimentais, sendo impossível que um conjunto diminuto de artigos possa prever toda a complexidade de rito que se observa numa ação.

Por esta razão, para fins de análise da Lei de Alimentos Gravídicos, o operador deverá sempre se socorrer das regras previstas na Lei de Alimentos ou no próprio CPC. Trata-se, anote-se mais uma vez, de aplicação subsidiária. Assim, há hipóteses de demandas de fixação de alimentos provisórios, majoração do valor fixado, diminuição do valor deferido judicialmente, exoneração, e mesmo oferta de alimentos, dentre outras situações análogas à Lei de Alimentos.

Art. 12. Esta Lei entra em vigor na data de sua publicação.

Brasília, 5 de novembro de 2008; 187° da Independência e 120° da República.

LUIZ INÁCIO LULA DA SILVA
Tarso Genro
José Antonio Dias Toffoli
Dilma Rousseff

▶ **Jurisprudência em Tese – STJ – Alimentos.**

Trata-se de mecanismo de busca e pesquisa de Jurisprudência desenvolvido pelo Superior Tribunal de Justiça – STJ, com o objetivo de simplificar o acesso aos posicionamentos consolidados por aquela Corte. Abaixo de cada "tese", estão relacionados os Acórdãos de Referência e as Decisões Monocráticas que dão substrato à formação dos posicionamentos do STJ, juntamente com a informação sobre o Ministro Relator de cada processo, a data de julgamento e a sua data de publicação.

1) Os créditos resultantes de honorários advocatícios têm natureza alimentar e equiparam- se aos trabalhistas para efeito de habilitação em falência, recuperação judicial e privilégio geral em concurso de credores nas execuções fiscais. (Tese julgada sob o rito do art. 543-C do CPC - Tema 637)

→ **Acórdãos de Referência:**

AgRg no REsp 1539760/PR, Rel. Ministro HERMAN BENJAMIN, SEGUNDA TURMA, Julgado em 22/09/2015, DJE 11/11/2015 AgRg no AREsp 309330/RJ, Rel. Ministro PAULO DE TARSO SANSEVERINO, TERCEIRA TURMA, Julgado em 06/08/2015, DJE 20/08/2015 EDcl nos EREsp 1351256/PR, Rel. Ministro MAURO CAMPBELL MARQUES, CORTE ESPECIAL, Julgado em 04/03/2015, DJE 20/03/2015 REsp 1152218/RS, Rel. Ministro LUIS FELIPE SALOMÃO, CORTE ESPECIAL, Julgado em 07/05/2014, DJE 09/10/2014 EDcl no AgRg no REsp 1204096/MG, Rel. Ministro JOÃO OTÁVIO DE NORONHA, TERCEIRA TURMA, Julgado em 10/06/2014, DJE 18/06/2014 REsp 1377764/MS, Rel. Ministra NANCY ANDRIGHI, TERCEIRA TURMA, Julgado em 20/08/2013, DJE 29/08/2013

2) Na execução de alimentos, é possível o protesto (art. 526, § 3º do NCPC) e a inscrição do nome do devedor nos cadastros de proteção ao crédito.

→ Acórdãos de Referência:

REsp 1469102/SP, Rel. Ministro RICARDO VILLAS BÔAS CUEVA, TERCEIRA TURMA, Julgado em 08/03/2016, DJE 15/03/2016 REsp 1533206/MG, Rel. Ministro LUIS FELIPE SALOMÃO, QUARTA TURMA, Julgado em 17/11/2015, DJE 01/02/2016

3) O Ministério Público tem legitimidade ativa para ajuizar ação/execução de alimentos em favor de criança ou adolescente, nos termos do art. 201, III, da Lei n. 8.069/90. (Tese julgada sob o rito do art. 543-C do CPC/73 - Tema 717)

→ Acórdãos de Referência:

REsp 1327471/MT, Rel. Ministro LUIS FELIPE SALOMÃO, SEGUNDA SEÇÃO, Julgado em 14/05/2014, DJE 04/09/2014 AgRg nos EDcl no REsp 1262864/BA, Rel. Ministro PAULO DE TARSO SANSEVERINO, TERCEIRA TURMA, Julgado em 13/05/2014, DJE 22/05/2014 REsp 1269299/BA, Rel. Ministra NANCY ANDRIGHI, TERCEIRA TURMA, Julgado em 15/10/2013, DJE 21/10/2013 AgRg no REsp 1245127/BA, Rel. Ministro SIDNEI BENETI, TERCEIRA TURMA, Julgado em 08/11/2011, DJE 07/12/2011

AgRg nos EDcl no AREsp 791322/SP, Rel. Ministro MARCO AURÉLIO BELLIZZE, TERCEIRA TURMA, Julgado em 19/05/2016, DJE 01/06/2016 REsp 1587280/RS, Rel. Ministro RICARDO VILLAS BÔAS CUEVA, TERCEIRA TURMA, Julgado em 05/05/2016, DJE 13/05/2016 REsp 1292537/MG, Rel. Ministro JOÃO OTÁVIO DE NORONHA, TERCEIRA TURMA, Julgado em 03/03/2016, DJE 10/03/2016 REsp 1312706/AL, Rel. Ministro LUIS FELIPE SALOMÃO, QUARTA TURMA, Julgado em 21/02/2013, DJE 12/04/2013 AgRg no AREsp 013460/RJ, Rel. Ministro RAUL ARAÚJO, QUARTA TURMA, Julgado em 19/02/2013, DJE 14/03/2013 REsp 1218510/SP, Rel. Ministra NANCY ANDRIGHI, TERCEIRA TURMA, Julgado em 27/09/2011, DJE 03/10/2011

4) O débito alimentar que autoriza a prisão civil do alimentante é o que compreende as três prestações anteriores ao ajuizamento da execução e as que se vencerem no curso do processo. (Súmula n. 309/STJ) (Art. 528, § 7º do NCPC)

→ Acórdãos de Referência:

HC 312551/SP, Rel. Ministro RAUL ARAÚJO, Rel. p/ Acórdão Ministro LUIS FELIPE SALOMÃO, QUARTA TURMA, Julgado em 12/04/2016, DJE 11/05/2016 AgRg no HC 340232/MG, Rel. Ministro JOÃO OTÁVIO DE

NORONHA, TERCEIRA TURMA, Julgado em 15/03/2016, DJE 28/03/2016 RHC 067645/MG, Rel. Ministro MOURA RIBEIRO, TERCEIRA TURMA, Julgado em 23/02/2016, DJE 29/02/2016 AgRg no AREsp 561453/SC, Rel. Ministra MARIA ISABEL GALLOTTI, QUARTA TURMA, Julgado em 20/10/2015, DJE 27/10/2015 AgRg no RHC 056799/RJ, Rel. Ministro RICARDO VILLAS BÔAS CUEVA, TERCEIRA TURMA, Julgado em 16/06/2015, DJE 25/06/2015 HC 296694/MG, Rel. Ministro PAULO DE TARSO SANSEVERINO, TERCEIRA TURMA, Julgado em 14/10/2014, DJE 20/10/2014

5) O atraso de uma só prestação alimentícia, compreendida entre as três últimas atuais devidas, já é hábil a autorizar o pedido de prisão do devedor, nos termos do artigo 528, § 3º do NCPC (art. 733, § 1º do CPC/73).

→ Acórdãos de Referência:

AgRg no AREsp 561453/SC, Rel. Ministra MARIA ISABEL GALLOTTI, QUARTA TURMA, Julgado em 20/10/2015, DJE 27/10/2015 RHC 056773/PE, Rel. Ministro JOÃO OTÁVIO DE NORONHA, TERCEIRA TURMA, Julgado em 06/08/2015, DJE 10/08/2015 REsp 141950/PR, Rel. Ministro BARROS MONTEIRO, QUARTA TURMA, Julgado em 16/12/2003, DJ 12/04/2004

6) É possível a modificação da forma da prestação alimentar (em espécie ou in natura), desde que demonstrada a razão pela qual a modalidade anterior não mais atende à finalidade da obrigação, ainda que não haja alteração na condição financeira das partes nem pretensão de modificação do valor da pensão.

→ Acórdãos de Referência:

REsp 1505030/MG, Rel. Ministro RAUL ARAÚJO, QUARTA TURMA, Julgado em 06/08/2015, DJE 17/08/2015 REsp 1284177/DF, Rel. Ministra NANCY ANDRIGHI, TERCEIRA TURMA, Julgado em 04/10/2011, DJE 24/10/2011

7) O cancelamento de pensão alimentícia de filho que atingiu a maioridade está sujeito à decisão judicial, mediante contraditório, ainda que nos próprios autos. (Súmula n. 358/STJ)

→ Acórdãos de Referência:

REsp 1587280/RS, Rel. Ministro RICARDO VILLAS BÔAS CUEVA, TERCEIRA TURMA, Julgado em 05/05/2016, DJE 13/05/2016 REsp 1292537/MG,

Rel. Ministro JOÃO OTÁVIO DE NORONHA, TERCEIRA TURMA, Julgado em 03/03/2016, DJE 10/03/2016 AgRg nos EDcl no AREsp 398208/RJ, Rel. Ministro LUIS FELIPE SALOMÃO, QUARTA TURMA, Julgado em 07/11/2013, DJE 19/11/2013 AgRg no AREsp 061358/SP, Rel. Ministro ANTONIO CARLOS FERREIRA, QUARTA TURMA, Julgado em 28/05/2013, DJE 04/06/2013 HC 253860/SP, Rel. Ministro PAULO DE TARSO SANSEVERINO, TERCEIRA TURMA, Julgado em 05/03/2013, DJE 26/03/2013 RHC 033931/SP, Rel. Ministro SIDNEI BENETI, TERCEIRA TURMA, Julgado em 19/02/2013, DJE 22/02/2013

8) O pagamento parcial da obrigação alimentar não impede a prisão civil do devedor.

→ Acórdãos de Referência:

HC 350101/MS, Rel. Ministro PAULO DE TARSO SANSEVERINO, TERCEIRA TURMA, Julgado em 14/06/2016, DJE 17/06/2016 HC 312551/SP, Rel. Ministro RAUL ARAÚJO, Rel. p/ Acórdão Ministro LUIS FELIPE SALOMÃO, QUARTA TURMA, Julgado em 12/04/2016, DJE 11/05/2016 RHC 067645/MG, Rel. Ministro MOURA RIBEIRO, TERCEIRA TURMA, Julgado em 23/02/2016, DJE 29/02/2016 HC 297951/SP, Rel. Ministra MARIA ISABEL GALLOTTI, QUARTA TURMA, Julgado em 23/09/2014, DJE 29/09/2014 HC 293356/SP, Rel. Ministro JOÃO OTÁVIO DE NORONHA, TERCEIRA TURMA, Julgado em 12/08/2014, DJE 21/08/2014 RHC 047041/RJ, Rel. Ministra NANCY ANDRIGHI, TERCEIRA TURMA, Julgado em 27/05/2014, DJE 02/06/2014

9) A base de cálculo da pensão alimentícia fixada sobre o percentual do vencimento do alimentante abrange o décimo terceiro salário e o terço constitucional de férias, salvo disposição expressa em contrário. (Tese julgada sob o rito do art. 543-C do CPC/73 - Tema 192)

→ Acórdãos de Referência:

AgRg no AREsp 642022/RS, Rel. Ministro RICARDO VILLAS BÔAS CUEVA, TERCEIRA TURMA, Julgado em 15/10/2015, DJE 20/10/2015 REsp 1332808/SC, Rel. Ministro LUIS FELIPE SALOMÃO, QUARTA TURMA, Julgado em 18/12/2014, DJE 24/02/2015 AgRg no AREsp 027556/DF, Rel. Ministro MARCO BUZZI, QUARTA TURMA, Julgado em 16/08/2012, DJE 24/08/2012 AgRg no REsp 1152681/MG, Rel. Ministro VASCO DELLA GIUSTINA (DESEMBARGADOR CONVOCADO DO TJ/RS), TERCEIRA TURMA, Julgado em 24/08/2010, DJE 01/09/2010 REsp 1106654/RJ, Rel. Ministro PAULO FURTADO (DESEMBARGADOR CONVOCADO DO TJ/BA), SEGUNDA SEÇÃO, Julgado em 25/11/2009, DJE 16/12/2009 REsp

686642/RS, Rel. Ministro CASTRO FILHO, TERCEIRA TURMA, Julgado em 16/02/2006, DJ 10/04/2006

10) **Cabe ao credor de prestação alimentícia a escolha pelo rito processual de execução a ser seguido.**

→ Acórdãos de Referência:

REsp 1219522/MG, Rel. Ministro LUIS FELIPE SALOMÃO, QUARTA TURMA, Julgado em 08/09/2015, DJE 21/10/2015 RHC 030172/RJ, Rel. Ministro MARCO BUZZI, QUARTA TURMA, Julgado em 15/12/2011,DJE 06/02/2012 HC 188630/RS, Rel. Ministra NANCY ANDRIGHI, TERCEIRA TURMA, Julgado em 08/02/2011, DJE 11/02/2011 RHC 027936/RJ, Rel. Ministro PAULO DE TARSO SANSEVERINO, TERCEIRA TURMA, Julgado em 16/09/2010, DJE 28/09/2010 HC 128229/SP,Rel. Ministro MASSAMI UYEDA, TERCEIRA TURMA, Julgado em 23/04/2009, DJE 06/05/2009 RHC 014993/CE, Rel. Ministro CASTRO FILHO, TERCEIRA TURMA, Julgado em 05/02/2004, DJ 25/02/2004

11) **A real capacidade econômico-financeira do alimentante não pode ser aferida por meio de habeas corpus.**

→ Acórdãos de Referência:

HC 312551/SP, Rel. Ministro RAUL ARAÚJO, Rel. p/ Acórdão Ministro LUIS FELIPE SALOMÃO, QUARTA TURMA, Julgado em 12/04/2016, DJE 11/05/2016 AgRg no HC 340232/MG, Rel. Ministro JOÃO OTÁVIO DE NORONHA, TERCEIRA TURMA, Julgado em 15/03/2016, DJE 28/03/2016 HC 327445/SP, Rel. Ministro PAULO DE TARSO SANSEVERINO, TERCEIRA TURMA, Julgado em 17/12/2015, DJE 03/02/2016 HC 333214/SP, Rel. Ministro MOURA RIBEIRO, TERCEIRA TURMA, Julgado em 03/12/2015, DJE 10/12/2015 AgRg no RHC 056799/RJ, Rel. Ministro RICARDO VILLAS BÔAS CUEVA, TERCEIRA TURMA, Julgado em 16/06/2015, DJE 25/06/2015 HC 312800/SP, Rel. Ministro RAUL ARAÚJO, QUARTA TURMA, Julgado em 02/06/2015, DJE 19/06/2015

12) **A constituição de nova família pelo alimentante não acarreta a revisão automática da quantia estabelecida em favor dos filhos advindos de união anterior.**

→ Acórdãos de Referência:

AgRg no AREsp 452248/SP, Rel. Ministro RAUL ARAÚJO, QUARTA TURMA, Julgado em 16/06/2015, DJE 03/08/2015 REsp 1496948/SP, Rel.

Ministro MOURA RIBEIRO, TERCEIRA TURMA, Julgado em 03/03/2015, DJE 12/03/2015 REsp 1027930/RJ, Rel. Ministra NANCY ANDRIGHI, TERCEIRA TURMA, Julgado em 03/03/2009, DJE 16/03/2009 REsp 244015/SC, Rel. Ministro CASTRO FILHO, TERCEIRA TURMA, Julgado em 19/04/2005, DJ 05/09/2005 REsp 703318/PR, Rel. Ministro JORGE SCARTEZZINI, QUARTA TURMA, Julgado em 21/06/2005, DJ 01/08/2005

13) Os alimentos devidos entre ex-cônjuges devem ter caráter excepcional, transitório e devem ser fixados por prazo determinado, exceto quando um dos cônjuges não possua mais condições de reinserção no mercado do trabalho ou de readquirir sua autonomia financeira.

→ Acórdãos de Referência:

REsp 1370778/MG, Rel. Ministro MARCO BUZZI, QUARTA TURMA, Julgado em 10/03/2016, DJE 04/04/2016 AgRg no AREsp 725002/SP, Rel. Ministro RAUL ARAÚJO, QUARTA TURMA, Julgado em 08/09/2015, DJE 01/10/2015 AgRg no REsp 1537060/DF, Rel. Ministra MARIA ISABEL GALLOTTI, QUARTA TURMA, Julgado em 01/09/2015, DJE 09/09/2015 REsp 1454263/CE, Rel. Ministro LUIS FELIPE SALOMÃO, QUARTA TURMA, Julgado em 16/04/2015, DJE 08/05/2015 REsp 1496948/SP, Rel. Ministro MOURA RIBEIRO, TERCEIRA TURMA, Julgado em 03/03/2015, DJE 12/03/2015 REsp 1290313/AL, Rel. Ministro ANTONIO CARLOS FERREIRA, QUARTA TURMA, Julgado em 12/11/2013, DJE 07/11/2014 REsp 1396957/PR, Rel. Ministra NANCY ANDRIGHI, TERCEIRA TURMA, Julgado em 03/06/2014, DJE 20/06/2014

14) A responsabilidade dos avós de prestar alimentos aos netos apresenta natureza complementar e subsidiária, somente se configurando quando demonstrada a insuficiência de recursos do genitor.

→ Acórdãos de Referência:

AgRg no REsp 1358420/SP, Rel. Ministro LUIS FELIPE SALOMÃO, QUARTA TURMA, Julgado em 15/03/2016, DJE 21/03/2016 REsp 1415753/MS, Rel. Ministro PAULO DE TARSO SANSEVERINO, TERCEIRA TURMA, Julgado em 24/11/2015, DJE 27/11/2015 AgRg no AREsp 367646/DF, Rel. Ministro RICARDO VILLAS BÔAS CUEVA, TERCEIRA TURMA, Julgado em 08/05/2014, DJE 19/05/2014 AgRg no AREsp 390510/MS, Rel. Ministro RAUL ARAÚJO, QUARTA TURMA, Julgado em 17/12/2013, DJE 04/02/2014 AgRg no AREsp 138218/MS, Rel. Ministro MASSAMI UYEDA, TERCEIRA TURMA, Julgado em 28/08/2012, DJE 04/09/2012 REsp 831497/MG, Rel. Ministro JOÃO OTÁVIO DE NORONHA, QUARTA TURMA, Julgado em 04/02/2010, DJE 11/02/2010

15) Não é possível a compensação dos alimentos fixados em pecúnia com parcelas pagas *in natura*.

→ Acórdãos de Referência:

AgRg no AREsp 586516/SP, Rel. Ministro MARCO BUZZI, QUARTA TURMA, Julgado em 17/03/2016, DJE 31/03/2016 AgRg no REsp 1257779/MG, Rel. Ministro ANTONIO CARLOS FERREIRA, QUARTA TURMA, Julgado em 04/11/2014, DJE 12/11/2014 HC 297951/SP, Rel. Ministra MARIA ISABEL GALLOTTI, QUARTA TURMA, Julgado em 23/09/2014, DJE 29/09/2014 HC 109416/RS, Rel. Ministro MASSAMI UYEDA, TERCEIRA TURMA, Julgado em 05/02/2009, DJE 18/02/2009

16) É possível a fixação da pensão alimentícia com base em determinado número de salário mínimo.

→ Acórdãos de Referência:

AgRg no AREsp 031519/DF, Rel. Ministro JOÃO OTÁVIO DE NORONHA, TERCEIRA TURMA, Julgado em 08/09/2015, DJE 11/09/2015 AgRg no AREsp 581730/SP, Rel. Ministro MARCO AURÉLIO BELLIZZE, TERCEIRA TURMA, Julgado em 20/08/2015, DJE 03/09/2015 AgRg no REsp 1348147/DF, Rel. Ministro MARCO BUZZI, QUARTA TURMA, Julgado em 03/03/2015, DJE 10/03/2015 AgRg no REsp 1302217/DF, Rel. Ministro PAULO DE TARSO SANSEVERINO, TERCEIRA TURMA, Julgado em 02/09/2014, DJE 15/09/2014 AgRg no REsp 1105904/DF, Rel. Ministro RICARDO VILLAS BÔAS CUEVA, TERCEIRA TURMA, Julgado em 20/09/2012, DJE 27/09/2012 AgRg no REsp 949540/SP, Rel. Ministro LUIS FELIPE SALOMÃO, QUARTA TURMA, Julgado em 27/03/2012, DJE 10/04/2012

17) A fixação da verba alimentar tem como parâmetro o binômio necessidade do alimentando e possibilidade do alimentante, insusceptível de análise em sede de recurso especial por óbice da Súmula n. 7/STJ.

→ Acórdãos

AgRg no AREsp 766159/MS, Rel. Ministro MOURA RIBEIRO, TERCEIRA TURMA, Julgado em 02/06/2016, DJE 09/06/2016 AgRg no AREsp 672140/RJ, Rel. Ministro MARCO BUZZI, QUARTA TURMA, Julgado em 24/05/2016, DJE 31/05/2016 EDcl no REsp 1516739/RR, Rel. Ministro LUIS FELIPE SALOMÃO, QUARTA TURMA, Julgado em 23/02/2016, DJE 01/03/2016 AgRg no AREsp 814647/SP, Rel. Ministro MARCO AURÉLIO BELLIZZE, TERCEIRA TURMA, Julgado em 23/02/2016, DJE 07/03/2016 REsp 1300036/MT, Rel. Ministro PAULO DE TARSO SANSEVERINO,

TERCEIRA TURMA, Julgado em 13/05/2014, DJE 20/05/2014 REsp 703318/PR, Rel. Ministro JORGE SCARTEZZINI, QUARTA TURMA, Julgado em 21/06/2005, DJ 01/08/2005

18) **A mulher que renunciou aos alimentos na separação judicial tem direito à pensão previdenciária por morte do ex-marido, comprovada a necessidade econômica superveniente. (Súmula n. 336/STJ)**

→ Acórdãos de Referência:

> AgRg no AREsp 679628/PI, Rel. Ministra ASSUSETE MAGALHÃES, SEGUNDA TURMA, Julgado em 10/03/2016, DJE 17/03/2016 REsp 1505261/MG, Rel. Ministro HUMBERTO MARTINS, SEGUNDA TURMA, Julgado em 01/09/2015, DJE 15/09/2015 AgRg no AgRg nos EDcl no REsp 1375878/PR, Rel. Ministro MAURO CAMPBELL MARQUES, SEGUNDA TURMA, Julgado em 04/12/2014, DJE 19/12/2014 AgRg no REsp 1459181/PE, Rel. Ministro NAPOLEÃO NUNES MAIA FILHO, PRIMEIRA TURMA, Julgado em 26/08/2014, DJE 03/09/2014 AgRg no AREsp 473792/PE, Rel. Ministro SÉRGIO KUKINA, PRIMEIRA TURMA, Julgado em 13/05/2014, DJE 19/05/2014 AgRg no Ag 1420559/PE, Rel. Ministro HERMAN BENJAMIN, SEGUNDA TURMA, Julgado em 04/10/2011, DJE 17/10/2011

19) **As sentenças estrangeiras que dispõem sobre alimentos e guarda são passíveis de homologação, mesmo que penda, na Justiça brasileira, ação com idêntico objeto.**

→ Acórdãos de Referência:

> SEC 006485/EX, Rel. Ministro GILSON DIPP, CORTE ESPECIAL, Julgado em 03/09/2014, DJE 23/09/2014 SEC 004127/EX, Rel. Ministra NANCY ANDRIGHI, Rel. p/ Acórdão Ministro TEORI ALBINO ZAVASCKI, CORTE ESPECIAL, Julgado em 29/08/2012, DJE 27/09/2012 SEC 005275/EX, Rel. Ministro CASTRO MEIRA, CORTE ESPECIAL, Julgado em 12/05/2011, DJE 01/08/2011 SEC 003668/,Rel. Ministra LAURITA VAZ, CORTE ESPECIAL, Julgado em 15/12/2010, DJE 16/02/2011

20) **A existência de decisão da Justiça brasileira sobre alimentos e guarda, ainda que provisória, impossibilita a homologação de sentença estrangeira acerca do tema.**

→ Acórdãos de Referência:

> SEC 012116/EX, Rel. Ministro FELIX FISCHER, CORTE ESPECIAL, Julgado em 07/10/2015, DJE 20/10/2015 SEC 006485/EX, Rel. Ministro GILSON

DIPP, CORTE ESPECIAL, Julgado em 03/09/2014, DJE 23/09/2014 SEC 005635/DF, Rel. Ministra LAURITA VAZ, CORTE ESPECIAL, Julgado em 18/04/2012, DJE 09/05/2012 SEC 005302/EX, Rel. Ministra NANCY ANDRIGHI, CORTE ESPECIAL, Julgado em 12/05/2011, DJE 07/06/2011 SEC 002576/,Rel. Ministro HAMILTON CARVALHIDO, CORTE ESPECIAL, Julgado em 03/12/2008, DJE 05/02/2009 SEC 000832/,Rel. Ministro BARROS MONTEIRO, CORTE ESPECIAL, Julgado em 15/06/2005, DJ 01/08/2005

21) Os efeitos da sentença proferida em ação de revisão de alimentos - seja em caso de redução, majoração ou exoneração - retroagem à data da citação (Lei n. 5.478/68, art. 13, § 2º), ressalvada a irrepetibilidade dos valores adimplidos e a impossibilidade de compensação do excesso pago com prestações vincendas.

→ Acórdãos de Referência:

AgRg nos EREsp 1256881/SP, Rel. Ministra MARIA ISABEL GALLOTTI, SEGUNDA SEÇÃO, Julgado em 25/11/2015, DJE 03/12/2015 REsp 1219522/MG, Rel. Ministro LUIS FELIPE SALOMÃO, QUARTA TURMA, Julgado em 08/09/2015, DJE 21/10/2015 AgRg no AREsp 713267/RS, Rel. Ministro MARCO AURÉLIO BELLIZZE, TERCEIRA TURMA, Julgado em 04/08/2015, DJE 17/08/2015 RHC 046510/MG, Rel. Ministro JOÃO OTÁVIO DE NORONHA, TERCEIRA TURMA, Julgado em 05/08/2014, DJE 12/08/2014

22) A pretensão creditícia ao reembolso de despesas alimentícias efetuadas por terceiro, no lugar de quem tinha a obrigação de prestar alimentos, por equiparar-se à gestão de negócios, é de direito comum e prescreve em 10 anos.

→ Acórdãos de Referência:

REsp 1453838/SP, Rel. Ministro LUIS FELIPE SALOMÃO, QUARTA TURMA, Julgado em 24/11/2015, DJE 07/12/2015 REsp 1197778/SP, Rel. Ministro JOÃO OTÁVIO DE NORONHA, TERCEIRA TURMA, Julgado em 25/03/2014, DJE 01/04/2014 REsp 859970/SP, Rel. Ministra NANCY ANDRIGHI, TERCEIRA TURMA, Julgado em 13/03/2007, DJ 26/03/2007

23) O descumprimento de acordo celebrado em ação de execução de prestação alimentícia pode ensejar o decreto de prisão civil do devedor.

→ Acórdãos de Referência:

HC 350101/MS, Rel. Ministro PAULO DE TARSO SANSEVERINO, TERCEIRA TURMA, Julgado em 14/06/2016, DJE 17/06/2016 AgRg no REsp

1379236/MG, Rel. Ministro RAUL ARAÚJO, QUARTA TURMA, Julgado em 12/02/2015, DJE 05/03/2015 RHC 037365/SP, Rel. Ministro MARCO BUZZI, QUARTA TURMA, Julgado em 25/06/2013, DJE 06/08/2013 HC 249079/RJ, Rel. Ministro ANTONIO CARLOS FERREIRA, QUARTA TURMA, Julgado em 06/11/2012, DJE 22/05/2013 RHC 029250/MT, Rel. Ministra MARIA ISABEL GALLOTTI, QUARTA TURMA, Julgado em 14/02/2012, DJE 28/02/2012 HC 155823/RJ, Rel. Ministro VASCO DELLA GIUSTINA (DESEMBARGADOR CONVOCADO DO TJ/RS), TERCEIRA TURMA, Julgado em 27/04/2010, DJE 07/05/2010

24) O cumprimento da prisão civil em regime semiaberto ou em prisão domiciliar é excepcionalmente autorizado quando demonstrada a idade avançada do devedor de alimentos ou a fragilidade de sua saúde.

→ Acórdãos de Referência:

HC 327445/SP, Rel. Ministro PAULO DE TARSO SANSEVERINO, TERCEIRA TURMA, Julgado em 17/12/2015, DJE 03/02/2016 HC 320216/RS, Rel. Ministro MOURA RIBEIRO, TERCEIRA TURMA, Julgado em 18/06/2015, DJE 01/07/2015 HC 312800/SP, Rel. Ministro RAUL ARAÚJO, QUARTA TURMA, Julgado em 02/06/2015, DJE 19/06/2015 RHC 040309/SC, Rel. Ministro ANTONIO CARLOS FERREIRA, QUARTA TURMA, Julgado em 11/11/2014, DJE 16/12/2014 RHC 038824/SP, Rel. Ministra NANCY ANDRIGHI, TERCEIRA TURMA, Julgado em 17/10/2013, DJE 24/10/2013 HC 178652/SP, Rel. Ministro VASCO DELLA GIUSTINA (DESEMBARGADOR CONVOCADO DO TJ/RS), TERCEIRA TURMA, Julgado em 07/12/2010, DJE 16/12/2010

25) O advogado que tenha contra si decretada prisão civil por inadimplemento de obrigação alimentícia não tem direito de cumprir a restrição em sala de Estado Maior ou em prisão domiciliar.

→ Acórdãos de Referência:

HC 305805/GO, Rel. Ministro PAULO DE TARSO SANSEVERINO, TERCEIRA TURMA, Julgado em 23/10/2014, DJE 31/10/2014 HC 303905/RS, Rel. Ministro MOURA RIBEIRO, TERCEIRA TURMA, Julgado em 02/10/2014, DJE 29/10/2014 HC 181231/RO, Rel. Ministro VASCO DELLA GIUSTINA (DESEMBARGADOR CONVOCADO DO TJ/RS), TERCEIRA TURMA, Julgado em 05/04/2011, DJE 14/04/2011

26) Não cabe prisão civil do inventariante em virtude do descumprimento pelo espólio do dever de prestar alimentos.

→ Acórdãos de Referência:

> HC 268517/MT, Rel. Ministra MARIA ISABEL GALLOTTI, QUARTA TURMA, Julgado em 10/12/2013, DJE 03/02/2014 HC 256793/RN, Rel. Ministro LUIS FELIPE SALOMÃO, QUARTA TURMA, Julgado em 01/10/2013, DJE 15/10/2013

27) A obrigação de prestar alimentos é personalíssima, intransmissível e extingue-se com o óbito do alimentante, cabendo ao espólio saldar, tão somente, os débitos alimentares preestabelecidos mediante acordo ou sentença não adimplidos pelo devedor em vida, ressalvados os casos em que o alimentado seja herdeiro, hipóteses nas quais a prestação perdurará ao longo do inventário.

→ Acórdãos de Referência:

> REsp 1249133/SC, Rel. Ministro ANTONIO CARLOS FERREIRA, Rel. p/ Acórdão Ministro RAUL ARAÚJO, QUARTA TURMA, Julgado em 16/06/2016, DJE 02/08/2016 REsp 1320244/DF, Rel. Ministro JOÃO OTÁVIO DE NORONHA, TERCEIRA TURMA, Julgado em 17/03/2016, DJE 14/04/2016 AgRg no AREsp 583816/GO, Rel. Ministro LUIS FELIPE SALOMÃO, QUARTA TURMA, Julgado em 19/05/2015, DJE 27/05/2015 REsp 1354693/SP, Rel. Ministra MARIA ISABEL GALLOTTI, Rel. p/ Acórdão Ministro ANTONIO CARLOS FERREIRA, SEGUNDA SEÇÃO, Julgado em 26/11/2014, DJE 20/02/2015 AgRg no AREsp 271410/SP, Rel. Ministro SIDNEI BENETI, TERCEIRA TURMA, Julgado em 23/04/2013, DJE 07/05/2013

28) Ante a natureza alimentar do salário e o princípio da razoabilidade, os empréstimos com desconto em folha de pagamento (consignação facultativa/voluntária) devem limitar-se a 30% (trinta por cento) dos vencimentos do trabalhador.

→ Acórdãos de Referência:

> AgInt no REsp 1565533/PR,Rel. Ministra MARIA ISABEL GALLOTTI, QUARTA TURMA,Julgado em 23/08/2016,DJE 31/08/2016 AgRg no REsp 1322186/PA,Rel. Ministro NAPOLEÃO NUNES MAIA FILHO, PRIMEIRA TURMA,Julgado em 17/03/2016,DJE 01/04/2016 AgRg no REsp 1084997/RS,Rel. Ministra ASSUSETE MAGALHÃES, SEGUNDA TURMA,Julgado em 18/02/2016,DJE 01/03/2016 AgRg nos EDcl no REsp 929439/PE,Rel. Ministro NEFI CORDEIRO, Julgado em 17/09/2015,DJE 08/10/2015 REsp 1521393/RJ,Rel. Ministro MAURO CAMPBELL MARQUES, SEGUNDA TURMA, Julgado em 05/05/2015,DJE 12/05/2015 AgRg

no AREsp 638591/RJ,Rel. Ministro MARCO AURÉLIO BELLIZZE, TERCEIRA TURMA,Julgado em 24/03/2015,DJE 07/04/2015

29) Excepcionalmente, é possível penhorar parte dos honorários advocatícios - contratuais ou sucumbenciais - quando a verba devida ao advogado ultrapassar o razoável para o seu sustento e o de sua família.

→ Acórdãos de Referência:

EREsp 1264358/SC,Rel. Ministro FELIX FISCHER, CORTE ESPECIAL, Julgado em 18/05/2016,DJE 02/06/2016 AgRg no REsp 1557137/SC,Rel. Ministro MAURO CAMPBELL MARQUES, SEGUNDA TURMA,Julgado em 27/10/2015,DJE 09/11/2015 REsp 1264358/SC,Rel. Ministro HUMBERTO MARTINS, SEGUNDA TURMA, Julgado em 25/11/2014,DJE 05/12/2014 REsp 1356404/DF,Rel. Ministro RAUL ARAÚJO, QUARTA TURMA,Julgado em 04/06/2013,DJE 23/08/2013

30) Os honorários advocatícios - contratuais ou sucumbenciais - têm natureza alimentícia, razão pela qual é possível a penhora de verba salarial para seu pagamento.

→ Acórdãos de Referência:

REsp 1440495/DF,Rel. Ministra NANCY ANDRIGHI, TERCEIRA TURMA, Julgado em 02/02/2017,DJE 06/02/2017 AgRg no AREsp 201290/MG,Rel. Ministro MARCO BUZZI, QUARTA TURMA, Julgado em 04/02/2016,DJE 16/02/2016 AgRg no AREsp 634032/MG,Rel. Ministro MOURA RIBEIRO, TERCEIRA TURMA, Julgado em 20/08/2015,DJE 31/08/2015 AgRg no AREsp 632356/RS,Rel. Ministro LUIS FELIPE SALOMÃO, QUARTA TURMA,Julgado em 03/03/2015,DJE 13/03/2015 EDcl nos EAREsp 387601/RS,Rel. Ministro BENEDITO GONÇALVES, CORTE ESPECIAL,Julgado em 26/02/2015,DJE 04/03/2015 AgRg no AREsp 311093/SP,Rel. Ministro ANTONIO CARLOS FERREIRA, QUARTA TURMA,Julgado em 05/02/2015,DJE 19/02/2015

31) As parcelas percebidas a título de participação nos lucros e resultados das empresas integram a base de cálculo da pensão alimentícia quando esta é fixada em percentual sobre os rendimentos, desde que não haja disposição transacional ou judicial em sentido contrário.

→ Acórdãos de Referência:

REsp 1208948/SP,Rel. Ministro LUIS FELIPE SALOMÃO, Rel. p/ Acórdão Ministro RAUL ARAÚJO,QUARTA TURMA,Julgado em 18/12/2014,DJE

14/12/2015 REsp 1332808/SC,Rel. Ministro LUIS FELIPE SALOMÃO, QUARTA TURMA, Julgado em 18/12/2014,DJE 24/02/2015 EDcl no Ag 1214097/RJ,Rel. Ministro MARCO BUZZI, QUARTA TURMA, Julgado em 08/11/2011,DJE 21/11/2011

32) Admite-se, na execução de alimentos, a penhora de valores decorrentes do Fundo de Garantia por Tempo de Serviço FGTS, bem como do Programa de Integração Social PIS.

→ Acórdãos de Referência:

> AgRg no REsp 1570755/PR, Rel. Ministro NAPOLEÃO NUNES MAIA FILHO, PRIMEIRA TURMA, Julgado em 03/05/2016, DJE 18/05/2016 AgRg no REsp 1427836/SP, Rel. Ministro LUIS FELIPE SALOMÃO, QUARTA TURMA, Julgado em 24/04/2014, DJE 29/04/2014 RMS 036105/SP, Rel. Ministro JOÃO OTÁVIO DE NORONHA, TERCEIRA TURMA, Julgado em 14/05/2013, DJE 24/05/2013 RMS 035826/SP, Rel. Ministra NANCY ANDRIGHI, TERCEIRA TURMA, Julgado em 10/04/2012, DJE 23/04/2012 AgRg no RMS 034440/SP, Rel. Ministro RICARDO VILLAS BÔAS CUEVA, TERCEIRA TURMA, Julgado em 17/11/2011, DJE 23/11/2011 AgRg no RMS 034708/SP, Rel. Ministro PAULO DE TARSO SANSEVERINO, TERCEIRA TURMA, Julgado em 11/10/2011, DJE 19/10/2011

33) Os valores pagos a título de alimentos são insuscetíveis de compensação, salvo quando configurado o enriquecimento sem causa do alimentando.

→ Acórdãos de Referência:

> REsp 1332808/SC, Rel. Ministro LUIS FELIPE SALOMÃO, QUARTA TURMA, Julgado em 18/12/2014, DJE 24/02/2015 REsp 1440777/SP, Rel. Ministra NANCY ANDRIGHI, TERCEIRA TURMA, Julgado em 26/08/2014, DJE 04/09/2014 REsp 1287950/RJ, Rel. Ministro RAUL ARAÚJO, QUARTA TURMA, Julgado em 06/05/2014, DJE 19/05/2014 REsp 982857/RJ, Rel. Ministro MASSAMI UYEDA, TERCEIRA TURMA, Julgado em 18/09/2008, DJE 03/10/2008 REsp 202179/GO, Rel. Ministro NILSON NAVES, TERCEIRA TURMA, Julgado em 10/12/1999, DJ 08/05/2000 REsp 025730/SP, Rel. Ministro WALDEMAR ZVEITER, TERCEIRA TURMA, Julgado em 15/12/1992, DJ 01/03/1993

34) Julgada procedente a investigação de paternidade, os alimentos são devidos a partir da citação. (Súmula n. 277/STJ)

→ Acórdãos de Referência:

>REsp 1401297/RS, Rel. Ministro RICARDO VILLAS BÔAS CUEVA, TERCEIRA TURMA, Julgado em 03/12/2015, DJE 14/12/2015 AgRg no AREsp 457640/SP, Rel. Ministro RAUL ARAÚJO, QUARTA TURMA, Julgado em 27/03/2014, DJE 14/05/2014 REsp 1349252/SP, Rel. Ministro SIDNEI BENETI, TERCEIRA TURMA, Julgado em 24/09/2013, DJE 02/10/2013 REsp 717068/RS, Rel. Ministro CESAR ASFOR ROCHA, QUARTA TURMA, Julgado em 13/02/2007, DJE 17/03/2008 AgRg no REsp 605236/DF, Rel. Ministro BARROS MONTEIRO, QUARTA TURMA, Julgado em 02/02/2006, DJ 20/03/2006

35) A natureza do crédito alimentar não se altera com o mero decurso do tempo.

→ Acórdãos de Referência:

>AgRg no AREsp 608695/RS, Rel. Ministro PAULO DE TARSO SANSEVERINO, TERCEIRA TURMA, Julgado em 01/12/2016, DJE 06/12/2016 AgRg no AREsp 409389/SP, Rel. Ministro RAUL ARAÚJO, QUARTA TURMA, Julgado em 28/04/2015, DJE 20/05/2015 REsp 1139401/RS, Rel. Ministra NANCY ANDRIGHI, TERCEIRA TURMA, Julgado em 18/09/2012, DJE 05/12/2012 RHC 009718/MG, Rel. Ministro CESAR ASFOR ROCHA, QUARTA TURMA, Julgado em 27/06/2000, DJ 18/09/2000

Capítulo III
Lei de Investigação de Paternidade

> **LEI Nº 8.560, DE 29 DE DEZEMBRO DE 1992**
>
> Regula a investigação de paternidade dos filhos havidos fora do casamento e dá outras providências.
>
> **O PRESIDENTE DA REPÚBLICA,** Faço saber que o Congresso Nacional decreta e eu sanciono a seguinte lei:
>
> Art. 1º O reconhecimento dos filhos havidos fora do casamento **é irrevogável** e será feito:
>
> I – **no registro de nascimento;**
>
> II – por **escritura pública** ou **escrito particular**, a ser arquivado em **cartório**;
>
> III – por **testamento**, ainda que incidentalmente manifestado;
>
> IV – por **manifestação expressa e direta perante o juiz**, ainda que o reconhecimento não haja sido o objeto único e principal do ato que o contém.

1. **Investigação de paternidade e investigação de maternidade.**

   A primeira informação que precisa ser lembrada é a de que, embora a lei em apreço trate da investigação de paternidade, nada impede que se realize igualmente **ação de investigação de maternidade**, pelos mesmos fatos e motivos que autorizam a primeira, aplicáveis à segunda. Por diversas vezes, inclusive, ocorrem ambas no mesmo processo, tanto a investigação de paternidade quanto a de maternidade, precipuamente nas hipóteses de troca de bebes.

   ▶ **Jurisprudência do STJ: Investigação de paternidade e de maternidade cumuladas.**

   > Direito civil. Família. Recurso especial. Ação de investigação de paternidade e maternidade. Vínculo biológico. Vínculo sócio-afetivo. Peculiaridades.

175

– A "adoção à brasileira", inserida no contexto de filiação sócio-afetiva, caracteriza-se pelo reconhecimento voluntário da maternidade/paternidade, na qual, fugindo das exigências legais pertinentes ao procedimento de adoção, o casal (ou apenas um dos cônjuges/companheiros) simplesmente registra a criança como sua filha, sem as cautelas judiciais impostas pelo Estado, necessárias à proteção especial que deve recair sobre os interesses do menor. – O reconhecimento do estado de filiação constitui direito personalíssimo, indisponível e imprescritível, que pode ser exercitado sem qualquer restrição, em face dos pais ou seus herdeiros. (...) **Caracteriza violação ao princípio da dignidade da pessoa humana cercear o direito de conhecimento da origem genética, respeitando-se, por conseguinte, a necessidade psicológica de se conhecer a verdade biológica. – A investigante não pode ser penalizada pela conduta irrefletida dos pais biológicos, tampouco pela omissão dos pais registrais, apenas sanada, na hipótese, quando aquela já contava com 50 anos de idade.** Não se pode, portanto, corroborar a ilicitude perpetrada, tanto pelos pais que registraram a investigante, como pelos pais que a conceberam e não quiseram ou não puderam dar-lhe o alento e o amparo decorrentes dos laços de sangue conjugados aos de afeto. – **Dessa forma, conquanto tenha a investigante sido acolhida em lar "adotivo" e usufruído de uma relação sócio-afetiva, nada lhe retira o direito, em havendo sua insurgência ao tomar conhecimento de sua real história, de ter acesso à sua verdade biológica que lhe foi usurpada, desde o nascimento até a idade madura. Presente o dissenso, portanto, prevalecerá o direito ao reconhecimento do vínculo biológico. – Nas questões em que presente a dissociação entre os vínculos familiares biológico e sócio-afetivo, nas quais seja o Poder Judiciário chamado a se posicionar, deve o julgador, ao decidir, atentar de forma acurada para as peculiaridades do processo, cujos desdobramentos devem pautar as decisões.** Recurso especial provido. (REsp 833712 / RS, DJ 04/06/2007)

→ **Aplicação em Concurso Público – *Questão Discursiva*:**
- *PROVA: MPE-MG.MPE-MG.Promotor Estadual.2012.*
  Disserte sobre o tema: "Investigação de paternidade e maternidade socioafetiva no Direito brasileiro: legitimação e efeitos patrimoniais". A resposta deve ser fundamentada, com expressa referência às correntes doutrinárias e jurisprudenciais divergentes, caso existentes. Transcrição de artigos de lei considera-se texto não escrito.

2. Aspectos jurídicos do reconhecimento de filhos.

A Ação de Investigação tem características próprias e devem ser bastante observadas pelos candidatos, visto que a matéria é muito cobrada em provas e concursos. Os aspectos, portanto, são os seguintes:

2.1. Imprescritibilidade.

Por se tratar de direito personalíssimo, a Ação de Investigação de Paternidade (ou Maternidade), não prescreve, podendo ser arguida a qualquer tempo. Importante observar que se solidificou na jurisprudência brasileira o entendimento no sentido de que não há prazo para a Investigação de Paternidade, mas há prazo para pleitear a condição de herdeiro (*petição de herança,* que é ação com a finalidade de reconhecimento da condição jurídica de herdeiro), sendo este pleito possível somente no prazo de 10 anos após a morte do *de cujus;*

→ **Aplicação em Concurso Público – *Questão Discursiva*:**
- PROVA: CETRO.TJ-RJ.Cartórios - Remoção.2012 - Discursiva
  João, com 15 (quinze) anos de idade, pretende reconhecer como seu filho José, de 3 (três) meses. Explique sobre a possibilidade de tal reconhecimento.

▶ **Súmula do STF**

Súmula 149: É imprescritível a ação de investigação de paternidade, mas não o é a de petição de herança.

→ **Aplicação em Concurso Público:**
- (DPE/Defensor/MT/2009)
  A respeito da paternidade, é correto afirmar:
- (A) Cabe ao marido o direito de contestar a paternidade dos filhos nascidos de sua mulher, decaindo, porém, desse direito se não o exercitar em até 4 anos após o término da relação conjugal.
- (B) O reconhecimento dos filhos havidos fora do casamento é irrevogável, exceto quando feito em testamento.
- (C) São nulas a condição e o termo apostos ao ato de reconhecimento do filho.
- (D) O filho reconhecido, enquanto menor, ficará sob a guarda do genitor que o reconheceu, e, se ambos o reconheceram e não houver acordo, sob a da genitora conforme pacífico entendimento do Superior Tribunal de Justiça.
- (E) A filiação materna ou paterna pode resultar de casamento declarado nulo, ainda mesmo sem as condições do putativo.
  Resposta: Alternativa "e". A possibilidade de contestar a paternidade por parte do pai, em face dos filhos nascidos de sua esposa não comporta prazo, sendo, portanto, imprescritível, como preconiza a Súmula 149 do STF. Ainda, outras condições e características do registro e reconhecimento dos filhos precisam ser bem apreendidas pelos candidatos a concurso público.

▶ **Jurisprudência do STJ.**

> CIVIL. NEGATÓRIA DE PATERNIDADE. AÇÃO DE ESTADO. IMPRESCRITIBI-LIDADE. ECA, ART. 27. APLICAÇÃO. I. **Firmou-se no Superior Tribunal de Justiça o entendimento de que, por se cuidar de ação de estado, é imprescritível a demanda negatória de paternidade**, consoante a extensão, por simetria, do princípio contido no art. 27 da Lei n. 8.069/1990, não mais prevalecendo o lapso previsto no art. 178, parágrafo 2º, do antigo Código Civil, também agora superado pelo art. 1.061 na novel lei substantiva civil. II. Recurso especial não conhecido. (REsp 576185 / SP, DJe 08/06/2009).

2.2. Inalienabilidade: Essa condição intrínseca da pessoa humana de investigar sua origem parental, por óbvio, não pode ser objeto de relação negocial (alienação), seja em caráter gratuito, seja com conteúdo oneroso;

2.3. Não se pode renunciar a este direito (irrenunciabilidade): O eventual filho pode decidir não utilizar seu direito à investigação de paternidade, mas esse não exercício nunca poderá implicar em renúncia do direito, haja vista que esta matéria não comporta o ato definitivo de renunciar este direito;

2.4. O interesse é personalíssimo: Significa dizer que somente o filho pode pleitear a investigação de paternidade. Se o autor interpuser a ação em vida, os seus herdeiros poderão continuá-la, porquanto se trata de mera substituição processual (CPC, art. 43); entretanto, se o falecido não tiver manifestado sua intenção enquanto vivo, não podem seus herdeiros impetrar a ação em nome daquele, supondo que essa seria sua vontade. Urge notar que a característica de o interesse ser **personalíssimo**, não impede que a impetração da ação seja feita em nome de menores, por exemplo. Tratar-se-á, nesse caso, como em muitos outros, de representação de incapazes, segundos as regras previstas na Parte Geral do Código Civil (arts. 3º e 4º). Do mesmo modo, tem se decidido que é possível a investigação de paternidade em nome do nascituro.

→ **Aplicação em Concurso Público:**

- *FCC.DPE-MT.Defensor.2009*
  A respeito da paternidade, é correto afirmar:
  a) *A filiação materna ou paterna pode resultar de casamento declarado nulo, ainda mesmo sem as condições do putativo.*
  b) *Cabe ao marido o direito de contestar a paternidade dos filhos nascidos de sua mulher, decaindo, porém, desse direito se não o exercitar em até 4 anos após o término da relação conjugal.*

c) *O reconhecimento dos filhos havidos fora do casamento é irrevogável, exceto quando feito em testamento.*
d) *São nulas a condição e o termo apostos ao ato de reconhecimento do filho.*
e) *O filho reconhecido, enquanto menor, ficará sob a guarda do genitor que o reconheceu, e, se ambos o reconheceram e não houver acordo, sob a da genitora conforme pacífico entendimento do Superior Tribunal de Justiça.*
- Resposta: Alternativa "a".

→ **Aplicação em Concurso Público:**
- *Ministério Público/MG – 2002.*
Quanto ao reconhecimento do estado de filiação é correto afirmar:
(A) trata-se de direito personalíssimo e disponível;
(B) Trata-se de direito personalíssimo e prescritível;
(C) Trata-se de direito disponível e imprescritível;
(D) Trata-se de direito personalíssimo e imprescritível.
Resposta: Alternativa "d". O reconhecimento de filhos pode ocorrer a qualquer tempo sendo uma garantia legal concedida apenas o pai pode realizar o ato de reconhecimento de filiação, não sendo permitido a mais ninguém exercer esse direito.

▶ **Jurisprudência TJ/MG**

"FAMÍLIA. INVESTIGAÇÃO DE PATERNIDADE E ALIMENTOS. NATUREZA PERSONALÍSSIMA DA AÇÃO. LEGITIMIDADE ATIVA. DIREITO DO NASCITURO. **São legitimados ativamente para a ação de investigação de paternidade e alimentos o investigante, o Ministério Público, e também o nascituro, representado pela mãe gestante.** Recurso provido. (TJMG, 8ª Câmara Cível, Apelação Cível nº 1.0024.04.377309-2, j. 10/03/2005)"

▶ **Jurisprudência TJ/RS**

"NASCITURO. INVESTIGAÇÃO DE PATERNIDADE. A genitora, como representante do nascituro, **tem legitimidade para propor ação investigatória de paternidade.** Apelo provido". (TJRS, 7ª Câmara Cível, Apelação Cível nº 70000134635, rel. Des. Maria Berenice Dias, j. 17.11.99)."

2.5. O direito de Investigação pode ser exercitado perante qualquer pessoa: qualquer pessoa que possa ser, de alguma maneira, afetada pela sentença de reconhecimento de paternidade, pode figurar no polo passivo da Ação de Investigação. Ou seja, como regra geral, os filhos têm direito de ação contra os pais e seus herdeiros, a fim de demandar o reconhecimento da filiação. Por exemplo, a ação de investigação de paternidade pode ser impetrada **em face de um irmão**, da **viúva do falecido** (sendo esta herdeira única) **ou mesmo em face do Estado** (preferencialmente o Município) nas hipóteses de herança jacente/vacante.

Este entendimento foi sensivelmente reforçado a partir da decisão do STF sobre Multiparentalidade, conforme será explicitado em tópico próprio no fim da análise desta norma.

▶ **ATENÇÃO!** A Ação de Investigação de Paternidade pode ser cumulada com outros pedidos, dentre as quais se destacam, principalmente, o pedido de alimentos, de petição de herança e de cancelamento de registro civil.

→ **Aplicação em Concurso Público:**

- *Ministério Público /MT – 2003*
  No que diz respeito a reconhecimento de filhos, assinale a alternativa incorreta:
  (A) O filho havido fora do casamento, reconhecido por um dos cônjuges, não poderá residir no lar conjugal sem o consentimento do outro.
  (B) O reconhecimento do filo havido fora do casamento, feito por testamento, pode ser revogado.
  (C) O reconhecimento do filho pode ser posterior ao seu falecimento.
  (D) O filho maior pode ser reconhecido sem o seu consentimento.
  (E) Qualquer pessoa que tenha justo interesse pode contestar a ação de investigação de paternidade ou maternidade.
  Resposta: Alternativa "b". Não se revoga reconhecimento mesmo que o testamento tenha sido julgado inválido, por qualquer razão. Trata-se de entendimento contrário àquele segundo o qual o acessório segue o principal. Nesse caso, a cláusula (acessória), não seguirá o principal (testamento), de forma que o reconhecimento devera ser mantido.

2.6. O direito de Investigação pode ser exercitado *post mortem* (após a morte do suposto pai): não são incomuns as ações em que a investigação de paternidade se realiza após o falecimento do suposto pai, momento em que, finalmente, será possível superar as barreiras ideológicas, culturais e familiares que, por ventura, tenham impedido o reconhecimento em vida. Nesses casos, três peculiaridades merecem destaque: - *a ação deve ter como polo passivo os herdeiros do suposto pai biológico; - o exame de DNA, através de exumação do cadáver, será fundamental para o deslinde da demanda; - a Ação de Investigação de Paternidade post morte pode vir cumulada com pedido de alimentos em face do espólio do suposto pai.*

LEI DE INVESTIGAÇÃO DE PATERNIDADE **Art. 1°**

▶ **Jurisprudência TJ/RS**

> AGRAVO DE INSTRUMENTO. INVESTIGAÇÃO DE PATERNIDADE POST MORTEM. POSSIBILIDADE JURÍDICA DO PEDIDO. LEGITIMIDADE PASSIVA. 1) (...) 2) A ação de investigação de paternidade post mortem deve ser intentada contra os herdeiros do suposto pai biológico falecido. AGRAVO DE INSTRUMENTO Nº 70048408884. Oitava Câmara Cível. 2012.

3. Sistemática de reconhecimento de filhos no Direito brasileiro.

A LIP (lei de Investigação de Paternidade) trouxe uma dualidade na forma de reconhecimento de filhos no Direito brasileiro. Por um lado, há o reconhecimento espontâneo, apresentado nos incisos do art. 1º desta Lei. A segunda modalidade, que constitui o principal objetivo da Lei nº 8.560/92, é exatamente uma espécie de **reconhecimento forçado**, que se realizará consoante a previsão expressa nos artigos abaixo analisados. Funciona, portanto, da seguinte forma: ou o pai (ou a mãe) tem a possibilidade (liberdade) de realizar o reconhecimento autônomo. Caso isso não ocorra, passa-se ao **reconhecimento compulsório** (independente da vontade de o pai ser ou não reconhecido como tal).

→ **Aplicação em Concurso Público:**

- *(FCC/PGE/MT/Procurador/2011)*
  A respeito da paternidade, é correto afirmar que
- (A) o adultério da mulher, se confessado, ilide a presunção de paternidade decorrente do casamento.
- (B) o reconhecimento dos filhos havidos fora do casamento é irrevogável, exceto se feito em escrito particular.
- (C) são consideradas inválidas e, portanto, inexistentes a condição e o termo opostos ao ato de reconhecimento do filho.
- (D) a filiação materna ou paterna pode resultar de casamento, exceto se este for declarado nulo em virtude de má-fé de ambos os cônjuges.
- (E) a prova da impotência do cônjuge para gerar, à época do nascimento, não ilide a presunção de paternidade.

  Resposta: alternativa "e". No sistema brasileiro de reconhecimento de filiação, o legislador cria uma série de presunções que devem ser lembradas pelos candidatos. Na questão em análise, a alternativa "e" fere diretamente a disposição do Art. 1599 do CC/02. Embora atualmente criticadas, essas presunções de paternidade continuam a funcionar no sistema brasileiro como instrumentos para fixação do vínculo de filiação.

3.1. Reconhecimento mediante registro de nascimento.

181

A) reconhecimento voluntário: Trata-se da modalidade básica de reconhecimento de filhos, regra no Direito brasileiro, que se bifurca em duas hipóteses:

I) Se houver certidão de casamento dos pais (ou comprovação de união estável), tanto o homem quanto a mulher podem, individualmente, ir à presença do oficial do registro e lavrar a escritura em seu nome e em nome de seu cônjuge (companheiro). Isto se dá em virtude da presunção *"pater is est"* ainda em vigor no direito pátrio, segundo a qual o filho nascido da mulher é tido, até prova em contrário, como filho do marido da mãe.

II) Se não houver vínculo matrimonial ou de união estável comprovada, mas tiver sido feito o registro da criança em nome de um dos dois, o outro, que não constava, pode promover reconhecimento formal, através de declaração ao oficial do registro e assinatura de termo perante duas testemunhas. Desde o advento da Lei de Investigação de Paternidade, não deve ser autorizado pelo oficial o registro de filho apenas com o nome de um dos pais. Nesses casos, haverá procedimento de apuração, consoante será alisado no art. 2º desta Lei.

B) reconhecimento compulsório: ocorrerá sempre que o suposto pai negar, de modo veemente, o reconhecimento do vínculo de filiação. Nesses casos, não haverá outra saída que não seja a Ação de Investigação de Paternidade, a fim de que a "verdade" relativamente à filiação seja alcançada por meio de sentença judicial.

→ **Aplicação em Concurso Público:**
- *FCC – 2009 – DPE – SP – Defensor Público*
(C) A filiação advinda após cento e oitenta dias da celebração do casamento não se presume do marido.
Resposta: A alternativa está errada.

3.2 Reconhecimento mediante escritura pública ou escrito particular.

Hipótese de **reconhecimento indireto**, ou seja, por meio de manifestação que não seja diretamente dirigida ao oficial do registro de nascimento. Aplicável aos casos em que o pai quer manifestar, de modo inequívoco o seu reconhecimento referente à filiação, mas não o deseja fazer através de registro de nascimento. Permite a legislação que esse reconhecimento seja feito por **escritura pública** (lavrada em cartório de notas) ou **particular** (de modo claro e indiscutível, e que deve ter a firma reconhecida). Estes documentos servirão para posterior **averbação** no registro de nascimento.

→ **Aplicação em Concurso Público – *Questão Discursiva*:**
- PROVA: IESES.TJ-CE.Cartórios.2011 - Discursiva

  Menor com 16 anos completos não emancipado comparece ao Tabelionato de Notas, acompanhado apenas de seu genitor, declarando: (a) que se encontra terminalmente enfermo em decorrência de um tumor maligno para qual inexiste tratamento; (b) que sua expectativa de vida é de 3 meses, no máximo; (c) que sua namorada que conta com 18 anos completos está grávida de 4 meses; (d) que gostaria de reconhecer a paternidade da criança que nascerá; (e) que gostaria de deixar metade dos bens que possui, adquiridos por herança de seu pai, para a sua irmã até que seu filho complete 18 anos; (f) caso a criança não sobreviva seus bens deverão reverter para a sua irmã. Você como tabelião deve formalizar a vontade do consulente, explicitando como deverá ser realizado cada ato ou informa-lo da impossibilidade de fazê-lo, citando a base legal.

→ **Aplicação em Concurso Público:**
- *FCC.DPE-MA.Defensor.2009*

  A respeito da paternidade, é correto afirmar:

  a) *A prova da impotência do cônjuge para gerar, à época do nascimento, ilide a presunção da paternidade.*

  b) *O reconhecimento dos filhos havidos fora do casamento pode ser feito por escrito particular, a ser arquivado em cartório.*

  c) *Se a esposa confessar o adultério, isso basta para ilidir a presunção de paternidade.*

  d) *O reconhecimento pode preceder o nascimento do filho ou ser posterior ao seu falecimento, exceto se ele deixar descendentes.*

  e) *O filho maior pode ser reconhecido mesmo sem o seu consentimento, cabendo-lhe tão-somente o direito de contestar se o reconhecimento for em juízo ou de ingressar com ação denegatória, a passo que o menor pode impugnar o reconhecimento, nos dois anos que se seguirem à maioridade, ou à emancipação.*

  Resposta: Alternativa "b". A forma do reconhecimento não é, necessariamente, o ato processual ou a escritura pública. Resguarda a legislação a opção para que o reconhecimento seja feito através de outro documento, desde que o mesmo venha a ser arquivado em cartório. Por exemplo, um documento particular, mas que seja levado a arquivo cartorário, com firma reconhecida e, eventualmente, o reconhecimento também das assinaturas das testemunhas.

3.3. Reconhecimento mediante testamento.

O Direito Sucessório estabelece que as disposições testamentárias podem ser de duas naturezas: **patrimoniais** e **não patrimoniais**. As disposições

183

de *conteúdo patrimonial* dizem respeito à distribuição de bens, legados e encargos, constituindo o núcleo da declaração testamentária de última vontade. Já as disposições de caráter *não patrimonial* estão previstas no art. 1857, § 2º (ver abaixo em "artigos correlatos") do Código Civil, e traz a possibilidade de que sejam lavradas em testamento recomendações, conselhos, favores, sugestões, bem como o reconhecimento de filho. Esta possibilidade de reconhecimento se justifica principalmente nos casos em que o pai, tendo filhos legalmente estabelecidos em relação matrimonial, quer evitar, em vida, os conflitos e dissabores que um ato dessa natureza poderia implicar perante seus familiares mais próximos, deixando, dessa forma, a celeuma para ser "resolvida" após sua morte.

▶ **ATENÇÃO!** No caso de revogação do testamento, por qualquer motivo, não se anulará o reconhecimento de filho realizado por esta via. **Ou seja, mesmo que quaisquer outras disposições testamentárias sejam desconsideradas, o reconhecimento prevalecerá.**

3.4. Reconhecimento mediante manifestação expressa perante o juiz.

Nessa hipótese, o suposto pai (ou mãe) expressa, diretamente ao juiz, o fato de ser pai (ou mãe) de determinada pessoa. Nesse caso, a declaração, mesmo que incidental, e ainda que não diga diretamente respeito à matéria em discussão, será tomada por termo e encaminhada para o juiz competente para registros públicos, a fim de que seja procedida a averbação do registro de nascimento.

→ **Aplicação em Concurso Público:**

- *ESAF – 2006 – CGU – Analista de Finanças e Controle*
  O reconhecimento voluntário de filho havido fora do matrimônio pode ser feito no próprio termo do nascimento, por escritura pública ou instrumento particular, por testamento ou por manifestação expressa e direta perante o juiz. A forma do reconhecimento de filho é:
  (A) especial única.
  (B) geral.
  (C) especial genérica.
  (D) contratual.
  (E) especial plural.
  Resposta: Alternativa "e". trata-se reconhecimento especial, posto que previsto em lei própria e que tem diversas modalidades de realização.

4. Reconhecimento em caso de União Estável.

A união estável, reconhecida como **entidade familiar** pela CF/88 (art. 226, § 3º) tem por principal característica, via de regra, o fato de ser uma formação familiar **não solene**. Isto implica em dizer que as uniões estáveis, ao passo que são formações familiares, não possuem ato expresso de sua constituição, diferentemente do que ocorre com o casamento. Desse modo, a filiação decorrente da união estável tradicional, que não possui qualquer documentação comprobatória, deverá ser reconhecida conjuntamente por pai e mãe, que devem comparecer pessoalmente ao registro civil para que suas declarações sejam tomadas por termo.

Caso exista ato comprobatório expresso (como, por exemplo, ***contrato de convivência*** ou ***sentença judicial de reconhecimento*** da união estável), basta que apenas um deles, munido da competente documentação que ateste a validade da união estável, compareça ao registro civil e lavre a certidão de nascimento em nome dos dois companheiros. Se acaso um deles se opuser ao reconhecimento (comumente o pai), outra alternativa haverá que não seja a busca pelo reconhecimento compulsório previsto na Lei de Investigação de Paternidade.

→ **Aplicação em Concurso Público:**
- *FCC – 2009 – DPE – SP – Defensor Público*
  (D) A manifestação expressa e direta perante Juiz de Direito implica em reconhecimento de filhos, ainda que fora da sede de investigação.
  Resposta: A alternativa está correta.

5. Reconhecimento em caso de Concubinato.

Mesmo com sólido entendimento doutrinário e com alguma jurisprudência que tem por objetivo reconhecer o concubinato como formação familiar, a lei brasileira mantém direcionamento claro no sentido de que o concubinato não é família e, portanto, não pode dispor dos direitos consagrados àqueles que constituem uniões juridicamente reconhecidas. Isto posto, pode-se afirmar, em consonância com o rigor constitucional, que os filhos advindos de relações concubinárias possuirão exatamente os mesmos direitos de filhos provindos de famílias legítimas, sendo vedada qualquer discriminação, ainda que de nomenclatura ou tratamento.

No que tange ao reconhecimento, será aplicável o mesmo raciocínio exposto acima sobre a União Estável: **ou ambos os genitores compareçam** perante o oficial de registro civil a fim de declarar o vínculo de filiação, ou isso apenas será possível através de Ação de Investigação de Paternidade, respeitados, como determina a lei, o contraditório e a ampla defesa.

▶ Jurisprudência do STJ.

> DIREITO DE FAMÍLIA E PROCESSUAL CIVIL. RECURSO ESPECIAL. AÇÃO DE RECONHECIMENTO DE UNIÃO ESTÁVEL. HOMEM CASADO. OCORRÊNCIA DE CONCUBINATO. INDAGAÇÕES ACERCA DA VIDA ÍNTIMA DOS CÔNJUGES. IMPERTINÊNCIA. INVIOLABILIDADE DA VIDA PRIVADA. SEPARAÇÃO DE FATO NÃO PROVADA. ÔNUS DA PROVA QUE RECAI SOBRE A AUTORA DA AÇÃO. *1.* **A jurisprudência do STJ e do STF é sólida em não reconhecer como união estável a relação concubinária não eventual, simultânea ao casamento, quando não estiver provada a separação de fato ou de direito do parceiro casado** *(...) 3.* **Assim, não se mostra conveniente, sob o ponto de vista da segurança jurídica, inviolabilidade da intimidade, vida privada e dignidade da pessoa humana, discussão acerca da quebra da *affectio familiae*, com vistas o reconhecimento de uniões estáveis paralelas a casamento válido, sob pena de se cometer grave injustiça**, colocando em risco o direito sucessório do cônjuge sobrevivente. (REsp 1096539 / RS; DJe 25/04/2012).

6. Da possibilidade de reconhecimento de relação avoenga – ou ação de investigação de paternidade "indireta".

A multiplicidade de casos analisados e discutidos pelo judiciário produz situações de interessante aplicação legal. Na situação em questão, referendada pelo julgado abaixo, o vínculo de filiação entre pai e filho foi reconhecido indiretamente, por meio da constituição da relação avô-neto. Assim, restando comprovado o vínculo "**avoengo**", indiretamente é possível falar em paternidade, mormente, como no caso em tela, em que o pai já havia falecido, e o exame de DNA tendo se tornado impossível.

▶ Jurisprudência do STJ.

> "Direito civil. Família. Ação de declaração de relação avoenga. Busca da ancestralidade. Direito personalíssimo dos netos. Dignidade da pessoa humana. Legitimidade ativa e possibilidade jurídica do pedido. Peculiaridade. (...) – **Os direitos da personalidade, entre eles o direito ao nome e ao conhecimento da origem genética são inalienáveis, vitalícios, intransmissíveis, extrapatrimoniais, irrenunciáveis, imprescritíveis e oponíveis *erga omnes*.** – Os netos, assim como os filhos, **possuem**

direito de agir, próprio e personalíssimo, de pleitear declaratória de relação de parentesco em face do avô, ou dos herdeiros se pré-morto aquele, porque o direito ao nome, à identidade e à origem genética estão intimamente ligados ao conceito de dignidade da pessoa humana.
– O direito à busca da ancestralidade é personalíssimo e, dessa forma, possui tutela jurídica integral e especial, nos moldes dos arts. 5º e 226, da CF/88. – **O art. 1.591 do CC/02, ao regular as relações de parentesco em linha reta, não estipula limitação, dada a sua infinitude, de modo que todas as pessoas oriundas de um tronco ancestral comum, sempre serão consideradas parentes entre si, por mais afastadas que estejam as gerações; dessa forma, uma vez declarada a existência de relação de parentesco na linha reta a partir do segundo grau, esta gerará todos os efeitos que o parentesco em primeiro grau (filiação) faria nascer.** (...) Recurso especial provido". (REsp 807849 / RJ, DJe 06/08/2010)

▶ **Jurisprudência do TJRS. Utilização da "relação avoenga" para fins de pensão alimentícia complementar.**

APELAÇÃO CÍVEL. AÇÃO DE ALIMENTOS. OBRIGAÇÃO AVOENGA. Considerando que o genitor da alimentanda além de não cumprir com habitualidade a obrigação alimentar, exigindo o aforamento de execuções, alcança à filha quantia pouco expressiva, que não permite o atendimento das suas necessidades básicas, **é cabível o direcionamento da demanda alimentar contra o avô paterno.** NEGARAM PROVIMENTO. (SEGREDO DE JUSTIÇA) (Apelação Cível Nº 70021311808, Oitava Câmara Cível, Tribunal de Justiça do RS, Relator: Rui Portanova, Julgado em 29/11/2007)

→ **Aplicação em Concurso Público:**

- *PROVA: MPE-RS.MPE-RS.Promotor de Justiça Substituto.2016*
  Considere as seguintes afirmações quanto à obrigação alimentar.
  I. A obrigação alimentar avoenga é facultativa.
  II. A obrigação alimentar entre cônjuges/companheiros está lastreada no dever de mútua assistência, persistindo após a separação quando restar demonstrada a dependência econômica de um em relação ao outro, observado o binômio necessidade/possibilidade.
  III. O cancelamento de pensão alimentícia de filho que atingiu a maioridade não precisa de decisão judicial. Quais estão corretas?
  a) *Apenas II*
  b) *Apenas III*
  c) *Apenas I e II*
  d) *Apenas II e III*
  e) *I, II e III*
  Resposta: Alternativa "c".

7. Artigos correlatos de referência geral à matéria

▶ CC/02:

Art. 1.607. O filho havido fora do casamento pode ser reconhecido pelos pais, conjunta ou separadamente.

Art. 1.609. O reconhecimento dos filhos havidos fora do casamento é irrevogável e será feito:

I – no registro do nascimento;

II – por escritura pública ou escrito particular, a ser arquivado em cartório;

III – por testamento, ainda que incidentalmente manifestado;

IV – por manifestação direta e expressa perante o juiz, ainda que o reconhecimento não haja sido o objeto único e principal do ato que o contém.

Parágrafo único. O reconhecimento pode preceder o nascimento do filho ou ser posterior ao seu falecimento, se ele deixar descendentes.

Art. 1.610. O reconhecimento não pode ser revogado, nem mesmo quando feito em testamento.

Art. 1.857. Toda pessoa capaz pode dispor, por testamento, da totalidade dos seus bens, ou de parte deles, para depois de sua morte.

(...)

§ 2º São válidas as disposições testamentárias de caráter não patrimonial, ainda que o testador somente a elas se tenha limitado.

▶ ECA:

Art. 26. Os filhos havidos fora do casamento poderão ser reconhecidos pelos pais, conjunta ou separadamente, no próprio termo de nascimento, por testamento, mediante escritura ou outro documento público, qualquer que seja a origem da filiação.

Parágrafo único. O reconhecimento pode preceder o nascimento do filho ou suceder-lhe ao falecimento, se deixar descendentes.

Art. 27. O reconhecimento do estado de filiação é direito personalíssimo, indisponível e imprescritível, podendo ser exercitado contra os pais ou seus herdeiros, sem qualquer restrição, observado o segredo de Justiça.

Art. 2º Em registro de nascimento de menor apenas com a maternidade estabelecida, o oficial remeterá ao juiz certidão integral do registro e o nome e prenome, profissão, identidade e residência do suposto pai, a fim de ser **averiguada oficiosamente** a procedência da alegação.

LEI DE INVESTIGAÇÃO DE PATERNIDADE **Art. 2º**

§ 1º O juiz, sempre que possível, ouvirá a mãe sobre a paternidade alegada e mandará, em qualquer caso, notificar **o suposto pai**, independente de seu estado civil, para que se manifeste sobre a paternidade que lhe é atribuída.

§ 2º O juiz, quando entender necessário, determinará que a diligência seja realizada em **segredo de justiça**.

§ 3º No caso do suposto pai confirmar expressamente a paternidade, será lavrado **termo de reconhecimento** e remetida certidão ao oficial do registro, para a devida averbação.

§ 4º Se o suposto pai não atender no prazo de **trinta dias** a notificação judicial, ou negar a alegada paternidade, o juiz remeterá os autos ao representante do **Ministério Público** para que intente, havendo elementos suficientes, a ação de investigação de paternidade.

§ 5º **Nas hipóteses previstas no § 4º** deste artigo, é dispensável o ajuizamento de ação de investigação de paternidade pelo Ministério Público se, após o não comparecimento ou a recusa do suposto pai em assumir a paternidade a ele atribuída, a criança for **encaminhada para adoção**. (Redação dada pela Lei nº 12.010, de 2009)

§ 6º A iniciativa conferida ao Ministério Público **não impede** a quem tenha legítimo interesse de **intentar investigação**, visando a obter o pretendido reconhecimento da paternidade. (Incluído pela Lei nº 12.010, de 2009)

1. **Da averiguação oficiosa da paternidade.**

A legislação cria um procedimento prévio e de caráter "administrativo" para tentar solucionar a questão do reconhecimento da filiação sem que, necessariamente, seja interposta Ação Judicial para tanto. Trata-se do procedimento de "averiguação oficiosa da paternidade", previsto no Art. 2º da Lei de Investigação de Paternidade.

O trâmite da "averiguação oficiosa" é simples e tem início quando é apresentado no assento de registro apenas o nome da mãe da criança recém-nascida, sem os dados do suposto genitor. Tal medida tem por objetivo evitar que ainda se registre crianças sem a indicação do nome do genitor, como se fez no Brasil por muitos anos, e no local destinado ao assento paterno constavam termos como "pai desconhecido", ou outras de cunho nitidamente vexatório.

O rito consiste, inicialmente, em convocação, por parte do Magistrado responsável pelos registros de nascimento na comarca (normalmente tal definição é feita por Lei de Organização Judiciária Estadual) a mãe para pedir informações sobre o "suposto pai", seu nome, qualificação, endereço, profissão, etc.

Havendo sido indicado o "suposto pai" pela genitora, o mesmo é "notificado" para comparecer em juízo, a fim de prestar esclarecimentos sobre a indicação de paternidade que lhe é imputada. Note-se que não o caso, ainda de "citação", mas de mera notificação, haja vista que ainda não foi instaurado procedimento judicial.

No prazo de trinta dias, o suposto pai terá três atitudes possíveis: *a) comparece ao juízo e reconhece a paternidade* – hipótese em que será, de imediato, lavrado o assento de nascimento e se dá por encerrado o procedimento; *b) comparece ao juízo e nega a paternidade* – nesse caso o procedimento será encaminhado ao Ministério Público para proceder a Ação de Investigação de Paternidade ou *c) não comparece ao juízo* – situação idêntica ao caso anterior, em que o procedimento será encaminhado ao Ministério Público para proceder a Ação de Investigação de Paternidade.

Note-se que pelas regras previstas em lei, somente não será indicado o "suposto pai" nos casos em que a genitora *não sabe quem é o pai da criança* ou quando a genitora *não quer prestar essa informação (guarda em segredo o nome do pai)*. Em ambas as hipóteses haverá dificuldade muito maior para estabelecer a paternidade sendo, até, possível que o registro venha, ao final da Ação de Investigação de Paternidade, ser lavrado apenas com o nome da genitora.

→ **Aplicação em Concurso Público:**
- *PROVA: MPE-SC.MPE-SC.Promotor de Justiça Substituto-Fase matutina.2016*
  No procedimento de averiguação oficiosa da paternidade, previsto na Lei n. 8.560/92 (Investigação de Paternidade), o Juiz, sempre que possível, ouvirá a mãe sobre a paternidade alegada e mandará, em qualquer caso, notificar o suposto pai, independente de seu estado civil, para que se manifeste sobre a paternidade que lhe é atribuída, sendo esta diligência sempre realizada em segredo de justiça
  a) Verdadeiro
  b) Falso
  Resposta: Alternativa "a".

1.1. Da declaração de Nascido Vivo.

Por determinação da Lei nº. 12.662 de 2012, foi instituída no Brasil a Declaração de Nascido Vivo – DNV, documento de identificação provisório do recém nascido, até que seja expedida a sua Certidão de Nascimento. A DNV tem, também, por objetivo, evitar que se realize a chamada "adoção à brasileira", haja vista que "vincula" a criança a sua genitora, afastando casos de entrega de bebes para adoção sem passar pelo Cadastro Nacional de Adoção, ou mesmo casos mais graves como tráfico de crianças. Quem atesta a Declaração de Nascido Vivo é o profissional de saúde responsável pelo acompanhamento da gestação, do parto ou do recém-nascido, sendo este profissional inscrito no Cadastro Nacional de Estabelecimentos de Saúde – CNES ou no respectivo Conselho profissional.

1.2. Do caráter contencioso da Ação de Investigação de Paternidade (ou de Maternidade).

A ação investigatória de paternidade corresponde a um **processo contencioso** que se desenvolve segundo o **rito ordinário** (art.282 CPC), com a **intervenção obrigatória do MP**, por se tratar de ação de estado (CPC, art. 82, II).

▶ **ATENÇÃO!** A sentença que encerra o processo de Investigação de Paternidade tem **natureza declaratória**, visto que a decisão judicial atesta se o vínculo de filiação existe ou não.

---

2. Legitimação extraordinária conferida ao MP.

As regras legislativas criadas pela Lei de Investigação de Paternidade entendem que nenhuma criança deve ser registrada no Brasil sem o nome do pai (ou da mãe), como aconteceu durante bastante tempo, gerando registro apenas com o nome de um dos genitores. Nesse caso, a legislação determina que o juiz, sempre que possível, ouvirá a mãe sobre quem é o pai de seu filho. Em seguida, convocará o suposto pai para prestar esclarecimentos. Note-se que se trata de um procedimento administrativo, sem conteúdo processual. Se o suposto pai reconhece a filiação, lavra-se o registro da criança com seu nome. Se não houver a manifestação positiva do suposto pai sobre a filiação, ou se ele não comparecer, o juiz remeterá a documentação ao MP, a fim de que seja ajuizada a competente Ação de Investigação de Paternidade.

→ **Aplicação em Concurso Público – *Questão Discursiva*:**
- *PROVA: FUNDEP.MPE-MG.Promotor Estadual.2013.*
  O Juiz de Direito da Comarca de Demasia indeferiu pedido do Órgão de Execução Ministerial oficiante, que objetivava a designação de audiência para oitiva da mãe da criança Ledice Mendes, em sede de averiguação oficiosa de paternidade. O magistrado assinalou em sua decisão que, se a genitora manifestara expressamente o desejo de não declinar o nome do suposto pai

da criança, não seria crível obrigá-la a tanto. O Promotor de Justiça afirma que semelhante decisão não seria plausível, mormente por ferir o rito posto na legislação aplicável à espécie, além de desconsiderar os direitos indisponíveis da criança ao nome e o dever de o respectivo genitor prestar alimentos. Pergunta-se: apresenta-se razoável a fundamentação contida na decisão judicial? Se positiva ou negativa sua resposta, justifique-a consistente e fundamentadamente.

→ **Aplicação em Concurso Público:**

- *FGV – 2008 – TJ-MS – Juiz*
- *O Ministério Público tem legitimidade para propor ação de investigação de paternidade em favor de menor, mas não tem legitimidade para ajuizar ação individual em benefício do consumidor lesado.*
  Resposta: A alternativa está correta.

3. **Registro em nome do avô.**

Muitas das vezes, pela própria cultura local, que não permite a situação de "mães solteiras", faz-se então **a inclusão do nome do avô da criança no local do verdadeiro pai**. Esta situação, comum em várias partes do país, gera sérios conflitos de ordem civil, especialmente para fins de direito sucessório, o que levaria um neto a concorrer com os tios, como se irmão fosse, na morte do avô. Nesse caso, deve ser impetrada **Ação de Nulidade de Registro Civil**, a fim de retificar o erro cometido.

4. **Filhos sem pai conhecido.**

Finalmente, nas hipóteses em que, mesmo após feitas as averiguações previstas na lei (quando a Ação de Investigação de Paternidade restar infrutífera), não for possível encontrar o verdadeiro pai da criança, **o registro será lavrado apenas com o nome da mãe, já que não há outra possibilidade**.

▶ **Jurisprudência do STJ.**

> "DIREITO DE FAMÍLIA E PROCESSUAL CIVIL. LEI 8.560/1992. INVESTIGAÇÃO DE PATERNIDADE. REGISTROS ANTERIORES À EDIÇÃO DA LEI. LEGITIMIDADE ATIVA DO MP. PRECEDENTE. HERMENÊUTICA. RECURSO PROVIDO. I – O MP detém legitimidade para propor ação de investigação de paternidade, nos termos do art. 2. da Lei nº 8.560/1992, ainda que o registro de nascimento tenha sido lavrado anteriormente à edição da lei. II – nesses casos, a propositura da ação independe do prévio

LEI DE INVESTIGAÇÃO DE PATERNIDADE **Art. 2º**

procedimento de averiguação oficiosa instituído pelo art. 2. da referida lei". (REsp 73805 / MG, DJ 12/05/1997).

→ **Aplicação em Concurso Público** – *Questão Discursiva*:

- *PROVA: MPE-MG.MPE-MG.Promotor Estadual.2014.*
  O direito de filiação (parentesco biológico e afetivo) e o Ministério Público. Discorra sobre os aspectos jurídicos essenciais do tema, abrangendo o conceito, as características de um e outro instituto, a legislação regulamentadora, a forma de exercício, a titularidade, o reconhecimento voluntário e judicial do vínculo paterno-filial e os seus efeitos, a filiação e o dever de sustento, as atribuições do Ministério Público.

5. Da utilização do exame de DNA para aferição da "verdade" biológica x presunção *pater is est*.

O **exame de DNA** promoveu verdadeira revolução nas relações de filiação. Deixou-se para trás, em boa parte, a antiga máxima romana segundo a qual *"a maternidade é sempre certa e a paternidade é sempre duvidosa"*. Pode-se afirmar que a paternidade deixou de ser duvidosa (assim como alguns casos de maternidade colocada em cheque) com a possibilidade de averiguação via o exame do *ácido desoxirribonucléico*, que permite aferir a certeza biológica com **mais de 99% de certeza e exatidão**. Basta recordar que há pouco tempo, as Ações de Investigação de Paternidade eram decididas por critérios pouco ou nada científicos, como a semelhança física entre o investigando e o suposto pai, provas testemunhais, cartas de amor, fotos, etc... Não apenas casos de paternidade podem ser desvendados com o exame.

O Direito Criminal está repleto de situações em que a solução de casos controversos foi feita pelo resultado do DNA das partes envolvidas, recolhido nas provas do processo. No que tange especificamente ao Direito de Família, pode-se dizer que a presunção *pater is est*, se não foi revogada do nosso sistema, foi muitíssimo alterada pela vigência dos exames de DNA, ao passo que a dúvida, que persistia e perdurava durante décadas inteiras acerca da real origem da filiação, pode ser desfeita mediante a realização da perícia do DNA.

→ **Aplicação em Concurso Público** – *Questão Discursiva*:

- *PROVA: MPE-SP.MPE-SP.Promotor Estadual.2012.*
  O exame laboratorial, pelo método DNA (ácido desoxirribonucleico), que afasta a paternidade biológica basta para anular o registro de nascimento? Justifique.

→ **Aplicação em Concurso Público – *Questão Discursiva*:**
- *PROVA: MPF.MPF.Procurador da República.2013.*
  No Brasil, a família patriarcal foi, sobretudo, fruto de uma concepção autoritária da natureza das relações entre seus membros, que teve origem no direito português do qual se originou. Examine duas características dessa concepção patriarcal contidas no Código Civil de 1916 e compare com as alterações trazidas pelo Código Civil de 2002.

→ **Aplicação em Concurso Público:**
- (TRE/AL/Analista/2010)
  Sobre a relação de parentesco é incorreto afirmar:
(A) Na linha reta, a afinidade se extingue com a dissolução do casamento ou da união estável.
(B) Presumem-se concebidos na constância do casamento os filhos nascidos cento e oitenta dias, pelo menos, depois de estabelecida a convivência conjugal.
(C) Presumem-se concebidos na constância do casamento os filhos nascidos nos trezentos dias subsequentes à dissolução da sociedade conjugal.
(D) Não basta o adultério da mulher, ainda que confessado, para ilidir a presunção legal da paternidade.
(E) Cabe ao marido o direito de contestar a paternidade dos filhos nascidos de sua mulher, sendo tal ação imprescritível.

Resposta: Alternativa "a". As regras da presunção pater is est continuam presentes na legislação, mas com forte crítica doutrinária. As regras estão no art. 1597 do CC/02 e ao podem ser esquecidas pelos candidatos a concurso público. Não obstante sua presença na legislação, importante lembrar que a teoria da afetividade e o exame de DNA nas ações de filiação combatem fortemente essas presunções. Alguns doutrinadores, inclusive, questionam a sua validade no contexto atual do Direito de Família brasileiro.

→ **Aplicação em Concurso Público – *Questão Discursiva*:**
- *PROVA: VUNESP.TJ-SP.Cartórios.2014.*
  Determinada ação de investigação de paternidade recebe regular processamento, seguindo-se julgamento de improcedência em razão da insuficiência de provas, produzidas na ocasião apenas de forma oral, caracterizado o trânsito em julgado. Depois, nova ação de investigação de paternidade é ajuizada com requerimento expresso de realização do exame pelo método do "DNA", de conhecida eficiência. É viável, tendo em vista a garantia constitucional da coisa julgada, a nova ação? Caso a resposta seja positiva, a conclusão seria a mesma se, no processo anterior, a improcedência estivesse lastreada em exame efetuado pelo método do "HLA", cujo resultado excluíra a paternidade, considerando-se que esse método possui precisão inferior ao

método do "DNA", à época não disponível? Justifique. Caso a resposta seja negativa, apresente, também, a justificativa.

5.1 Da realização de exame de DNA para os beneficiários da justiça gratuita.

O CPC-15 revogou o antigo Art. 3º da **Lei nº 1.060/50**, que estabelecia normas para concessão de assistência judiciária aos necessitados, e que previa, por reforma do ano de 2001, a inclusão da **realização do exame de DNA** entre os benefícios concedidos aos que se enquadram entre a outorga da justiça gratuita.

A matéria passou, doravante, a ser tratada pelo Art. 98 do CPC – 15, aí incluído expressamente a realização de exame de DNA ou outros exames considerados essenciais.

▶ **CPC – 15, Art. 98.**

Art. 98. A pessoa natural ou jurídica, brasileira ou estrangeira, com insuficiência de recursos para pagar as custas, as despesas processuais e os honorários advocatícios tem direito à gratuidade da justiça, na forma da lei.

(...)

V - as despesas com a realização de exame de código genético - DNA e de outros exames considerados essenciais;

5.2 Casos concretos julgados pelo STJ, tomando por base a recusa em realizar o Exame de DNA.

"O método evoluiu e a jurisprudência se adequou. A recorrência das ações que protestam em razão da negativa dos supostos pais em se submeterem ao exame de DNA resultou na publicação de uma súmula. Em 2004, a Segunda Seção do STJ editou a Súmula n. 301, segundo a qual a recusa em fornecer o material à perícia induz presunção de paternidade. Em julho de 2009 foi sancionada a Lei n. 12.004/2009, que alterou a norma que regula a investigação de paternidade dos filhos havidos fora do casamento, inserindo o disposto na súmula na legislação. Recentemente, em março de 2010, a Quarta Turma, julgando um recurso do Rio de Janeiro, reforçou, no entanto, que a mera recusa não basta para a declaração de paternidade (Resp 1.068.836). **Os precedentes são no sentido de que deve ser comprovada, minimamente, por meio de provas indiciárias, a existência de relacionamento íntimo entre a mãe e o suposto pai.** (...)

Também em 2010, o Tribunal analisou um caso em que a suposta filha de um médico falecido pedia para ter reconhecido o direito à presunção absoluta da paternidade em razão da recusa dos parentes em se submeterem ao exame de DNA (Resp 714.969). A Quarta Turma decidiu que a presunção prevista na Súmula n. 301/STJ não pode ser estendida aos descendentes, por se tratar de direito personalíssimo e indisponível." Fonte: Assessoria de Imprensa do STJ. Disponível em: http://www.stj. gov.br/portal_stj/publicacao/engine.wsp. Acesso em 07/04/2010.

5.3. Da impossibilidade de rediscussão de coisa julgada em Ações de investigação de Paternidade (ou de Maternidade) antes da existência do exame de DNA.

A **Teoria da Desconsideração da Coisa Julgada** preconiza ser impossível a manutenção de decisões contrárias ao direito, embora estas tenham sido atingidas pela "força de lei" da coisa julgada, fenômeno processual que impede a discussão eterna da mesma matéria. As Ações de Investigação de Paternidade transformaram-se em exemplo constante dessa discussão teórica, haja vista que incalculáveis decisões foram prolatadas antes da vigência do Exame de DNA, tecnologia recente e ainda não plenamente acessível. Cumpre lembrar que, antes do advento do DNA como verdade biológica, o direito trabalhava apenas com a presunção *pater is est*, e a averiguação da filiação se realizava por outros meios de aferição da "verdade" (altamente discutíveis), como fotos, cartas de amor, depoimento testemunhal, etc.

▶ **ATENÇÃO!** A jurisprudência dos tribunais Superiores e, notadamente do STJ, **não aceita** a Teoria da Desconsideração da Coisa Julgada em casos de Investigação de Paternidade baseados em novas provas pericias (DNA):

▶ **Jurisprudência do STJ.**

> PROCESSUAL CIVIL. INVESTIGAÇÃO DE PATERNIDADE. COISA JULGADA. PRECEDENTE DA SEGUNDA SEÇÃO. I – Já decidiu a Segunda Seção desta Corte que, **visando à segurança jurídica, deve ser preservada a coisa julgada nas hipóteses de ajuizamento de nova ação reclamando a utilização de meios modernos de prova (DNA)** para apuração da paternidade (REsp 706.987/SP). II – Agravo Regimental improvido. (AgRg no REsp 895545 / MG, DJe 07/06/2010)

▶ **Jurisprudência do STJ.**

> AGRAVO REGIMENTAL NO RECURSO ESPECIAL. AÇÃO DE INVESTIGAÇÃO DE PATERNIDADE. AFASTADA A PATERNIDADE. COISA JULGADA.

ADVENTO DO EXAME DE DNA. PROPOSITURA DE NOVA AÇÃO. IMPOSSIBILIDADE DE SE RENOVAR A INVESTIGAÇÃO. PRIMADO DOS CÂNONES DA CERTEZA E DA SEGURANÇA JURÍDICA. PRECEDENTES. AGRAVO REGIMENTAL NÃO PROVIDO. 1. **Encontra-se sedimentado neste STJ o entendimento no sentido da impossibilidade de se renovar a investigação de paternidade em virtude do advento do exame de DNA, afastando a coisa julgada formada em processo anterior, onde não foi reconhecida a alegada paternidade**. 2. As razões do agravo regimental não infirmam os fundamentos da decisão agravada. 3. Agravo regimental não provido. (AgRg no REsp 363558 / DF, DJe 22/02/2010)

▶ Doutrina.

"*O objeto da causa (ou da demanda) – direito substancial que a parte fez valer ou atuar em juízo – é que, após o provimento definitivo do processo de conhecimento, atinge a força (autoridade) de coisa julgada. O acertamento (definição) feito pela sentença a seu respeito sujeitar-se-á à preclusão máxima que vedará sua rediscussão e rejulgamento no mesmo ou em outros processos futuros*." THEODORO JÚNIOR, Humberto. **Curso de Direito Processual Civil**. Vol. 01. R7ª Ed. Rio de Janeiro: Forense, p. 610-611.

▶ Doutrina.

"*A respeito da função da verdade no processo, e partindo-se das premissas lançadas, tem-se como razoável considerar que o instituto da coisa julgada **representa critério de justiça para o processo civil**.*" (MARINONI, Luiz Guilherme e ARENHART, Sérgio Cruz. **Curso de Processo Civil**. Vol. 02. São Paulo: Revista dos Tribunais, p. 634)

▶ Doutrina. Opinião Contrária.

"*No âmbito atual das ações de investigação ou de negação da paternidade e assim também naquelas que pesquisam na eventualidade o vínculo de maternidade, é preciso atenuar os princípios que regem o instituto da coisa julgada. **Não há mais espaço para impor esse conceito inflexível da coisa julgada e que deita sobre as demandas investigativas ou negatórias, que tinham suas raízes biológicas declaradas por sentenças com suporte exclusivo na atividade intelectual do decisor judicial**, encarregado de promover a rígida avaliação dos tradicionais meios probatórios até então disponibilizados e vertidos para o ventre da ação parental*" (MADALENO, Rolf. **A coisa julgada na investigação da paternidade**. In: Grandes temas da atualidade do DNA. Eduardo de Oliveira Leite (Org.) Rio de Janeiro: Forense, 2000, p. 287.)

6. Aplicação da cláusula de proibição do *venire contra factum proprium* no reconhecimento de filhos.

O princípio da proibição do *venire contra factum proprium*, por diversas vezes utilizado no sistema jurídico brasileiro do Direito dos Contratos, também encontra respaldo no Direito de Família. Significa dizer que **"ninguém pode agir contra seus próprios atos"**, ou, dito de outra forma, que não se pode desfazer situação jurídica criada de maneira livre, espontânea, ademais quando se conheciam as verdades envolvidas na construção da situação. No que se refere ao direito de filiação, aquela possibilidade que se popularizou chamar por adoção à brasileira é fato claro de aplicação da proibição do *venire contra factum proprium*.

Ora, se, ao registrar o menor, era consabido ser filho de outra pessoa, o registro foi feito à revelia dessa constatação. Não pode, por isso, posteriormente, o pai adotivo à brasileira, que, mesmo tendo lavrado registro de nascimento em seu nome, voltar atrás e pedir judicialmente a desconstrução do vínculo, alegando que o filho na verdade não é seu. Essa leviandade jurídica não pode ser tolerada. Tal pedido somente poderia ser legitimamente formulado em caso de erro ou fraude do registro, o que não se aplica nessa hipótese.

→ **Aplicação em Concurso Público:**

- *PROVA: CESPE/CEBRASPE.FUNPRESP-JUD.Analista Direito.2016*
  A respeito das obrigações, dos contratos, dos atos unilaterais, do reconhecimento dos filhos e da sucessão, julgue os itens subsequentes.
  Não se anula o registro de nascimento de filho não biológico que tenha sido efetivado em decorrência do reconhecimento espontâneo de paternidade, mesmo quando inteirado o pretenso pai de que o menor não era seu filho
  a) Verdadeiro
  b) Falso
  Resposta: "a".

▶ **Jurisprudência do STJ.**

"Direito civil. Família. Criança e Adolescente. Recurso especial. Ação negatória de paternidade c.c. declaratória de nulidade de registro civil. Interesse maior da criança. Ausência de vício de consentimento. Improcedência do pedido. – O assentamento no registro civil a expressar o vínculo de filiação em sociedade, nunca foi colocado tão à prova como no momento atual, em que, por meio de um preciso e implacável exame de laboratório, pode-se destruir verdades construídas e conquistadas com afeto. – Se por um lado predomina o sentimento de busca da verdade real, no sentido de propiciar meios adequados ao investigante para que tenha assegurado um direito que lhe é imanente, por outro, reina a curiosidade, a dúvida, a oportunidade, ou até mesmo o oportunismo, para que se veja o ser humano – tão falho por muitas vezes – livre das amarras não só de um relacionamento fracassado, como também das obrigações decorrentes da sua dissolução. Existem, pois, ex-cônjuges e ex-companheiros; não podem existir, contudo, ex-pais. (...) A fragilidade e a fluidez dos relacionamentos entre os adultos não deve perpassar as relações entre pais e filhos, as quais precisam ser perpetuadas e solidificadas. Em contraponto à instabilidade dos vínculos advindos das uniões matrimoniais, estáveis ou concubinárias, os laços de filiação devem estar fortemente assegurados, com vistas no interesse maior da criança, que não deve ser vítima de mais um fenômeno comportamental do mundo adulto. Recurso especial conhecido e provido". (REsp 1003628 / DF, DJe 10/12/2008).

7. Ação Negatória de Paternidade (ou de Maternidade).

A **Ação Negatória de Paternidade** segue o caminho inverso da Ação de Investigação. A primeira presta-se ao acertamento acerca da existência ou não de uma relação de filiação. Já a segunda, funcionará para descaracterizar uma relação de filiação fruto de engano ou falsidade. Para fins da Ação Negatória, é preciso que exista registro de nascimento **lavrado**, e que este registro seja colocado em xeque.

O art. 1.604 do CC/02 somente aceita a possibilidade da Ação Negatória em dois casos. O primeiro é o de *erro*, quando, por exemplo, o pai registra o filho achando que é realmente seu e, posteriormente, descobre que, em face da infidelidade da esposa, o filho é na verdade de outro homem. O segundo se dá no caso de **falsidade do registro**, quando, exemplificativamente, alguém registra nascimento mediante informações errôneas e declarações inverídicas. Nos dois casos, se o suposto pai (ou mãe) tinha conhecimento do *erro* ou da *falsidade*, não poderá pleitear a Ação Negatória, em obediência à proibição *do venire contra factum proprium* analisado no item acima.

Essa ação é **imprescritível e personalíssima**, cabendo apenas ao pai. Se o pai morrer, os herdeiros podem prosseguir no feito, não podendo, contudo, propor a ação caso o *de cujus* não o tenha feito.

▶ **ATENÇÃO!** A sentença que resolve a Ação Negatória de Paternidade terá natureza **CONSTITUTIVA NEGATIVA** (ou desconstitutiva). Diferentemente do que ocorre com a Ação de Investigação de Paternidade, em que se declara a existência da relação de filiação, na Ação Negatória, o julgamento desfaz (desconstitui) relação que havia sido constituída por registro de nascimento.

▶ **Jurisprudência do STJ.**

> Direito civil. Família. Criança e Adolescente. Recurso especial. Ação negatória de paternidade. Interesse maior da criança. Vício de consentimento não comprovado. Exame de DNA. Indeferimento. Cerceamento de defesa. Ausência. – Uma mera dúvida, curiosidade vil, desconfiança que certamente vem em detrimento da criança, pode bater às portas do Judiciário? **Em processos que lidam com o direito de filiação, as diretrizes devem ser muito bem fixadas, para que não haja possibilidade de uma criança ser desamparada por um ser adulto que a ela não se ligou, verdadeiramente, pelos laços afetivos supostamente estabelecidos quando do reconhecimento da paternidade. – O reconhecimento espontâneo da paternidade somente pode ser desfeito quando demonstrado vício de consentimento, isto é, para que haja possibilidade de anulação do registro de nascimento de menor cuja paternidade foi reconhecida, é necessária prova robusta no sentido de que o "pai registral" foi de fato, por exemplo, induzido a erro, ou ainda, que tenha sido coagido a tanto.** (REsp 1022763 / RS, DJe 03/02/2009).

▶ **Jurisprudência do STJ: Distinção entre Ação Negatória de Paternidade e Ação Declaratória de Inexistência de Filiação.**

> "Direito processual civil. Família. Ação negatória de paternidade. Descaracterização. Pedido formulado. Anulação de registro de nascimento. Legitimidade ativa. – **Na ação negatória de paternidade, prevista no art. 1.601, do CC/02, o objeto está restrito à impugnação da paternidade dos filhos havidos no casamento, e a legitimidade ativa para sua propositura é apenas do marido, que possui o vínculo matrimonial necessário para tanto. Na hipótese, contesta-se a paternidade de filho concebido fora do matrimônio, o que aponta a inadequada incidência do art. 1.601, do CC/02 à espécie.** – O pedido de anulação de registro de nascimento, fundamentado em falsidade ideológica do assento, encontra amparo na redação do art. 1.604, do CC/02, cuja aplicação se amolda ao pedido exposto na exordial. – **Não se tratando de negatória de paternidade, mas de ação declaratória de inexistência de filiação, por alegada falsidade ideológica no registro de nascimento, não apenas o**

pai é legítimo para intentá-la, mas também outros legítimos interessados. Recurso especial conhecido e provido." (AgRg no REsp 939657 / RS, DJe 14/12/2009).

7.1. Da impossibilidade de ação negatória de paternidade nos casos de inseminação artificial heteróloga.

A **inseminação artificial heteróloga**, prevista no direito brasileiro no art. 1597, V do CC/02, é aquela em que, por motivo de **esterilidade do marido** (impotência *generandi*), há uma **autorização expressa** deste para que sua esposa (ou companheira) possa ser inseminada artificialmente por material genético de doador de banco de sêmen. Nesses casos, prevê a legislação civil, que o filho será considerado nascido durante a constância do casamento, será filho do casal, e não terá qualquer vínculo jurídico com o doador do material genético. Ainda, não será possível impetrar ação negatória de paternidade nesses casos, haja vista a natureza da filiação, e o consentimento expresso do marido. Nesse sentido, o Enunciado nº 258 do Conselho da Justiça Federal:

▶ **Enunciado nº 258 do CJF:**

> Arts. 1.597 e 1.601: Não cabe a ação prevista no art. 1.601 do Código Civil se a filiação tiver origem em procriação assistida heteróloga, autorizada pelo marido nos termos do inc. V do art. 1.597, cuja paternidade configura presunção absoluta.

→ **Aplicação em Concurso Público:**

- *Magistratura/MG – 2006.*
  Dispõe o Código Civil, expressamente, que se presumem concebidos na constância do casamento:
  (A) Havidos por inseminação artificial homóloga, mesmo que sem autorização do marido.
  (B) Nascidos nos trezentos dias, pelo menos, depois de estabelecida a convivência conjugal.
  (C) Nascidos nos cento e oitenta dias subseqüentes à dissolução conjugal, por morte ou separação judicial.
  (D) Havidos a qualquer tempo, quando se tratar de embriões excedentários, decorrentes de concepção artificial homóloga.
  Resposta: Alternativa "d". A inseminação artificial homóloga é aquela que se realiza com material genético do marido e da esposa, mesmo que se efetive através de embriões criopreservados (congelados), a qualquer tempo, desde

que o marido tenha autorizado a utilização desse material para depois da sua morte.

→ **Aplicação em Concurso Público:**
- *XLV Ministério Público – MG.*
  Assinale a alternativa incorreta:
  (B) presume-se concebido na constância do casamento o filho havido por inseminação artificial heteróloga, falecido o marido, até os 300 dias seguintes à concepção.

  Resposta: A alternativa "b" está incorreta, em primeiro lugar, porque somente se utiliza a inseminação heteróloga (aquela realizada com material genético de um terceiro doador) se vivo o marido e com sua autorização. Em segundo, a aplicação dos 300 dias dar-se-á para presunção de filiação nos casos de casamento desfeito por morte, divórcio, anulação ou nulidade.

8. **Adoção à brasileira e investigação de paternidade. Vínculo Socioafetivo.**

Dá-se a adoção "à brasileira" quando alguém registra como seu, um filho que não o é. Ela é irrevogável, portanto **NÃO** caberá Negatória de Paternidade após o registro de alguém como seu filho por livre e espontânea vontade. Como apontado acima, a Negatória de Paternidade só irá funcionar quando houver *erro essencial* ou *falsidade* (art. 1604 do CC/02), o que não ocorre nos casos de adoção "à brasileira". Trata-se, na verdade, de vínculo de natureza socioafetivo que é considerado uma contribuição do Direito de Família brasileiro a todos os outros países do mundo ocidental.

A inclusão do "afeto" na perspectiva das relações de filiação constitui legítimo avanço e indubitável reforço aos ditames da dignidade humana e da proteção ao pleno exercício das regras de constituição familiar. A afetividade torna o Direito de Família mais humano e mais vivo, menos hipócrita e menos vinculado a formalidades de sangue e de registro. Com a socioafetividade o Direito de Família avança.

→ **Aplicação em Concurso Público –** *Questão Discursiva*:
- *PROVA: CETRO.TJ-RJ.Cartórios - Ingresso.2012 - Discursiva*
  Explique o que se entende por filiação socioafetiva, apontando, pelo menos, 3 (três) referências do Código Civil à opção por esse paradigma.

▶ **Jurisprudência – TJRS**

APELAÇÃO CÍVEL. AÇÃO NEGATÓRIA DE PATERNIDADE CUMULADA COM ANULAÇÃO DE REGISTRO CIVIL. AUSÊNCIA DE PROVA DA OCORRÊNCIA

DE VÍCIO DE CONSENTIMENTO. RECONHECIMENTO DA PATERNIDADE SOCIOAFETIVA. O reconhecimento espontâneo da paternidade somente pode ser desfeito quando demonstrado vício de consentimento, isto é, para que haja possibilidade de anulação do registro de nascimento de menor cuja paternidade foi reconhecida, é necessária prova no sentido de que o "pai registral" foi de fato, por exemplo, induzido a erro, ou ainda, que tenha sido coagido a tanto. Parentalidade socioafetiva configurada nos autos. (Apelação nº 70046304689 TJ/RS. 28/03/2012).

▶ STJ – Informativo nº 400.

ADOÇÃO À BRASILEIRA. PATERNIDADE SOCIOAFETIVA. Na espécie, o *de cujus*, sem ser o pai biológico da recorrida, registrou-a como se filha sua fosse. A recorrente pretende obter a declaração de nulidade desse registro civil de nascimento, articulando em seu recurso as seguintes teses: **seu ex-marido, em vida, manifestou de forma evidente seu arrependimento em ter declarado a recorrida como sua filha e o decurso de tempo não tem o condão de convalidar a adoção feita sem a observância dos requisitos legais.** Inicialmente, esclareceu o Min. Relator que tal hipótese configura aquilo que doutrinariamente se chama de adoção à brasileira, ocasião em que alguém, sem observar o regular procedimento de adoção imposto pela Lei Civil e, eventualmente assumindo o risco de responder criminalmente pelo ato (art. 242 do CP), apenas registra o infante como filho. No caso, a recorrida foi registrada em 1965 e, passados 38 anos, a segunda esposa e viúva do *de cujus* pretende tal desconstituição, o que, em última análise, significa o próprio desfazimento de um vínculo de afeto que foi criado e cultivado entre a registrada e seu pai com o passar do tempo. Se nem mesmo aquele que procedeu ao registro e tomou como sua filha aquela que sabidamente não é, teve a iniciativa de anulá-lo, não se pode admitir que um terceiro (a viúva) assim o faça. Quem adota à moda brasileira não labora em equívoco. Tem pleno conhecimento das circunstâncias que gravitam em torno de seu gesto e, ainda assim, ultima o ato. Nessas circunstâncias, nem mesmo o pai, por arrependimento posterior, pode valer-se de eventual ação anulatória, postulando desconstituir o registro. **Da mesma forma, a reflexão sobre a possibilidade de o pai adotante pleitear a nulidade do registro de nascimento deve levar em conta esses dois valores em rota de colisão (ilegalidade da adoção à moda brasileira, de um lado, e, de outro, repercussão dessa prática na formação e desenvolvimento do adotado).** Com essas ponderações, em se tratando de adoção à brasileira, a melhor solução consiste em só permitir que o pai adotante busque a nulidade do registro de nascimento quando ainda não tiver sido constituído o vínculo de socioafetividade com o adotado. Após formado o liame socioafetivo, não poderá o pai adotante desconstituir a posse do estado de filho que já foi confirmada pelo véu da paternidade socioafetiva. Ressaltou o Min. Relator que tal entendimento, todavia, é válido apenas na hipótese de o pai adotante pretender a nulidade do registro. Não se estende, pois, ao filho adotado, a que, segundo entendimento deste Superior Tribunal, assiste o direito de, a qualquer tempo, vindicar judicialmente a nulidade do registro em vista da obtenção do estabelecimento da verdade real, ou seja, da paternidade biológica. Por fim, ressalvou o Min. Relator que a legitimidade *ad causam* da viúva do adotante para iniciar uma ação anulatória de registro de nascimento não é objeto do presente recurso especial. Por isso, a questão está sendo apreciada em seu mérito, sem abordar a eventual natureza personalíssima da presente ação. Precedente citado: REsp 833.712 – RS, DJ 4/6/2007. **REsp 1.088.157-PB, Rel. Min. Massami Uyeda, julgado em 23/6/2009.**

▶ ATENÇÃO! Adoção à brasileira constitui crime tipificado no Código Penal (**Parto suposto. Supressão ou alteração de direito inerente ao estado civil de recém-nascido – art. 242 do CP**). Entretanto, nos casos de adoção com fins claramente altruísticos e afetivos, o juiz pode, até, deixar de aplicar a pena. (Ver artigo correlato abaixo).

8.1. Adoção Póstuma. Família Anaparental.

A construção jurisprudencial do STJ vem reforçando os aspectos destacados nos comentários acima. A ideia reforça o moderno conceito de família, tantas vezes fundado em aspectos sociológicos. O ideal de Direito de Família inclusivo tem sido a marca da Ministra Nancy Andrigui em seus votos e opiniões. No caso em comento, aponta-se a vinculação **anaparental** (sem a existência de um genitor a unir a família) como forma de ressaltar o vínculo afetivo.

▶ Jurisprudência do STJ.

> **ADOÇÃO PÓSTUMA. FAMÍLIA ANAPARENTAL.** Para as adoções *post mortem*, vigem, como comprovação da inequívoca vontade do de cujus em adotar, as mesmas regras que comprovam a filiação socioafetiva, quais sejam, o tratamento do menor como se filho fosse e o conhecimento público dessa condição. Ademais, o § 6º do art. 42 do ECA (incluído pela Lei n. 12.010/2009) abriga a possibilidade de adoção póstuma na hipótese de óbito do adotante no curso do respectivo procedimento, com a constatação de que ele manifestou, em vida, de forma inequívoca, seu desejo de adotar. In casu, segundo as instâncias ordinárias, **verificou-se a ocorrência de inequívoca manifestação de vontade de adotar, por força de laço**

socioafetivo preexistente entre adotante e adotando, construído desde quando o infante (portador de necessidade especial) tinha quatro anos de idade. Consignou-se, ademais, que, na chamada família anaparental – sem a presença de um ascendente – quando constatados os vínculos subjetivos que remetem à família, merece o reconhecimento e igual status daqueles grupos familiares descritos no art. 42, § 2º, do ECA. Esses elementos subjetivos são extraídos da existência de laços afetivos – de quaisquer gêneros –, da congruência de interesses, do compartilhamento de ideias e ideais, da solidariedade psicológica, social e financeira e de outros fatores que, somados, demonstram o animus de viver como família e dão condições para se associar ao grupo assim construído a estabilidade reclamada pelo texto da lei. Dessa forma, os fins colimados pela norma são a existência de núcleo familiar estável e a consequente rede de proteção social que pode gerar para o adotando. Nesse tocante, o que informa e define um núcleo familiar estável são os elementos subjetivos, que podem ou não existir, independentemente do estado civil das partes. Sob esse prisma, ressaltou-se que o conceito de núcleo familiar estável não pode ficar restrito às fórmulas clássicas de família, mas pode, e deve, ser ampliado para abarcar a noção plena apreendida nas suas bases sociológicas. **Na espécie, embora os adotantes fossem dois irmãos de sexos opostos, o fim expressamente assentado pelo texto legal – colocação do adotando em família estável – foi plenamente cumprido, pois os irmãos, que viveram sob o mesmo teto até o óbito de um deles, agiam como família que eram, tanto entre si como para o infante, e naquele grupo familiar o adotando se deparou com relações de afeto, construiu – nos limites de suas possibilidades – seus valores sociais, teve amparo nas horas de necessidade físicas e emocionais, encontrando naqueles que o adotaram a referência necessária para crescer, desenvolver-se e inserir-se no grupo social de que hoje faz parte.** Dessarte, enfatizou-se que, se a lei tem como linha motivadora o princípio do melhor interesse do adotando, nada mais justo que a sua interpretação também se revista desse viés. **REsp 1.217.415-RS**, Rel. Min. Nancy Andrighi, **julgado em 19/6/2012**.

8.2. Paternidade socioafetiva como modalidade de parentesco civil.

A **paternidade socioafetiva** caracteriza-se pela construção de um vínculo de filiação construído sobre laços de **afeto**, sem que exista uma vinculação registral ou uma origem biológica. É o que tradicionalmente chamamos de "**filhos de criação**", e se efetivam através do tratamento, da imagem social, da reputação e do vínculo de amor, carinho, respeito e afeto que existe entre o "pai" e o "filho". O direito brasileiro tem se posicionado no sentido de reconhecer a condição de filho através da "posse de estado de filho", inclusive através de norma prevista no CC/02, no art. 1606:

▶ **Artigo Correlato. Código Civil, art. 1606. Posse de estado de filho.**

> **Art. 1.606.** A ação de prova de filiação compete ao filho, enquanto viver, passando aos herdeiros, se ele morrer menor ou incapaz.
>
> **Parágrafo único.** Se iniciada a ação pelo filho, os herdeiros poderão continuá-la, salvo se julgado extinto o processo.

No mesmo caminho foi aprovado o **Enunciado nº 256** do Conselho da Justiça Federal, nos seguintes termos:

▶ **Enunciado nº 256 do CJF:**

> **Art. 1.593:** A posse do estado de filho (parentalidade socioafetiva) constitui modalidade de parentesco civil.

→ **Aplicação em Concurso Público:**

- *(DPE/SP/Defensor/2009)*
  Assinale a alternativa INCORRETA.
(A) O ordenamento brasileiro não prevê expressamente a posse do estado de filho.
(B) Na investigação de paternidade, a recusa à perícia médica-hematológica ordenada pelo juiz supre a prova.
(C) A filiação advinda após cento e oitenta dias da celebração do casamento não se presume do marido.
(D) A manifestação expressa e direta perante Juiz de Direito implica em reconhecimento de filhos, ainda que fora da sede de investigação.
(E) O óbito de pretenso adotante no curso do procedimento de adoção obsta a filiação.

Resposta: Alternativa "e". A questão em análise apresenta claramente a discussão sobre a chamada "posse de estado de filho", tema bastante polêmico no Direito de Família atual. O problema que cerca a matéria é que o Código Civil não mencionou expressamente a filiação socioafetiva, restando a interpretação de sua inclusão a partir do Art. 1593 do CC/02. Esse entendimento se fortalece no Enunciado nº 256 do CJF acima exposto. Urge mencionar, finalmente, que a jurisprudência brasileira vem, progressivamente, acolhendo esse entendimento.

▶ **Doutrina.**

> "Filiação socioafetiva, adoção à brasileira, posse do estado de filho são novos institutos construídos pela sensibilidade da Justiça, que tem origem no elo afetivo e levam ao reconhecimento do vínculo jurídico da filiação. É de tal ordem a relevância que se empresta ao afeto que se pode

dizer agora que a filiação se define não pela verdade biológica, nem a verdade legal ou a verdade jurídica, mas pela verdade do coração (...), Há filiação onde houver um vínculo de afetividade. Aliás, essa palavra está referida uma única vez no Código Civil, exatamente quando fala da proteção à pessoa dos filhos, ao dizer que a guarda deve ser deferida levando em conta a relação de afinidade e afetividade (1.584, parágrafo único). **Quando se trilha o caminho que busca enlaçar no próprio conceito de família o afeto, desprezá-lo totalmente afronta não só a norma constitucional que consagra o princípio da proteção integral**, *mas também o princípio maior que serve de fundamento ao Estado Democrático de Direito: o respeito à dignidade de crianças e adolescentes.".* **DIAS, Maria Berenice. Adoção e a espera do amor. Disponível em www.mbdias.com.br**

▶ **Jurisprudência do STJ.**

Segue importantíssimo julgado do STJ, de lavra da *Min. Nancy Andrighi*, que trata, de modo veemente, da **manutenção dos vínculos de afetividade, em detrimento de uma eventual "falsidade" do registro de nascimento**, que não restou comprovada ao longo do processo.

"Direito civil. Família. Recurso Especial. Ação de anulação de registro de nascimento. Ausência de vício de consentimento. Maternidade socioafetiva. Situação consolidada. Preponderância da preservação da estabilidade familiar. – A peculiaridade da lide centra-se no pleito formulado por uma irmã em face da outra, por meio do qual se busca anular o assento de nascimento. Para isso, fundamenta seu pedido em alegação de falsidade ideológica perpetrada pela falecida mãe que, nos termos em que foram descritos os fatos no acórdão recorrido – considerada a sua imutabilidade nesta via recursal –, registrou filha recém-nascida de outrem como sua. – A par de eventual sofisma na interpretação conferida pelo TJ/SP acerca do disposto no art. 348 do CC/16, em que tanto a falsidade quanto o erro do registro são suficientes para permitir ao investigante vindicar estado contrário ao que resulta do assento de nascimento, **subjaz, do cenário fático descrito no acórdão impugnado, a ausência de qualquer vício de consentimento na livre vontade manifestada pela mãe que, mesmo ciente de que a menor não era a ela ligada por vínculo de sangue, reconheceu-a como filha, em decorrência dos laços de afeto que as uniram. (...) Isso porque prevalece, na hipótese, a ligação socioafetiva construída e consolidada entre mãe e filha, que tem proteção indelével conferida à personalidade humana, por meio da cláusula geral que a tutela e encontra respaldo na preservação da estabilidade familiar**. Recurso especial não provido." (REsp 1000356 / SP, DJe 07/06/2010)

▶ **Artigo Correlato. CP: Art. 242.**

> **Art. 242** – *Dar parto alheio como próprio; registrar como seu o filho de outrem; ocultar recém-nascido ou substituí-lo, suprimindo ou alterando direito inerente ao estado civil:*
>
> *Pena – reclusão, de dois a seis anos.*
>
> *Parágrafo único – Se o crime é praticado por motivo de reconhecida nobreza:*
>
> *Pena – detenção, de um a dois anos, podendo o juiz deixar de aplicar a pena.*

9. Preponderância da Paternidade Afetiva em detrimento da Paternidade biológica.

Após a vigência e popularização do Exame de DNA, o Direito de Família, na parte que concerne ao Direito de Filiação/Paternidade, passou a existir em face de uma dualidade, qual seja a paternidade biológica, pericialmente comprovada, caracterizada pela certeza quase absoluta do DNA e a relação afetiva entre as pessoas envolvidas.

Cumpre ressaltar, entretanto, como será destacado um pouco mais à frente, que a decisão do STF sobre **Multiparentalidade** pareceu não atender a essa "hierarquia", muito embora a legislação continue tratando a matéria nos moldes aqui relatados. Dito de outra forma, mesmo com a decisão do STF sobre **Multiparentalidade**, sobretudo para fins patrimoniais, ainda parece existir a "ascendência" de uma forma sobre as outras, como se estabelece nas relações do dia a dia.

Afeito ao tradicionalismo, e pouco o quase nada aberto às vicissitudes do transcurso do tempo, o Código Civil, assim como a Lei de Investigação de Paternidade continuam orientando os aplicadores do direito em dar preponderância ao vínculo biológico. Eis por que as Ações de Investigação de Paternidade país afora se vinculam profundamente ao resultado da perícia. Mas nos tribunais superiores, sobretudo no STJ, a interpretação acolhida tem sido bem mais humana, e pouco ligada ao aspecto pericial. Assim, em diversos julgados recentes, os Ministros que se debruçam sobre os ramos familiaristas têm assentado entendimento segundo o qual a filiação afetiva não pode ser levianamente desprezada pela filiação biológica tecnicamente comprovada. Repise-se que esta questão precisa ser interpretada em consonância com a decisão do STF sobre **Multiparentalidade**. Esse parece ser um caminho sem volta. Nesse sentido, veja-se o julgado abaixo:

▶ **Jurisprudência do STJ**

> DIREITO DE FAMÍLIA. AÇÃO NEGATÓRIA DE PATERNIDADE. EXAME DE DNA NEGATIVO. RECONHECIMENTO DE PATERNIDADE SOCIOAFETIVA. IMPROCEDÊNCIA DO PEDIDO. 1. **Em conformidade com os princípios do Código Civil de 2002 e da Constituição Federal de 1988, o êxito em ação negatória de paternidade depende da demonstração, a um só tempo, da inexistência de origem biológica e também de que não tenha sido constituído o estado de filiação, fortemente marcado pelas relações socioafetivas e edificado na convivência familiar.** Vale dizer que a pretensão voltada à impugnação da paternidade não pode prosperar, quando fundada apenas na origem genética, mas em aberto conflito com a paternidade socioafetiva. 2. **No caso, as instâncias ordinárias reconheceram a paternidade socioafetiva (ou a posse do estado de filiação), desde sempre existente entre o autor e as requeridas.** Assim, se a declaração realizada pelo autor por ocasião do registro foi uma inverdade no que concerne à origem genética, certamente não o foi no que toca ao desígnio de estabelecer com as então infantes vínculos afetivos próprios do estado de filho, verdade em si bastante à manutenção do registro de nascimento e ao afastamento da alegação de falsidade ou erro. (REsp 1059214 / RS; DJe 12/03/2012).

12. **Provimento nº 16/2012 do CNJ sobre a indicação de supostos pais no registro de nascimento, via atividade cartorária.**

O **Provimento nº 16/2012 do CNJ** foi recebido com grande repercussão pelos aplicadores do Direito de Família. Trata-se de mais uma tentativa de trazer dados registrais para aquelas pessoas que não tenham os dados completos dos pais no registro de nascimento.

Diferentemente do que trata a Lei de Investigação de Paternidade, o atual provimento tenta resolver a situação daquelas pessoas que já passaram pela fase registral inicial e continuam com a "lacuna" no seu registro civil (enquanto a Lei busca evitar que crianças sejam registradas sem essas informações).

Fato que merece discussão é a clara iniciativa do provimento de reforçar a filiação biológica, deixando de lado toda a gama de questões tão em moda sobre a filiação afetiva, ou mesmo sobre a multiparentalidade.

De todo modo, o **Provimento nº 16/2012 - CNJ**, assim como o **Provimento nº 12/2010 - CNJ** já tinha conseguido, pretende formalizar a situação de muitos filhos que não tem plenamente estabelecidos seus direitos da personalidade pela ausência desses dados.

> **Art. 2º-A.** Na ação de investigação de paternidade, todos os **meios legais**, bem como os **moralmente legítimos**, serão hábeis para provar a verdade dos fatos. (Incluído pela Lei nº 12.004, de 2009)
>
> Parágrafo único. A recusa do réu em se submeter ao exame de código genético – DNA gerará a **presunção** da paternidade, **a ser apreciada em conjunto com o contexto probatório**. (Incluído pela Lei nº 12.004, de 2009).

1. **Meios moralmente legítimos.**

   A par da já esperada utilização dos meios legais para comprovação da suposta paternidade, a legislação em comento utiliza a previsão dos meios "moralmente legítimos" para o mesmo fim. Diante do caráter eminentemente abstrato da expressão utilizada, a compreensão do que é possível ou não recorre, no mais das vezes ao subjetivismo. Como se sabe, esse tipo de situação processual gera impasses de ordem moral, com conteúdo vexatório. Não seria demais indagar lembrar que, na esmagadora maioria dos casos, as ocasiões que dão ensejo ao nascimento de um filho se realizam no dizer popular "entre quatro paredes", sem a presença de testemunhas ou outra qualquer comprovação que possa ser trazida para os autos, ou mesmo que seja passível de discussão em audiência. Certamente essa era a preocupação do legislador ao cuidar em incluir esta expressão no texto legal. Identicamente, ao se pode deixar de recordar a "teoria dos frutos da árvore envenenada" (*"The fruit of the poisonous tree"*), emprestada do Direito Processual, a nos fazer lembrar que a dilação probatória no âmbito da demanda comporta limites legais e morais.

2. **Presunção da paternidade e a necessidade das provas indiciárias.**

   Alteração de enorme significado foi trazida pela **Lei nº 12.004/2009**, ao incluir o **art. 2º-A** na Lei de Investigação de Paternidade. Esta inclusão restou por exigir que, para fins de presunção de paternidade na hipótese de **recusa ao exame de DNA**, é preciso que existam **provas indiciárias** da existência de relacionamento entre a mãe e o suposto pai (ou vice versa). Desse modo, com a mudança legislativa, não cabe apenas a mera recusa em se fazer o exame para caracterizar a presunção de paternidade, consoante previa a **Súmula nº 301 do STJ** que, ao que parece, restou prejudicada com a mudança!

   > **Súmula nº 301 do STJ.** Em ação investigatória, a recusa do suposto pai a submeter-se ao exame de DNA induz presunção juris tantum de paternidade.

3. Da presunção *juris tantum* da paternidade.

Pela redação da Súmula nº 301, do ano de 2004, a jurisprudência pátria havia consolidado o entendimento de que todo aquele que se recusa a fazer o exame de DNA estaria automaticamente incluído na presunção relativa (ou seja, até que se prove o contrário) da paternidade, já que tinha tido a oportunidade de se provar que não o era e não o fez! Era a aplicação pura do ditado popular *"quem não deve, não teme"*. Entretanto, a análise de casos bem específicos foi demonstrando que nem sempre a regra sumulada conseguia resolver os casos em questão, mormente na situação abaixo citada, do REsp 692.242/MG, que inclusive passou a ser utilizado como parâmetro para casos posteriores (veja-se imediatamente abaixo o julgado do REsp 1068836 / RJ de 2010.). Passou-se, assim, a se exigir que, **além da recusa em realizar o exame, fossem apresentados outros tipos de prova que demonstrassem a existência de vinculação afetiva/sexual entre os supostos genitores.**

→ **Aplicação em Concurso Público:**

- *(MPE/SE/Analista/2009)*
 Presume-se concebido na constância do casamento
 (A) qualquer filho de pessoas que vierem a se casar.
 (B) o filho havido por fecundação artificial homóloga, somente se for vivo o marido, na data do seu nascimento.
 (C) o filho havido por inseminação artificial heteróloga, independentemente de autorização do marido.
 (D) somente o filho nascido cento e oitenta dias, pelo menos, depois de estabelecida a convivência conjugal ou até trezentos dias subsequentes à dissolução da sociedade conjugal pela morte do marido.
 (E) o filho havido, a qualquer tempo, quando se tratar de embriões excedentários, decorrentes de concepção artificial homóloga.
 Resposta: Alternativa "e".

→ **Aplicação em Concurso Público:**

- *FCC – 2009 – DPE – SP – Defensor Público*
 (B) Na investigação de paternidade, a recusa à perícia médica-hematológica ordenada pelo juiz supre a prova.
 Resposta: A alternativa está incorreta. Desde o advento da Lei nº 12.004/2009, a mera recusa não é suficiente para a caracterização da presunção de paternidade, sendo necessária a análise em conjunto com o contexto probatório da lide.

4. Crítica à regra do Art. 2º - A.

A inclusão do art. 2º – A na Lei de Investigação de Paternidade parece ter dificultado a verificação de paternidade, porque a exigência de demonstração de outras provas junto com a recusa injustificada em fazer o exame de DNA será, no caso concreto, de difícil (ou quase impossível) realização, principalmente nos casos em que já se faz muitos anos do envolvimento afetivo/sexual das partes. Quais seriam as provas cabíveis nesse caso? Prova testemunhal da existência de um vínculo afetivo? Provas documentais (cartas de amor, e-mails, fotos...)? Enfim, os resultados são, aparentemente, temerários em qualquer hipótese.

Ao dificultar o acesso à presunção de paternidade, a legislação ampara pessoas que preferem fugir ao exame, valendo-se de esquivas criadas pela própria lei, prostradas que ficarão na mera impossibilidade de comprovação por meio de outras provas indiciárias. Mesmo não sendo uma solução perfeita, a presunção *juris tantum* tinha o condão de "obrigar" o suposto pai a fazer o exame, mesmo que fosse para provar que não era o genitor daquele filho, situação que a reforma terminou impedindo.

▶ **Jurisprudência do STJ.**

> DIREITO DE FAMÍLIA E PROCESSUAL CIVIL. RECURSO ESPECIAL. INVESTIGAÇÃO DE PATERNIDADE. EXAME DE DNA. AUSÊNCIA INJUSTIFICADA DO RÉU. PRESUNÇÃO DE PATERNIDADE. FALTA DE PROVAS INDICIÁRIAS. 1. "Apesar da Súmula 301/STJ ter feito referência à presunção *juris tantum* de paternidade, na hipótese de recusa de o investigado se submeter ao exame de DNA, os precedentes jurisprudenciais que sustentaram o entendimento sumulado definem que esta circunstância não desonera o autor de comprovar, minimamente, por meio de provas indiciárias, a existência de relacionamento íntimo entre a mãe e o suposto pai." (REsp. 692.242/ MG, Relatora Ministra Nancy Andrighi, 3ª Turma, DJ de 12.09.2005.) 2. In casu, o Apelado foi registrado civilmente, constando o nome do seu genitor no assento do nascimento. **Durante 36 anos acreditou ser aquele que lá figurava o seu verdadeiro pai e, na condição de seu filho biológico, foi criado, tratado e amado.** Após sua morte, a mãe contou-lhe que o Réu era o pai biológico. 3. **Pensamento contrário ao sufragado pela jurisprudência desta Corte geraria situações em que qualquer homem estaria sujeito a ações temerárias, quiçá fraudulentas, pelas quais incautos encontrariam caminho fácil para a riqueza, principalmente, se o investigado é detentor de uma boa situação material.** 4. Recurso especial CONHECIDO e PROVIDO, a fim de julgar improcedente o pedido lançado na exordial. (REsp 1068836 / RJ, DJe 19/04/2010)

▶ **Jurisprudência do STJ: REsp. 692.242/MG** (caso utilizado como parâmetro).

> Direito de família e processual civil. Recurso especial. Investigação de paternidade. Exame de DNA. Ausência injustificada do réu. Presunção de paternidade. Falta de provas indiciárias. – O não comparecimento, injustificado, do réu, para realizar o exame de DNA equipara-se à recusa. – Apesar da Súmula 301/STJ ter feito referência à presunção juris tantum de paternidade, na hipótese de recusa de o investigado se submeter ao exame de DNA, os precedentes jurisprudenciais que sustentaram o entendimento sumulado definem que esta circunstância não desonera o autor de comprovar, minimamente, por meio de provas indiciárias, a existência de relacionamento íntimo entre a mãe e o suposto pai. Recurso especial conhecido e provido.

Ainda sobre o mesmo julgado, em face de sua real importância, cabe analisar o voto vencedor da *Ministra Relatora Nancy Andrighi*:

> "Na hipótese sob julgamento, embora não tenha havido recusa expressa, o recorrente deixou de comparecer, injustificadamente, por mais de uma vez, ao laboratório designado pelo juiz para coletar material genético, tendo, com isso, impedido a realização do exame pericial. (...) Neste contexto delineado pelo Tribunal de origem, deve ser equiparada à recusa o não comparecimento injustificado do recorrente, o que implicaria na presunção *juris tantum* de paternidade, nos termos do enunciado da Súmula 301/STJ. **Contudo, este Tribunal definiu que a recusa do investigado em submeter-se ao exame de DNA apenas contribui para a presunção da veracidade das alegações trazidas pela investigante com a petição inicial, devendo ser interpretada aliada ao contexto probatório desfavorável ao réu. (...) Não obstante tenha o recorrente deixado de realizar, injustificadamente, o exame de DNA, incumbia à recorrida, minimamente, por meio de provas indiciárias, comprovar a possibilidade de ser reconhecida a paternidade, o que, na hipótese, não ocorreu.** Com estes fundamentos e diante da reconhecida falta de indícios da existência de relacionamento íntimo entre a mãe da recorrida e o recorrente, inviável manter as conclusões apresentadas pelo Tribunal de origem. Forte em tais razões, conheço do recurso especial e lhe dou provimento para reformar o acórdão recorrido, julgando improcedente o pedido de declaração da paternidade imputada ao recorrente."

▶ **Doutrina.**

> "É que vinham se generalizando julgamentos que adotavam a prática pouco recomendada de se socorrer da presunção pela recusa como uma

espécie de muleta ou atalho para julgamentos de ação de investigação de paternidade em tempo mais rápido, ainda que duvidosa a segurança ou certeza do resultado do julgamento, valor que a jurisdição também deve garantir, ao mesmo tempo em que, para muitos, **a aplicação da presunção de paternidade pela recusa ao DNA representava uma espécie espúria de punição ao réu que se recusava a se submeter ao exame, conduta por vezes interpretada como desrespeito**. Quase nenhuma atenção ou importância se emprestava aos demais meios de prova, a tradicional prova testemunhal e a documental, resumindo-se o julgamento à cômoda e despreocupada aplicação da presunção de paternidade, **de tal modo que aquele que se recusasse ao exame de DNA seria declarado pai do autor da investigatória simplesmente por isso, sem maiores preocupações ou cerimônias com o grau de certeza desta conclusão**." GARCIA, Marco Túlio Murano Presunção de paternidade pela recusa ao DNA agora é lei. Isso é bom ou é ruim?!? Disponível em: http://www.ibdfam.org.br/?artigos&artigo=530. Acesso em 01/10/2010.

5. **Recusa de outros parentes (descendentes, irmãos, tios, etc) à realização do exame de DNA**

A doutrina tem levantado a possibilidade de outros parentes do suposto pai serem convidados (convocados) para fazer o exame de DNA na recusa ou na ausência ou ainda na impossibilidade (por morte) do eventual genitor. A jurisprudência, entretanto, vem se manifestando contrária a esta possibilidade, que encontra lastro no mandamento constitucional de que ninguém é obrigado a fazer ou deixar de fazer algo senão em virtude de lei. Seria situação de validade absolutamente discutível, por envolver terceiros em obrigações que não foram por eles assumidas. Mesmo diante do forte argumento contrário que se fundamenta no maior interesse dos menores, não parece dotada de lógica jurídica tal possibilidade.

▶ **Jurisprudência do STJ:**

> RECURSO ESPECIAL. CIVIL. PREJUDICIAL DE DECADÊNCIA NÃO CONHECIDA. IMPRESCRITIBILIDADE DO DIREITO. PROCESSUAL CIVIL. AUSÊNCIA DE PREQUESTIONAMENTO. INCIDÊNCIA DA SÚMULA 282/STF. JUÍZO. INVESTIGAÇÃO DE PATERNIDADE. RECUSA DOS DESCENDENTES AO EXAME DE DNA. NÃO INCIDÊNCIA DA SÚMULA N.º 301/STJ. DEMONSTRAÇÃO DO RELACIONAMENTO AMOROSO ENTRE A GENITORA E O INVESTIGADO. IMPOSSIBILIDADE DE REEXAME POR ESTA CORTE ESPECIAL. SÚMULA 7/STJ. RECURSO ESPECIAL NÃO CONHECIDO. 1. Diante da imprescritibilidade da ação de investigação de paternidade, não há como reconhecer a decadência prevista nos artigos 178 § 9º VI e 362 do

LEI DE INVESTIGAÇÃO DE PATERNIDADE **Art. 2º-A**

Código Civil revogado. 2. A falta de prequestionamento torna o recurso deficiente pela carência de pressuposto específico de admissibilidade. Aplicação da Súmula 282/STF. **3. A presunção relativa decorrente da recusa do suposto pai em submeter-se ao exame de DNA, nas ações de investigação de paternidade, cristalizada na Súmula 301/STJ, não pode ser estendida aos seus descendentes, por se tratar de direito personalíssimo e indisponível.** 4. A Súmula n.º 07/STJ impossibilita a verificação, em sede de recurso especial, sobre a existência de apontado relacionamento amoroso entre a genitora da recorrente e o suposto pai. 5. Recurso especial não conhecido. (REsp 714969 / MS, DJe 22/03/2010)

6. Ação de Investigação de Paternidade independe de prévio ajuizamento de ação de anulação de registro. Entendimento do STJ.

Ação de investigação de paternidade independe do prévio ajuizamento da ação de anulação de registro. É possível a cumulação dos pedidos formulados em ação de investigação de paternidade e de anulação dos assentos civis do investigante, quanto à paternidade registral, pois o cancelamento deste é simples consequência da procedência do pedido formulado na investigatória. O entendimento é da Quarta Turma do Superior Tribunal de Justiça (STJ), ao julgar recurso formulado pelo suposto pai. No caso, Mônica (a suposta filha) ajuizou, em 1997, ação ordinária de reconhecimento de paternidade apenas contra o suposto pai. Posteriormente, em razão de determinação do juiz da causa, foram incluídos também seus genitores constantes do assento civil, ou seja, o seu pai registral e a mãe, o que levou à retificação do nome jurídico da ação para "anulação parcial de registro c/c investigação de paternidade". Nessa ação, a causa de pedir relacionava-se ao direito de Mônica ao reconhecimento de seu real estado de filiação, mediante investigação de paternidade do seu suposto pai, considerando o fato de que, à época da sua concepção, sua mãe mantinha relacionamento amoroso com o investigado.

No entanto, esse processo foi extinto sem julgamento de mérito. O juízo de primeiro grau entendeu que faltava ao pedido de reconhecimento de nova paternidade "o indispensável interesse jurídico, enquanto que não se tenha por anulado o primitivo registro civil", além de se tratar de pedido juridicamente impossível, "pois o ordenamento jurídico vigente não admite paternidade dupla" e, portanto, cumulação entre os pedidos de reconhecimento de paternidade e anulação parcial de registro civil.

Segundo o relator, ministro Raul Araújo, está configurado o interesse processual, em seu binômio necessidade-adequação, bem como a possibilidade

215

jurídica do pedido, sobretudo considerando o entendimento doutrinário e jurisprudencial no sentido da possibilidade de cumulação entre os pedidos de investigação de paternidade e de anulação do registro de nascimento, na medida em que este é consequência lógica da procedência daquele. *Fonte:http://www.stj.gov.br/portal_stj/publicacao/engine.wsp?tmp.area= 398&tmp.texto=100239. Acesso em 22 de dezembro de 2010.*

▶ **Jurisprudência do STJ. INFORMATIVO Nº 0458.**

NOVA AÇÃO. INVESTIGAÇÃO. PATERNIDADE. ANULAÇÃO. REGISTRO CIVIL.

Discute-se no REsp se a extinção de processo sem resolução de mérito e com acórdão transitado em julgado obstaria à autora intentar nova ação, visto que ela fora julgada carecedora desta nos termos do art. 267, VI, do CPC. Para o Min. Relator, não há violação da coisa julgada formal, visto que foram sanados os supostos óbices identificados no julgamento da primeira ação, o que, a seu ver, autorizaria a aplicação do art. 268 do CPC. **Também esclareceu haver a possibilidade jurídica dos pedidos, considerando entendimento doutrinário e jurisprudencial quanto à possibilidade de cumular os pedidos de investigação de paternidade e de anulação do registro de nascimento (sendo o último consequência do primeiro). Destaca ainda que a pretensão da autora fundamenta-se no direito personalíssimo, indisponível e imprescritível de conhecimento da filiação biológica, consubstanciado no princípio constitucional da dignidade da pessoa humana.** *Precedentes citados: REsp 507.626-SP, DJ 6/12/2004; REsp 402.859-SP, DJ 28/3/2005, e REsp 765.479-RJ, DJ 24/4/2006.* REsp 1.215.189-RJ, Rel. Min. Raul Araújo Filho, **julgado em 2/12/2010.**

Art. 3º É **vedado** legitimar e reconhecer filho na **ata do casamento**.

Parágrafo único. É ressalvado o direito de averbar alteração do **patronímico materno**, em decorrência do casamento, no termo de nascimento do filho.

1. Impossibilidade de reconhecimento na certidão de casamento.

A **ata do casamento** do casal **não é competente** para reconhecimento e legitimação de filhos. Isto funciona assim, posto que a certidão de casamento é instrumento complexo, voltado para a formalização e registro da solenidade de celebração do matrimônio. Não se presta, portanto, para demais registros, como no artigo em análise, nem quaisquer outros. Para estes fins, deverá ser utilizado o registro devido, qual seja a certidão de nascimento do menor ou outras modalidades previstas em lei.

2. Filiação Sanguínea e filiação socioafetiva.

É entendimento uníssono do Direito de Família contemporâneo o reconhecimento da *afetividade* como princípio e como critério a permear as relações interpessoais de formação de família. Serve como um elemento social de obtenção de vínculos jurídicos que, embora não provenham de laços sanguíneos (família natural) ou civis (filhos decorrentes de adoção), são igualmente como instrumento de construção familiar baseado, dentre outros elementos, no *afeto*, na *afeição recíproca*, na *posse de estado de filho*, no *reconhecimento social*, no *carinho* e no *amor*. Ou seja, mesmo sem a existência de prova pericial (DNA), há concordância na doutrina familiarista no sentido de que a afetividade deve ser utilizada como elemento caracterizador de filiação.

▶ **ATENÇÃO!** Para fins de prova da filiação, em virtude da relação de parentesco, há entendimento consolidado no sentido de que a **afetividade** deve ser incluída como forma de parentesco e, portanto, aplicável para fins de registro público.

▶ **Enunciado da I Jornada de Direito Civil, do Conselho da Justiça Federal (2002):**

> *"No fato jurídico do nascimento, mencionado no artigo 1603 do CC/02, compreende-se, à luz do ar. 1593, também do CC/02, **a filiação consanguínea** e também **a socioafetiva**."*

▶ **Doutrina.**

> *"A aparência do estado de filiação revela-se pela convivência familiar, pelo efetivo cumprimento pelos pais dos deveres de guarda, educação e sustento do filho, pelo relacionamento afetivo, enfim, pelo comportamento que adotam outros pais e filhos na comunidade em que vivem. De modo geral, a doutrina identifica o estado de filiação quando há o tractus (comportamento dos parentes aparentes: a pessoa é tratada pelos pais ostensivamente como filha, e esta trata aqueles como seus pais), nomem (a pessoa porta o nome de família dos pais) e fama (imagem social ou reputação: a pessoa é reconhecida como filha pela família e pela comunidade; ou as autoridades assim a considerem). Essas características não necessitam de estar presentes, conjuntamente, pois não há exigência legal nesse sentido e o estado de filiação deve ser favorecido, em caso de dúvida."* **(LOBO, Paulo. Famílias. São Paulo: Saraiva, 2010, p. 234)**

Art. 4° O filho maior **não** pode ser reconhecido sem o seu consentimento.

1. **Consentimento para reconhecimento de filho maior.**

Na hipótese de filho maior de idade, a eficácia do reconhecimento de filiação somente poderá ser realizada se houver **interesse do filho** nesse sentido. Ou seja, caso não haja concordância do filho, o reconhecimento não se realizará. Notadamente, a utilização desse mecanismo de vinculação jurídica entre pai e filhos, aos maiores, servirá, precipuamente, para fins de **direitos hereditários e/ou reconhecimento de direitos.**

→ **Aplicação em Concurso Público:**

- *(DPE/MA/Defensor/2009)*
  A respeito da paternidade, é correto afirmar:
  (A) A prova da impotência do cônjuge para gerar, à época do nascimento, ilide a presunção da paternidade.
  (B) O reconhecimento dos filhos havidos fora do casamento pode ser feito por escrito particular, a ser arquivado em cartório.
  (C) Se a esposa confessar o adultério, isso basta para ilidir a presunção de paternidade.
  (D) O reconhecimento pode preceder o nascimento do filho ou ser posterior ao seu falecimento, exceto se ele deixar descendentes.
  (E) O filho maior pode ser reconhecido mesmo sem o seu consentimento, cabendo-lhe tão-somente o direito de contestar se o reconhecimento for em juízo ou de ingressar com ação denegatória, a passo que o menor pode impugnar o reconhecimento, nos dois anos que se seguirem à maioridade, ou à emancipação.
  Resposta: Alternativa "b".

1.1. Reconhecimento posterior e vínculo afetivo.

Nada obstante a possibilidade de um apego afetivo se construir após a maioridade, mas a ideia trazida pela legislação é no sentido de que este reconhecimento deveria ter sido feito após o nascimento, no momento oportuno do registro civil. A lei protege o filho de eventuais interesses por parte do pai que, não tendo feito o registro quando o menor mais precisava de atenção e cuidado, procura, levianamente, em momento bem posterior, o reconhecimento por interesses próprios. Imagine-se a hipótese de um pai que, nunca tendo reconhecido o filho e, com idade avançada, se vê precisando de alimentos, decide, fazer o reconhecimento de filiação para ser pensionado pelo filho. Para evitar situações desrespeitosas como

LEI DE INVESTIGAÇÃO DE PATERNIDADE   **Art. 5º**

essa, a lei lembra que o filho maior somente poderá ser reconhecido com seu consentimento.

→ **Aplicação em Concurso Público:**
- *Ministério Público – MS – 2008*
- O filho maior não pode ser reconhecido sem o seu consentimento.
  Resposta: A alternativa está correta.

> **Art. 5º** No registro de nascimento **não** se fará qualquer referência à **natureza da filiação**, à sua **ordem em relação a outros irmãos** do mesmo prenome, exceto gêmeos, ao **lugar** e **cartório** do casamento dos pais e ao **estado civil** destes.

1. **Registro de nascimento como regra geral para prova da filiação.**

   O registro de nascimento, no Brasil, produz presunção da filiação. No registro de filhos havidos fora do casamento, que são o principal foco de atuação desta Lei, não restará qualquer informação sobre o estado civil dos pais ou a natureza da filiação. A própria CF/88 proibiu expressamente qualquer tratamento discriminatório em relação aos filhos, ficando, assim, proibidos tratamentos aviltantes como *"filhos adulterinos"*, *"filhos espúrios"*, *"filhos incestuosos"*, *"filhos adotivos"*, etc. Na prática, nem o registro nem qualquer certidão extraída daquele assento poderá trazer referências à origem da filiação, ressalte-se, nem mesmo nos casos de adoção.

   → **Aplicação em Concurso Público:**
   - *Defensor Público – MA – 2009*
   - O reconhecimento dos filhos havidos fora do casamento pode ser feito por escrito particular, a ser arquivado em cartório.
     Resposta: A alternativa está correta.

2. **Artigos correlatos de referência geral à matéria:**

   ▶ **CF/88:**
   > *Art. 227. É dever da família, da sociedade e do Estado assegurar à criança, ao adolescente e ao jovem, com absoluta prioridade, o direito à vida, à saúde, à alimentação, à educação, ao lazer, à profissionalização, à cultura, à dignidade, ao respeito, à liberdade e à convivência familiar e comunitária, além de colocá-los a salvo de toda forma de negligência, discriminação, exploração, violência, crueldade e opressão.*

(...)

§ 6º – Os filhos, havidos ou não da relação do casamento, ou por adoção, terão os mesmos direitos e qualificações, proibidas quaisquer designações discriminatórias relativas à filiação.

▶ **CC/02:**

> Art. 1.596. Os filhos, havidos ou não da relação de casamento, ou por adoção, terão os mesmos direitos e qualificações, proibidas quaisquer designações discriminatórias relativas à filiação.

▶ **ECA:**

> Art. 5º Nenhuma criança ou adolescente será objeto de qualquer forma de negligência, discriminação, exploração, violência, crueldade e opressão, punido na forma da lei qualquer atentado, por ação ou omissão, aos seus direitos fundamentais.

Art. 6º Das certidões de nascimento **não** constarão indícios de a concepção haver sido decorrente de **relação extraconjugal**.

§ 1º Não deverá constar, **em qualquer caso**, o **estado civil dos pais** e a **natureza da filiação**, bem como o lugar e cartório do casamento, proibida referência à presente lei.

§ 2º São ressalvadas autorizações ou requisições judiciais de certidões de inteiro teor, mediante decisão fundamentada, assegurados os direitos, as garantias e interesses relevantes do registrado.

---

1. Prova da filiação.

Como regra, o direito brasileiro utiliza a **certidão de nascimento** como prova da filiação, por meio de declaração perante o oficial de registro público. Este sistema não se vale da prova genética para atestar o vínculo paternal, sendo o exame de DNA ferramenta necessária apenas nos casos de dúvidas acerca da filiação. Assim como na analise do art. anterior, resta clara a intenção do legislador no sentido de evitar qualquer referência à origem da filiação, nesse caso específico, no intento de evitar o constrangimento de declarar no registro a relação adulterina dos pais. Igualmente não será possível referência à Lei de Investigação de Paternidade, para não deixar margem à discussão e imaginação sobre a origem da filiação.

Segundo o entendimento constitucional em vigor, filho é filho e ponto final! Não se cogita analisar qual sua origem, se os pais eram casados, se foi fruto de relação incestuosa ou adulterina ou qualquer outra, posto que os direitos da personalidade do filho (assim como dos pais) precisam ser mantidos e respeitados.

→ **Aplicação em Concurso Público:**

- *Defensor Público – MA – 2009*
- A prova da impotência do cônjuge para gerar, à época do nascimento, ilide a presunção da paternidade.
  Resposta: A alternativa está incorreta.

2. **Possibilidade de expedição de certidões ou autorizações de inteiro teor.**

O § 2º do art. 6º da presente lei lembra que, havendo necessidades específicas, mediante decisão fundamentada do juiz, e em observância das garantias e dos direitos do registrado (intimidade, honra, imagem, etc.), pode, no caso concreto, haver **autorização judicial** no sentido de se conhecer o inteiro teor da origem biológica de determinada pessoa. Tome-se como exemplo a situação em que o registrado precisa fazer um transplante de medula óssea, cujos doadores mais propícios são seus familiares "sanguíneos" mais próximos, como ascendentes, descendentes e colaterais. Nesse caso, será preciso conhecer a origem biológica para resguardar a **saúde do registrado**. Outro exemplo possível é a hipótese de existência de impedimentos matrimoniais, onde um irmão precisa conhecer sua origem biológica para evitar o casamento com uma irmã. Urge recordar, mais uma vez, que essa manifestação expressa da origem da filiação somente será autorizada nos casos realmente necessários, por sentença judicial.

> **Art. 7º** Sempre que na sentença de primeiro grau se reconhecer a paternidade, nela se **fixarão os alimentos provisionais ou definitivos** do reconhecido que deles necessite.

1. **Efeitos materiais do reconhecimento.**

O reconhecimento da filiação dará ao reconhecido todos os direitos legalmente previstos para os filhos, dentre os quais se destacam o **direito de alimentos** e o **direito de herança**, além de outros. O artigo em comento reza ser possível a fixação de alimentos provisionais desde a sentença de primeiro grau, principalmente porque, em vários casos, haverá recurso interposto, que pode durar muito tempo até sua solução definitiva; daí a necessidade dos alimentos para a manutenção do necessitado ao longo da lide. Por diversas vezes, o reconhecimento terá como objetivo a vinculação hereditária, para fins de recebimento de herança.

▶ **Súmula 01 do STJ:**

> O FORO DO DOMICILIO OU DA RESIDÊNCIA DO ALIMENTANDO E O COMPETENTE PARA A AÇÃO DE INVESTIGAÇÃO DE PATERNIDADE, QUANDO CUMULADA COM A DE ALIMENTOS.

▶ **STJ – Informativo nº 452.**

> **ALIMENTOS PROVISIONAIS. INVESTIGAÇÃO. PATERNIDADE. PRISÃO.**
> A Turma deu provimento ao recurso ordinário em habeas corpus para afastar a aplicação do § 1º do art. 733 do CPC na hipótese de execução de alimentos provisionais fixados em ação investigatória de paternidade antes de prolatada sentença que reconheça o vínculo de parentesco, fixação disciplinada nos arts. 5º da Lei n. 883/1949, vigente à época, e 7º da Lei n. 8.560/1992. **Segundo o Min. Relator, não se mostra razoável a imposição da prisão civil quando existentes dúvidas acerca da possibilidade de arbitramento de alimentos em tais situações.** Consignou, ainda, que o art. 5º, LXVII, da CF/1988 dispõe que a medida coercitiva será aplicada em caso de inadimplemento inescusável da obrigação alimentícia, o que não se verifica na espécie. *Precedente citado: REsp 200.595-SP, DJ 9/6/2003. RHC 28.382-RJ, Rel. Min. Raul Araújo*, **julgado em 21/10/2010.**

1.1. Direitos do reconhecido na investigação aos frutos dos rendimentos dos bens retroage à citação.

O momento do reconhecimento da paternidade através de Ação de Investigação de Paternidade serve não apenas para atribuição da condição de filho ao requerente, mas também para a concretização de todos os direitos atribuídos pela relação de filiação. Como se trata de decisão produzida via ***sentença constitutiva***, é entendimento pacífico do STJ que **deve retroagir à data da citação o direito de receber frutos e rendas decorrentes dos bens do investigado**. Esta condição de recebimento desses frutos é característica lógica da condição de herdeiro que se perfaz por meio da decisão judicial.

LEI DE INVESTIGAÇÃO DE PATERNIDADE **Art. 7º**

▶ **Jurisprudência do STJ.**

> AGRAVO REGIMENTAL. PROCESSUAL CIVIL E CIVIL. VIOLAÇÃO DO ART. 535 DO CPC. NÃO-OCORRÊNCIA. AÇÃO DE INVESTIGAÇÃO DE PATERNIDADE. FRUTOS E RENDIMENTOS DOS BENS. MARCO INICIAL. CITAÇÃO. SÚMULA N. 7. INCIDÊNCIA. 1. Não há por que falar em violação do art. 535 do CPC quando o acórdão recorrido, integrado pelo julgado proferido nos embargos de declaração, dirime, de forma expressa, congruente e motivada, as questões suscitadas nas razões recursais. **2. O marco inicial para a percepção pelo novo herdeiro dos frutos e rendimentos dos bens é a citação na ação de investigação de paternidade, quando desaparece a presunção de que não há mais herdeiros e a consequente constituição em mora dos então possuidores da herança.** 3. Aplica-se a Súmula nº 7 do STJ na hipótese em que a tese versada no recurso especial reclama a análise dos elementos probatórios produzidos ao longo da demanda. 4. Agravo regimental desprovido. (AgRg no REsp 886581 / DJe 22/03/2010).

2. **Investigação de Paternidade e danos morais resultantes de abandono moral e afetivo.**

Discute-se a possibilidade de se pleitear **danos morais cumulados com a investigação de paternidade**, fundado em abandono afetivo e moral. Trata-se, certamente, de tema dos mais complexos a ser analisado pela justiça brasileira. De toda sorte, a condenação em danos morais por **abandono afetivo** ou moral revela detalhes por demais complicados para serem feitos em breve análise, como a deste livro. Ao que parece, não há cabimento de **cunho reparatório econômico para ausência de afeto**, já que essa manifestação personalíssima não pode ser tutelada pelo direito. A jurisprudência dos tribunais superiores trará nova luz à situação.

▶ **STJ – Informativo nº 392.**

> ABANDONO MORAL. REPARAÇÃO. DANOS MORAIS. IMPOSSIBILIDADE.
>
> Trata-se de ação de investigação de paternidade em que o ora recorrente teve o reconhecimento da filiação, mas o Tribunal *a quo* excluiu os danos morais resultantes do abandono moral e afetivo obtidos no primeiro grau. **A Turma entendeu que não pode o Judiciário compelir alguém a um relacionamento afetivo e nenhuma finalidade positiva seria alcançada com a indenização pleiteada.** Assim, por não haver nenhuma possibilidade de reparação a que alude o art. 159 do CC/1916 (pressupõe prática de ato ilícito), não há como reconhecer o abandono afetivo

como dano passível de reparação. Logo a Turma não conheceu do recurso especial. Precedente citado: REsp 757.411-MG, DJ 27/3/2006. **REsp 514.350-SP, Rel. Min. Aldir Passarinho Júnior, julgado em 28/4/2009. Quarta Turma.**

→ **Aplicação em Concurso Público – *Questão Discursiva*:**
- *PROVA: MPE-RJ.MPE-RJ.Promotor Estadual.2014.*
  O abandono afetivo por parte do genitor caracteriza dano moral?

> **Art. 8º** Os registros de nascimento, anteriores à data da presente lei, **poderão** ser retificados por **decisão judicial**, ouvido o Ministério Público.

1. Registros realizados anteriormente à Lei de Investigação de Paternidade.

Trata o presente artigo de regra de direito intertemporal, para que seja feita, para os registros anteriores à LIP, a equiparação com as normas de reconhecimento de filhos, investigação de paternidade (ou maternidade), negatória de paternidade (ou maternidade) e anulação de registro civil. Acerca da coisa julgada nas Ações de Investigação de Paternidade, ver os comentários ao art. 2º, item 32 acima expostos sobre o tema.

> **Art. 9º** Esta lei entra em vigor na data de sua publicação.
>
> **Art. 10.** São revogados os arts. 332, 337 e 347 do Código Civil e demais disposições em contrário.
>
> Brasília, 29 de dezembro de 1992;
171º da Independência e 104º da República.
ITAMAR FRANCO
Maurício Corrêa

▶ **Aportes necessários para a compreensão atual da Lei de Investigação de Paternidade em face da Repercussão Geral nº 622 do STF que trata da multiparentalidade.**

O reconhecimento da multiparentalidade pelo Supremo Tribunal Federal em setembro de 2016 gerou rusgas profundas na construção teórica que havia se estabelecido, desde a Codificação Civil de 1916 (e mais atrás, quando da vigência das Ordenações Portuguesas). Para alguns autores, houve verdadeiro rompimento com as diretrizes tradicionais do Direito de Família brasileiro.

Como vem acontecendo nos últimos anos, decisões judiciais desse jaez implicam na convivência nem sempre pacífica entre o que resta estabelecido nos acórdãos jurisprudenciais e as normas que estão legisladas sobre a matéria.

Convém deixar claro que o julgado em questão não revogou as normas previstas para a matéria no Código Civil nem nas leis civis especiais de Direito de Família, como a Lei de Investigação de Paternidade. Mas a decisão do STF impôs atividade de adaptação entre a norma legislada e a compreensão atual da matéria.

Verificar os destinos, acompanhar os caminhos e apontar interpretações é função essencial da doutrina, da qual os livros que se propõem a realizar tal intento não podem fugir[21]. Nesse afã, faz-se necessária uma atividade de compreensão das mudanças e o estabelecimento de pontes para o diálogo entre as normas postas e a análise jurisprudencial da matéria.

De mais a mais, a intersecção entre a norma codificada e a interpretação jurisprudencial tão significativa, robusta e impactante na vida de milhares de brasileiros é a única saída para se resguardar uma mínima estrutura do sistema jurídico brasileiro, que no Direito de Família, parece que vem, lentamente, migrando do modelo da *Civil Law* para o estereótipo da *Common Law*.

1. A questão da Multiparentalidade.

A Lei de Investigação de Paternidade (Lei nº 8.560/1992) delimitou contornos bastante claros para averiguação da paternidade sempre que a mesma não seja devidamente declara de maneira espontânea por um ou ambos os genitores. Como visto, tal declaração pode se dar através da "averiguação oficiosa da paternidade" ou através de judicialização da demanda, por meio da "Ação de Investigação de Paternidade".

A premissa base da Lei de Investigação de Paternidade é a tradicional filiação binária (um pai e uma mãe), que posteriormente foi readequada para receber as inovações trazidas pela filiação de casais homoafetivos, passando a ser, também, possível, dois pais ou duas mães, mas sendo mantendo o número dois como sendo a base da construção sociocultural da filiação

---

21. Academicamente tem sido realizada sólida critica ao que se chama de "doutrina no Direito Civil", uma vez que a doutrina contemporânea "pouco doutrina", e se limita, muitas vezes, a realizar trabalhos de comentários de jurisprudência. A jurisprudência deve, em tese, ser influenciada pela doutrina, e não o contrário, sob pena de, no Direito de Família brasileiro, estarmos realizando verdadeira transição do sistema da *civil law* para o sistema da *common law*.

no Direito de Família brasileiro. Tal perspectiva vinha sendo reforçada pela norma codificada, seja nos termos do Código Civil de 1916, seja no atual Código Civil de 2002.

Progressivamente, por intervenção da doutrina mais vanguardista, passou-se a discutir a possibilidade de, em certos e específicos casos, o reconhecimento de uma filiação trinaria, ou seja, baseado em três pessoas (ao invés das duas tradicionais). Essa possibilidade tomou corpo em congressos especializados na área familiarista e assumiu o centro das discussões sobre a questão da filiação na contemporaneidade.

Entende-se por multiparentalidade, então, a possibilidade de que alguém tenha mais de dois pais (aqui referido como gênero). Isso é, por exemplo, o reconhecimento jurídico de que alguém tenha dois pais e uma mãe, duas mães e um pai, três mães ou três pais. Essa multiplicidade de relações paterno-filiais significa, identicamente, a pluralidade de ascendentes de segundo grau na linha reta, ou seja, seis avós, doze bisavós e assim sucessivamente.

Tal construção somente é reconhecível juridicamente a partir do reconhecimento da filiação socioafetiva como sendo uma verdade para o ordenamento jurídico brasileiro, e que o vínculo afetivo está na mesma ordem hierárquica da filiação biologia e da filiação registral. Na prática isso significa dizer que determinada pessoa pode ter sido gerada e posteriormente registrada por um casal, mas que os vínculos de "criação" foram estabelecidos com outra (s) pessoa (s), ocasionando, assim, a multiplicidade de vinculações de ordem da filiação.

Passou-se, então, a uma concepção que rompe singularmente com o modelo de filiação binária. A multiparentalidade autoriza o reconhecimento simultâneo, para uma mesma pessoa, de mais de duas relações de paternidade. Não funciona mais, "apenas", com um pai e uma mãe. O limite para as disposições de paternidade não foram fixados pela decisão do Supremo Tribunal Federal através da tese aprovada na Repercussão Geral de nº. 622, levando-se a uma interpretação no sentido de que alguém pode ter três, quatro ou até cinco ascendentes distintos, ou mesmo mais que isso.

O elemento essencial para o reconhecimento da multiparentalidade é o vínculo de filiação socioafetivo. Sem ele não se cogitaria tratar de relações multiparentais. Decerto essa foi uma das principais – senão a maior de todas – as conquistas da Teoria da Afetividade no âmbito do Direito de Família brasileiro após seu lento e gradual reconhecimento acadêmico, doutrinário e jurisprudencial.

Paradoxalmente, a multiparentalidade, pela maneira que foi introduzida no sistema jurídico brasileiro pelo STF, possibilitou o reconhecimento de vínculos de filiação que não tenham sido fundados no amor e no afeto. Na prática, pessoas que são pais biológicos mas que nunca exerceram a paternidade na criação dos filhos, podem ser demandados à investigação de paternidade para atender a necessidades de prestar alimentos, ou a interesses puramente financeiros como receber uma herança.

A própria Ação que deu ensejo à Repercussão Geral de nº 622 tratava de uma mulher que, embora tenha sido criada pela mãe ao lado do pai afetivo – que a tinha registrado como filha – decide ingressar com Ação de Investigação de Paternidade coma finalidade conseguinte de obter do pai biológico prestação de alimentos. Ou seja: o vínculo afetivo não tinha importância no referido caso e chegou mesmo a ser deixado de lado, posto que a multiparentalidade se prestou a satisfazer interesses meramente econômicos.

Por fim, cabe mencionar que essa á uma razão clara do sistema brasileiro, mas que não é uníssona na doutrina e na legislação estrangeira. O Direito Argentino, por exemplo, em recente alteração da sua codificação proibiu expressamente o reconhecimento da multiparentalidade naquele sistema jurídico, não deixando dúvidas de que a teoria não é bem vinda naquela cultura.

No caso brasileiro, a decisão em questão é fruto de um amplo e complexo processo de judicialização das regras de Direito de Família, na medida em que se outorga ao Poder Judiciário ampla liberdade de "construção normativa", a fim de resolver casos concretos baseados unicamente em manifestações das Cortes Superiores.

Nesse sentido, relevante recordar que a matéria da multiparentalidade foi tema proposto para enunciado, para debate e deliberação na Jornada de Direito Civil ocorrida no ano de 2013, organizada pelo Conselho da Justiça Federal / STJ em Brasília – DF, tendo sido rejeitada por maioria dos votos na Comissão de Direito de Família e Sucessões daquele importante encontro.

Ainda, forçoso reconhecer que a doutrina divergiu flagrantemente sobre o tema, sendo possível apontar apaixonadas posições em sentido contrário ao reconhecimento do instituto e da própria tese da multiparentalidade.

Durante a tramitação do caso que deu ensejo à Repercussão Geral no Supremo Tribunal Federal, houve as participações do IBDFAM – Instituto Brasileiro de Direito de Família e da ADFAS – Associação de Direito de Família e Sucessões na condição de *Amicus Curie*, sendo esta entidade frontalmente contrária ao tema, enquanto aquela amplamente favorável ao reconhecimento.

Esta dualidade teórica estava também, portanto, refletida nos espaços de discussão acadêmica e técnica do Direito de Família em todo o Brasil. E, ao que parece, ainda dentro de impressões iniciais sobre as consequências do reconhecimento da multiparentalidade, a matéria ainda está longe de estar apaziguada. Os posicionamentos opostos, contra e a favor da multiparentalidade permanecem vivos e a temática ainda vai dar muito o que falar nos próximos anos.

2. **Ascendência Genética x Filiação.**

Questão complexa e que foi superficialmente tratada na decisão do STF sobre a multiparentalidade diz respeito à dicotomia entre "Ascendência genética" e "filiação". O ascendente genético é aquela pessoa que forneceu material biológico para a reprodução humana. Pode ser o próprio pai registral, por exemplo, mas pode ser um doador para banco de sêmen, nos casos de reprodução humana assistida ou inseminação artificial heteróloga. Ou o pai biológico nas situações de adoção cujos vínculos jurídicos com a família originária são desfeitos pela sentença judicial, permanecendo apenas as proibições matrimoniais.

Pai, ao contrário, é aquele que cria, que serve de exemplo (bom ou ruim), que acompanha o crescimento e o desenvolvimento dos filhos, sustentando-os economicamente, mas também moral e espiritualmente. A paternidade que dá ensejo à relação jurídica de filiação é fundada e vínculo profundo que une pais e filhos, independentemente de classe social, de padrão cultural ou nível de escolaridade. A paternidade preenche o "lugar do pai", na mais pura acepção psicanalítica, possibilitando o saudável desenvolvimento da prole no âmbito da sua estrutura familiar real, concreta, viva e palpitante.

Feitas estas breves distinções, parece que laborou em erro o Supremo Tribunal Federal quando da deliberação sobre a mutiparentalidade, ao possibilitar que ambas as distintas caracterizações jurídicas fossem tratadas sobre a mesma lógica e idêntica perspectiva. Isso é, em conformidade com a tese firmada pelo STF, ascendente biológico e pai de criação se confundem nas mesmas obrigações, direitos e deveres para com a prole. Acomodar na mesma seara os "pais" biológicos e afetivos, reservando-lhes idênticas atribuições legais é retrocesso imposto ao Direito de Família brasileiro, que havia firmado raízes na última década nos pilares da humanização, repersonalização, democratização e autonomia dos arranjos familiares.

O conflito estabelecido entre o "pai que faz" e o "pai que cria" já vinha encontrando sólida resposta: a prevalência da filiação afetiva em detrimento da filiação biológica. Inclusive esperou-se que essa matéria fosse diretamente abordada pelo STF quando discutiu o caso em estudo. Daí a surpresa com que foi recebida a notícia de que a Corte Suprema não tinha decidido "entre uma e outra" modalidade de filiação, mas havia reconhecido ambas ao mesmo tempo.

A doutrina brasileira e a estrangeira já vinham reconhecendo, há algum tempo, o direito à ascendência genética como sendo uma garantia vinculada ao próprio princípio da dignidade humana. Significa direito ao conhecimento da sua história, da sua constituição como ser humano e como cidadão. Além desse aspecto de peso, um outro não menos importante tem que ser lembrado: a eventual necessidade de familiares biológicos para intercâmbio de materiais genéticos, como transplantes, tratamentos médicos e etc. O reconhecimento da identidade genética era, até a decisão da Repercussão Geral nº. 622 do STF, desdobramento do direito de personalidade, com reflexos em várias áreas do Direito Civil, sobretudo no Direito de Família, mas sem repercussão econômica e patrimonial.

Doravante, é possível afirmar que a ascendência genética foi alçada ao patamar da paternidade, singularmente tratada como paternidade biológica, a surtir todos os efeitos de outra paternidade afetiva, com destaque, repise-se, para os direitos de ordem econômica e de conteúdo patrimonial.

Parece-nos que se operou em grave erro!

Destarte, nessa linha de raciocínio, por exemplo, o filho adotivo pode apresentar Ação de Investigação de Paternidade em face dos genitores biológicos, não havendo mais o rompimento definitivo dos vínculos de família com a família originária. Dito de outra forma, parece razoável afirmar que as regras de adoção no Brasil foram amplamente alteradas, exigindo novos olhares sobre a legislação própria da matéria.

Identicamente, o doador de material genético para banco de sêmen, caso identificável, estará equiparado ao pai biológico no caso da adoção, pois neles se visualizará a figura do ascendente genético. Ou seja: pode vir a ser possível impetrar Ação de Investigação de Paternidade em face do doador de material genético, situação já ocorrida em ouros países[22].

---

22. A justiça Norte-Americana tem indicado precedentes nesse sentido, sendo possível que a ideia seja discutida também no Direito Brasileiro. Nesse sentido:

Por fim, como terceiro e último exemplo, a inseminação artificial heteróloga poderá deixar de reconhecer como pais "apenas" a mãe e o pai afetivo, como prevê expressamente o Código Civil brasileiro, vez que o fornecedor de material genético pode constituir a estrutura multiparental, segundo as atuais regras do STF.

Lado outro, as regras relativas à maternidade atingida através de gestação de substituição (comumente conhecidas como "barriga de aluguel"), por similitude, podem também ser interpretadas nessa linha de análise sendo possível, quiçá, estender para a "mãe gestacional" as mesmas obrigações jurídicas da "mãe comum" (assim entendida aquela que fecundou e gerou no seu ventre a criança), ou da "mãe apenas biológica" (sendo aquela que forneceu o material genético, mas, por razões diversas, não conseguiu gerar o bebê no seu próprio útero).

3. **Renovada dimensão ao exame de DNA.**

O Exame de DNA já atravessou diversos momentos na legislação brasileira desde a sua aceitação plena como prova pericial e, sobretudo, a partir da sua popularização. Importa lembrar que algum tempo atrás, o acesso ao Exame de DNA era caro, demorado e realizado, muitas vezes, fora do país.

"Agora, na Califórnia, um doador de esperma pode buscar na Justiça seu direito à paternidade. Há uma condição, estabelecida pelo tribunal de recursos. O pai biológico, para recuperar o pátrio poder, tem de provar na Justiça que é pai de verdade – isto é, que tem um relacionamento afetivo e compromissado com o filho. Patric apresentou provas de que o filho Gus, agora com quatro anos, concebido através de fertilização in vitro, o chama de "Dada", já morou temporariamente em sua casa e, quando estão distantes, se comunicam pelo Skype. Antes, o entendimento jurídico na Califórnia – o mesmo de outros estados que, agora, devem ser influenciados pela decisão do tribunal de recursos – não dava qualquer chance a um doador de esperma de reclamar na Justiça a paternidade, se não fosse casado com a mãe da criança. Isso deriva de um tempo em que ter filhos fora do casamento não era normal e que processos de inseminação artificial sequer eram conhecidos, de acordo com The National Law Journal, o The Wall Street Journal e outras publicações. Assim, no tribunal de primeira instância prevaleceu a tese dos advogados da ex-namorada de Patric, Danielle Schreiber, que se baseou fundamentalmente no Código da Família 7613, segundo o qual "o doador de sêmen entregue a um médico ou a um banco de espermas, para uso em reprodução assistida, em uma mulher outra que não a esposa do doador, é tratado na lei como se não fosse o pai natural da criança então concebida". O advogado de Patric contra-atacou com outra lei, o Código da Família 7611, um pouco mais antiga, que destaca diversas definições de "pai natural" – entre elas, a de que se trata de alguém que "recebe a criança em sua casa e trata a criança como seu filho ou filha natural". Melo, João Ozório de. Doador de esperma tem direito à paternidade nos EUA. Disponível em: http://www.conjur.com.br/2014-mai-17/eua-tribunal-decide-doador-esperma-direito-paternidade. Acesso em 11/09/2017.

Atualmente, uma infinidade de laboratórios realiza o exame em todos os Estados da Federação, com satisfatório grau de confiabilidade.

Nesse percurso histórico, o Exame passou por momentos de fortíssima credulidade social e jurídica, mas também por instantes de nítido afastamento da realidade acadêmica e forense. É que com o ápice da "teoria da afetividade", segundo a qual as relações de família estão fundamentadas na prevalência de do afeto sobre laços meramente formais e até mesmo dos laços de sangue, houve um desgaste natural do Exame de DNA enquanto prova incontestável. Dito de outra forma, passou-se a entender que, mesmo havendo o eventual reconhecimento de filiação biológica em determinada relação paterno-filial, tal vínculo de sangue poderia ser colocado em segundo planto ante a existência de um vínculo de afeto já constituído.

Por exemplo, o caso do pai que havia reconhecido um filho que depois descobre que não era seu através de exame de DNA. Para esses casos (tão comuns na rotina forense das Varas de Família), consolidou-se entendimento de que não seria possível o desfazimento da filiação (mesmo com prova pericial de DNA atestando o contrário dos fatos da vida), haja vista que já havia se estabelecido o laço de "criação" entre pai e filho, sendo o afeto mais forte que o sangue.

Esta situação parecia devidamente consolidada, tanto pela doutrina quanto pela jurisprudência no Brasil. Até que a Repercussão Geral fixada na Tese de nº. 662 do STF desconstruiu tal posicionamento para afirmar que é possível a concomitância de vínculos de filiação distintos entre si, possivelmente colocando lado a lado uma filiação afetiva ao lado da filiação biológica, sem que uma delas desconstrua a outra. Ou seja: a Repercussão nº. 662 do STF fez ressuscitar completamente a força do exame de DNA, mesmo naqueles casos em que o pai biológico nunca havia sido, por qualquer modo, o pai afetivo. O STF redimensionou a própria noção de parentalidade no Direito de Família brasileiro, na medida em que permitiu que o pai biológico não fosse sucumbido e definitivamente superado pelo pai afetivo.

Nessa ordem de coisas, ressurge a importância do exame de DNA, agora com robusta interpretação constitucional dada pela Corte Máxima, legitimando a busca pelas origens biológicas em todos os casos de dúvidas. Desse modo, mais uma vez, volta o exame de DNA, e agora com força total, capaz de rever estruturas de paternidade que já haviam sido consolidadas, ou pronto para ampliar o rol de paternidade para pessoas que tiveram dupla (ou quem sabe tripla ou quádrupla) paternidade.

4. Novas premissas para a Lei de Investigação de Paternidade.

Cumpre registrar que a multiparentalidade não encontra respaldo teórico na Lei de Investigação de Paternidade. Do mesmo modo, tal linha de raciocínio fere significativamente a ideologia adotada pelo sistema jurídico civil brasileiro, com suas tradições e com seus pressupostos epistemológicos, técnicos e lógicos.

Entretanto, a família em todo o mundo sofreu e sofre transformações extremamente significativas.

Em regra, até pouco tempo atrás, a filiação afetiva só encontrava respaldo em três previsões muito específicas do Código Civil brasileiro, quais sejam: *a)* adoção; *b)* inseminação artificial heteróloga (dentro das previsões da presunção *pater is est*) e *c)* na estruturação da *posse de estado de filho*.

Com o surgimento da multiparentalidade, toda uma nova dimensão do direito da filiação passa a fazer parte da "agenda" do Direito de Família no país, com decisões jurisprudenciais de realce. As normas infraconstitucionais que tratam, direta ou indiretamente da matéria, precisam, também, de uma releitura, a fim de que haja adaptação e coerência com a nova perspectiva introduzida no sistema jurídico brasileiro. Ou seja, é necessária uma releitura cuidadosa da Lei de Investigação de Paternidade nesse aspecto.

Capítulo IV
I – Lei da União Estável

1. **Breves considerações sobre a União Estável no Direito Brasileiro.**

A convivência estável, de caráter duradouro, **através da coabitação, da manutenção econômica do lar, do relacionamento afetivo e sexual, da aparência pública de formação de família, como se fosse um casamento informal, tem raízes históricas que se perdem no tempo e na história da civilização humana.**

Engana-se quem imaginar que essa formação familiar foi construída a partir do art. 226 da CF/88, que lhe deu contornos jurídicos e legais no âmbito do direito brasileiro. Esse foi, apenas, um dos últimos degraus na construção e no reconhecimento de direitos a essa estrutura **pessoal-afetiva-familiar**.[23]

Durante muito tempo, e de maneira intensa, houve combate direto a essa formação familiar, sempre em face da proteção dada à família tida por legítima, decorrente do vínculo de casamento. O casamento sempre foi e continua sendo a base da construção familiar no Brasil, mas, desde 1988, com o advento da Constituição Cidadã, pode-se afirmar que nosso sistema jurídico abriu as portas para a **pluralidade familiar**, aceitando e normatizando outros vínculos como modelos de família.[24]

---

23. "O modelo igualitário da família constitucionalizada se contrapõe ao modelo autoritário do Código Civil anterior. O consenso, a solidariedade, o respeito à dignidade das pessoas que a integram são os fundamentos dessa imensa mudança paradigmática que inspiram o marco regulatório estampado nos arts. 226 a 230 da Constituição de 1988". (LODO, Paulo. **Famílias**. São Paulo. Saraiva, 2010, p. 21.)

24. "Buscou-se, no sistema jurídico brasileiro preservar e equiparar, em maior ou menor medida, os efeitos próprios à família – entendida como ente não personificado formado a partir do casamento civil ou daquele religioso com efeitos civis – como o da entidade familiar, comunidade formada pelos pais e por seus descendentes, oriunda da união estável propriamente dita. Dentre esses efeitos poderíamos citar, como exemplos, a autorização para que se utilize o nome do companheiro; a possibilidade de ser o companheiro beneficiário de pensão ou de seguro; a possibilidade de adoção de menores; o poder de disposição de medidas cautelares para afastar do convívio o companheiro que se mostre perigoso, à semelhança do que ocorre na ação de separação de corpos existentes para o caso de casamento válido; a possibilidade

A união estável, assim, conceitua-se como sendo **uma união livre, formada por pessoas capazes, de sexos opostos, livres e desimpedidos, que decidem construir uma família sem demais solenidades e sem formalidades.**

Companheiro(a) é a designação que recém as pessoas que vivem em união estável.[25]

Existe flagrante distinção entre concubinato e união estável. Concubinos, segundo dicção do próprio Código Civil, são pessoas impedidas de casar. Já entre os companheiros de união estável, não existe qualquer impedimento que iniba a consecução de direitos atribuídos por lei às pessoas que vivem nessa relação.

Consoante a regra constitucional atualmente em vigor, a caracterização da formação familiar como união estável exige a presença, concomitantemente, de 04 (quatro) requisitos, quais sejam:

A) **união pública;**

B) **união contínua;**

C) **união duradoura;**

D) **objetivo de constituição de família.**

O primeiro desses requisitos diz respeito à **união que seja pública**. Essa característica informa a notoriedade do casal, seu reconhecimento social. Não se perfaz tal notoriedade da mesma forma como se dá publicidade ao casamento, posto que no matrimônio existem a publicação dos proclamas

---

de que um dos que participam da união estável possa administrar o patrimônio comum, inclusive interpor embargos de terceiros quando a posse dos bens seja turbada ou esbulhada por medidas judiciais oriundas de processos estabelecidos entre outras partes, dentre outras possibilidades". (SCAFF, Fernando Campos. Aspectos Gerais da União Estável. Revista IOB de Direito de Família. Nº 48 – jun.-jul./2008. Porto Alegre: Síntese, 2008).

25. "Assim como para o casamento, o conceito de união livre ou concubinato é variável. Importa analisar seus elementos constitutivos. A união estável ou concubinato, por sua própria terminologia, não se confunde com mera união de fato, relação fugaz e passageira. Na união estável existe a convivência do homem e da mulher, sob o mesmo teto ou não, mas *mor uxório*, isto é, convívio como se marido e mulher fossem. Há, portanto, um sentido amplo de união de fato, desde a aparência ou posse do estado de casado, a notoriedade social, até a ligação adulterina. Nesse sentido, a união estável é um fato jurídico, qual seja, um fato social que gera efeitos jurídicos. Para fugir à conotação depreciativa que o concubinato teve no passado, com frequência, a lei, a doutrina e a jurisprudência já não se referiam a *concubinos*, mas a *companheiros* ou *conviventes*." (VENOSA, Sílvio de Salvo. **Código Civil Interpretado**. São Paulo: Saraiva, 2010. p. 1566)

em cartório e o registro da celebração do ato. Provas testemunhais, documentos assinados por ambos os companheiros (como um contrato de locação, por exemplo).

Em seguida, temos a ideia de **continuidade da relação**. Isto implica dizer que, para ser consagrada como união estável, a relação não pode ser intervalada, segmentada, com solução de continuidade. A noção de união contínua traduz que o casal esteja junto por período constante, sem alternância de convivência ou com separações sucessivas que representem instabilidade.

Por terceiro, pressupõe a lei que **a união seja duradoura**, ou seja, que ela se estenda por um período de tempo suficiente para configurar uma relação familiar. Procurou o legislador, atualmente, em face do Código Civil em vigor, e diferentemente da Lei nº 8.791/94 (que passaremos a analisar a seguir), não estabelecer prazo mínimo, de modo taxativo. Essa estipulação temporal, como se sabe, não restou frutífera em nosso ordenamento, pois ensejava sérias possibilidades para fraude entre os companheiros, na medida em que um deles, de modo ludibrioso, poderia se desvencilhar da relação estável poucos meses antes de atingir o prazo fixado com a única vil finalidade de não conferir direitos ao outro. Assim, temos na formatação atual, que o critério de durabilidade da união deve ser apontado pelo juiz, no caso concreto, em averiguação de provas acostadas e com toda a subjetividade que é pertinente à matéria.

Finalmente, tem-se que a união deve **ter por objetivo constituir família**. Esse requisito funciona como um elo entre todos os três anteriores, haja vista que de nada adiantaria que a união fosse pública, contínua e duradoura, se o casal não objetivasse, com ela, à constituição de uma família. Estaríamos, decerto, diante de um namoro, e não de uma união estável. O ideal de construção de uma família, fundada no respeito recíproco, na assistência mútua e na fidelidade de ambos, dá à união estável a equiparação ao casamento, para todos os fins de direito.

Não restam dúvidas de que a **afetividade** é o grande veículo condutor das formações familiares que se apresentam ao operador do direito neste início de milênio; de igual modo, por meio do vínculo de afetividade, se solidificam relações que prescindem de atos solenes para sua constituição. Esta é a força motriz da união estável, que abre espaço para que outras formações, identicamente, ganhem lugar no campo jurídico e no meio social.

> **LEI Nº 8.971, DE 29 DE DEZEMBRO DE 1994.**
> Regula o direito dos companheiros a alimentos e à sucessão.
> **O PRESIDENTE DA REPÚBLICA.** Faço saber que o Congresso Nacional decreta e eu sanciono a seguinte lei:
>
> **Art. 1º** A companheira comprovada de um homem solteiro, separado judicialmente, divorciado ou viúvo, que com ele viva há mais de cinco anos, ou dele tenha prole, poderá valer-se do disposto na Lei nº 5.478, de 25 de julho de 1968, **enquanto não constituir nova união** e desde que prove a necessidade.
>
> Parágrafo único. Igual direito e nas mesmas condições é reconhecido ao companheiro de mulher solteira, separada judicialmente, divorciada ou viúva.

1. **Reconhecimento histórico da união estável.**

A primeira lei que tratou da união estável no Brasil, no ano de 1994, teve a preocupação de apresentar regras cabíveis para as pessoas que viviam em relação de companheirismo naquele momento. A lei teve como foco a aplicação dos ditames constitucionais segundo os quais a união estável foi reconhecida como modalidade de família, e equiparada ao casamento. A regra, naquele instante insculpida, foi no sentido de reconhecer união estável aos casais que vivessem juntos há pelo menos 05 (cinco) anos ou que tivessem prole comum. Essas regras não prosperaram posto que traziam flagrante possibilidade de fraude. Por exemplo, um casal que tivesse vivido junto por quatro anos e dez meses, não teria direito ao reconhecimento da união, já que a "prescrição aquisitiva" não tinha sido preenchida. Ainda prosperou, por certo prazo, a ideia de que esse período de cinco anos deveria ser considerado apenas para concessão de alimentos e direitos sucessórios. Mesmo assim, essa previsão excludente não recebeu amparo na jurisprudência, e foi alterada pouco tempo depois. Importante destacar que há benefícios previdenciários decorrentes do reconhecimento de união estável no Brasil[26].

---

26. DIREITO PROCESSUAL CIVIL. COMPETÊNCIA PARA APRECIAR DEMANDA EM QUE SE OBJETIVE EXCLUSIVAMENTE O RECONHECIMENTO DO DIREITO DE RECEBER PENSÃO DECORRENTE DA MORTE DE ALEGADO COMPANHEIRO.
Compete à Justiça Federal processar e julgar demanda proposta em face do INSS com o objetivo de ver reconhecido exclusivamente o direito da autora de receber pensão decorrente da morte

I – LEI DA UNIÃO ESTÁVEL   Art. 1º

→ **Aplicação em Concurso Público:**
- *Ministério Público – TO – 2006*
- A notoriedade é elemento essencial para que se evidencie a estabilidade. A união estável deverá ser assumida perante terceiros e ter como objetivo a constituição de família. É essencial que tenha aparência de casamento, sendo dispensável, contudo, a convivência sob o mesmo teto. Inexistindo prova de que os bens foram adquiridos a título oneroso na constância da união estável, é inevitável a partilha do patrimônio.
Resposta: A alternativa está correta.

▶ **Jurisprudência – STJ**

> AGRAVO REGIMENTAL NO RECURSO ESPECIAL. FUNDAMENTOS INSUFICIENTES PARA REFORMAR A DECISÃO AGRAVADA. AÇÃO DECLARATÓRIA DE UNIÃO ESTÁVEL. PRAZO. LEI 8.971/94. VIDA EM COMUM RECONHECIDA PELAS INSTÂNCIAS ORDINÁRIAS. 1(...) **2. Segundo a jurisprudência desta Corte, "o prazo de cinco anos a que se refere o art. 1º da Lei nº 8.971/94 está confinado aos benefícios da Lei nº 5.478/68 e aos direitos sucessórios, não condicionando o conceito de união estável, que já na Lei nº 9.278/96 está apresentado como "convivência duradoura, pública e contínua de um homem e uma mulher estabelecida com objetivo de constituição de família'"** (REsp 246.909/SP, Rel. Ministro CARLOS ALBERTO MENEZES DIREITO, TERCEIRA TURMA, DJ 25/03/2002, p. 272). 3. Tendo as instâncias ordinárias concluído no sentido do restabelecimento da convivência conjugal, à luz da prova dos autos, inviável a inversão do entendimento, por força da Súmula 7/STJ. 4. Agravo regimental a que se nega provimento. (AgRg no REsp 594130 / SP, DJe 24/06/2010).

→ **Aplicação em Concurso Público:**
- *XI Concurso TRF 1ª Região/2005*

---

do alegado companheiro, ainda que seja necessário enfrentar questão prejudicial referente à existência, ou não, da união estável. A definição da competência se estabelece de acordo com os termos da demanda, e não a partir de considerações a respeito de sua procedência, da legitimidade das partes ou de qualquer juízo acerca da própria demanda. Assim, se a pretensão deduzida na inicial não diz respeito ao reconhecimento de união estável, mas apenas à concessão de benefício previdenciário, deve ser reconhecida a competência da Justiça Federal. Nesse contexto, ainda que o juízo federal tenha de enfrentar o tema referente à caracterização da união estável, não haverá usurpação da competência da Justiça Estadual, pois esse ponto somente será apreciado como questão prejudicial, possuindo a demanda natureza nitidamente previdenciária. CC 126.489-RN, Rel. Min. Humberto Martins, julgado em 10/4/2013.

I. Com o advento da Constituição Federal de 1998, o centro da tutela constitucional familiar se desloca do casamento para as relações familiares dele, mas não unicamente dele decorrentes.
Resposta: A alternativa está correta.

▶ **Jurisprudência – STJ**

> **UNIÃO ESTÁVEL. COABITAÇÃO.**
> A recorrente busca reconhecer a existência de uma entidade familiar formada entre ela e o de cujus apta a reservar-lhe meação nos bens deixados (...). Porém, afastada a única premissa utilizada pelo Tribunal a quo para repelir a existência da união estável (a falta de coabitação), só resta a remessa dos autos à origem para que lá, à luz dos demais elementos de prova constantes dos autos, examine-se a existência da mencionada união, visto o consabido impeço de o STJ revolver o substrato fático-probatório dos autos. Precedentes citados: REsp 278.737-MT, DJ 18/6/2001, e REsp 474.962-SP, DJ 1º/3/2004. REsp 275.839-SP, Rel. originário Min. Ari Pargendler, Rel. para acórdão Min. Nancy Andrighi (art. 52, IV, b, do RISTJ), julgado em 2/10/2008.

2. **Adaptação das regras de companheirismo ao Novo Código Civil.**

Embora diante da existência de duas legislações tratando do tema após a vigência da Constituição Federal de 1988, o Código Civil em vigor absorveu as discussões acerca das novas formas de família, incluindo a união estável. Em certos aspectos, a nova legislação foi suficientemente coerente, com a disciplina constitucional acerca da matéria. Em outros pontos, a abordagem não foi tão feliz, como no que diz respeito ao **direito real de habitação** da(o) companheira(o) sobrevivente, que estava previsto na legislação anterior, mas não foi expressamente ratificado pelo legislador do CC/02., como veremos adiante. De todo modo, a perspectiva da legislação, acompanhada pela doutrina e pela jurisprudência parece realmente ter sido no sentido de equiparar as aplicações da união estável ao casamento tradicional, sem maiores rigores injustificáveis de distinção entre os dois tipos de família.

→ **Aplicação em Concurso Público:**

- *CESPE/CEBRASPE – 2008 – PGE-PB – Procurador de Estado*
- O casamento e a união estável são reconhecidos como entidades formadoras da família, sendo caracterizada como união estável a sociedade de fato formada por duas pessoas de sexos diferentes, mesmo se uma ou ambas

sejam casadas; nesse caso, assegura a lei aos conviventes os mesmos direitos das pessoas casadas, inclusive quanto ao regime patrimonial.
Resposta: A alternativa está errada. A união estável será caracterizada pela união de fato dentre pessoas de sexos diferentes, mesmo que uma ou ambas sejam casadas, mas exige-se que não o convivente impedido esteja separado de fato ou judicialmente do seu cônjuge. Se houver coabitação concomitante no casamento e na segunda relação, não poderá esta ser reconhecida como união estável, mas sim, mero concubinato.

3. **A polêmica questão entre Namoro e União Estável.**

O tema das uniões estáveis tem sido significativamente rediscutido diante da mudança dos padrões de comportamento da sociedade. O que antigamente recebia a denominação de "namoro" (etapa inicial de um relacionamento, na qual os namorados se conheciam e conheciam as respectivas famílias) passou a caracterizar, em muitos casos, outro tipo de união. Na tradicional conceituação, namoro era uma etapa preparatória para o noivado, e futuramente, casamento. O "**namoro adulto**", como tem sido chamado, engloba pessoas em um relacionamento afetivo sério, público, continuo e duradouro, mas, via de regra, sem a intenção de se constituir uma família. Nesse tipo de relacionamento, os casais mantem relações sexuais frequentes, e algumas vezes até partilham despesas domésticas. Flagrantemente, esse tipo de relacionamento aproxima-se muito da união estável. A questão que tem se afigurado aos profissionais do Direito de Família, é qual o limite a separar essas duas modalidades: ou seja, até onde vai o namoro, e a partir de quando de inicia a união estável.

Alguns profissionais, inclusive, tem lançado mão do instrumento chamado "**contrato de namoro**", com o nítido intuito de tentar evitar a caracterização da união estável entre os parceiros. Mas, a despeito da divergência doutrinária existente, para a maior parcela dos doutrinadores, **a união estável encontra-se na categorização de ato-fato jurídico.**

Aos operadores, resta ainda muito o que se discutir para que a matéria esteja pacificada. O STJ já se debruçou sobre o tema em recente julgado, como veremos abaixo.

▶ **Doutrina**

> "Nem sempre é fácil essa distinção, que radica em problemática zona cinzenta e até porque o namoro quase sempre evolui para o casamento, cuja constituição é indiscutível, ou para a união estável, cuja constituição

depende da configuração fática da convivência com natureza familiar. **Às vezes as pessoas nem se apercebem que se transformaram de namorados em companheiros de união estável, em razão da transformação de suas relações pessoais, que as levaram a adotar deveres próprios da entidade familiar, como lealdade, respeito, assistência material e moral, além do advento de prole.**

Observe-se que a convivência sob o mesmo teto não é imprescindível para a configuração da união estável, além de que não se exige tempo mínimo de convivência, o que demonstra a flexibilidade de seus requisitos. Assim, quando os supostos namorados passaram a conviver sob o mesmo teto, com o compartilhamento conseqüente da moradia, já migraram da relação de namoro para a união estável, porque a estabilidade aí é presumida.

Mas há de ser ponderado o tênue equilíbrio entre o namoro e a união estável, pois aquele resulta inteiramente do ambiente de liberdade, que a Constituição protege, inclusive da não incidência de normas jurídicas, permanecendo no mundo dos fatos. Namorar não cria direitos e deveres. Tem razão João Baptista Villela, ao repelir o galanteio como assédio sexual, como ocorre nos Estados Unidos, e quando adverte: "Tristes tempos estes em que o mundo vai perdendo o sentido do lúdico, a descontração se torna suspeita, a responsabilidade civil mora em cada esquina e o convívio humano é antes uma usina de riscos do que uma fonte de prazer".

Em virtude da dificuldade para identificação do trânsito da relação exclusivamente fática (namoro) para a relação jurídica (união estável), alguns profissionais da advocacia, instigados por seus constituintes, que desejam prevenir-se de conseqüências jurídicas, adotaram o que se tem denominado "contrato de namoro". Se a intenção de constituir união estável fosse requisito para sua existência, então semelhante contrato produziria os efeitos desejados. Todavia, considerando que a relação jurídica de união estável é ato-fato jurídico, cujos efeitos independem da vontade das pessoas envolvidas, esse contrato é de eficácia nenhuma, jamais alcançando seu intento. **Ou quando muito, pode ser recebido como elemento de prova negativa da união estável, mas que é suscetível de ser contraditada pela comprovação fática da convivência pública, contínua e duradoura, com natureza familiar.**

Compreende-se a apreensão que acomete muitos que não desejam ter problemas de ordem patrimonial, com o que supõem ser ainda mero namoro. Entendemos que o contrato que pode prevenir futuros problemas é o contrato de regime patrimonial – por exemplo, estabelecendo algum modelo de separação de bens adquiridos durante o relacionamento –, previsto no art. 1.725 do Código Civil, se o namoro

se converter no futuro em união estável. Teria a função analógica do pacto antenupcial, que pode ser celebrado antes do casamento.

O direito pode desconsiderar o querer contrário aos fatos, como ocorre com o ato-fato jurídico. Apesar do contrato, um parceiro (suposto namorado) pode voltar-se contra o outro, alegando que de fato constituíram união estável, não se podendo aplicar o princípio derivado da boa-fé de proibição de venire contra factum proprium. Em virtude do princípio constitucional de proteção da família, o fato do qual ela promana tem primazia sobre a vontade dos contratantes."

Paulo Lobo. A Concepção da União Estável como Ato-Fato Jurídico e suas Repercussões Processuais. (Fonte: www.evocati.com.br)

▶ **Jurisprudência – STJ**

RECURSO ESPECIAL – **AÇÃO DECLARATÓRIA DE RECONHECIMENTO DE UNIÃO ESTÁVEL – IMPROCEDÊNCIA – RELAÇÃO DE NAMORO QUE NÃO SE TRANSMUDOU EM UNIÃO ESTÁVEL EM RAZÃO DA DEDICAÇÃO E SOLIDARIEDADE PRESTADA PELA RECORRENTE AO NAMORADO**, DURANTE O TRATAMENTO DA DOENÇA QUE ACARRETOU SUA MORTE – AUSÊNCIA DO INTUITO DE CONSTITUIR FAMÍLIA – MODIFICAÇÃO DOS ELEMENTOS FÁTICOS-PROBATÓRIOS – IMPOSSIBILIDADE – RECURSO ESPECIAL IMPROVIDO. I – Na hipótese dos autos, as Instâncias ordinárias, com esteio nos elementos fáticos-probatórios, concluíram, de forma uníssona, que o relacionamento vivido entre a ora recorrente, F. F., e o *de cujus*, L., **não consubstanciou entidade familiar, na modalidade união estável, não ultrapassando, na verdade, do estágio de namoro, que se estreitou**, tão-somente, em razão da doença que acometeu L.; (...) **Não se pode compreender como entidade familiar uma relação em que não se denota posse do estado de casado, qualquer comunhão de esforços, solidariedade, lealdade** (conceito que abrange "franqueza, consideração, sinceridade, informação e, sem dúvida, fidelidade", ut REsp 1157273/RN, Relatora Ministra Nancy Andrighi, DJe 07/06/2010), além do exíguo tempo, o qual também não se pode reputar de duradouro, tampouco, de contínuo; (...) Na verdade, ainda que a habitação comum revele um indício caracterizador da *affectio maritalis*, sua ausência ou presença não consubstancia fator decisivo ao reconhecimento da citada entidade familiar, devendo encontrar-se presentes, necessariamente, outros relevantes elementos que denotem o imprescindível intuito de constituir uma família; (REsp 1257819 / SP; DJe 15/12/2011).

→ **Aplicação em Concurso Público:**
- *(TJ/MS/Juiz/2010)*

Assinale a alternativa correta em relação a: Relações de parentesco.
(A) As pessoas se unem em família só em razão do vínculo conjugal ou união estável.
(B) As pessoas se unem em família só em razão do parentesco por consanguinidade.
(C) As pessoas se unem em família só em razão da afinidade ou da adoção.
(D) O parentesco é natural ou civil, conforme resulte da consanguinidade ou de outra origem.
(E) O parentesco é o vínculo que se estabelece entre um dos cônjuges ou companheiro e os parentes do outro.

Resposta: Alternativa "d". Na questão acima, além da análise cuidadosa de todas as opções, o candidato deve se ater na alternativa "a", que está incorreta posto que as modalidades de organização de família não se restringem a casamento ou união estável, como pressupõe uma falsa concepção popular. Pela previsão constitucional, ainda há a monoparentalidade como modalidade de família, mas muitas outras podem ser encontradas na doutrina e na jurisprudência, como a família homoafetiva, a família anaparental e a família concubinária, por exemplo.

~~Art. 2º As pessoas referidas no artigo anterior participarão da sucessão do(a) companheiro(a) nas seguintes condições:~~

~~I – o(a) companheiro(a) sobrevivente terá direito enquanto não constituir nova união, ao usufruto de quarta parte dos bens do de cujus, se houver filhos ou comuns;~~

~~II – o(a) companheiro(a) sobrevivente terá direito, enquanto não constituir nova união, ao usufruto da metade dos bens do *de cujus*, se não houver filhos, embora sobrevivam ascendentes;~~

~~III – na falta de descendentes e de ascendentes, o(a) companheiro(a) sobrevivente terá direito à totalidade da herança.~~

1. **Regras de divisão de bens hereditários na união estável. Inconstitucionalidade do Art. 1790 do CC/02. Fixação de nova TESE do âmbito do STF em Repercussão Geral.**

    1.1 A evolução da matéria no Direito Brasileiro.

    Nas edições anteriores deste livro, havíamos apresentado a fortíssima discussão existente tanto na doutrina quanto na jurisprudência acerca das distinções existentes nos efeitos sucessórios da união estável e do casamento. A "confusão" se fundamentava em dois artigos do Código Civil que traziam efeitos díspares para quem vivia em regime de matrimônio e quem vivia em regime de companheirismo.

I – LEI DA UNIÃO ESTÁVEL

Art. 2º

As regras sucessórias da união estável, baseadas inicialmente na Lei Civil Especial 8.971 de 29 de dezembro de 1994, haviam sido reformuladas no Código Civil de 2002, Art. 1790, com o seguinte texto:

▶ **CC/02. Art. 1.790 (Agora INCONSTITUCIONAL – ATENÇÃO!!!)**

> **Art. 1.790. A companheira ou o companheiro participará da sucessão do outro, quanto aos bens adquiridos onerosamente na vigência da união estável, nas condições seguintes:**
>
> **I – se concorrer com filhos comuns, terá direito a uma quota equivalente à que por lei for atribuída ao filho;**
>
> **II – se concorrer com descendentes só do autor da herança, tocar-lhe-á a metade do que couber a cada um daqueles;**
>
> **III – se concorrer com outros parentes sucessíveis, terá direito a um terço da herança;**
>
> **IV – não havendo parentes sucessíveis, terá direito à totalidade da herança.**

Façamos, agora, a título ilustrativo, a comparação com o art. 1829 do mesmo CC/02, que rege a sucessão legítima das pessoas que viviam em casamento:

▶ **CC/02. Art. 1829.**

> **Art. 1.829. A sucessão legítima defere-se na ordem seguinte:**
>
> I – aos descendentes, em concorrência com o cônjuge sobrevivente, salvo se casado este com o falecido no regime da comunhão universal, ou no da separação obrigatória de bens (art. 1.640, parágrafo único); ou se, no regime da comunhão parcial, o autor da herança não houver deixado bens particulares;
>
> II – aos ascendentes, em concorrência com o cônjuge;
>
> III – ao cônjuge sobrevivente;
>
> IV – aos colaterais.

As regras, cada uma com sua razão de ser e feitos divergentes, geravam situações bastante conflitantes, especialmente nos casos de **concorrência entre cônjuge sobrevivente e descendentes**, e **companheiro sobrevivente e descendentes**. Em diversas hipóteses, por incrível que possa parecer, a(o) companheira(o) de união estável recebia maior proporção que

243

a(o) viúva(o), nas mesmas condições. O rol de contrariedades por parte da doutrina para com essas regras confusas de divisão em caso de morte era imenso. Os Tribunais Estaduais tinham posições antagônicas entre si. O TJ de SP e o do RJ divergiam se a norma era ou não constitucional. O próprio STJ enfrentava divergência na 3ª e na 4ª Turmas, demonstrando cabalmente a complexidade e a discordância das correntes teóricas que se dedicavam a interpretar os dispositivos legais.

A questão, então, foi enfrentada pelo STF, em julgamento bastante lento, que se iniciou com o RE 878649, e que foi concluído em conjunto com o RE 646721, ambos decididos na data de 10 de maio de 2017, com a interpretação final de que o Art. 1790 do Código Civil Brasileiro é inconstitucional, devendo ser "retirado" do sistema jurídico de Direito Civil.

Nesse sentido, TODOS os casos de efeitos sucessórios em que haja a presença de cônjuge ou companheiro supérstite, ou seja, viúvo ou viúva em concorrência com descendentes, independentemente de essa relação ter sido constituída sobre a modalidade de casamento ou união estável, terá exatamente o mesmo tratamento legislativo, agora todos sendo regidos pelo teor do Art. 1829 do Código Civil brasileiro.

→ **Aplicação em Concurso Público:**

- *PROVA: FCC.DPE-BA.Defensor Público.2016*
  Margarida de Oliveira conviveu em união estável com Geraldo Teixeira desde o ano de 2006, ambos pessoas capazes e não idosos. Não realizaram pacto de convivência. Durante o relacionamento, Margarida, funcionária pública, recebia salário equivalente a dez salários mínimos, enquanto Geraldo não realizava qualquer atividade remunerada. Em 2010, Margarida adquiriu, por contrato de compra e venda, um bem imóvel onde o casal passou a residir. Em 2015, recebeu o valor de R$ 100.000,00 (cem mil reais), deixado por seu pai por sucessão legítima. Diante desta hipótese, é correto dizer que Geraldo:
  a) *não tem direito à meação do imóvel adquirido na constância da união estável, uma vez que o bem foi adquirido sem qualquer participação de Geraldo, mas faz jus à partilha do valor recebido a título de herança por Margarida, uma vez que o regime de bens aplicável à relação;*
  b) *não tem direito à meação do imóvel adquirido na constância da união estável, uma vez que o bem foi adquirido sem qualquer participação de Geraldo, e também não faz jus à partilha do valor recebido a título de herança por Margarida, uma vez que o regime de bens aplicável à relação não contempla herança;*
  c) *tem direito à meação do imóvel adquirido na constância da união estável, independente de prova de esforço comum, mas não faz jus à partilha do*

valor recebido a título de herança por Margarida, uma vez que o regime de bens aplicável à relação não contempla herança;
d) *tem direito à meação do imóvel adquirido na constância da união estável, independente de prova de esforço comum, como também faz jus à partilha do valor recebido a título de herança por Margarida, uma vez que o regime de bens aplicável à relação contempla herança;*
e) *tem direito tanto à meação do imóvel adquirido na constância da união estável bem como à partilha do valor recebido a título de herança por Margarida, desde que prove esforço comum em ambas as situações.*

Resposta: Alternativa "d", em conformidade com a recente declaração de inconstitucionalidade do Art. 1790 do CC/02.

▶ **Informativo – STF -10/05/2017.**

> *Julgamento afasta diferença entre cônjuge e companheiro para fim sucessório*
>
> *O Supremo Tribunal Federal (STF) concluiu julgamento que discute a equiparação entre cônjuge e companheiro para fins de sucessão, inclusive em uniões homoafetivas. A decisão foi proferida no julgamento dos Recursos Extraordinários (REs) 646721 e 878694, ambos com repercussão geral reconhecida. No julgamento realizado nesta quarta-feira (10), os ministros declararam inconstitucional o artigo 1.790 do Código Civil, que estabelece diferenças entre a participação do companheiro e do cônjuge na sucessão dos bens. O RE 878694 trata de união de casal heteroafetivo e o RE 646721 aborda sucessão em uma relação homoafetiva. A conclusão do Tribunal foi de que não existe elemento de discriminação que justifique o tratamento diferenciado entre cônjuge e companheiro estabelecido pelo Código Civil, estendendo esses efeitos independentemente de orientação sexual. No julgamento prevaleceu o voto do ministro Luís Roberto Barroso, relator do RE 878694, que também proferiu o primeiro voto divergente no RE 646721, relatado pelo ministro Marco Aurélio. Barroso sustentou que o STF já equiparou as uniões homoafetivas às uniões "convencionais", o que implica utilizar os argumentos semelhantes em ambos. Após a Constituição de 1988, argumentou, foram editadas duas normas, a Lei 8.971/1994 e a Lei 9.278/1996, que equipararam os regimes jurídicos sucessórios do casamento e da união estável. O Código Civil entrou em vigor em 2003, alterando o quadro. Isso porque, segundo o ministro, o código foi fruto de um debate realizado nos anos 1970 e 1980, anterior a várias questões que se colocaram na sociedade posteriormente. "Portanto, o Código Civil é de 2002, mas ele chegou atrasado relativamente às questões de família", afirma. "Quando o Código Civil desequiparou o casamento e as uniões estáveis, promoveu um retrocesso e promoveu uma hierarquização entre as famílias*

que a Constituição não admite", completou. O artigo 1.790 do Código Civil pode ser considerado inconstitucional porque viola princípios como a igualdade, dignidade da pessoa humana, proporcionalidade e a vedação ao retrocesso. No caso do RE 646721, o relator, ministro Marco Aurélio, ficou vencido ao negar provimento ao recurso. Segundo seu entendimento, a Constituição Federal reconhece a união estável e o casamento como situações de união familiar, mas não abre espaço para a equiparação entre ambos, sob pena de violar a vontade dos envolvidos, e assim, o direito à liberdade de optar pelo regime de união. Seu voto foi seguido pelo ministro Ricardo Lewandowski. Já na continuação do julgamento do RE 878694, o ministro Marco Aurélio apresentou voto-vista acompanhando a divergência aberta pelo ministro Dias Toffoli na sessão do último dia 30 março. Na ocasião, Toffoli negou provimento ao RE ao entender que o legislador não extrapolou os limites constitucionais ao incluir o companheiro na repartição da herança em situação diferenciada, e tampouco vê na medida um retrocesso em termos de proteção social. O ministro Lewandowski também votou nesse sentido na sessão de hoje. Para fim de repercussão geral, foi aprovada a seguinte tese, válida para ambos os processos:

"No sistema constitucional vigente é inconstitucional a diferenciação de regime sucessório entre cônjuges e companheiros devendo ser aplicado em ambos os casos o regime estabelecido no artigo 1829 do Código Civil."

As regras de divisão de bens hereditários para hipóteses de casamento e de união formavam um conjunto de situações pessimamente empregadas pelo legislador brasileiro. Ocorre que a equiparação entre união estável e casamento, preconizada no art. 226 da CF/88 não foi cumprida no tocante às regras de divisão de bens na união estável. A distinção flagrante restou patente nas redações originais dos artigos 1829 (sucessão legítima, aplicável aos casamentos) e 1790 (aplicável às uniões estáveis), ambos do CC/02. Com a decisão do STF do mês de maio de 2017, a questão restou decidida, mas ainda restam outras questões ainda a serem enfrentadas tanto pela doutrina e pela jurisprudência.

▶ **Jurisprudência – STJ.**

RECURSO ESPECIAL. DIREITO CIVIL. AÇÃO DE ANULAÇÃO DE ADOÇÃO. ILEGITIMIDADE ATIVA. SUCESSÃO. CASAMENTO E UNIÃO ESTÁVEL. REGIMES JURÍDICOS DIFERENTES. ARTS. 1790, CC/2002. INCONSTITUCIONALIDADE DECLARADA PELO STF. EQUIPARAÇÃO. CF/1988. NOVA FASE DO DIREITO DE FAMÍLIA. VARIEDADE DE TIPOS INTERPESSOAIS DE CONSTITUIÇÃO DE FAMÍLIA. ART. 1829, CC/2002. INCIDÊNCIA AO CASAMENTO E À UNIÃO ESTÁVEL. MARCO TEMPORAL. SENTENÇA COM TRÂNSITO EM

JULGADO. 1. **A diferenciação entre os regimes sucessórios do casamento e da união estável, promovida pelo art. 1.790 do Código Civil de 2002 é inconstitucional, por violar o princípio da dignidade da pessoa humana, tanto na dimensão do valor intrínseco, quanto na dimensão da autonomia.** Ao outorgar ao companheiro direitos sucessórios distintos daqueles conferidos ao cônjuge pelo artigo 1.829, CC/2002, produz-se lesão ao princípio da proporcionalidade como proibição de proteção deficiente. Decisão proferida pelo Plenário do STF, em julgamento havido em 10/5/2017, nos RE 878.694/MG e RE 646.721/RS. 2. (..). 3. A partir da metade da década de 80, o novo perfil da sociedade se tornou tão evidente, que impôs a realidade à ficção jurídica, fazendo-se necessária uma revolução normativa, com reconhecimento expresso de outros arranjos familiares, rompendo-se, assim, com uma tradição secular de se considerar o casamento, civil ou religioso, com exclusividade, o instrumento por excelência vocacionado à formação de uma família. **4. Com a Constituição Federal de 1988, uma nova fase do direito de família e, consequentemente, do casamento, surgiu, baseada num explícito poliformismo familiar, cujos arranjos multifacetados foram reconhecidos como aptos a constituir esse núcleo doméstico chamado família, dignos da especial proteção do Estado, antes conferida unicamente àquela edificada a partir do casamento.** 5. Na medida em que a própria Carta Magna abandona a fórmula vinculativa da família ao casamento e passa a reconhecer, exemplificadamente, vários tipos interpessoais aptos à constituição da família, emerge, como corolário, que, se os laços que unem seus membros são oficiais ou afetivos, torna-se secundário o interesse na forma pela qual essas famílias são constituídas. **6. Nessa linha, considerando que não há espaço legítimo para o estabelecimento de regimes sucessórios distintos entre cônjuges e companheiros, a lacuna criada com a declaração de inconstitucionalidade do art. 1.790 do CC/2002 deve ser preenchida com a aplicação do regramento previsto no art. 1.829 do CC/2002. Logo, tanto a sucessão de cônjuges como a sucessão de companheiros devem seguir, a partir da decisão desta Corte, o regime atualmente traçado no art. 1.829 do CC/2002 (RE 878.694/MG, relator Ministro Luis Roberto Barroso).** 7. A partir do reconhecimento de inconstitucionalidade, as regras a serem observadas, postas pelo Supremo Tribunal Federal, são as seguintes: a) em primeiro lugar, ressalte-se que, para que o estatuto sucessório do casamento valha para a união estável, impõe-se o respeito à regra de transição prevista no art. 2.041 do CC/2002, valendo o regramento desde que a sucessão tenha sido aberta a partir de 11 de janeiro de 2003; b) tendo sido aberta a sucessão a partir de 11 de janeiro de 2003, aplicar-se-ão as normas do 1.829 do CC/2002 para os casos de união estável, mas aos processos judiciais em que ainda não tenha havido trânsito em julgado da sentença de partilha, assim como às partilhas extrajudiciais em que ainda não tenha sido lavrada escritura pública, na data de publicação do julgamento do RE n. 878.694/MG; c) aos processos judiciais com sentença transitada em julgado, assim como às partilhas extrajudiciais em que tenha sido lavrada escritura pública, na data daquela publicação, valerão as regras dispostas no art. 1790 do CC/2002. 8. Recurso especial provido. REsp 1337420 / RS. Ministro LUIS FELIPE SALOMÃO. Quarta Turma. DJe 21/09/2017.

→ **Aplicação em Concurso Público – *Questão Discursiva*:**
- *PROVA: MPE-SP.MPE-SP.Promotor Estadual.2010*
  Como se dá a participação da companheira ou do companheiro na sucessão do outro em se tratando de filiação híbrida?
  Resposta: Desde a alteração incluída no sistema brasileiro pela decisão do STF de 10/05/2017

→ **Aplicação em Concurso Público:**
- FCC.DPE-AM.Defensor Público.2013
  A união estável:
  a) equipara-se, para todos os fins, ao casamento civil, inclusive no que toca à prova.
  b) pode ser constituída entre pessoas casadas, desde que separadas judicialmente ou de fato.
  c) demanda diversidade de gêneros, de acordo com recente entendimento do Supremo Tribunal Federal.
  d) será regida, em seus aspectos patrimoniais, pelo regime da separação obrigatória, salvo disposição contrária em contrato firmado pelos companheiros.
  e) se dissolvida, não autoriza os companheiros a pedirem alimentos.
  Resposta: Alternativa "b"

1.1 Tese Fixada pelo STF para a Sucessão entre Cônjuges (casamento) e Companheiros (União Estável).

Como acontece nos casos que são afetados pela Repercussão Geral[27] no âmbito do STF, para fins de padronização das decisões da Corte Máxima,

---

27. "A Emenda Constitucional nº 45/2004 incluiu a necessidade de a questão constitucional trazida nos recursos extraordinários possuir repercussão geral para que fosse analisada pelo Supremo Tribunal Federal. O instituto foi regulamentado mediante alterações no Código de Processo Civil e no Regimento Interno do Supremo Tribunal Federal. As características do instituto demandam comunicação mais direta entre os órgãos do Poder Judiciário, principalmente no compartilhamento de informações sobre os temas em julgamento e feitos sobrestados e na

sem que seja necessário decidir inúmeras vezes casos semelhantes, é fixada uma tese para servir de fundamento decisório para todas as demais decisões idênticas em todo o país.

No caos dos Recursos Extraordinários RE 878694 e RE 646721, ficou estabelecido que não haveria mais qualquer tratamento diferenciado para cônjuges e companheiros, seguindo posição doutrinária sustentada há muito tempo por **Paulo Lobo (UFPE/UFAL)**.

▶ **Tese fixada pelo STF**

"No sistema constitucional vigente é inconstitucional a diferenciação de regime sucessório entre cônjuges e companheiros devendo ser aplicado em ambos os casos o regime estabelecido no artigo 1829 do Código Civil."

1.2. O Direito intertemporal e a decisão do STF sobre sucessão: a modulação temporal.

O relator do Recurso Extraordinário que deu ensejo à solução do caso, no esteio da Repercussão Geral do STF, Ministro Luís Roberto Barroso, tentou solucionar a questão por ele chamada de "modulação temporal" destacando que a nova interpretação advinda da inconstitucionalidade do Art. 1790 do CC/02 somente seria aplicável aos casos decididos após a decisão do mês de maio de 2017, não sendo possível se (re)questionar os casos que foram decididos anteriormente, sobretudo para aquelas partes que se sentirem prejudicadas pelas mudanças operadas pela decisão da Corte Suprema.

Isso se deu em face de o reconhecimento da inconstitucionalidade somente ter sido efetivada após 15 (quinze) longos anos (2002-2017). Não é difícil imaginar que partes insatisfeitas em decisões tomadas com base no conflituoso artigo 1790 manifestem irresignação com a "inconstitucionalidade tardia" da norma, que gerou muitos efeitos ao longo de quase uma década e meia de vigência.

---

sistematização das decisões e das ações necessárias à plena efetividade e à uniformização de procedimentos. Nesse sentido, essa sistematização de informações destina-se a auxiliar a padronização de procedimentos no âmbito do Supremo Tribunal Federal e nos demais órgãos do Poder Judiciário, de forma a atender os objetivos da reforma constitucional e a garantir a racionalidade dos trabalhos e a segurança dos jurisdicionados, destinatários maiores da mudança que ora se opera." Fonte: Site do STF (http://www.stf.jus.br/portal/cms/verTexto.asp?servico=jurisprudenciaRepercussaoGeral&pagina=apresentacao)

1.3. Divergências e questões ainda "em aberto" após a nova decisão do STF sobre os efeitos sucessórios da união estável.

A divergência sobre a existência de regimes distintos para casamento e união estável foi resolvida pelo Pleno do STF na decisão dos Recursos Extraordinários RE 878694 e RE 646721, mas outras questões de relevo ainda estão pendentes de análise mais aprofundada tanto por parte da doutrina quanto da jurisprudência. Destacamos os seguintes aspectos ainda controversos:

☐ *Com a decisão do STF, casamento e união estável passaram a ser institutos completamente idênticos? Ou seja, não há mais qualquer diferença entre as duas formas de constituição de família?*

☐ Os efeitos da decisão do STF para os RE 878694 e RE 646721 se estendem para outras áreas do Direito Civil (como Direito de Família e Contratos, por exemplo) ou permanecem restrito no âmbito do Direito Sucessório?

☐ A partir da mudança de perspectivas, o casamento "ainda" funciona como "parâmetro legislativo" para as demais formas de constituição da família, ou haverá aplicação em sentido contrário: a união estável passará a ser a "forma base" de organização das famílias brasileiras?

☐ Por que alguém ainda casaria no Brasil, após a mudança de perspectiva para efeitos sucessórios da união estável?

☐ Os processos que foram julgados ainda sob a égide do Art. 1790 do CC/02, mas cujos recursos aos Tribunais Superiores ainda estão pendentes de apreciação, podem ser decididos em conformidade com a nova "tese" fixada pelo STF?

☐ As partes que se sentirem prejudicadas por terem sido julgadas em processos de inventário e partilha fundamentados no agora inconstitucional Art. 1790 do CC/02 podem, de algum modo, requer nova análise de seus processos, através da discussão sobre a legitimidade e a validade de decisões firmadas num contexto agora considerado inconstitucional?

1.4. Hipótese de pagamento de Seguro DPVAT a ser dividido entre companheira de união estável e os herdeiros.

▶ **STJ – INFORMATIVO Nº: 0447**

DPVAT. BENEFICIÁRIA ÚNICA. COMPANHEIRA.

I – LEI DA UNIÃO ESTÁVEL   Art. 3º

Na vigência da Lei n. 6.194/1974, a companheira da vítima falecida em acidente automobilístico, mostrando-se incontroversa a união estável, era a única beneficiária e detinha o direito integral à indenização referente ao seguro DPVAT, não importando a existência de outros herdeiros (art. 3º e 4º da citada lei). A novel Lei n. 11.482/2007 alterou dispositivos da Lei n. 6.194/1974 e passou a dispor que, nos acidentes posteriores a 29/12/2006, **o valor da indenização deve ser dividido simultaneamente e em cotas iguais entre o cônjuge ou companheiro e os herdeiros**. Precedente citado: REsp 218.508-GO, DJ 26/6/2000. REsp 773.072-SP, Rel. Min. Luis Felipe Salomão, julgado em 16/9/2010.

> **Art. 3º** ~~Quando os bens deixados pelo(a) autor(a) da herança resultarem de atividade~~ em que haja colaboração ~~do(a) companheiro,~~ terá o sobrevivente direito à metade dos bens~~.~~

1. Divisão de bens comuns.

A legislação procurou criar o direito de meação para a união estável, entretanto, com algumas ressalvas em consequência das regras tradicionalmente previstas para os regimes de bens previstos no Direito Civil. Ocorre que a exigência apresentada pelo art. 3º da lei em análise instituiu a ideia de que, para fins de meação, deve-se comprovar concorrência de **esforço comum na aquisição do patrimônio** do casal. Dito de outra forma, ou as partes conseguem comprovar, factualmente, a participação na aquisição onerosa, ou vai ser impossível realizar a partilha. Atualmente, com a abrangência do regime de comunhão que se aplica na união estável, essa contribuição individual perdeu o efeito. **De toda sorte, a decisão do STF sobre os Recursos Extraordinários RE 878694 e RE 646721 ampliou a compreensão de que o esforço comum também se aplica, sem restrições às uniões estáveis.**

→ **Aplicação em Concurso Público:**
- *MP/MG – 2010. Em se tratando de união estável, é CORRETO afirmar que:*
  (A) o CC reconhece entidade familiar a união de duas pessoas, sem diversidade de sexo, configurada na convivência pública, contínua e duradoura com o objetivo de constituir família.
  (B) aplica-se o regime de comunhão parcial de bens às relações patrimoniais, podendo os conviventes estipular em contrato opção diversa à sua escolha, nos padrões legais.
  (C) poder-se-á converter-se em casamento, bastando os companheiros firmarem contrato, documento autêntico, fazendo o assento diretamente no Registro Civil competente.

(D) serem necessários o dever de fidelidade, a coabitação, os deveres de guarda, sustento e criação dos filhos, carinho e tolerância nos modos.
(E) entre os conviventes, por não existir casamento nem parentesco consanguíneo, não há obrigação alimentar prevista no CC.
Resposta: letra "b"

2. **Regime de bens na união estável.**

A união estável adotou expressamente, com a dicção dada pelo novo Código Civil, a aplicação do **regime de comunhão parcial** de bens, salvo estipulação em contrário por meio de contrato escrito (contrato de convivência) entre os conviventes. A questão patrimonial da união estável preconiza a utilização de critérios que se fundam na **aquisição onerosa de patrimônio**, de modo que deverá ser dividido o patrimônio que o casal provar ter adquirido ao longo da relação de união estável. Nos casos de uniões estáveis regidas pela comunhão parcial (regra geral), é de se destacar que a jurisprudência firmou entendimento no sentido de que a **"mera" valorização patrimonial de bens** adquiridos antes do início da convivência não deve integrar a meação do casal.

Assim, os bens adquiridos antes do início da vigência da união estável não devem ser partilhados, mesmo que a dissolução da união estável tenha ocorrido antes da vigência das leis que regulamentaram a matéria no Direito brasileiro.[28]

---

28. DIREITO CIVIL. NECESSIDADE DE OBSERVÂNCIA, NA PARTILHA, DAS NORMAS VIGENTES AO TEMPO DA AQUISIÇÃO DOS BENS.
Ainda que o término do relacionamento e a dissolução da união estável tenham ocorrido durante a vigência da Lei 9.278/1996, não é possível aplicar à partilha do patrimônio formado antes da vigência da referida lei a presunção legal de que os bens adquiridos onerosamente foram fruto de esforço comum dos conviventes (art. 5º da Lei 9.278/1996), devendo-se observar o ordenamento jurídico vigente ao tempo da aquisição de cada bem a partilhar. Antes da Lei 9.278/1996, a partilha de bens ao término da união estável dava-se mediante a comprovação - e na proporção respectiva - do esforço direto ou indireto de cada companheiro para a formação do patrimônio amealhado durante a convivência (Súmula 380 do STF). Apenas com a referida Lei, estabeleceu-se a presunção legal relativa de comunhão dos bens adquiridos a título oneroso durante a união estável (art. 5º da Lei 9.278/1996), excetuados os casos em que existe estipulação em sentido contrário (caput do art. 5º) e os casos em que a aquisição patrimonial decorre do produto de bens anteriores ao início da união (§ 1º do art. 5º). Os bens adquiridos anteriormente à Lei 9.278/1996 têm a propriedade - e, consequentemente, a partilha ao término da união - disciplinada pelo ordenamento jurídico vigente quando da respectiva aquisição. Com efeito, a aquisição da propriedade dá-se no momento em que se aperfeiçoam os requisitos legais para tanto. Desse modo, a titularidade dos bens não pode ser alterada por lei posterior em prejuízo ao direito adquirido e ao ato jurídico perfeito (art. 5, XXXVI, da CF e art. 6º da LINDB). Cumpre

I – LEI DA UNIÃO ESTÁVEL   **Art. 3º**

▶ **Jurisprudência – STJ.**

DIREITO CIVIL. INCOMUNICABILIDADE DA VALORIZAÇÃO DE COTAS SOCIAIS NO ÂMBITO DE DISSOLUÇÃO DE UNIÃO ESTÁVEL.

Na hipótese de dissolução de união estável subordinada ao regime da comunhão parcial de bens, não deve integrar o patrimônio comum, a ser partilhado entre os companheiros, a valorização patrimonial das cotas sociais de sociedade limitada adquiridas antes do início do período de convivência do casal. Inicialmente, cumpre ressaltar que o regime da comunhão parcial de bens - aplicável, em regra, à união estável (art. 1.725 do CC/2002) - determina que não são comunicáveis os bens e direitos que cada um dos companheiros possuir antes do início da união (como, na hipótese, as cotas sociais de sociedade limitada), bem como os adquiridos na sua constância a título gratuito (por doação, sucessão, os sub-rogados em seu lugar etc.). Ademais, para que um bem integre o patrimônio comum do casal, além de a aquisição ocorrer durante o período de convivência, é necessária a presença de um segundo requisito: o crescimento patrimonial deve advir de esforço comum, ainda que presumidamente. Nesse contexto, a valorização de cota social, pelo contrário, é decorrência de um fenômeno econômico, dispensando o esforço laboral da pessoa do sócio detentor, de modo que não se faz presente, mesmo que de forma presumida, o segundo requisito orientador da comunhão parcial de bens (o esforço comum). REsp 1.173.931-RS, Rel. Min. Paulo de Tarso Sanseverino, julgado em 22/10/2013.

→ **Aplicação em Concurso Público –** *Questão Discursiva*:

- PROVA: TJ-MS.TJ-MS.Juiz Estadual.2010 - Discursiva

---

esclarecer, a propósito, que os princípios legais que regem a sucessão e a partilha de bens não se confundem: a sucessão é disciplinada pela lei em vigor na data do óbito; a partilha de bens, ao contrário - seja em razão do término, em vida, do relacionamento, seja em decorrência do óbito do companheiro ou cônjuge - deve observar o regime de bens e o ordenamento jurídico vigente ao tempo da aquisição de cada bem a partilhar. A aplicação da lei vigente ao término do relacionamento a todo o período de união implicaria expropriação do patrimônio adquirido segundo a disciplina da lei anterior, em manifesta ofensa ao direito adquirido e ao ato jurídico perfeito, além de causar insegurança jurídica, podendo atingir até mesmo terceiros. Ademais, deve-se levar em consideração que antes da edição da Lei 9.278/1996 os companheiros não dispunham de instrumento eficaz para, caso desejassem, dispor sobre a forma de aquisição do patrimônio durante a união estável. Efetivamente, como não havia presunção legal de meação de bens entre conviventes, não havia sequer razão para que os conviventes fizessem estipulação escrita em contrário a direito dispositivo inexistente. REsp 1.124.859-MG, Rel. originário Min. Luis Felipe Salomão, Rel. para acórdão Min. Maria Isabel Gallotti, julgado em 26/11/2014, DJe 27/2/2015.

Maria e Hélio se conheceram em 2006 e, em seguida, iniciaram relacionamento amoroso, sendo que ambos eram solteiros. Hélio, com 25 anos de idade, havia conseguido seu primeiro emprego como consultor em uma multinacional. Já Maria, aos 22 anos de idade, não possuía nenhuma fonte de renda, estava desempregada e atravessava inúmeras dificuldades financeiras, tanto que havia abandonado o curso superior que frequentava e morava "de favor" na casa de parentes. Alguns meses depois, o casal passou a viver em união estável e Hélio adquiriu um imóvel comercial em nome de Maria, cuja quitação efetuou mediante pagamento de 20 prestações mensais e consecutivas. Ao longo dos anos, Maria concluiu a faculdade e curso de pós-graduação, com o auxílio exclusivo do companheiro, o único a trabalhar para prover o custeio das despesas do lar. Ainda durante o convívio, Hélio também conseguiu comprar em seu próprio nome dois automóveis e uma chácara de lazer. Em 20 de janeiro de 2010, Maria foi contemplada em um sorteio da "mega-sena", vindo a receber a quantia de R$ 1.000.000,00 (um milhão de reais). Em seguida, diante da perspectiva de mudar de vida, rompeu o relacionamento com Hélio, pondo fim à união. Hélio concordou com a separação, mas os conviventes não chegaram a um consenso em relação à divisão do patrimônio. Diante da situação fática acima narrada e considerando a inexistência de contrato escrito entre as partes, pergunta-se: (i) Algum dos bens adquiridos está sujeito à partilha? (ii) Em caso positivo, qual deles? E qual seria a proporção da divisão? Fundamente.

→ **Aplicação em Concurso Público – Questão Discursiva:**

- PROVA: CESPE/CEBRASPE.TJ-SE.Cartórios - Remoção.2014.
  Carlos e Maria ajuizaram pedido de conversão de união estável em casamento. Em seu pedido, declararam o início da convivência em 1999, que comprovaram mediante apresentação de escritura pública lavrada no ano de 2007, na qual não havia nenhuma disposição de cunho patrimonial. Tendo em vista que a convivência perdura até o momento, os dois almejam a procedência do pedido com atribuição de efeitos "ex tunc" à sentença. Com base na situação hipotética descrita, discorra sobre a conversão da união estável em casamento, abordando, necessariamente, os seguintes aspectos: (i) tratamento dado à conversão da união estável em casamento pelo Código Civil de 2002; (ii) efeitos patrimoniais da conversão; (iii) correntes doutrinárias aplicáveis ao caso.

→ **Aplicação em Concurso Público:**

- *(FCC/PGE/MT/Procurador/2011)*
  Qualquer que seja o regime de bens, tanto o marido quanto a mulher sempre podem livremente
(A) praticar todos os atos de disposição e de administração necessários ao desempenho de sua profissão.
(B) administrar os bens próprios do outro cônjuge.

I – LEI DA UNIÃO ESTÁVEL   Art. 3º

(C) desobrigar ou reivindicar os imóveis que tenham sido gravados ou alienados com o seu consentimento.
(D) reivindicar os bens imóveis comuns, doados pelo outro cônjuge ao concubino, desde que provado que os bens não foram adquiridos pelo esforço comum destes, se o casal estiver separado de fato por mais de cinco anos.
(E) demandar a rescisão dos contratos de fiança e doação, ou a invalidação do aval, realizados pelo outro cônjuge, ainda que com o seu consentimento.
Resposta: Alternativa "d". No caso da União Estável, a doutrina majoritária tem entendido que sempre que a lei for omissa, aplicam-se supletivamente as regras do casamento. Esse entendimento, ressalte-se, não é unânime, mas se presta a resolver a grande parte das questões que envolvem a União Estável, uma vez que as disposições legais que tratam da matéria são pouquíssimas, se comparado com as disposições do casamento. Na questão em análise, a alternativa "d" é a única que possui coerência com as disposições legais sobre a administração dos bens do casal, servindo, com base no que foi acima exposto, tanto para situações matrimoniais quanto para situações de União Estável. Previsão no art. 1642 do CC/02.

→ **Aplicação em Concurso Público:**

- (TJ/ES_2003)
  O regime da união estável, reconhecida constitucionalmente, como entidade familiar, pressupõe:
  (A) A convivência entre o homem e a mulher, como se casados fossem, por mais de cinco anos consecutivos;
  (B) Que o regime de bens seja livremente estipulado, desde que no início da convivência "more uxorio";
  (C) Não estipulação de prazo mínimo para sua demonstração, bastando ser duradoura, pública e contínua;
  (D) Que se considere como tal uma união estável de menos de cinco anos, desde que dela resulte filhos;
  (E) A necessidade do regime de comunhão dos aquestos e dos aprestos;
  Resposta: letra "c"

2.1. Regime de separação obrigatória na união estável.

Questão tormentosa é a que diz respeito à aplicação do regime de separação obrigatório entre casais que se incluem nas hipóteses do art. 1641 do CC/02, que foi recentemente alterado pela Lei nº 12.344 de 09 de dezembro de 2010 (para ampliar a idade de sessenta para setenta anos) e, por analogia, aos casais que vivem em união estável. Segundo a mais discutível das situações de obrigatoriedade do regime de separação, a imposição dessa modalidade de divisão de bens entre o casal deve ser aplicada quando um deles, pelo menos, conta com mais de setenta anos na data do casamento (ou da constituição da união estável).

▶ **Artigo correlato. Código Civil, art. 1641:**

> **Art. 1.641. É obrigatório o regime da separação de bens no casamento:**
>
> **I** – das pessoas que o contraírem com inobservância das causas suspensivas da celebração do casamento;
>
> **II** – da pessoa maior de setenta anos; (com redação dada pela Lei nº 12.344/2010)
>
> **III** – de todos os que dependerem, para casar, de suprimento judicial.

Afigura-nos que esta norma tem caráter discriminatório tanto na relação matrimonializada quanto na união estável. Denota-se desrespeito à dignidade das pessoas acima de setenta anos proibi-las de escolher livremente o regime de bens que melhor lhes aprouver. Atente-se para a preocupação legislativa em evitar o famoso "golpe do baú", em que uma pessoa mais nova constituiria família com uma outra pessoa bem mais velha por mero interesse econômico. De toda forma, a jurisprudência já vinha, mesmo antes da reforma da Lei nº 12.344/2010, mantendo o entendimento no sentido de que a mesma proibição aplica-se às pessoas que decidem convolar união estável nestas condições, senão vejamos:

▶ **Jurisprudência – STJ.**

> DIREITO DE FAMÍLIA. UNIÃO ESTÁVEL. COMPANHEIRO SEXAGENÁRIO. SEPARAÇÃO OBRIGATÓRIA DE BENS. ART. 258, § ÚNICO, INCISO II, DO CÓDIGO CIVIL DE 1916. 1. **Por força do art. 258, § único, inciso II, do Código Civil de 1916 (equivalente, em parte, ao art. 1.641, inciso II, do Código Civil de 2002), ao casamento de sexagenário, se homem, ou cinquentenária, se mulher, é imposto o regime de separação obrigatória de bens. Por esse motivo, às uniões estáveis é aplicável a mesma regra, impondo-se seja observado o regime de separação obrigatória**, sendo o homem maior de sessenta anos ou mulher maior de cinquenta. 2. Nesse passo, apenas os bens adquiridos na constância da união estável e, desde que comprovado o esforço comum, devem ser amealhados pela companheira, nos termos da Súmula n.º 377 do STF. 3. Recurso especial provido. (REsp 646259 / RS, DJe 24/08/2010).

De todo modo, a entendimento doutrinário expresso no Enunciado nº 261 do Conselho da Justiça Federal que preconizava não se aplicar esta regra quando o casal com pelo menos um deles com mais de sessenta anos, já vivia em união estável antes de casar. Por óbvio, após a entrada em vigor da Lei 12.344/2010, o enunciado deve ser lido com a nova idade regrada em setenta anos.

I – LEI DA UNIÃO ESTÁVEL   **Art. 3º**

▶ **Enunciado nº 261 do CJF:**

> Art. 1.641: A obrigatoriedade do regime da separação de bens não se aplica a pessoa maior de sessenta anos, quando o casamento for precedido de união estável iniciada antes dessa idade.

→ **Aplicação em Concurso Público:**

- *83º Ministério Público – SP*
- A exemplo do que ocorre com o casamento, na união estável também se exige o regime de separação obrigatória de bens, se um dos companheiros for maior de sessenta anos de idade quando do início do relacionamento.
  Resposta: A alternativa está correta. O STJ firmou entendimento nesse sentido.

▶ **Jurisprudência – STJ. Informativo Nº 0459**

> UNIÃO ESTÁVEL. SEXAGENÁRIOS. REGIME. BENS.
>
> Trata o caso de definir se há necessidade da comprovação do esforço comum para a aquisição do patrimônio a ser partilhado, com a peculiaridade de que, no início da união estável reconhecida pelo tribunal a quo pelo período de 12 anos, um dos companheiros era sexagenário. **A Turma, ao prosseguir o julgamento, por maioria, entendeu, entre outras questões, que, embora prevalecendo o entendimento do STJ de que o regime aplicável na união estável entre sexagenários é o da separação obrigatória de bens, segue esse regime temperado pela Súm. n. 377-STF, com a comunicação dos bens adquiridos onerosamente na constância da união, sendo presumido o esforço comum, o que equivale à aplicação do regime da comunhão parcial.** Assim, consignou-se que, na hipótese, se o acórdão recorrido classificou como frutos dos bens particulares do ex-companheiro aqueles adquiridos ao longo da união estável, e não como produto de bens eventualmente adquiridos antes do início da união, opera-se a comunicação desses frutos para fins de partilha. Observou-se que, nos dias de hoje, a restrição aos atos praticados por pessoas com idade igual ou superior a 60 anos representa ofensa ao princípio da dignidade da pessoa humana. *Precedentes citados: REsp 915.297-MG, DJe 3/3/2009; EREsp 736.627-PR, DJe 1º/7/2008; REsp 471.958-RS, DJe 18/2/2009, e REsp 1.090.722-SP, DJe 30/8/2010. REsp 1.171.820-PR, Rel. originário Min. Sidnei Beneti, Rel. para o acórdão, Min. Nancy Andrighi,* ***julgado em 7/12/2010.***

▶ **ATENÇÃO!** Como já exposto, a Lei nº 12.344/2010, de 09 de dezembro de 2010 ampliou para 70 anos a idade que impõe o regime de separação obrigatória, de modo que a modificação operada no art. 1641, II do CC/02 passa, também, a servir como parâmetro para os casais que constituem união estável.

→ **Aplicação em Concurso Público:**
- *PROVA: CESPE/CEBRASPE.TJ-RJ.Juiz Substituto.2017*
  Silas e Laura conviveram em regime de união estável a partir de 2005, sem contrato escrito, e tiveram dois filhos, Artur e Bruno. Laura faleceu, e, até então, existia um único bem adquirido durante a convivência dela com Silas. Após o falecimento de Laura, Silas, em 2012, à época com sessenta anos de idade, casou-se com Beatriz, sob o regime da separação de bens. Dessa união não advieram filhos. Transcorridos alguns anos, Silas faleceu e deixou o mesmo bem para inventariança. Então, Artur e Bruno ingressaram em juízo para serem imitidos na posse. Considerando essa situação hipotética à luz do Código Civil, assinale a opção correta:
  a) Era obrigatória, para a celebração do casamento entre Silas e Beatriz, a adoção do regime da separação de bens;
  b) Aplica-se às relações patrimoniais entre Silas e Laura o regime da comunhão parcial de bens;
  c) Na sucessão de Laura, Silas tem direito a metade da herança, respeitada sua meação;
  d) Beatriz não terá assegurado seu direito real de habitação em decorrência do regime de bens do casal.
  Resposta: Alternativa: "b"

3. **União estável e união de fato. A proibição, pelo STJ, das Uniões Estáveis Paralelas. Manutenção da "monogamia".**

A distinção entre união estável e união de fato (também chamada de **concubinato impuro**) não é de fácil deslinde. A existência da união estável pressupõe que as partes envolvidas (companheiros) sejam livres e desimpedidas, podendo casar, se assim desejarem; por outro lado, a configuração da união de fato calcava-se na existência de relação *more uxório* entre pessoas impedidas de casar, pelo motivo de um ou ambos serem casados ou já viverem em união estável. O **princípio da monogamia** não permite abranger, no direito pátrio, o **paralelismo de uniões**, ambas com efeitos jurídicos idênticos no sentido de formação de família. O STJ firmou posicionamento nesse sentido. Há "tese" firmada pelo Colendo STJ contrária às uniões paralelas e favorável ao entendimento de que a "monogamia" permanece nos sistema jurídico brasileiro.

I – LEI DA UNIÃO ESTÁVEL   Art. 3º

▶ **Jurisprudência – STJ.**

UNIÕES ESTÁVEIS PARALELAS.

A Turma, ao prosseguir o julgamento, deu provimento ao recurso especial e estabeleceu ser impossível, de acordo com o ordenamento jurídico pátrio, conferir proteção jurídica a uniões estáveis paralelas. Segundo o Min. Relator, o art. 226 da CF/1988, ao enumerar as diversas formas de entidade familiar, traça um rol exemplificativo, adotando uma pluralidade meramente qualitativa, e não quantitativa, deixando a cargo do legislador ordinário a disciplina conceitual de cada instituto - a da união estável encontra-se nos arts. 1.723 e 1.727 do CC/2002. Nesse contexto, asseverou que o requisito da exclusividade de relacionamento sólido é condição de existência jurídica da união estável nos termos da parte final do § 1º do art. 1.723 do mesmo código. Consignou que o maior óbice ao reconhecimento desse instituto não é a existência de matrimônio, mas a concomitância de outra relação afetiva fática duradoura (convivência de fato) - até porque, havendo separação de fato, nem mesmo o casamento constituiria impedimento à caracterização da união estável -, daí a inviabilidade de declarar o referido paralelismo. Precedentes citados: REsp 789.293-RJ, DJ 20/3/2006, e REsp 1.157.273-RN, DJe 7/6/2010. REsp 912.926-RS, Rel. Min. Luis Felipe Salomão, julgado em 22/2/2011.

Importante ressaltar que existe forte corrente doutrinária em sentido contrário, inclusive com alguns julgados pontuais – mas importantes – de Tribunais Estaduais reconhecendo a possibilidade. Repise-se, no entanto, que esse não é o posicionamento atual dos Tribunais Superiores. A jurisprudência abaixo, relatada pela Ministra Nancy Andrigui do STJ reflete, com primor, esse entendimento, lastreando a concepção de manutenção do vínculo familiar único, ao invés da aceitação plena do paralelismo.

▶ **Jurisprudência – STF.**

COMPANHEIRA E CONCUBINA – DISTINÇÃO. Sendo o Direito uma verdadeira ciência, impossível é confundir institutos, expressões e vocábulos, sob pena de prevalecer a babel. UNIÃO ESTÁVEL – PROTEÇÃO DO ESTADO. A proteção do Estado à união estável alcança apenas as situações legítimas e nestas não está incluído o concubinato. PENSÃO – SERVIDOR PÚBLICO – MULHER – CONCUBINA – DIREITO. **A titularidade da pensão decorrente do falecimento de servidor público pressupõe vínculo agasalhado pelo ordenamento jurídico, mostrando-se impróprio o implemento de divisão a beneficiar, em detrimento da família, a concubina.** (RE 590779 / ES, Relator: Min. Marco Aurélio, Julgamento: 10/02/2009)

→ **Aplicação em Concurso Público:**
- *(DPE/SP/Defensor/2009)*
Assinale a alternativa INCORRETA.
(A) A pessoa casada no regime da comunhão parcial de bens não tem o direito de reivindicar contra parceiro amoroso eventual de seu cônjuge bem que este tenha adquirido com o fruto de patrimônio particular.
(B) A doação de bem integrante do patrimônio conjugal pelo cônjuge infiel ao seu cúmplice pode ser anulada pelo cônjuge prejudicado até dois anos de dissolvida a sociedade conjugal.
(C) Os bens adquiridos mediante o esforço conjunto dos concubinos, ainda que um deles seja casado e mantenha vida conjugal, devem ser objetos de partilha.
(D) O cônjuge prejudicado por doação ou transferência de bens comuns só pode reivindicá-los se não estiver separado de fato há mais de cinco anos.
(E) Os herdeiros necessários podem, até dois anos de dissolvida a sociedade conjugal, requerer a anulação da doação feita por cônjuge infiel ao seu cúmplice.
Resposta: Alternativa "a". A alternativa "c" espelha exatamente a questão que está sendo discutida, no sentido de que os bens adquiridos por esforço comum devem ser partilhados. Parte da doutrina trata essa situação como sendo "sociedade de fato". Entendemos em sentido contrário, uma vez que não se trata de "sociedade", mas sim de modalidade de "família". De todo modo, a ideia do esforço comum de ambos os concubinos é a tônica para a partilha dos bens adquiridos conjuntamente, e tem sido referendado pelo STJ. Ainda, a questão acima é um ótimo exemplo para o candidato perceber como as comissões elaboradoras das provas dos concursos públicos têm explorado o Direito de Família, reunindo diversos aspectos (matérias) na mesma questão.

▶ **Jurisprudência – STJ: manutenção do princípio da monogamia e entendimento contrário às uniões paralelas.**

> Direito civil. Família. Paralelismo de uniões afetivas. Recurso especial. Ações de reconhecimento de uniões estáveis concomitantes. Casamento válido dissolvido. Peculiaridades. – **Sob a tônica dos arts. 1.723 e 1.724 do CC/02, para a configuração da união estável como entidade familiar, devem estar presentes, na relação afetiva, os seguintes requisitos: (i) dualidade de sexos; (ii) publicidade; (iii) continuidade; (iv) durabilidade; (v) objetivo de constituição de família; (vi) ausência de impedimentos para o casamento, ressalvadas as hipóteses de separação de fato ou judicial; (vii) observância dos deveres de lealdade, respeito e assistência, bem como de guarda, sustento e educação dos filhos.** – A análise dos requisitos ínsitos à união estável deve centrar-se

na conjunção de fatores presente em cada hipótese, como a *affectio societatis* familiar, a participação de esforços, a posse do estado de casado, a continuidade da união, a fidelidade, entre outros. – A despeito do reconhecimento – na dicção do acórdão recorrido – da "união estável" entre o falecido e sua ex-mulher, em concomitância com união estável preexistente, por ele mantida com a recorrente, certo é que já havia se operado – entre os ex-cônjuges – a dissolução do casamento válido pelo divórcio, nos termos do art. 1.571, § 1º, do CC/02, rompendo-se, em definitivo, os laços matrimoniais outrora existentes entre ambos. A continuidade da relação, sob a roupagem de união estável, não se enquadra nos moldes da norma civil vigente – art. 1.724 do CC/02 –, porquanto esse relacionamento encontra obstáculo intransponível no dever de lealdade a ser observado entre os companheiros. – O dever de lealdade "implica franqueza, consideração, sinceridade, informação e, sem dúvida, fidelidade. Numa relação afetiva entre homem e mulher, necessariamente monogâmica, constitutiva de família, além de um dever jurídico, a fidelidade é requisito natural" (Veloso, Zeno apud Ponzoni, Laura de Toledo. Famílias simultâneas: união estável e concubinato. Disponível em http://www.ibdfam.org.br/?artigos&artigo=461. Acesso em abril de 2010). – **Uma sociedade que apresenta como elemento estrutural a monogamia não pode atenuar o dever de fidelidade – que integra o conceito de lealdade – para o fim de inserir no âmbito do Direito de Família relações afetivas paralelas e, por consequência, desleais, sem descurar que o núcleo familiar contemporâneo tem como escopo a busca da realização de seus integrantes, vale dizer, a busca da felicidade.** – As uniões afetivas plúrimas, múltiplas, simultâneas e paralelas têm ornado o cenário fático dos processos de família, com os mais inusitados arranjos, entre eles, aqueles em que um sujeito direciona seu afeto para um, dois, ou mais outros sujeitos, formando núcleos distintos e concomitantes, muitas vezes colidentes em seus interesses. – **Ao analisar as lides que apresentam paralelismo afetivo, deve o juiz, atento às peculiaridades multifacetadas apresentadas em cada caso, decidir com base na dignidade da pessoa humana, na solidariedade, na afetividade, na busca da felicidade, na liberdade, na igualdade, bem assim, com redobrada atenção ao primado da monogamia, com os pés fincados no princípio da eticidade.** – **Emprestar aos novos arranjos familiares, de uma forma linear, os efeitos jurídicos inerentes à união estável, implicaria julgar contra o que dispõe a lei**; isso porque o art. 1.727 do CC/02 regulou, em sua esfera de abrangência, as relações afetivas não eventuais em que se fazem presentes impedimentos para casar, de forma que só podem constituir concubinato os relacionamentos paralelos a casamento ou união estável pré e coexistente. Recurso especial provido.

→ **Aplicação em Concurso Público - *Questão Discursiva*:**

- **PROVA: MPE-SP.MPE-SP.Promotor Estadual.2010**
  Qual a diferença entre união estável e concubinato segundo o Código Civil?

→ **Aplicação em Concurso Público:**

- *Defensor Público – Amazonas*
- Como o Código Civil não faz qualquer distinção entre união estável e concubinato, os dois termos são usados como sinônimos.
  Resposta: A assertiva está errada.

3.1 Efeitos jurídicos do concubinato.

A união de fato não gera efeitos jurídicos para os concubinos: nem direito a alimentos, tampouco direitos sucessórios (inclusive meação) ficam legalmente reconhecidos para os casais. Durante certo espaço de tempo, utilizou-se a estratégia advocatícia de lançar mão da **Ação de Indenização por Serviços Prestados**, como mecanismo de ressarcimento para o concubino que não tinha outro mecanismo para dividir bens ou receber alimentos após o fim da relação amorosa. A questão é deveras polêmica, e ainda há autores que vislumbram tal hipótese como sendo a única alternativa plausível ante as proibições legais para o reconhecimento de uniões paralelas. Mas a jurisprudência do STJ vem rechaçando a ideia.

▶ **Jurisprudência – STJ.**

INDENIZAÇÃO. CONCUBINA.

In casu, trata-se de pedido indenizatório deduzido pela concubina em face do espólio do concubino, <u>por alegados 23 anos de serviços domésticos prestados em concubinato mantido concomitantemente com o casamento daquele.</u> A Turma entendeu que, se o cônjuge, no casamento, e o companheiro, na união estável, não fazem jus à indenização por serviços domésticos prestados, quiçá o concubino pode ser contemplado com tal direito, pois teria mais do que se casado fosse. Dessa forma, a concessão de tal indenização à concubina colocaria o concubinato em posição jurídica mais vantajosa que o próprio casamento, o que é incompatível com as diretrizes constitucionais previstas no art. 226 da CF/1988, bem como as do Direito de Família, tal como concebido. Destarte, a relação de cumplicidade consistente na troca afetiva e na mútua assistência havida entre os concubinos ao longo do concubinato, em que auferem proveito de forma recíproca, cada qual a seu modo, seja por meio de auxílio moral seja por meio de auxílio material, não admite que, após o rompimento da relação, ou ainda, com a morte de um deles, a outra parte cogite pleitear a referida indenização, o que certamente caracterizaria locupletação ilícita. Ressalte-se, por fim, que não se pode mensurar o afeto, a intensidade do próprio sentimento, o desprendimento e a solidariedade na dedicação mútua que se visualiza entre casais. Não há valor econômico em uma relação afetiva. Acaso haja necessidade de dimensionar a questão em termos econômicos, pode incorrer na conivência e até mesmo no estímulo à conduta reprovável em que uma das partes serve-se sexualmente da outra, portanto recompensa-a com favores. Desse modo, não há viabilidade de debater os efeitos patrimoniais do concubinato quando em choque com os do casamento, pré e coexistente, porque definido aquele, expressamente, no art. 1.727 do CC/2002 como relação não eventual entre homem e mulher impedidos de casar. Esse dispositivo legal tem como único objetivo colocar a salvo o casamento, instituto que deve ter primazia, ao lado da união estável, para fins de tutela do Direito. Nesse contexto, não há como ser conferido o direito indenizatório à concubina por serviços domésticos prestados em relação concubinária simultânea a casamento válido. Precedente citado: REsp 631.465-DF, DJ 23/8/2004. REsp 872.659-MG, Rel. Min. Nancy Andrighi, julgado em 25/8/2009.

▶ **STJ – Informativo Nº 441 – SOCIEDADE DE FATO. ESFORÇO COMUM.**

Buscava-se o reconhecimento de sociedade de fato post mortem ao fundamento de que a autora agravada **teve longo relacionamento amoroso com o falecido, apesar de ele manter, concomitantemente, casamento válido e preexistente com a agravante**. Para tanto, a agravada alude que pretende simplesmente o reconhecimento da sociedade de fato e não, por meio disso, habilitar-se na partilha (que tramita em outra ação). Quanto a isso, é de rigor a aplicação do entendimento já consagrado na jurisprudência do STJ de que a inexistência de prova da aquisição de patrimônio pelo esforço comum é, por si só, suficiente para afastar a configuração da sociedade de fato, visto que tal comprovação é pressuposto para seu reconhecimento. **No caso, não há prova de qualquer bem amealhado ao longo do concubinato e, se não há essa prova, quanto mais a comprovação da união de esforços ou colaboração mútua na aquisição de bens cuja existência se ignora.** Esse entendimento, entre outros, foi acolhido pela maioria dos integrantes da Turma, enquanto o voto vencido aplicava à hipótese, por analogia, o óbice da Súm. n. 283-STF. AgRg no **REsp 1.170.799-PB**, Rel. originário Min. Massami Uyeda, Rel. para acórdão Min. Nancy Andrighi, **julgado em 3/8/2010**.

3.2 Filhos advindos de relações concubinárias (de fato).

Os filhos advindos dessa relação terão os mesmos direitos dos filhos frutos de relações legítimas, proibidas quaisquer nomenclaturas discriminatórias para com eles. As proibições de tratamento discriminatório são de ordem constitucional, e ferem o princípio da dignidade da pessoa humana. Este é considerado um dos mais importantes avanços do Direito de Família brasileiro após a entrada em vigo da Constituição Federal de 1988.

3.3. Concubinato consentido.

Configurar-se-ia na hipótese de que alguém, mesmo casado, constituir união paralela ao casamento com o consentimento do seu cônjuge (**poliamorismo**). Essa possibilidade que já recebeu a denominação de "**concubinato consentido**" não pode prosperar no sistema brasileiro, em atenção ao princípio da monogamia vigente na nossa legislação.

3.4. Litisconsórcio entre o homem casado e sua esposa na Ação de Reconhecimento de União Estável paralela.

Na esteira das decisões de Tribunais Estaduais que vem deliberando no sentido de ser possível a existência de uniões estáveis paralelas, em face daquilo que se colocou na doutrina tradicional como sendo "concubinato impuro", **não há outra alternativa que não seja a determinação do litisconsórcio necessário entre o homem casado e sua esposa, de um lado, e do outro a pretensa "companheira de união estável"**. Nesse sentido são os precedentes do STJ, uma vez que caba à esposa legítima, o contraditório e a ampla defesa ao longo da Ação de Reconhecimento de União Estável Paralela.

▶ **Jurisprudência do STJ.**

> PROCESSUAL CIVIL. RECURSO ESPECIAL. AÇÃO DE RECONHECIMENTO DE UNIÃO ESTÁVEL CUMULADA COM PARTILHA DE BENS. HOMEM CASADO. LITISCONSÓRCIO NECESSÁRIO COM A ESPOSA. NÃO OCORRÊNCIA. PARTICULARIDADE DO CASO CONCRETO. TRAMITAÇÃO EM CONJUNTO COM AÇÃO DE DIVÓRCIO CUMULADA COM PARTILHA DE BENS. OPOSIÇÃO MANEJADA PELA ALEGADA COMPANHEIRA NA AÇÃO CONEXA. INSTRUMENTALIDADE DAS FORMAS. 1. **De regra, em ação de reconhecimento de união estável cumulada com partilha de bens ajuizada em face de homem casado, deve a esposa figurar no polo passivo da demanda como litisconsorte necessário. Precedentes**. 2. Porém, no caso concreto, mostra-se incabível o litisconsórcio na ação de reconhecimento de união estável. É que a circunstância de a companheira ter manejado oposição na ação de divórcio permite a ampla defesa, tanto da companheira quanto da esposa. Assim, tanto o autor quanto o réu da ação principal figurarão como litisconsortes em face do oponente, exatamente o que

pretende a ora recorrente (companheira) com o chamamento da esposa à ação de reconhecimento de união estável. 3. **Ademais, independentemente da oposição manejada, no caso, a ação de reconhecimento de união estável corre em conexão com a ação de divórcio, providência que previne decisões contraditórias, de modo que os comandos proferidos em uma ação não atinjam patrimônio reconhecido em outra.** (REsp 1018392 / SE; DJe 30/03/2012).

Art. 4º Esta lei entra em vigor na data de sua publicação.

Art. 5º Revogam-se as disposições em contrário.

Brasília, 29 de dezembro de 1994; 173º da Independência e 106º da República.

ITAMAR FRANCO
Alexandre de Paula Dupeyrat Martins

Capítulo V
II – Lei da União Estável

> **LEI Nº 9.278, DE 10 DE MAIO DE 1996.**
> Regula o § 3º do art. 226 da Constituição Federal.
> **O PRESIDENTE DA REPÚBLICA.** Faço saber que o Congresso Nacional decreta e eu sanciono a seguinte Lei:
>
> **Art. 1º** É reconhecida **como entidade familiar** a convivência **duradoura, pública e contínua**, de um **homem e uma mulher**, estabelecida com objetivo de **constituição de família**.

1. **Conceito de união estável baseado nos requisitos de convivência pública, durabilidade da relação e objetivo de constituição de família.**

   Superada a fase anterior, em que se estipulava prazo mínimo para constituição da união estável que, como mencionamos acima, configurava espécie deplorável de "prescrição aquisitiva" de direitos, passou-se a reconhecer a formação de família na modalidade união estável a partir da coexistência dos seguintes requisitos: **convivência pública, continuidade da relação, durabilidade do vínculo afetivo** e o **estabelecimento de uma família**. Ressalte-se que todos os elementos precisam estar simultaneamente presentes, de forma que a ausência de um deles descaracteriza a união estável.

   → **Aplicação em Concurso Público:**
   - *(FCC/PGM/Teresina/Procurador/2010)*
     Em relação à união estável,
     (A) aplica-se às relações patrimoniais, no que couber, o regime da separação legal de bens.
     (B) os direitos sucessórios da companheira ou companheiro são iguais aos do cônjuge supérstite.
     (C) constitucionalmente, pode caracterizar-se ainda que em relações homoafetivas.

267

(D) exige-se convivência pública, contínua e duradoura e estabelecida com o objetivo de constituição de família, mesmo que o casal não conviva sob o mesmo teto.

(E) só se configurará entre pessoas solteiras ou de qualquer modo desimpedidas de se casar.

Resposta: Alternativa "D". A atual legislação que trata da união Estável, e que foi repetida pela codificação civil em 2002, deixou de estipular prazo legal para a configuração desse tipo de família. Ao invés de lapso temporal, alguns requisitos passaram a ser exigidos, com destaque para os que são tratados na alternativa "d" da questão em análise. Outro detalhe importante é a possibilidade, já pacificada jurisprudencialmente, de a União Estável se configurar sem que seja necessário que as partes vivam sob o mesmo teto.

1.1. Fim da exigência da diversidade de sexos em virtude de decisão do STF.

Tradicionalmente, requeria a legislação que a relação seja entre um homem e mulher. A **diversidade de sexos**, assim, era requisito essencial e afastava, na interpretação legislativa, a formação entre casais do mesmo sexo como sendo união estável. Desde 2011, entretanto, o Supremo Tribunal Federal reconheceu a possibilidade de constituição de União Estável entre pessoas do mesmo sexo. Tal situação passou a ser tratada de "união estável homoafetiva". A análise dos requisitos legais à constituição da união estável foi feita anteriormente, na apresentação geral da matéria, para onde se remete o leitor.

▶ **Jurisprudência – STJ.**

> DIREITO PROCESSUAL CIVIL. COMPETÊNCIA PARA PROCESSAR E JULGAR PEDIDO DE RECONHECIMENTO E DISSOLUÇÃO DE UNIÃO ESTÁVEL HOMOAFETIVA.
>
> Havendo vara privativa para julgamento de processos de família, essa será competente para processar e julgar pedido de reconhecimento e dissolução de união estável homoafetiva, independentemente de eventuais limitações existentes na lei de organização judiciária local. Ressalte-se, inicialmente, que a plena equiparação das uniões estáveis homoafetivas às heteroafetivas trouxe, como consequência, a extensão automática àquelas das prerrogativas já outorgadas aos companheiros dentro de uma união estável de homem e mulher. Ademais, apesar de a organização judiciária de cada estado ser afeta ao Judiciário local, a outorga de competências privativas a determinadas varas impõe a submissão destas às respectivas vinculações legais estabelecidas no nível federal, para que não se configure ofensa à lógica do razoável e, em

situações como a em análise, ao princípio da igualdade. Assim, se a prerrogativa de vara privativa é outorgada, para a solução de determinadas lides, à parcela heterossexual da população brasileira, também o será à fração homossexual, assexual ou transexual, bem como a todos os demais grupos representativos de minorias de qualquer natureza que precisem da intervenção do Poder Judiciário para a solução de demandas similares. REsp 1.291.924-RJ, Rel. Min. Nancy Andrighi, julgado em 28/5/2013.

2. Proibição de existência de uniões estáveis paralelas.

O reconhecimento de união estável como modalidade de família equiparada ao casamento, não permite (assim como o matrimônio também não autoriza), a existência de relações paralelas. **Não se pode falar em duas uniões estáveis, como não se pode dizer que alguém vive, simultaneamente, em casamento com uma pessoa e em união estável com outra, porquanto estas relações seriam conflitantes, mediante o princípio da monogamia, norteador do Direito de Família no Brasil.**

Havendo dualidade nas relações, ter-se-á sempre ou um casamento e um concubinato, ou uma união estável e um concubinato. Na hipótese de as duas relações não serem matrimonializadas, a mais antiga deverá ser reconhecida como união estável (desde que preencha os requisitos para tanto) e a segunda será sempre a relação paralela concubinária.

→ **Aplicação em Concurso Público:**
- *CESPE/CEBRASPE – 2010 – TRE-BA – Analista Judiciário*
  O parentesco por afinidade limita-se aos ascendentes, aos descendentes e aos parentes do cônjuge ou companheiro até o quarto grau.
  Resposta: A alternativa está errada, haja vista que os vínculos de parentesco que se estabelecem por afinidade limitam-se aos colaterais de segundo grau.

▶ **Jurisprudência – STJ.**

> AGRAVO REGIMENTAL. AGRAVO DE INSTRUMENTO. CIVIL. DIREITO DE FAMÍLIA. UNIÕES ESTÁVEIS SIMULTÂNEAS. IMPOSSIBILIDADE. REQUISITOS LEGAIS. EQUIPARAÇÃO A CASAMENTO. PRIMAZIA DA MONOGAMIA. RELAÇÕES AFETIVAS DIVERSAS. QUALIFICAÇÃO MÁXIMA DE CONCUBINATO. RECURSO DESPROVIDO. **Este Tribunal Superior consagrou o entendimento de ser inadmissível o reconhecimento de uniões**

estáveis paralelas. Assim, se uma relação afetiva de convivência for caracterizada como união estável, as outras concomitantes, quando muito, poderão ser enquadradas como concubinato (ou sociedade de fato). Agravo regimental a que se nega provimento. (AgRg no Ag 1130816 / MG, DJe 27/08/2010)

3. **Utilização de normas do casamento para a União estável, por analogia.**

A doutrina familiarista discute com afinco a aplicação por analogia das normas relativas ao casamento para as situações de União Estável. De fato, o número de dispositivos que regem as matérias é muito distinto. Enquanto as disposições sobre a União Estável são muito enxutas, no caso do casamento ocorre exatamente o oposto. A jurisprudência se encarregou de ir suprindo, para a União Estável, as lacunas legais utilizando, por analogia, os dispositivos concernentes ao casamento. E essa situação pode ser cobrada do candidato em provas, como, por sinal, já tem ocorrido. Importante, entretanto, ressaltar, que em alguns aspectos os Tribunais Superiores não tem referendado essa disposição, como acontece com o direito sucessório. Mas na grande maioria das situações, a aplicação analógica é a única alternativa aceitável, uma vez que o Direito não se pode furtar aos critérios lógicos.

→ **Aplicação em Concurso Público:**

- *(FCC/PGE/RO/Procurador/2011)*
Estão impedidos de estabelecer união estável:
(A) o companheiro sobrevivente com o condenado por homicídio culposo contra o seu consorte.
(B) os afins em linha reta.
(C) os colaterais até quarto grau, inclusive.
(D) os viúvos ou viúvas que tiverem filho de cônjuge falecido enquanto não fizer inventário dos bens do casal e der partilha aos herdeiros.
(E) pessoas divorciadas.

Resposta: Alternativa "b". A União Estável encontra limitações tanto de ordem moral, quanto social ou sanguínea. No caso da proibição de constituição de UE entre os afins, temos simultaneamente a proibição moral e a sanguínea. Importante destacar, mais uma vez, que esse tipo de proibição guarda direta relação com as regras estabelecidas para o casamento, e são trazidas para a UE por analogia. Esta questão fundamenta-se no art. 1521 do CC/02 que não trata de União Estável, mas de matrimônio. Diante da ausência de norma específica, utilizam-se as disposições das regras gerais sobre casamento.

4. União estável configurada na hipótese de casal que esteja separado de fato ou separado judicialmente.

A distinção entre união estável e concubinato, durante significativo espaço de tempo, foi a existência de vínculo familiar por um (ou ambos) os concubinos, de modo a impedir a constituição da união estável. Entretanto, esse entendimento foi alterado pelo CC/02, na medida em que **o art. 1723 possibilitou a configuração de união estável para pessoas que estejam separadas (de fato ou judicialmente) do cônjuge originário**. Esta é uma norma de notória intenção inclusiva, principalmente para abranger as pessoas que deixavam de conviver com seus cônjuges através de **separação de fato** (abandono do lar) e iniciavam outros relacionamentos, sendo alguns deles duradouros de anos e mesmo décadas. Estas segundas formações familiares eram sempre consideradas concubinárias, sendo desprovidas de proteção. Com a modificação do texto legal do art. 1723, § 1º, passou-se a serem reconhecidas como uniões estáveis, com toda a proteção e garantias disciplinadas pela lei. Igualmente, consoante reza o parágrafo segundo do mesmo artigo, não se aplicam às uniões estáveis as causas suspensivas do art. 1523.

▶ **ATENÇÃO!** Assim, temos que, desde a vigência do CC/02, **não é necessário o divórcio do cônjuge para caracterizar a união estável**, bastando, para tanto, a separação, de fato ou judicial, sem necessidade de caracterização de prazo!

▶ **Jurisprudência – STJ**

RECONHECIMENTO DE UNIÃO ESTÁVEL SIMULTÂNEA AO CASAMENTO.

Ser casado constitui fato impeditivo para o reconhecimento de uma união estável. Tal óbice só pode ser afastado caso haja separação de fato ou de direito. Ainda que seja provada a existência de relação não eventual, com vínculo afetivo e duradouro, e com o intuito de constituir laços familiares, essa situação não é protegida pelo ordenamento jurídico se concomitante a ela existir um casamento não desfeito. Na hipótese, havia dúvidas quanto à separação fática do varão e sua esposa. Assim, entendeu-se inconveniente, sob o ponto de vista da segurança jurídica, inviolabilidade da vida privada, da intimidade e da dignidade da pessoa humana, abrir as portas para questionamento acerca da quebra da affectio familiae, com vistas ao reconhecimento de uniões estáveis paralelas a casamento válido. Diante disso, decidiu-se que havendo uma relação concubinária, não eventual, simultânea ao casamento, presume-se que o matrimônio não foi dissolvido e prevalecem os interesses da mulher casada, não reconhecendo a união estável. Precedentes citados do STF: RE 397.762-BA, Dje 11/9/2008; do STJ: Resp 1.107.195-PR, Dje 27/5/2010, e Resp 931.155-RS, DJ 20/8/2007. REsp 1.096.539-RS, Rel. Min. Luis Felipe Salomão, julgado em 27/3/2012.

▶ CC/02, art. 1723.

> Art. 1.723. É reconhecida como entidade familiar a união estável entre o homem e a mulher, configurada na convivência pública, contínua e duradoura e estabelecida com o objetivo de constituição de família.
>
> § 1º A união estável não se constituirá se ocorrerem os impedimentos do art. 1.521; não se aplicando a incidência do inciso VI no caso de a pessoa casada se achar separada de fato ou judicialmente.
>
> § 2º As causas suspensivas do art. 1.523 não impedirão a caracterização da união estável.

→ **Aplicação em Concurso Público:**

- *Ministério Público – TO – 2006*
- É possível o reconhecimento de união estável entre uma mulher solteira e um homem casado não separado de fato ou judicialmente, pois a existência de impedimento por parte de um dos companheiros para se casar não obsta a constituição da mencionada união.
  Resposta: A alternativa está errada.

No mesmo sentido, caminha o **Enunciado nº 269 do Conselho da Justiça Federal**, a justificar a inclusão do companheiro de união estável como herdeiro ou legatário, de modo a fazer a distinção entre concubino e convivente. Senão, vejamos:

O Código Civil trouxe distinção sem aplicação coerente ao exigir hipótese de separação de fato, sem culpa, por mais de cinco anos:

▶ Código Civil, art. 1801.

> Art. 1.801. Não podem ser nomeados herdeiros nem legatários:
> (...)
> III – o concubino do testador casado, salvo se este, sem culpa sua, estiver separado de fato do cônjuge há mais de cinco anos;

Já o enunciado veio no sentido de corrigir o erro do legislador ordinário:

II – LEI DA UNIÃO ESTÁVEL

Art. 1º

▶ **Enunciado nº 269 do CJF:**

> Art. 1.801: A vedação do art. 1.801, inc. III, do Código Civil não se aplica à união estável, independentemente do período de separação de fato (art. 1.723, § 1º).

→ **Aplicação em Concurso Público:**

- *FAE – 2008 – TJ-PR – Juiz*
Sobre o direito de família, assinale a alternativa correta:
(A) A pluralidade familiar, apreendida pelo Direito por meio da Constituição da República, somente se refere a direitos exigíveis perante o Estado, como, por exemplo, aqueles de caráter previdenciário, não sendo, todavia, admissível, cogitar da imposição de efeitos próprios da família legítima para entidades que não forem constituídas pelo casamento.
(B) O Código Civil admite hipótese em que a união estável entre homem e mulher será reconhecida e protegida como tal, mesmo que um dos companheiros tenha impedimento para casar.
(C) Tanto o pacto antenupcial quanto o contrato de convivência são negócios jurídicos solenes, pelo que somente podem ser celebrados validamente mediante escritura pública.
(D) Pode-se afirmar que é certa a inexistência de união estável quando o casal não reside sob o mesmo teto.

Resposta: Alternativa "b". A legislação atual acolheu a possibilidade de a união estável ser configurada mesmo que um dos conviventes seja ainda casado (existência de impedimento), desde que separado de fato ou judicialmente. Na alternativa "c", embora o pacto antenupcial somente possa ser realizado por escritura pública, o contrato de convivência não possui a mesma exigência, podendo ser realizado por contrato particular.

5. Homoafetividade e União Estável.

Um dos temas mais debatidos atualmente no Direito de Família é a possibilidade de reconhecimento jurídico das uniões entre casais do mesmo sexo, na modalidade união estável. Há fortes precedentes jurisprudenciais sobre a matéria. Ocorre que, sendo reconhecida essa hipótese, haveria a descaracterização do critério da "**diversidade de sexos**" como requisito para união estável. No que pese a respeitabilíssima corrente doutrinária e jurisprudencial em favor do tema, vislumbra-se imperiosa, antes, a alteração constitucional, a fim de permitir que tais uniões sejam plenamente validadas no sistema pátrio.

Os efeitos econômicos da relação estável homoafetiva, portanto, é translúcida e se aplica se nenhuma divergência em relação às uniões estáveis heterossexuais.[29]

5.1 ADPF 4277 e a equiparação da União Estável Gay pelo STF

A decisão do STF de equiparar as uniões gays às uniões estáveis, resultante do julgamento da ADPF 4277, foi na mesma linha de interpretação que já vinha sendo utilizada pelo STJ (conforme Jurisprudência abaixo). De modo prático, a partir desta decisão, todas as regras da União Estável também passam a ser aplicadas aos casais homoafetivos. Outros pontos, entretanto, não foram objeto de deliberação da Corte Magna, e, portanto, devem ser paulatinamente discutidas pela jurisprudência do país, como o caso da conversão de união estável gay em casamento.

O Informativo do **Instituto Brasileiro de Direito de Família** assim se reportou sobre histórica decisão:

> *"Julgamento histórico e revolucionário reconhece união homoafetiva estável.*
>
> *Ministros Luis Fux, Carmen Lúcia, Ricardo Lewandowski, Joaquim Barbosa e Gilmar Mendes votaram a favor, seguindo o voto do relator, ministro Ayres Britto. Nas redes sociais, comentários como "não achei que fosse viver para ver isso", escrevem os internautas. Segundo o presidente do Instituto Brasileiro de Direito de Família (IBDFAM), Rodrigo da Cunha Pereira, a Suprema Corte do Brasil deu a demonstração de que sua leitura e interpretação da Constituição realmente estão em consonância com a realidade das pessoas que vivem neste País. Para ele, deram um passo extremamente importante.*

---

29. UNIÃO HOMOAFETIVA. ENTIDADE FAMILIAR. PARTILHA.
A Seção, ao prosseguir o julgamento, por maioria, entendeu ser possível aplicar a analogia para reconhecer a parceria homoafetiva como uma das modalidades de entidade familiar. Para tanto, consignou ser necessário demonstrar a presença dos elementos essenciais à caracterização da união estável - entidade que serve de parâmetro diante da lacuna legislativa -, exceto o da diversidade de sexos, quais sejam: convivência pública, contínua e duradoura estabelecida com o objetivo de constituir família e sem os impedimentos do art. 1.521 do CC/2002 (salvo o do inciso VI em relação à pessoa casada separada de fato ou judicialmente). Frisou-se, ademais, que, uma vez comprovada essa união, devem ser atribuídos os efeitos jurídicos dela advindos. Reconheceu-se, portanto, o direito à meação dos bens adquiridos a título oneroso na constância do relacionamento, ainda que eles tenham sido registrados em nome de apenas um dos parceiros, não se exigindo a prova do esforço comum, que, no caso, é presumido. REsp 1.085.646-RS, Rel. Min. Nancy Andrighi, julgado em 11/5/2011.

II – LEI DA UNIÃO ESTÁVEL

Art. 1º

"A Suprema Corte demonstrou que está traduzindo a vida como ela é. Ela apenas disse que essas pessoas não podem ficar à margem da sociedade, a partir dos princípios constitucionais da igualdade, da dignidade e da não discriminação, e foi, portanto, um julgamento histórico e importante, e que a partir de agora abre caminhos e possibilidades para a vida de muitas outras pessoas, do reconhecimento de direito da vida de muitas outras pessoas", disse. (www.ibdfam.org.br)

No abalizado entender do **Prof. MARCOS EHRHARDT JR**, temos que:

"Partindo de uma análise cuidadosa dos argumentos lançados nos votos da ADI 4277 fica fácil perceber que nossa Constituição sempre apresentou a solução do problema, quando veda qualquer forma de discriminação em razão da cor da pele, religião ou sexo. Basta observarmos o princípio da igualdade e buscarmos no Judiciário assegurar aos pares homoafetivos o respeito aos seus direitos fundamentais à intimidade, privacidade e livre planejamento familiar. Na esteira do entendimento do STF, o Superior Tribunal de Justiça no julgamento do RESP 1.183.378 – RS, firmou o entendimento de que "não pode conferir à lei uma interpretação que não seja constitucionalmente aceita", do voto do relator, o eminente ministro Luis Felipe Salomão podemos extrair que a "fundamentação do casamento hoje não pode simplesmente emergir de seu traço histórico, mas deve ser extraída de sua função constitucional instrumentalizadora da dignidade da pessoa humana". Razão pela qual é possível concluir que "o direito à igualdade somente se realiza com plenitude se é garantido o direito à diferença". A solução então é bem simples, embora de difícil concretização por conta do forte componente cultural e religioso que permeia nossa realidade: o disciplinamento das entidades familiares protegidas constitucionalmente deve ser uniforme, sendo possível a conversão da união estável homoafetiva em casamento ou a habilitação direta de pares homoafetivos para o casamento civil, utilizando-se as regras atuais que regulam os casais heteroafetivos."

(Fonte: http://www.abarriguda.org.br/destaques/entrevista-com-o-professor-dr-marcos-ehrhardt-jr/)

▶ **Jurisprudência – STJ: equiparação dos efeitos da união estável à união homoafetiva.**

DIREITO CIVIL. PREVIDÊNCIA PRIVADA. EMBARGOS DE DECLARAÇÃO NO RECURSO ESPECIAL. BENEFÍCIOS. COMPLEMENTAÇÃO. PENSÃO POST MORTEM. UNIÃO ENTRE PESSOAS DO MESMO SEXO. PRINCÍPIOS FUNDAMENTAIS. EMPREGO DE ANALOGIA PARA SUPRIR LACUNA LEGISLATIVA. NECESSIDADE DE DEMONSTRAÇÃO INEQUÍVOCA DA PRESENÇA

DOS ELEMENTOS ESSENCIAIS À CARACTERIZAÇÃO DA UNIÃO ESTÁVEL, COM A EVIDENTE EXCEÇÃO DA DIVERSIDADE DE SEXOS. IGUALDADE DE CONDIÇÕES ENTRE BENEFICIÁRIOS. – As questões suscitadas pela embargante não constituem pontos omissos ou obscuros, tampouco erro de fato do julgado, mas mero inconformismo com os fundamentos e conclusões adotados no acórdão embargado. – O que se percebe, é que busca a embargante sustentar a tese de que o recurso especial não mereceria conhecimento, por incidência das Súmulas 5, 7 e 126, do STJ, no intuito de que o acórdão proferido pelo TJ/RJ seja restabelecido e a pensão *post mortem* consequentemente negada ao embargado. – **Para chegar à conclusão de que o companheiro homossexual sobrevivente de participante de entidade de previdência privada complementar faz jus à pensão *post mortem*, o acórdão embargado assentou-se na integração da norma infraconstitucional lacunosa por meio da analogia, nos princípios gerais de Direito e na jurisprudência do STJ, sem necessidade alguma de revolvimento de matéria de verniz fático ou probatório, tampouco de interpretação de cláusulas contratuais.** – Conquanto questionável a premissa constitucional fixada pelo TJ/RJ, de que o conceito de união estável não contempla uniões entre pessoas do mesmo sexo, o recurso especial trouxe debate diverso e sob viés igualmente distinto foi matéria tratada no STJ, porquanto, ao integrar a lei por meio da aplicação analógica do art. 1.723 do CC/02, o acórdão embargado decidiu a temática sob ótica nitidamente diversa daquela adotada no acórdão recorrido sem necessidade de tanger o fundamento constitucional nele inserto, porque não definiu a união homoafetiva como união estável, mas apenas lhe emprestou as consequências jurídicas dela derivadas. – A embargante pretende, em suas ponderações, tão somente rediscutir matéria jurídica já decidida, sem concretizar alegações que se amoldem às particularidades de que devem se revestir as peças dos embargos declaratórios. – **A tentativa obstinada no sentido de que incidam óbices ao conhecimento do recurso especial deve ser contemporizada quando em contraposição a matéria de inegável relevo social e humanitário.** Embargos de declaração rejeitados. (EDcl no REsp 1026981 / RJ, DJe 04/08/2010).

→ **Aplicação em Concurso Público – *Questão Discursiva*.**
* PROVA: CEFET.MPE-BA.Promotor Estadual.2015 – Discursiva.
  Acerca da união estável, discorra, de forma objetiva, sobre os seguintes tópicos: (a) Conceito e elementos caracterizadores da união estável; (b) Efeitos pessoais da união estável; (c) Efeitos patrimoniais da união estável; (d) O tratamento normativo brasileiro e a posição do STF e STJ sobre a possibilidade ou não do reconhecimento de uniões estáveis homoafetivas e seus consectários.

II – LEI DA UNIÃO ESTÁVEL **Art. 2º**

> **Art. 2º** São direitos e deveres iguais dos conviventes:
> I – respeito e consideração mútuos;
> II – assistência moral e material recíproca;
> III – guarda, sustento e educação dos filhos comuns.

1. **Deveres dos companheiros de união estável em analogia aos direitos dos cônjuges no matrimônio.**

   O art. 2º da lei em comento procurou estabelecer uma linha de direitos e deveres entre companheiros, tomando por base a mesma disposição do Direito Civil acerca dos direitos e deveres dos cônjuges durante o matrimônio. Estão elencados, simultaneamente, nesse artigo, os seguintes direitos e deveres:

   A) **Respeito e consideração recíprocos**, que significam o tratamento público dispensado por um ao outro, guardando a moral e os bons costumes como parâmetro para as relações dos companheiros entre si e perante a sociedade;

   B) **Assistência moral e material** implica, em primeiro lugar, na necessidade de integração espiritual, entendimento segundo o qual poderíamos afirmar que os conviventes, assim como os cônjuges, precisam nutrir antes de qualquer coisa, uma relação fraterna e de cumplicidade, naquilo que a eminente Maria Helena Diniz chamou de "*integração fisiopsíquica*". Já a assistência material, diz respeito ao caráter patrimonial das relações de família, instituídos como sendo a obrigação de constituir patrimônio em comum por meio da adoção do regime da comunhão parcial e do direito de alimentos, obrigação recíproca e caracterizada pela manutenção da dignidade humana das partes envolvidas, bem como a manutenção do padrão de vida do casal, sustento das obrigações domésticas e responsabilidades idênticas sobre a preservação do patrimônio comum e das finanças do casal;

   C) **Guarda, sustento e educação dos filhos**, que vem a ser o compromisso intrínseco de prover, manter, educar, criar, exigir respeito e instruir os filhos advindo do casal. Ressalte-se que os direitos e os deveres são idênticos, sem que haja qualquer supremacia do homem (companheiro) ou da mulher (companheira) em face dos direitos previstos nesse artigo.

   ▶ **Paralelo com o Código Civil em vigor:**

   CC/02. Art. 1.566. São deveres de ambos os cônjuges:

I – fidelidade recíproca;
II – vida em comum, no domicílio conjugal;
III – mútua assistência;
IV – sustento, guarda e educação dos filhos;
V – respeito e consideração mútuos.

1.1. Rol exemplificativo de direitos e deveres dos companheiros de união estável.

A lista de direitos prevista no artigo em comento constitui mero **rol exemplificativo**, e não exaustivo. Outrossim, essa lista de direitos elenca parâmetros a serem seguidos, sem ter o anseio de estipular todas as hipóteses de direitos e de deveres previstos na legislação, inclusive por que muitos desses direitos não poderiam ser antevistos pelo legislador, em face da sua ocorrência cotidiana depender naturalmente das relações entre os casais.

→ **Aplicação em Concurso Público.**

- *(TJ/AP/Juiz/2009)*
  As relações entre os companheiros, na união estável, obedecerão aos deveres de
  (A) fidelidade recíproca, vida em comum no domicílio conjugal e contribuição igualitária nas despesas domésticas.
  (B) fidelidade recíproca, mútua assistência, vida em comum no domicílio conjugal.
  (C) lealdade, respeito e assistência, e de guarda, sustento e educação dos filhos.
  (D) lealdade, respeito e consideração mútuos, sendo, porém, excluído o de prestar alimentos.
  (E) lealdade, respeito e assistência e, obrigatoriamente, a observância nas relações patrimoniais das regras atinentes à comunhão parcial de bens no casamento.
  Resposta: Alternativa "c".

▶ **Artigo Correlato.**

Paralelo com o Código Civil em vigor:

CC/02. Art. 1.724. As relações pessoais entre os companheiros obedecerão aos deveres de lealdade, respeito e assistência, e de guarda, sustento e educação dos filhos.

→ **Aplicação em Concurso Público:**

- *Ministério Público/SP*

II – LEI DA UNIÃO ESTÁVEL   **Art. 5º**

(A) Para a caracterização da união estável, é absolutamente necessária em qualquer circunstância a vida em comum sob o mesmo teto, sob pena de ser descaracterizada, mesmo diante do silêncio da lei nesse passo.

Resposta: A alternativa está errada! Tomando por base a antiga Súmula de nº 382 do STF, adaptada ao entendimento recente acerca das uniões estáveis, a convivência more uxório, sob o mesmo teto, não é requisito para configurar união estável. Ou seja, é possível que a união estável seja configurada, mesmo que cada um dos conviventes resida no seu próprio domicílio.

Art. 3º (VETADO)

Art. 4º (VETADO)

Art. 5º Os bens móveis e imóveis adquiridos **por um ou por ambos** os conviventes, na **constância da união estável** e a **título oneroso**, são considerados fruto do trabalho e da colaboração **comum**, passando a pertencer **a ambos**, em condomínio e em partes iguais, salvo estipulação contrária em contrato escrito.

§ 1º Cessa a presunção do caput deste artigo se a aquisição patrimonial ocorrer com o produto de bens adquiridos **anteriormente** ao início da união.

§ 2º A administração do patrimônio comum dos conviventes **compete a ambos**, salvo estipulação contrária em contrato escrito.

---

1. Do regime de bens da comunhão parcial aplicável às uniões estáveis.

O art. 5º da Lei nº 9.278/96 trouxe as regras do regime da comunhão parcial de bens para a união estável, sem que, entretanto, fosse utilizada essa denominação específica, por razões injustificadas e que revelam fraca técnica legislativa. De toda sorte, a aplicação do regime de **comunhão parcial deve ser idêntica ao casamento**, de modo que o patrimônio adquirido ao longo do casamento seja amealhado, desde que a aquisição seja **onerosa**. Nessa modalidade de divisão do patrimônio, importa lembrar que mesmo que o patrimônio tenha sido adquirido por apenas um dos conviventes, será considerado aquisição de ambos.

Os bens adquiridos a título gratuito (sem contribuição econômica de um dos conviventes) não serão partilhados, constituindo a esfera patrimonial particular de cada um, como as doações individuais recebidas por cada um deles, bem como os bens recebidos por herança, que também não são partilhados.

▶ **Paralelo com o Código Civil em vigor:**

CC/02. Art. 1.725. Na união estável, salvo contrato escrito entre os companheiros, aplica-se às relações patrimoniais, no que couber, o regime da comunhão parcial de bens.

▶ **Jurisprudência – STJ.**

Ainda que o término do relacionamento e a dissolução da união estável tenham ocorrido durante a vigência da Lei 9.278/1996, não é possível aplicar à partilha do patrimônio formado antes da vigência da referida lei a presunção legal de que os bens adquiridos onerosamente foram fruto de esforço comum dos conviventes (art. 5º da Lei 9.278/1996), devendo-se observar o ordenamento jurídico vigente ao tempo da aquisição de cada bem a partilhar. Antes da Lei 9.278/1996, a partilha de bens ao término da união estável dava-se mediante a comprovação - e na proporção respectiva - do esforço direto ou indireto de cada companheiro para a formação do patrimônio amealhado durante a convivência (Súmula 380 do STF). Apenas com a referida Lei, estabeleceu-se a presunção legal relativa de comunhão dos bens adquiridos a título oneroso durante a união estável (art. 5º da Lei 9.278/1996), excetuados os casos em que existe estipulação em sentido contrário (caput do art. 5º) e os casos em que a aquisição patrimonial decorre do produto de bens anteriores ao início da união (§ 1º do art. 5º). Os bens adquiridos anteriormente à Lei 9.278/1996 têm a propriedade - e, consequentemente, a partilha ao término da união - disciplinada pelo ordenamento jurídico vigente quando da respectiva aquisição. Com efeito, a aquisição da propriedade dá-se no momento em que se aperfeiçoam os requisitos legais para tanto. Desse modo, a titularidade dos bens não pode ser alterada por lei posterior em prejuízo ao direito adquirido e ao ato jurídico perfeito (art. 5, XXXVI, da CF e art. 6º da LINDB). Cumpre esclarecer, a propósito, que os princípios legais que regem a sucessão e a partilha de bens não se confundem: a sucessão é disciplinada pela lei em vigor na data do óbito; a partilha de bens, ao contrário - seja em razão do término, em vida, do relacionamento, seja em decorrência do óbito do companheiro ou cônjuge - deve observar o regime de bens e o ordenamento jurídico vigente ao tempo da aquisição de cada bem a partilhar. A aplicação da lei vigente ao término do relacionamento a todo o período de união implicaria expropriação do patrimônio adquirido segundo a disciplina da lei anterior, em manifesta ofensa ao direito adquirido e ao ato jurídico perfeito, além de causar insegurança jurídica, podendo atingir até mesmo terceiros. Ademais, deve-se levar em consideração que antes da edição da Lei 9.278/1996 os companheiros não dispunham

II – LEI DA UNIÃO ESTÁVEL Art. 5º

de instrumento eficaz para, caso desejassem, dispor sobre a forma de aquisição do patrimônio durante a união estável. Efetivamente, como não havia presunção legal de meação de bens entre conviventes, não havia sequer razão para que os conviventes fizessem estipulação escrita em contrário a direito dispositivo inexistente. REsp 1.124.859-MG, Rel. originário Min. Luis Felipe Salomão, Rel. para acórdão Min. Maria Isabel Gallotti, julgado em 26/11/2014, DJe 27/2/2015.

1.1. Bens particulares e bens comuns na união estável.

Como já salientado acima, assim como no regime de comunhão parcial de bens do casamento, na união estável, igualmente, haverá a divisão entre **bens particulares** e **bens comuns** (ou aquestos, como prefere parte da doutrina especializada). Essa distinção entre bens individuais e bens adquiridos ao longo da constância da união estável terá fundamental importância na hipótese de eventual dissolução de união estável, e necessidade de partilha do patrimônio, bem como, de igual importância, ter-se-á a distinção como parâmetro de divisão de patrimônio hereditário na situação de morte de um dos companheiros. Destaque-se que, havendo **benfeitorias** realizadas ao longo da convivência, o valor destas será amealhando entre os conviventes, não importando, ressalte-se, na alteração da divisão entre particulares e bens comuns.

▶ Jurisprudência – STJ.

> EMBARGOS DE DECLARAÇÃO. OMISSÃO. EXISTÊNCIA. SOCIEDADE DE FATO. UNIÃO ESTÁVEL. DISSOLUÇÃO ANTERIOR À LEI 9.278/96. PARTILHA DE BENS. CONTRIBUIÇÃO INDIRETA. PRINCÍPIOS DA RAZOABILIDADE DE PROPORCIONALIDADE. 1. **A situação fática delimitada pelo acórdão recorrido caracteriza a união estável dissolvida antes da Lei 9.278/96, circunstância que impede o direito à meação, o qual foi estabelecido apenas a partir do citado diploma legal.** 2. Na linha da jurisprudência consolidada pela 2ª Seção, afasta-se o direito à meação durante o período sob a regência da Lei 8.971/94, na hipótese em que houve participação indireta de um dos companheiros na formação do patrimônio, **devendo a partilha ser estabelecida com observância dos princípios da razoabilidade e proporcionalidade** (REsp. 914.811/SP). (EDcl no REsp 674483 / MG; DJe 27/02/2012)

→ Aplicação em Concurso Público:
- *(CESPE/Cebraspe/TJ/PA/Juiz/2012)*
  A respeito da união estável, assinale a opção correta.

281

(A) Os bens adquiridos onerosamente durante a vida em comum, desde que comprovado o esforço comum, pertencem a ambos os companheiros.

(B) Se uma pessoa maior de sessenta anos de idade der início a união estável, o regime de bens, assim como ocorre no caso de casamento, será o da separação obrigatória.

(C) Para que o contrato de convivência tenha validade perante terceiros, os companheiros deverão celebrá-lo por escrito e registrá-lo no cartório competente.

(D) Ao contrário do que ocorre no casamento, em caso de união estável reconhecida judicialmente, não há necessidade da outorga do companheiro para a alienação de bem imóvel.

(E) Se pessoa separada de fato há menos de um ano adquirir um imóvel, este bem se comunicará com o seu cônjuge, ainda que o adquirente tenha vida em comum com outra pessoa.

Resposta: Alternativa "d". A questão é bastante polêmica, uma vez que, como já exposto em outros comentários anteriores, a aplicação das regras do casamento, por analogia, na União Estável é procedimento discutível. Embora não exista previsão expressa no sentido de que o companheiro necessita da outorga uxória, não nos parece lógico essa interpretação, uma vez que deixaria os companheiros em situação de vulnerabilidade recíproca diante dessas circunstâncias.

1.2. Administração do patrimônio comum entre os conviventes.

A estipulação do parágrafo segundo do presente artigo encontra respaldo no princípio constitucional da igualdade entre companheiros de união estável. A administração dos bens particulares, consoante se sabe, deve caber a cada um, relativo ao seu conjunto próprio de bens, mas a administração do patrimônio adquirido em conjunto deve ser de ambos os conviventes, sem nenhum tipo de distinção, e com obrigatoriedade de direitos e deveres.

→ **Aplicação em Concurso Público:**

- *Ministério Público – MS – 2009*

    Para a lei nº 9.278 de 10.05.96, a união estável, reconhecida constitucionalmente como entidade familiar, pressupõe:

    (A) que a convivência tenha duração mínima de 05 anos;
    (B) convivência duradoura, pública e contínua, de um homem e uma mulher, estabelecia com o objetivo de constituição de família;
    (C) o advento da prole para que o prazo mínimo de 05 anos seja dispensado;
    (D) que desde o início seja o regime de bens estipulado.

    Resposta: Alternativa "b".

2. Do contrato de convivência na união estável.

O **contrato de convivência** é instrumento realizado em cartório de registro de notas, sem a necessidade de participação de advogado (pelo menos não na subscritura do documento), assinado pelos conviventes e pelo oficial do registro, que tem por objetivo traçar regras pertinentes à união estável do casal interessado. Esse registro terá diversas finalidades, de acordo com a vontade e os interesses das partes, a saber:

A) **a formalização da união estável.** Este é o primeiro e mais importante dos efeitos atribuídos ao contrato escrito entre os companheiros. Recorde-se que, se não existir esse tipo de contrato escrito entre os conviventes, essa união necessitará ser reconhecida em momento futuro, muito provavelmente por meio de ação declaratória própria para este fim (o que ocorre, muitas vezes, apenas na ocasião de dissolução dessa união estável).

B) **a escolha de outro regime de bens que não seja o regime da comunhão parcial.** O contrato de convivência permite que os conviventes possam estipular outro regime patrimonial para reger sua relação. O regime de comunhão universal, da separação convencional, ou ainda da participação final dos aquestos (consoante previstos no CC/02) podem ser determinados pelo casal no contrato de convivência;

C) **determinar regras próprias para a administração do patrimônio**, divergindo da regra geral de administração conjunta por ambos os conviventes;

D) **estipulação da data inicial da união estável.** Essa possibilidade é bastante utilizada para fins de reconhecimento de uniões pretéritas, posto que muito raramente um casal lançará mão do contrato de convivência para estipular efetivamente o início de união estável, pela razão de que seria, na verdade, um quase casamento, formalizado no seu início. Nada impede, portanto, que, anos depois, o casal de conviventes decida tornar retroativa a vigência da união estável, principalmente para fins de comprovação de prazo de convivência, seja para fins previdenciários, seja para divisão de bens adquiridos, ou para comprovação de período de estabilidade familiar para conseguimento de visto de imigração ou outras necessidade afins;

E) **alteração de nome para inclusão do sobrenome do outro convivente.** A possibilidade de mudança de nome, para alteração e/ou inclusão do sobrenome do outro companheiro, assim como funciona para os cônjuges, pode ser realizado através de contrato de convivência para união estável.

→ **Aplicação em Concurso Público:**

- *(PGM/Mogi/Advogado/2009)*
  Quanto à união estável, é correto o que se afirma em:
  (A) contrato escrito poderá estabelecer relações patrimoniais diferentes do que o regime de comunhão parcial de bens para os que são casados.
  (B) para o Código Civil, união estável e concubinato são sinônimos, merecendo a mesma interpretação jurídica.
  (C) as relações entre os companheiros não obedecerão o dever de lealdade, por não se tratar de casamento.
  (D) a comunhão dos bens, durante união estável, somente se configura se houver prova de esforço comum.
  (E) o companheiro ou companheira são admitidos como herdeiros necessários na nova legislação civil.
  Resposta: Alternativa "a". O chamado "contrato de convivência", normalmente realizado por escritura pública em tabelionato de notas é o mecanismo mais apropriado para a estipulação de clausulas de caráter patrimonial entre os companheiros, desde que este pacto não viole direitos fundamentais ou garantidos em lei para cada um deles. Esse tipo de contrato também pode ser utilizado pelos casais homoafetivos, em face da decisão do STF que reconhece a união entre pessoas do mesmo sexo como sendo União estável.

→ **Aplicação em Concurso Público:**

- *178º Magistratura – SP*
- Na união estável, salvo contrato escrito entre os companheiros, aplica-se às relações patrimoniais, no que couber o regime de comunhão parcial de bens.
  Resposta: A alternativa está correta.

2.1. Criação de regime próprio para os conviventes por meio do contrato de convivência.

Importantíssimo mencionar, ainda, que assim como no casamento, por meio de **pacto antenupcial**, pode-se estipular regras próprias para divisão de bens na união estável, mesclando-se regras de regimes diversos, a constituir uma espécie de regime próprio, de conformidade com interesses econômicos e com a realidade patrimonial de ambos.

II – LEI DA UNIÃO ESTÁVEL

Art. 5º

▶ **Jurisprudência – STJ.**

> CIVIL. FAMÍLIA. UNIÃO ESTÁVEL. RECONHECIMENTO E DISSOLUÇÃO INCONTROVERSOS. VIOLAÇÃO AO ARTIGO 5º, § 1º, da Lei 9.278/96 CONFIGURADA. PARTILHA DE FRUTOS E/OU RENDIMENTOS ADQUIRIDOS ANTES DA UNIÃO ESTÁVEL. BENS ADQUIRIDOS POR HERANÇA E COM RECURSOS PROVENIENTES DE MODO EXCLUSIVO DO VARÃO. INCOMUNICABILIDADE TAMBÉM INCONTROVERSA DOS BENS PRINCIPAIS. IMPOSSIBILIDADE DE DIVISÃO DOS FRUTOS. APLICAÇÃO DO PRINCÍPIO DO ACESSÓRIO SEGUIR A SORTE DO PRINCIPAL. RECURSO PROVIDO. SENTENÇA RESTABELECIDA. PRECEDENTE. 1. Viola o § 1º, do artigo 5º, da Lei 9.278/96 a determinação de partilhar frutos e/ou rendimentos advindos de bens herdados e/ou doados antes do reconhecimento da união estável. 2. Encontrando-se incontroversa a questão alusiva à incomunicabilidade dos bens principais herdados, por decorrência lógica, a incomunicabilidade também se aplica aos bens acessórios, seguindo o brocardo de que *"Acessorium sequitur suum principale"*. 3. Recurso Especial conhecido e provido, a fim de cassar o v. acórdão do eg. Tribunal *a quo* e restabelecer a sentença de primeiro grau. (REsp 775471 / RJ, DJe 31/08/2010).

→ **Aplicação em Concurso Público:**

- *Exame Nacional da OAB. 2010.2*
  Jane e Carlos constituíram uma união estável em julho de 2003 e não celebraram contrato para regular as relações patrimoniais decorrentes da aludida entidade familiar. Em março de 2005, Jane recebeu R$ 100.000,00 (cem mil reais) a título de doação de seu tio Túlio. Com os R$ 100.000,00 (cem mil reais), Jane adquiriu em maio de 2005 um imóvel na Barra da Tijuca. Em 2010, Jane e Carlos se separaram. Carlos procura um advogado, indagando se tem direito a partilhar o imóvel adquirido por Jane na Barra da Tijuca em maio de 2005.
  Assinale a alternativa que indique a orientação correta a ser exposta a Carlos.

(A) Por se tratar de bem adquirido a título oneroso na vigência da união estável, Carlos tem direito a partilhar o imóvel adquirido por Jane na Barra da Tijuca em maio de 2005.

(B) Carlos não tem direito a partilhar o imóvel adquirido por Jane na Barra da Tijuca em maio de 2005 porque, salvo contrato escrito entre os companheiros, aplica-se às relações patrimoniais entre os mesmos o regime da separação total de bens.

(C) Carlos não tem direito a partilhar o imóvel adquirido por Jane na Barra da Tijuca em maio 2005 porque, em virtude da ausência de contrato escrito entre os companheiros, aplicasse às relações patrimoniais entre os mesmos o regime da comunhão parcial de bens, que exclui dos bens comuns entre os consortes aqueles doados e os sub-rogados em seu lugar.

(D) Carlos tem direito a partilhar o imóvel adquirido por Jane na Barra da Tijuca em maio de 2005 porque, muito embora o referido bem tenha sido adquirido com o produto de uma doação, não se aplica a sub-rogação de bens na união estável.
Resposta: Alternativa c). Trata a questão da diferença entre bens comuns e bens particulares. No caso em exame o referido bem não entra no rol dos bens comuns por determinação legal acerca do regime da comunhão parcial de bens.

Art. 6º (VETADO)

Art. 7º Dissolvida a união estável por **rescisão**, a assistência material prevista nesta Lei será prestada por um dos conviventes ao que dela necessitar, **a título de alimentos**.

Parágrafo único. Dissolvida a união estável por morte de um dos conviventes, o sobrevivente terá **direito real de habitação**, enquanto viver ou não constituir nova união ou casamento, relativamente ao imóvel destinado à residência da família.

1. **Obrigação de alimentos para conviventes de união estável.**

Os **alimentos** constituem obrigação que se origina, precipuamente, em relações de Direito de Família, mormente em face de vínculos de parentesco, de conjugalidade ou de companheirismo, na hipótese específica das uniões estáveis. Os mesmos parâmetros utilizados pelo Código Civil em vigor para a estipulação de alimentos serão aplicáveis no caso de união estável, com o detalhe de que, se a união não tiver sido ainda formalizada, deverá haver declaração judicial nesse sentido antes da condenação ao pagamento de alimentos definitivos. As bases da possibilidade do alimentante e da necessidade do alimentando serão analisadas, no caso concreto, para fins de estabelecimento da prestação e do valor a ser pago. Acrescente-se, por óbvio, que o **padrão de vida** que o casal dispunha ao longo da convivência necessitará ser pormenorizadamente analisado a fim de que os alimentos reflitam as reais necessidades do ex-companheiro que precisa se socorrer dessa pensão alimentícia.

→ **Aplicação em Concurso Público:**
- *Magistratura – RO – 2008*
- Não há alimentos entre os coniventes por não existir casamento ou relação de parentesco.
  Resposta: A alternativa está errada.

II – LEI DA UNIÃO ESTÁVEL   **Art. 7º**

2. **Pensão previdenciária para companheiros de união estável. Desnecessidade de designação prévia do companheiro para fins de concessão de benefício.**

   Firmou-se entendimento no sentido de que diversos direitos são automaticamente reconhecidos aos casais que vivem em união estável. Essa espécie de aplicação homogênea de direitos já previstos a casos concretos em especial, reflete a progressiva ratificação de direitos outorgados aos casais conviventes, mesmo que não estejam expressamente previstas em lei. Destaca-se aqui o direito de **pensão previdenciária por morte**, mas diversos outros podem se lembrados, como o **direito de ser incluído no plano de saúde**, direito de inclusão para fins de **abatimento em imposto de renda**, direito de **inclusão do nome do outro**, direito de realizar **visita íntima em estabelecimento prisional**, causa de **inelegibilidade eleitoral**, etc.

   ▶ Jurisprudência – STJ.

   > ADMINISTRATIVO. PROCESSUAL CIVIL. AGRAVO REGIMENTAL EM RECURSO ESPECIAL. PENSÃO CIVIL. AUSÊNCIA DE DESIGNAÇÃO PRÉVIA. DESNECESSIDADE. UNIÃO ESTÁVEL COMPROVADA. **A jurisprudência desta Corte está firmada em que a ausência de prévia designação do companheiro como beneficiário de pensão não impede a concessão do benefício, se a união estável resta devidamente comprovada por outros meios idôneos de prova.** Precedentes do STJ. Agravo Regimental desprovido. (AgRg no REsp 1130058 / RS, DJe 06/09/2010)

3. **Direito real de habitação para companheiros de união estável.**

   O **direito real de habitação** é uma espécie de garantia destinada a amparar as pessoas que perdem seus cônjuges por morte, e cujo bem imóvel onde residiam deve ser partilhado entre a(o) viúva(o) e outros herdeiros. A aplicação do direito real de habitação funda-se na garantia da **dignidade da pessoa que vivia no mesmo local**, e caracteriza-se no sentido de evitar que, após a morte do ente querido, veja-se obrigado a deixar o lar conjugal por razões de divisão hereditária. Esta garantia aplica-se em qualquer dos regimes de bens para o casamento. Existe, entretanto, uma restrição jurisprudencial para os casos em que, anteriormente à constituição da união estável, já havia copropriedade por outra pessoa.[30]

---

30. DIREITO CIVIL. INOPONIBILIDADE DO DIREITO REAL DE HABITAÇÃO NO CASO DE COPROPRIEDADE ANTERIOR À ABERTURA DA SUCESSÃO.

Ressalte-se que, com a recente inconstitucionalidade do Art. 1790 do Código Civil, ao equiparar plenamente, para fins sucessórios, cônjuges e companheiros, a questão do direito real de habitação para a união estável se tornou ainda mais simples e sem maiores discussões na aplicação prática, sendo possível ser reconhecido, inclusive, através de **ação possessória**.[31]

---

[31] A viúva não pode opor o direito real de habitação aos irmãos de seu falecido cônjuge na hipótese em que eles forem, desde antes da abertura da sucessão, coproprietários do imóvel em que ela residia com o marido. De fato, o direito real de habitação (arts. 1.611, § 2º, do CC/1916 e 1.831 do CC/2002) tem como essência a proteção do direito de moradia do cônjuge supérstite, dando aplicação ao princípio da solidariedade familiar. Nesse contexto, de um lado, vislumbrou-se que os filhos devem, em nome da solidariedade familiar, garantir ao seu ascendente a manutenção do lar; de outro lado, extraiu-se da ordem natural da vida que os filhos provavelmente sobreviverão ao habitador, momento em que poderão exercer, na sua plenitude, os poderes inerentes à propriedade que detêm. Ocorre que, no caso em que o cônjuge sobrevivente residia em imóvel de copropriedade do cônjuge falecido com os irmãos, adquirida muito antes do óbito, deixa de ter razoabilidade toda a matriz sociológica e constitucional que justifica a concessão do direito real de habitação ao cônjuge sobrevivente, pois não há elos de solidariedade entre um cônjuge e os parentes do outro, com quem tem apenas vínculo de afinidade, que se extingue, à exceção da linha reta, quando da dissolução do casamento. Além do mais, do contrário, estar-se-ia admitindo o direito real de habitação sobre imóvel de terceiros, em especial porque o condomínio formado pelos familiares do falecido preexiste à abertura da sucessão. Precedente citado: REsp 1.212.121-RJ, Quarta Turma, DJe 18/12/2013. REsp 1.184.492-SE, Rel. Min. Nancy Andrighi, julgado em 1º/4/2014.
DIREITO CIVIL E PROCESSUAL CIVIL. RECONHECIMENTO DO DIREITO REAL DE HABITAÇÃO DO COMPANHEIRO SOBREVIVENTE EM AÇÃO POSSESSÓRIA.
Ainda que o companheiro supérstite não tenha buscado em ação própria o reconhecimento da união estável antes do falecimento, é admissível que invoque o direito real de habitação em ação possessória, a fim de ser mantido na posse do imóvel em que residia com o falecido. O direito real de habitação é ex vi legis decorrente do direito sucessório e, ao contrário do direito instituído inter vivos, não necessita ser registrado no Cartório de Registro de Imóveis. É de se ver, portanto, que há direito sucessório exercitável desde a abertura da sucessão, sendo que, a partir desse momento, terá o cônjuge/companheiro sobrevivente instrumentos processuais para garantir o exercício do direito de habitação, inclusive, por meio dos interditos possessórios. Assim sendo, é plenamente possível a arguição desse direito para fins exclusivamente possessórios, até porque, entender de forma diversa, seria negar proteção justamente à pessoa para o qual o instituto foi desenvolvido e em momento pelo qual ele é o mais efetivo. Vale ressaltar que a constituição do direito real de habitação do cônjuge/ companheiro supérstite emana exclusivamente da lei, "sendo certo que seu reconhecimento de forma alguma repercute na definição de propriedade dos bens partilhados. Em se tratando de direito ex vi lege, seu reconhecimento não precisa necessariamente dar-se por ocasião da partilha dos bens deixados pelo cujus" (REsp 1.125.901/RS, Quarta Turma, DJe 6/9/2013). Adequada, portanto, a sentença que apenas vem a declarar a união estável na motivação do decisório, de forma incidental, sem repercussão na parte dispositiva e, por conseguinte, sem alcançar a coisa julgada (CPC, art. 469), mantendo aberta eventual discussão no tocante ao reconhecimento da união estável e seus efeitos decorrentes. Ante o exposto, não há falar em falta de interesse de agir, nem de questão prejudicial, pois, como visto, a sentença que

▶ **Jurisprudência – STJ.**

DIREITO CIVIL E PROCESSUAL CIVIL. RECONHECIMENTO DO DIREITO REAL DE HABITAÇÃO DO COMPANHEIRO SOBREVIVENTE EM AÇÃO POSSESSÓRIA.

Ainda que o companheiro supérstite não tenha buscado em ação própria o reconhecimento da união estável antes do falecimento, é admissível que invoque o direito real de habitação em ação possessória, a fim de ser mantido na posse do imóvel em que residia com o falecido. O direito real de habitação é *ex vi legis* decorrente do direito sucessório e, ao contrário do direito instituído *inter vivos*, não necessita ser registrado no Cartório de Registro de Imóveis. É de se ver, portanto, que há direito sucessório exercitável desde a abertura da sucessão, sendo que, a partir desse momento, terá o cônjuge/companheiro sobrevivente instrumentos processuais para garantir o exercício do direito de habitação, inclusive, por meio dos interditos possessórios. Assim sendo, é plenamente possível a arguição desse direito para fins exclusivamente possessórios, até porque, entender de forma diversa, seria negar proteção justamente à pessoa para o qual o instituto foi desenvolvido e em momento pelo qual ele é o mais efetivo. Vale ressaltar que a constituição do direito real de habitação do cônjuge/companheiro supérstite emana exclusivamente da lei, "sendo certo que seu reconhecimento de forma alguma repercute na definição de propriedade dos bens partilhados (...). REsp 1.203.144-RS, Rel. Min. Luis Felipe Salomão, julgado em 27/5/2014.

▶ **Artigo Correlato. Código Civil/2002, art. 1831.**

> **Art. 1.831.** Ao cônjuge sobrevivente, qualquer que seja o regime de bens, será assegurado, sem prejuízo da participação que lhe caiba na herança, o direito real de habitação relativamente ao imóvel destinado à residência da família, desde que seja o único daquela natureza a inventariar.

---

reconheça o direito do companheiro em ação possessória não depende do julgamento de outro processo. Além do mais, uma vez que o direito real está sendo conferido exatamente àquela pessoa que residia no imóvel, que realmente exercia poder de fato sobre a coisa, a proteção possessória do companheiro sobrevivente está sendo outorgada à luz do fato jurídico posse. Nesse contexto, vale ressaltar o disposto no art. 1.210, § 2º, do CC, segundo o qual "não obsta à manutenção ou reintegração na posse a alegação de propriedade, ou de outro direito sobre a coisa", e o Enunciado 79 das Jornadas de Direito Civil, que dispõe que "a exceptio proprietatis, como defesa oponível às ações possessórias típicas, foi abolida pelo Código Civil de 2002, que estabeleceu a absoluta separação entre os juízos possessório e petitório". REsp 1.203.144-RS, Rel. Min. Luis Felipe Salomão, julgado em 27/5/2014.

No que tange a união estável, entretanto, o CC/02 não disciplinou a matéria, nem dizendo que podia, nem que não poderia ser aplicado. Resta-nos, então, aplicar a norma do artigo em comento (art. 7º, parágrafo único), que trazia expressamente a possibilidade. **Por analogia, não faz sentido desconsiderar tal direito para as pessoas que vivam em união estável, diante da equiparação realizada pela CF/88 entre esta modalidade de constituição familiar e o casamento.** Ainda, tem-se o **Enunciado nº 117 do STJ**, a ratificar a aplicação da Lei nº 9.278/96 e a aplicação do direito real de habitação aos conviventes.

▶ Enunciado nº 117 do CJF:

> Art. 1831: o direito real de habitação deve ser estendido ao companheiro, seja por não ter sido revogada a previsão da Lei n. 9.278/96, seja em razão da interpretação analógica do art. 1831, informado pelo art. 6º, caput, da CF/88

→ Aplicação em Concurso Público:

- *Tabelião – RJ*
- Dissolvida a união estável por morte de um dos conviventes, defere-se a herança ao convivente supérstite, assegurando-lhe o direito real de habitação, se tiver filhos.

   Resposta: A alternativa está incorreta. Embora a previsão não tenha sido repetida pelo CC/02, há entendimento doutrinário e jurisprudencial a favor da aplicação do direito real de habitação, independentemente de ter ou não filhos.

3.1. Renúncia ao direito real de habitação no casamento e na união estável.

O **Enunciado de número 271 do Conselho da Justiça Federal**, aprovado na III Jornada de Direito Civil entende que é possível, ao beneficiário, renunciar ao direito real de habitação, sem prejuízo de sua participação na herança. Isto posto, parece-nos perfeitamente cabível que essa renuncia também se aplique à união estável.

▶ Enunciado nº 271, Conselho da Justiça Federal:

> Art. 1.831: O cônjuge pode renunciar ao direito real de habitação, nos autos do inventário ou por escritura pública, sem prejuízo de sua participação na herança.

II – LEI DA UNIÃO ESTÁVEL   Art. 8º

▶ **Doutrina.**

> "Sucessão no direito real de habitação do imóvel destinado a residência, se este for o único do gênero a inventariar, qualquer que seja o regime de bens e sem prejuízo da participação que lhe caiba na herança na qualidade de herdeiro ou legatário. (...) Além disso, urge lembrar que o companheiro sobrevivente, por força da Lei nº 9.278/96, art. 7º, parágrafo único, e, analogicamente, pelo disposto nos arts. 1.831 do CC/02 e 6º da CF, também terá direito real de habitação, enquanto viver ou não constituir nova união ou casamento, relativamente ao imóvel destinado à residência da família." (grifos nossos) DINIZ, Maria Helena. **Curso de Direito Civil Brasileiro**. v. 06. São Paulo: Saraiva, 2014, p. 148.

▶ **ATENÇÃO!** Este **direito real de habitação** não foi expressamente reconhecido no Código Civil atual, tendo o legislado apenas mencionado o direito real de habitação para as hipóteses de casamento. Portanto, a doutrina diverge acerca de sua aplicabilidade. Entretanto, se levada a cabo a real equiparação constitucional entre casamento e união estável, não existe alternativa interpretativa que não estenda o mesmo direito aos conviventes.

> **Art. 8º** Os conviventes poderão, de comum acordo e a qualquer tempo, requerer a **conversão da união estável em casamento**, por requerimento ao Oficial do Registro Civil da Circunscrição de seu domicílio.

1. Da conversão da união estável em casamento.

A legislação brasileira adotou a modalidade familiar da união estável como uma alternativa ao matrimônio, sendo um paralelo da família formal instituída pelo casamento. Muito embora a Constituição Federal de 1988 tenha tratada da entidade familiar da união estável por equiparação ao casamento tradicional, a regra da possibilidade de conversão de união estável em casamento está presente no próprio texto constitucional, na lei em comento e no Código Civil em vigor. Este estabelecimento de possibilidade de conversão faz parte da tentativa de normatizar e manter a união matrimonializada como sendo a fonte primária de constituição de família no direito pátrio, seja por amor à tradição, seja por atenção aos critérios de conteúdo religioso e moral.

▶ **Paralelo com o Código Civil em vigor:**

> **CC/02. Art. 1.726.** A união estável poderá converter-se em casamento, mediante pedido dos companheiros ao juiz e assento no Registro Civil.

> Art. 9º Toda a matéria relativa à união estável é de **competência** do juízo da **Vara de Família**, assegurado o **segredo de justiça**.

1. Competência da vara de família para tramitar ações que digam respeito à união estável.

Durante bastante tempo houve discussões no sentido de que a matéria relativa a união estável não deveria tramitar no âmbito das varas de família, mas sim nas varas cíveis, sob a alegação de que tratava-se de matéria de cunho obrigacional. Atente-se que esse ainda é o argumento jurídico utilizado para se evitar a imposição de efeitos patrimoniais às uniões concubinárias, na tentativa constante de se retirar a discussão das uniões paralelas das varas de família. Entretanto, desde a entrada em vigor da presente legislação, a matéria relativa aos direitos dos conviventes passou a ser disciplinadas efetivamente pelo Direito de Família, assim como **a discussão deverá ocorre nas varas especializadas para a matéria familiarista**, com **participação obrigatória do Ministério Público**, e com a proteção processual do **segredo de justiça** para resguardar a intimidade e a dignidade dos conviventes.

▶ **Jurisprudência – STJ.**

> RECURSO ESPECIAL. AÇÃO DE PARTILHA PROVENIENTE DO RECONHECIMENTO DE UNIÃO ESTÁVEL. **COMPETÊNCIA DA VARA DE FAMÍLIA.** ART. 9º DA LEI N. 9.278/96. *1.* – É competente o Juízo da Família não só para o processo e julgamento de ações visando ao reconhecimento da união estável, mas também para a partilha o patrimônio durante ela amealhado pelos conviventes, em consonância com o prescrito no art. 9º da Lei nº 9.278/96, assim redigido: "toda a matéria relativa a união estável é de competência do juízo da Vara de Família, assegurado o segredo de justiça". 2. – Embora, em um primeiro momento, a pretensão inicial em ação declaratória de reconhecimento de sociedade de fato vise precipuamente a decisão judicial sobre a existência do relacionamento afetivo mantido entre os conviventes, impossível dissociar as questões atinentes à aquisição patrimonial da análise desse relacionamento, de modo que inconveniente a cisão da competência entre o Juízos de reconhecimento da união estável e o da partilha do patrimônio adquirido durante a união, a que tudo, afinal, remonta. 3. – **Recurso Especial provido, reformando-se o Acórdão recorrido e restabelecendo a sentença proferida na ação de partilha pelo Juízo da Família.** (REsp 1281552 / MG; DJe 02/02/2012).

II – LEI DA UNIÃO ESTÁVEL **Art. 11**

▶ Nesse sentido, temos também os **Enunciados da V Jornada de Direito Civil, realizada pelo Conselho da Justiça Federal em Brasília – DF**, em novembro de 2011:

> **Enunciado nº 524**
> **Art. 1.723.** *As demandas envolvendo união estável entre pessoas do mesmo sexo constituem matéria de Direito de Família.*
>
> **Enunciado nº 526**
> **Art. 1.726.** *É possível a conversão de união estável entre pessoas do mesmo sexo em casamento, observados os requisitos exigidos para a respectiva habilitação.*

> **Art. 10.** Esta Lei entra em vigor na data de sua publicação.
>
> **Art. 11.** Revogam-se as disposições em contrário.
>
> Brasília, 10 de maio de 1996; 175º da Independência e 108º da República.
>
> FERNANDO HENRIQUE CARDOSO
> Milton Seligman

▶ **Jurisprudência em Tese – STJ – União Estável.**

Trata-se de mecanismo de busca e pesquisa de Jurisprudência desenvolvido pelo Superior Tribunal de Justiça – STJ, com o objetivo de simplificar o acesso aos posicionamentos consolidados por aquela Corte. Abaixo de cada "tese", estão relacionados os Acórdãos de Referência e as Decisões Monocráticas que dão substrato à formação dos posicionamentos do STJ, juntamente com a informação sobre o Ministro Relator de cada processo, a data de julgamento e a sua data de publicação.

1) Os princípios legais que regem a sucessão e a partilha não se confundem: a sucessão é disciplinada pela lei em vigor na data do óbito; a partilha deve observar o regime de bens e o ordenamento jurídico vigente ao tempo da aquisição de cada bem a partilhar.

→ Acórdãos de Referência:

> REsp 1118937/DF, Rel. Ministro ANTONIO CARLOS FERREIRA, QUARTA TURMA, Julgado em 24/02/2015, DJE 04/03/2015 REsp 1124859/MG, Rel. Ministro LUIS FELIPE SALOMÃO, Rel. p/ Acórdão Ministra MARIA ISABEL GALLOTTI, SEGUNDA SEÇÃO, Julgado em 26/11/2014, DJE 27/02/2015

2) **A coabitação não é elemento indispensável à caracterização da união estável.**

   → Acórdãos de Referência:

   AgRg no AREsp 649786/GO, Rel. Ministro MARCO AURÉLIO BELLIZZE, TERCEIRA TURMA, Julgado em 04/08/2015, DJE 18/08/2015 AgRg no AREsp 223319/RS, Rel. Ministro SIDNEI BENETI, TERCEIRA TURMA, Julgado em 18/12/2012, DJE 04/02/2013 AgRg no AREsp 059256/SP, Rel. Ministro MASSAMI UYEDA, TERCEIRA TURMA, Julgado em 18/09/2012, DJE 04/10/2012 AgRg nos EDcl no REsp 805265/AL,Rel. Ministro VASCO DELLA GIUSTINA (DESEMBARGADOR CONVOCADO DO TJ/RS), TERCEIRA TURMA, Julgado em 14/09/2010, DJE 21/09/2010 REsp 1096324/RS, Rel. Ministro HONILDO AMARAL DE MELLO CASTRO (DESEMBARGADOR CONVOCADO DO TJ/AP), QUARTA TURMA, Julgado em 02/03/2010, DJE 10/05/2010 REsp 275839/SP, Rel. Ministro ARI PARGENDLER, Rel. p/ Acórdão Ministra NANCY ANDRIGHI, TERCEIRA TURMA, Julgado em 02/10/2008, DJE 23/10/2008

3) **A vara de família é a competente para apreciar e julgar pedido de reconhecimento e dissolução de união estável homoafetiva.**

   → Acórdãos de Referência:

   REsp 1291924/RJ, Rel. Ministra NANCY ANDRIGHI, TERCEIRA TURMA, Julgado em 28/05/2013, DJE 07/06/2013 REsp 964489/RS, Rel. Ministro ANTONIO CARLOS FERREIRA, QUARTA TURMA, Julgado em 12/03/2013, DJE 20/03/2013 REsp 827962/RS, Rel. Ministro JOÃO OTÁVIO DE NORONHA, QUARTA TURMA, Julgado em 21/06/2011, DJE 08/08/2011

4) **Não é possível o reconhecimento de uniões estáveis simultâneas.**

   → Acórdãos de Referência:

   AgRg no AREsp 609856/SP, Rel. Ministro RAUL ARAÚJO, QUARTA TURMA, Julgado em 28/04/2015, DJE 19/05/2015 AgRg no AREsp 395983/MS, Rel. Ministra MARIA ISABEL GALLOTTI, QUARTA TURMA, Julgado em 23/10/2014, DJE 07/11/2014 REsp 1348458/MG, Rel. Ministra NANCY ANDRIGHI, TERCEIRA TURMA, Julgado em 08/05/2014, DJE 25/06/2014 REsp 912926/RS, Rel. Ministro LUIS FELIPE SALOMÃO, QUARTA TURMA, Julgado em 22/02/2011, DJE 07/06/2011 AgRg no Ag 1130816/MG, Rel. Ministro VASCO DELLA GIUSTINA (DESEMBARGADOR CONVOCADO DO TJ/RS), TERCEIRA TURMA, Julgado em 19/08/2010, DJE 27/08/2010

II – LEI DA UNIÃO ESTÁVEL   **Art. 11**

5) A existência de casamento válido não obsta o reconhecimento da união estável, desde que haja separação de fato ou judicial entre os casados.

→ Acórdãos de Referência:

> AgRg nos EDcl no AgRg no AREsp 710780/RS, Rel. Ministro RAUL ARAÚJO, QUARTA TURMA, Julgado em 27/10/2015, DJE 25/11/2015 AgRg no Ag 1363270/MG, Rel. Ministra MARIA ISABEL GALLOTTI, QUARTA TURMA, Julgado em 17/11/2015, DJE 23/11/2015 AgRg no REsp 1418167/CE, Rel. Ministro NAPOLEÃO NUNES MAIA FILHO, PRIMEIRA TURMA, Julgado em 24/03/2015, DJE 17/04/2015 AgRg no AREsp 597471/RS, Rel. Ministro HUMBERTO MARTINS, SEGUNDA TURMA, Julgado em 09/12/2014, DJE 15/12/2014 AgRg no REsp 1147046/RJ, Rel. Ministro SEBASTIÃO REIS JÚNIOR, Julgado em 08/05/2014, DJE 26/05/2014 AgRg no REsp 1235648/RS, Rel. Ministro RICARDO VILLAS BÔAS CUEVA, TERCEIRA TURMA, Julgado em 04/02/2014, DJE 14/02/2014 AgRg no AREsp 356223/GO, Rel. Ministra NANCY ANDRIGHI, TERCEIRA TURMA, Julgado em 24/09/2013, DJE 27/09/2013 REsp 1096539/RS, Rel. Ministro LUIS FELIPE SALOMÃO, QUARTA TURMA, Julgado em 27/03/2012, DJE 25/04/2012 RMS 030414/PB, Rel. Ministra LAURITA VAZ, QUINTA TURMA, Julgado em 17/04/2012, DJE 24/04/2012

6) Na união estável de pessoa maior de setenta anos (art. 1.641, II, do CC/02), impõe-se o regime da separação obrigatória, sendo possível a partilha de bens adquiridos na constância da relação, desde que comprovado o esforço comum.

→ Acórdãos de Referência:

> EREsp 1171820/PR, Rel. Ministro RAUL ARAÚJO, SEGUNDA SEÇÃO, Julgado em 26/08/2015, DJE 21/09/2015 AgRg no AREsp 675912/SC, Rel. Ministro MOURA RIBEIRO, TERCEIRA TURMA, Julgado em 02/06/2015, DJE 11/06/2015 REsp 1403419/MG, Rel. Ministro RICARDO VILLAS BÔAS CUEVA, TERCEIRA TURMA, Julgado em 11/11/2014, DJE 14/11/2014 REsp 1369860/PR, Rel. Ministro SIDNEI BENETI, Rel. p/ Acórdão Ministro JOÃO OTÁVIO DE NORONHA, TERCEIRA TURMA, Julgado em 19/08/2014, DJE 04/09/2014 REsp 646259/RS, Rel. Ministro LUIS FELIPE SALOMÃO, QUARTA TURMA, Julgado em 22/06/2010, DJE 24/08/2010

Saiba mais:

7) São incomunicáveis os bens particulares adquiridos anteriormente à união estável ou ao casamento sob o regime de comunhão parcial, ainda que a transcrição no registro imobiliário ocorra na constância da relação.

→ Acórdãos de Referência:

> REsp 1324222/DF, Rel. Ministro RICARDO VILLAS BÔAS CUEVA, TERCEIRA TURMA, Julgado em 06/10/2015, DJE 14/10/2015 REsp 1304116/PR, Rel. Ministro CASTRO MEIRA, SEGUNDA TURMA, Julgado em 25/09/2012, DJE 04/10/2012 REsp 707092/DF,Rel. Ministra NANCY ANDRIGHI, TERCEIRA TURMA, Julgado em 28/06/2005, DJ 01/08/2005.

8) O companheiro sobrevivente tem direito real de habitação sobre o imóvel no qual convivia com o falecido, ainda que silente o art. 1.831 do atual Código Civil.

→ Acórdãos de Referência:

> REsp 1203144/RS, Rel. Ministro LUIS FELIPE SALOMÃO, QUARTA TURMA, Julgado em 27/05/2014, DJE 15/08/2014 REsp 1156744/MG, Rel. Ministro MARCO BUZZI, QUARTA TURMA, Julgado em 09/10/2012, DJE 18/10/2012 REsp 1220838/PR, Rel. Ministro SIDNEI BENETI, TERCEIRA TURMA, Julgado em 19/06/2012, DJE 27/06/2012

9) O direito real de habitação pode ser invocado em demanda possessória pelo companheiro sobrevivente, ainda que não se tenha buscado em ação declaratória própria o reconhecimento de união estável.

→ Acórdãos de Referência:

> REsp 1203144/RS, Rel. Ministro LUIS FELIPE SALOMÃO, QUARTA TURMA, Julgado em 27/05/2014, DJE 15/08/2014 REsp 616027/SC, Rel. Ministro CARLOS ALBERTO MENEZES DIREITO, TERCEIRA TURMA, Julgado em 14/06/2004, DJ 20/09/2004

10) Não subsiste o direito real de habitação se houver co-propriedade sobre o imóvel antes da abertura da sucessão ou se, àquele tempo, o falecido era mero usufrutuário do bem.

→ Acórdãos de Referência:

> REsp 1184492/SE, Rel. Ministra NANCY ANDRIGHI, TERCEIRA TURMA, Julgado em 01/04/2014, DJE 07/04/2014 REsp 1212121/RJ, Rel. Ministro LUIS FELIPE SALOMÃO, QUARTA TURMA, Julgado em 03/12/2013, DJE 18/12/2013 REsp 1273222/SP, Rel. Ministro PAULO DE TARSO SANSEVERINO, TERCEIRA TURMA, Julgado em 18/06/2013, DJE 21/06/2013 REsp 826838/RJ, Rel. Ministro CASTRO FILHO, TERCEIRA TURMA, Julgado em 25/09/2006, DJ 16/10/2006

11) A valorização patrimonial dos imóveis ou das cotas sociais de sociedade limitada, adquiridos antes do início do período de convivência, não se comunica, pois não decorre do esforço comum dos companheiros, mas de mero fator econômico.

→ Acórdãos de Referência:

> REsp 1349788/RS, Rel. Ministra NANCY ANDRIGHI, TERCEIRA TURMA, Julgado em 26/08/2014, DJE 29/08/2014 REsp 1173931/RS, Rel. Ministro PAULO DE TARSO SANSEVERINO, TERCEIRA TURMA, Julgado em 22/10/2013, DJE 28/10/2013

12) A incomunicabilidade do produto dos bens adquiridos anteriormente ao início da união estável (art. 5º, § 1º, da Lei n. 9.278/96) não afeta a comunicabilidade dos frutos, conforme previsão do art. 1.660, V, do Código Civil de 2002.

→ Acórdãos de Referência:

> REsp 1349788/RS, Rel. Ministra NANCY ANDRIGHI, TERCEIRA TURMA, Julgado em 26/08/2014, DJE 29/08/2014

13) Comprovada a existência de união homoafetiva, é de se reconhecer o direito do companheiro sobrevivente à meação dos bens adquiridos a título oneroso ao longo do relacionamento.

→ Acórdãos de Referência:

> EDcl no REsp 633713/RS, Rel. Ministro RICARDO VILLAS BÔAS CUEVA, TERCEIRA TURMA, Julgado em 11/02/2014, DJE 28/02/2014 REsp 930460/PR, Rel. Ministra NANCY ANDRIGHI, TERCEIRA TURMA, Julgado em 19/05/2011, DJE 03/10/2011

14) Não há possibilidade de se pleitear indenização por serviços domésticos prestados com o fim do casamento ou da união estável, tampouco com o cessar do concubinato, sob pena de se cometer grave discriminação frente ao casamento, que tem primazia constitucional de tratamento.

→ Acórdãos de Referência:

> AgRg no AREsp 770596/SP, Rel. Ministra MARIA ISABEL GALLOTTI, QUARTA TURMA, Julgado em 17/11/2015, DJE 23/11/2015 AgRg no AREsp

249761/RS, Rel. Ministro LUIS FELIPE SALOMÃO, QUARTA TURMA, Julgado em 28/05/2013, DJE 03/06/2013 REsp 874443/RS, Rel. Ministro ALDIR PASSARINHO JUNIOR, QUARTA TURMA, Julgado em 24/08/2010, DJE 14/09/2010 EDcl no REsp 872659/MG, Rel. Ministra NANCY ANDRIGHI, TERCEIRA TURMA, Julgado em 15/12/2009, REPDJE 08/02/2010

15) Compete à Justiça Federal analisar, incidentalmente e como prejudicial de mérito, o reconhecimento da união estável nas hipóteses em que se pleiteia a concessão de benefício previdenciário.

→ Acórdãos de Referência:

RMS 035018/MG, Rel. Ministro GURGEL DE FARIA, QUINTA TURMA, Julgado em 04/08/2015, DJE 20/08/2015 CC 126489/RN, Rel. Ministro HUMBERTO MARTINS, PRIMEIRA SEÇÃO, Julgado em 10/04/2013, DJE 07/06/2013

16) A presunção legal de esforço comum quanto aos bens adquiridos onerosamente prevista no art. 5º da Lei n. 9.278/1996, não se aplica à partilha do patrimônio formado pelos conviventes antes da vigência da referida legislação.

→ Acórdãos de Referência:

REsp 959213/PR, Rel. Ministro LUIS FELIPE SALOMÃO, Rel. p/ Acórdão Ministra MARIA ISABEL GALLOTTI, QUARTA TURMA, Julgado em 06/06/2013, DJE 10/09/2013 AgRg no REsp 1167829/SC, Rel. Ministro RICARDO VILLAS BÔAS CUEVA, TERCEIRA TURMA, Julgado em 18/02/2014, DJE 06/03/2014

Capítulo VI
Lei da Alienação Parental

1. **Considerações introdutórias sobre a Síndrome da Alienação Parental e suas consequências jurídicas.**

A **Síndrome da Alienação Parental** é um tema complexo e polêmico, apesar de ser alvo de discussões jurisprudenciais. No sistema brasileiro, inexistia lei específica que tratasse do assunto, restando aplicação pelas vias ordinárias, através de ações de reparação de danos. No entanto, no dia 26 de Agosto do ano de 2010, o Presidente da Republica aprovou a Lei n° 12.318 que tipifica o tema em pauta.

No concernente à definição de **Alienação Parental**, o *caput* do art. 2º da lei 12.318 conceitua:

Considera-se ato de alienação parental a interferência na formação psicológica da criança ou do adolescente promovida ou induzida por um dos genitores, pelos avós ou pelos que tenham a criança ou adolescente sob a sua autoridade, guarda ou vigilância para que repudie genitor ou que cause prejuízo ao estabelecimento ou à manutenção de vínculos com este.

O principal objetivo da Lei é coibir o distanciamento entre o genitor alienado e as crianças e adolescentes envolvidos nessa conduta. Há previsão de punição para as pessoas que cometerem atos de alienação parental como: desqualificar a conduta exercida pela paternidade ou pela maternidade; impedir a aproximação da criança do outro genitor; dificultar a convivência da criança ou do adolescente com a outra parte ou familiares desta. Esses exemplos têm fulcro no artigo 2° e incisos da Lei n° 12.318.

A prática de qualquer dos atos relacionados à Alienação Parental fere o direito fundamental da criança, **reprimindo o convívio da prole no âmbito familiar**. A Alienação Parental é conhecida por várias denominações como *SAP* (Síndrome de Alienação Parental), *Morte Inventada* ou *Falsas Memórias*.

Os casos mais frequentes da Síndrome de Alienação Parental estão associados à **ruptura da vida conjugal**, surgindo desta forma uma disputa pela guarda da prole. Anteriormente, a figura materna tinha o privilégio de

299

ficar com a guarda dos filhos e, para o genitor, restava apenas o direito de visita, que normalmente era determinado pelo magistrado. Dessa relação difícil após o fim do vínculo afetivo, corriqueiramente surgem situações de "**desconstrução**" da imagem do outro, afligindo, diretamente, a formação biopsicossocial dos menores vítimas desse abuso.

O objetivo da Alienação Parental é excluir a aproximação e o convívio do pai (ou mãe) com a prole. Este fenômeno não ocorre apenas de genitores para com os filhos, podendo acontecer também pelos **avós, tios** ou **terceiros** que detenham sua guarda. Importa ressaltar que, além de afrontar questões éticas e morais, o processo de alienação também agride dispositivo constitucional, como o art. 227 da Constituição Federal de 1988, no qual se prevê que a família, juntamente com a sociedade e o Estado, têm o dever de proporcionar à criança e ao adolescente o direito à vida, à saúde, à alimentação, à convivência familiar e à liberdade.

Na prática, a Alienação Parental, ocorre com frequência, causando repercussões, não raro negativas, na vida individual, no seio familiar e no âmbito social. Gera, algumas vezes, deturpações emocionais e psicológicas que afetarão para sempre, a vida dos jovens que estão inseridos no contexto de alienação.

O Estatuto da Criança e do Adolescente traz um mecanismo de proteção (para o infante e para o adolescente) em qualquer situação de risco físico ou mental. A norma contida no art. 3° art. do ECA assegura os direitos fundamentais inerentes à pessoa humana, dentre os quais estão englobados todos os outros meios que propiciem a felicidade aos filhos, facultando-lhes desta forma o desenvolvimento físico, mental, moral e social de maneira digna.

Segundo **Richard Gardner**, teórico fundador da discussão sobre o tema, seriam sintomas não cumulativos da SAP os seguintes: a) campanha denegritória contra o genitor alienado; b) racionalizações fracas, absurdas ou frívolas para a depreciação; c) falta de culpa e de ambivalência (sentimentos bons e maus sobre determinada pessoa); d) apoio automático ao genitor alienador no conflito parental; e) ausência de culpa sobre a crueldade a e/ou a exploração contra o genitor alienado; f) presença de encenações 'encomendadas'; g) propagação da animosidade aos amigos e/ou à família extensa do genitor alienado, dentre outras.

Cabe ressaltar que uma das medidas aplicáveis ao caso, a fim de combater os excessos da guarda unilateral e como meio de inibir a Alienação, é a da guarda compartilhada, garantindo, de forma efetiva, a presença e a convivência mais estreita dos pais na formação e educação dos filhos.

Na visão de Paulo Lobo:

> Guarda compartilhada é a implementação de um modelo de conduta dos pais, preocupados, não simplesmente em dividir dias e pernoites, mas sim ligados nos aspectos direcionados à formação moral, intelectual, espiritual e social dos filhos. (2010, p 178)

Neste aspecto, cumpre salientar que a guarda compartilhada busca reorganizar as relações entre genitores e prole, na ambiência familiar desunida, em vista de que a criança necessita das figuras materna e paterna para estruturar dignamente sua personalidade, evitando o desgastante e comum martírio sofrido nos casos de alienação parental.

LEI Nº 12.318, DE 26 DE AGOSTO DE 2010.

Dispõe sobre a alienação parental e altera o art. 236 da Lei no 8.069, de 13 de julho de 1990.

O PRESIDENTE DA REPÚBLICA. Faço saber que o Congresso Nacional decreta e eu sanciono a seguinte Lei:

Art. 1º Esta Lei dispõe sobre a **alienação parental**.

1. Natureza da Alienação Parental.

Na **Alienação Parental**, o filho serve como instrumento da **agressividade** e da **vingança pública** direcionada ao ex-cônjuge (companheiro). Tal situação implicaria em sentimentos de diminuição da imagem do outro perante os filhos e de destruição do vínculo entre ambos.

Para Richard Gardner (quem primeiro definiu a SAP na década de 1980), o genitor alienador (aquele que pratica a alienação parental) estaria pro penso a apresentar algum nível de desequilíbrio psicológico ou emocional, acompanhado de ansiedade. A autoimagem estaria distorcida, vendo-se como vítima de um cruel tratamento dispensado pelo ex-cônjuge. Em resposta a esse estado peculiar de desequilíbrio emocional, o genitor alienador promoveria a discórdia ou indiferença dos filhos para com o outro genitor, fazendo-os crer que o alienado seria o responsável pelo sofrimento de todos os familiares a partir da ideia de que foram abandonados.

Desse modo, os filhos fariam opção por manterem-se próximos ao genitor alienador, a fim de protegê-lo.

2. **Alienação Parental e o princípio do melhor interesse da criança.**

O princípio do melhor interesse da criança e do adolescente está intimamente relacionado com a observância da dignidade humana dos menores. Trata-se, grosso modo, de considerar antes as necessidades das crianças e dos adolescentes, em detrimento dos interesses dos pais. As vulnerabilidades naturais das crianças e dos adolescentes considerados como pessoas em desenvolvimento dão precedência de direitos e prerrogativas, autorizando **medidas protetivas e satisfativas** dos direitos desse grupo, a serem observadas com **antecedência** e **prioridade**.

▶ **Jurisprudência – TJMG.**

> AÇÃO DE REGULAMENTAÇÃO DE VISITAS – PRINCÍPIO DO MELHOR INTERESSE DA CRIANÇA – AVERSÃO DO MENOR À FIGURA DO PAI – INDÍCIOS DE ALIENAÇÃO PARENTAL – NECESSIDADE DE CONVIVÊNCIA COM A FIGURA PATERNA – ASSEGURADO O DIREITO DE VISITAS, INICIALMENTE ACOMPANHADAS POR PSICÓLOGOS – (...) – **Nos casos de alienação parental, não há como se impor ao menor o afeto e amor pelo pai, mas é necessário o estabelecimento da convivência, mesmo que de forma esporádica, para que a distância entre ambos diminua e atenue a aversão à figura paterna de forma gradativa.** – Não é ideal que as visitas feitas pelo pai sejam monitoradas por uma psicóloga; contudo, nos casos de alienação parental em que o filho demonstra um medo incontrolável do pai, torna-se prudente, pelo menos no começo, esse acompanhamento. – Assim que se verificar que o menor consegue ficar sozinho com o pai, impõe-se a suspensão do acompanhamento do psicólogo, para que a visitação passe a ser um ato natural e prazeroso. (TJMG. Ap. Civ. nº 070106170524-3, Publicado em 25/06/2010)

▶ **Jurisprudência – TJRS.**

> APELAÇÃO CÍVEL. AÇÃO DE SUBSTITUIÇÃO DE GUARDA DE MENOR. GUARDA EXERCIDA PELOS AVÓS MATERNOS, CONFIADA AO PAI NA SENTENÇA. PREVALÊNCIA DOS INTERESSES DA MENOR. Estando demonstrado no contexto probatório dos autos que, ao melhor interesse da criança, será a transferência da guarda para o pai biológico, que há muitos anos busca em Juízo a guarda da filha, a sentença que assim decidiu, com base na prova e nos laudos técnicos, merece ser confirmada.

Aplicação do art. 1.584 do Código Civil. Guarda da criança até então exercida pelos avós maternos, que não possuem relação amistosa com o pai da menor, restando demonstrado nos autos presença de síndrome de alienação parental. Sentença confirmada, com voto de louvor. RIO GRANDE DO SUL, TJ (7ª Câmara Cível). Apelação Cível nº 70029368834, 08.07.2009, Rel. Des. André Luiz Planella Villarinho.

→ **Aplicação em Concurso Público – Questão Discursiva:**
- **PROVA:** CESPE/CEBRASPE.DP-DFT.Defensor Público.2013.
  Defina alienação parental, no âmbito do direito de família brasileiro, e discorra sobre o modo de processamento da ação correspondente e sobre as consequências jurídicas da caracterização desse ato para ambos os cônjuges.

Art. 2º Considera-se ato de alienação parental a **interferência na formação psicológica da criança ou do adolescente** promovida ou induzida por **um dos genitores**, pelos **avós** ou pelos que tenham a criança ou adolescente sob a **sua autoridade, guarda ou vigilância** para que **repudie genitor** ou que cause **prejuízo ao estabelecimento ou à manutenção de vínculos** com este.

Parágrafo único. São formas **exemplificativas** de alienação parental, além dos atos assim declarados pelo juiz ou constatados por perícia, praticados diretamente ou com auxílio de terceiros:

I – realizar campanha de **desqualificação** da conduta do genitor no exercício da paternidade ou maternidade;

II – **dificultar o exercício da autoridade parental**;

III – **dificultar contato de criança ou adolescente com genitor**;

IV – **dificultar o exercício** do direito regulamentado de **convivência familiar**;

V – **omitir deliberadamente** a genitor **informações pessoais relevantes** sobre a criança ou adolescente, inclusive **escolares, médicas** e **alterações de endereço**;

VI – apresentar **falsa denúncia** contra genitor, contra familiares deste ou contra avós, para obstar ou dificultar a convivência deles com a criança ou adolescente;

VII – **mudar o domicílio para local distante**, sem justificativa, visando a dificultar a convivência da criança ou adolescente com o outro genitor, com familiares deste ou com avós.

1. **As situações de Alienação Parental listadas em *numerus apertus* (ou seja, o rol da lei não é exaustivo).**

   O Parágrafo único do art. 2º da presente Lei procurou trazer um **rol exemplificativo** (*numerus apertus*) de situações que caracterizariam a Alienação Parental. Isso significa dizer que, no caso concreto, o magistrado, com o apoio da equipe interdisciplinar, pode encontrar outras circunstâncias que caracterizem a SAP, mesmo que não estejam previstas em Lei. As hipóteses trazidas pelo legislador são, portanto, as seguintes: implantação de falsas memórias; falsas denúncias; **"esquecimentos inocentes"**; **"comentários inocentes"**; dizer que se sente abandonado(a) na data de visitação ou mesmo criar grandes programas para estas datas; espionagem paterna/materna, mudança de domicílio com o objetivo claro de dificultar as visitas e o contato com o genitor não-guardião; afastar o menor do contato com os demais parentes do pai (ou da mãe) alienado, a exemplo de irmãos unilaterais, tios, avós etc.; esconder do outro genitor informações essenciais ao acompanhamento da vida da criança, como dados escolares, de natureza médica (que digam respeito à saúde do menor); imposição de dificuldades de toda ordem para a manutenção do contato familiar do outro genitor; procurar realizar o afastamento ou indiferença dos filhos com o alienado; desistência do alienado da guarda e/ou visita em relação aos filhos.

   ▶ *Doutrina.*

   > *"De forma bastante simples, a alienação parental consiste no ato de influenciar criança ou adolescente para que tenha uma imagem negativa com relação aos seus pais, pondo em xeque a afetividade que deve nortear a relação entre pais e filhos e comprometendo a convivência entre ambos. Considerando a criança e o adolescente como pessoas em desenvolvimento físico e psíquico, inclusive de personalidade, tal campanha de desqualificação do(a) pai/mãe tem grandes chances de tornar-se uma verdade para o menor, que acaba servindo como uma "marionete" do alienador. (...) É preciso entender que os atos de alienação podem ocorrer das mais variadas formas e nas mais diferentes situações, ainda na constância do relacionamento entre os pais, ou quando de sua ruptura. Da mesma forma, verifica-se que as figuras envolvidas podem ser as mais diversas, notadamente, no que diz respeito ao alienador, que pode ser pai, mãe (guardião ou não) ou qualquer pessoa que tenha influência direta na formação psíquica da criança ou adolescente.*

LEI DA ALIENAÇÃO PARENTAL **Art. 2º**

As vítimas são mais facilmente identificadas e não tomam tantas feições. Os filhos serão sempre prejudicados de forma, muitas vezes, irremediável. Os pais alienados podem ser tanto pai/mãe (guardião ou não) ou mesmo ambos, quando o alienador não for algum dos pais." LEAL, Adisson Taveira Rocha. **Alienação Parental: por uma visão conceitual.** Disponível em: www.consulex.com.br/**consulexnet**.asp. Acesso em: 23/04/2010.

▶ **Jurisprudência – TJRS**

APELAÇÃO CÍVEL. ALIENAÇÃO PARENTAL. A conduta da genitora, mesmo que tenha tido uma justificativa inicial causada pela preocupação em proteger a filha, extrapolou, em muito, o que esse dever lhe impunha. A circunstância de se tratar de pessoa esclarecida, advogada que é, serve de maior agravante para suas atitudes. Ao elencar, exemplificativamente, o rol de atitudes caracterizadoras da alienação parental o art. 2º da Lei 12.318, menciona um total de 7 (sete) condutas. Dessas, a prova dos autos demonstra que a apelada incorreu em, no mínimo, 4 (quatro) delas, a saber: (...) III - dificultar contato de criança ou adolescente com genitor; IV - dificultar o exercício do direito regulamentado de convivência familiar; V - omitir deliberadamente a genitor informações pessoais relevantes sobre a criança ou adolescente, inclusive escolares, médicas e alterações de endereço; VI - apresentar falsa denúncia contra genitor, contra familiares deste ou contra avós, para obstar ou dificultar a convivência deles com a criança ou adolescente; (...) DERAM PARCIAL PROVIMENTO PARA DECLARAR A ALIENAÇÃO PARENTAL E ESTIPULAR MULTA POR EVENTUAIS INFRAÇÕES FUTURAS AO ACORDO DE VISITAÇÃO. UNÂNIME. TJRS, AC Nº 70067174540, Relator: Luiz Felipe Brasil Santos, Oitava Câmara Cível, J. 28/07/2016.

▶ **Jurisprudência – TJRS**

APELAÇÃO CÍVEL. MÃE FALECIDA. GUARDA DISPUTADA PELO PAI E AVÓS MATERNOS. SÍNDROME DE ALIENAÇÃO PARENTAL DESENCADEADA PELOS AVÓS. DEFERIMENTO DA GUARDA AO PAI. 1. Não merece reparos a sentença que, após o falecimento da mãe, deferiu a guarda da criança ao pai, que demonstra reunir todas as condições necessárias para proporcionar à filha um ambiente familiar com amor e limites, necessários ao seu saudável crescimento. 2. A tentativa de invalidar a figura paterna, geradora da síndrome de alienação parental, só milita em desfavor da criança e pode ensejar, caso persista, suspensão das visitas aos avós, a ser postulada em processo próprio. RIO GRANDE DO SUL, TJ (7ª Câmara Cível). Apelação Cível nº 70017390972, em 13.06.2007, Rel. Des. Luiz Felipe Brasil Santos

> Art. 3º A prática de ato de alienação parental **fere direito fundamental** da criança ou do adolescente de convivência familiar saudável, **prejudica a realização de afeto** nas relações com genitor e com o grupo familiar, **constitui abuso moral** contra a criança ou o adolescente e **descumprimento dos deveres** inerentes à autoridade parental ou decorrentes de tutela ou guarda.

1. **Alienação como ato contrário ao direito fundamental de convivência familiar.**

As situações que culminam com o ato extremo da alienação parental constituem grave ataque ao direito fundamental de **convivência familiar**, sobremodo contrariando as relações de afeto e de contato pessoal com o genitor alienado e com seu grupo familiar (irmãos, tios, primos, avós, etc..). A lei trata essa questão como sendo um "abuso moral" contra a criança ou o adolescente. Do ponto de vista do alienador, a conduta se caracteriza como sendo um flagrante descumprimento dos deveres relativos à condição de pai/mãe ou responsável, na medida em que está sendo descumprida determinação legal segundo a qual o afastamento dos genitores, como casal, não pode implicar em afastamento dos pais (ou de um deles) em face dos filhos.

▶ **Jurisprudência – TJMG.**

> *FAMÍLIA – GUARDA – SEPARAÇÃO CAUTELAR DE CORPOS – DESAVENÇA ENTRE PAIS – AUSÊNCIA DE COMPROVAÇÃO DA INCAPACIDADE DA MÃE EM PERMANECER COM OS DOIS FILHOS MENORES – **LAUDOS DA ASSISTENTE SOCIAL QUE NÃO PODEM SER DESPREZADOS EM RAZÃO DE POSSÍVEL CONDUTA DO PAI EM DENEGRIR A IMAGEM DA MÃE JUNTO A FILHO DE 06 ANOS E QUE SE ENCONTRA SOB SUA GUARDA.** – Em ação que objetiva a modificação da guarda de criança, será sempre priorizado o melhor interesse do menor. – Se a prova dos autos não atesta a incapacidade da mãe de prover a assistência material e moral aos filhos,* **não se modifica a guarda em favor do pai que, na curta convivência com um dos infantes, aparentemente desenvolveu conduta objetivando denegrir a imagem da mãe.** *(TJMG. Ap. Civ. nº 0037278-52.2010.8.13.0000. Publicado em 28/05/2010).*

LEI DA ALIENAÇÃO PARENTAL **Art. 3º**

2. Artigos correlatos de referência geral à matéria

▶ **CF/88:**

> **Art. 227.** É dever da família, da sociedade e do Estado assegurar à criança, ao adolescente e ao jovem, com absoluta prioridade, o direito à vida, à saúde, à alimentação, à educação, ao lazer, à profissionalização, à cultura, à dignidade, ao respeito, à liberdade e à convivência familiar e comunitária, além de colocá-los a salvo de toda forma de negligência, discriminação, exploração, violência, crueldade e opressão.

▶ **CC/02:**

> **Art. 1.631.** Durante o casamento e a união estável, compete o poder familiar aos pais [...]
>
> Parágrafo único. Divergindo os pais quanto ao exercício do poder familiar, é assegurado a qualquer deles recorrer ao juiz para solução do desacordo.
>
> **Art. 1.632.** A separação judicial, o divórcio e a dissolução da união estável não alteram as relações entre pais e filhos senão quanto ao direito, que aos primeiros cabe, de terem em sua companhia os segundos.
>
> **Art. 1.634.** Compete aos pais, quanto à pessoa dos filhos menores:
>
> I – dirigir-lhes a criação e educação [...]

▶ **ECA:**

> **Art. 4º** É dever da família, da comunidade, da sociedade em geral e do poder público assegurar, com absoluta prioridade, a efetivação dos direitos referentes à vida, à saúde, à alimentação, à educação, ao esporte, ao lazer, à profissionalização, à cultura, à dignidade, ao respeito, à liberdade e à convivência familiar e comunitária.
>
> **Art. 18.** É dever de todos velar pela dignidade da criança e do adolescente, pondo-os a salvo de qualquer tratamento desumano, violento, aterrorizante, vexatório ou constrangedor.

1.1. Alienação Parental perpetrada por outros parentes (avós, tios, padrastos, madrastas etc.)

A prática da alienação parental não é exclusiva dos genitores, quando colocam os filhos uns contra os outros. Esses são os casos mais comuns, mas não os únicos. A prática demonstra que, em certos casos, a alienação é praticada por outras pessoas que estão no convívio direto dos menores, inclusive com sua guarda. É a hipótese de alienação praticada pelos avós, tios, novos companheiros dos genitores, padrastos, madrastas etc.

▶ **Jurisprudência – TJRS.**

> APELAÇÃO CÍVEL. AÇÕES DE GUARDA. DISPUTA ENTRE A GENITORA E A AVÓ PATERNA DAS MENORES. PREVALÊNCIA DOS PRECÍPUOS INTERESSES DAS INFANTES. PRECEDENTES. SENTENÇA CONFIRMADA. As crianças necessitam de um referencial seguro para viver e se desenvolver e seu bem-estar deve se sobrepor, como um valor maior, a qualquer interesse outro. <u>A julgar pelos elementos constantes nos autos, especialmente os ulteriores estudo social e laudo psicológico, a genitora apresenta plenas condições de exercer o poder familiar e, especificamente, a guarda das meninas, medida recomendada para a preservação da integridade emocional das infantes, as quais, enquanto permaneceram sob a guarda da avó, apresentaram fortes indícios de desenvolvimento da chamada síndrome da alienação parental.</u> Não se verificam razões plausíveis para que seja operada reforma na sentença, cuja solução é a que melhor atende ao interesse das infantes, preservando-lhes a segurança e o bem-estar físico e emocional, inclusive no que pertine à restrição do exercício do direito de visitas pela avó, condicionado à submissão a tratamento psicológico. APELO DESPROVIDO. (TJRS, AC Nº 70059431171, Relatora: Sandra Brisolara Medeiros, Sétima Câmara Cível, J. 26/11/2014).
>
> Apelação. Ação de guarda. Alienação parental feita pela avó materna. Transferência da guarda para genitor. Interesse da menor. Sentença mantida. Desprovimento do recurso.

1.2. Alienação parental *post mortem* (em face dos parentes de genitor já falecido).

Em determinadas situações, após o falecimento de um dos genitores, é possível que situação de alienação parental passe a ser perpetrada contra os demais parentes do morto. A tal situação tem sido dado o nome de "alienação parental post mortem".

▶ **Jurisprudência – TJPA.**

> AGRAVO DE INSTRUMENTO - AÇÃO DECLARATÓRIA DE ALIENAÇÃO PARENTAL – DIREITO DE VISITA CONCEDIDO NA ORIGEM - RECURSO IMPROVIDO. I - O agravante não trouxe argumentos que alteram o

posicionamento adotado no decisum combatido. Verifica-se in casu o acerto da decisão prolatada, vez que em sintonia com os Princípios do melhor interesse da criança. **Prova indiciária de conduta de Alienação Parental, por parte da genitora Agravante, em relação à figura da avó e tios, familiares do genitor falecido.** II - À unanimidade, recurso de agravo de instrumento conhecido e improvido nos termos do voto do desembargador relator. (TJPA, AI Nº. 20113022004-3, Relator: Leonardo de Noronha Tavares, 1ª Câmara Cível, J. 04/03/2013).

> Art. 4º Declarado **indício de ato de alienação parental**, a requerimento ou de ofício, em qualquer momento processual, **em ação autônoma ou incidentalmente**, o processo terá **tramitação prioritária**, e o juiz determinará, com urgência, ouvido o Ministério Público, as medidas provisórias necessárias para **preservação da integridade psicológica** da criança ou do adolescente, inclusive para **assegurar sua convivência** com genitor ou viabilizar a efetiva reaproximação entre ambos, se for o caso.
>
> Parágrafo único. Assegurar-se-á à criança ou adolescente e ao genitor garantia mínima de **visitação assistida**, ressalvados os casos em que há iminente risco de prejuízo à integridade física ou psicológica da criança ou do adolescente, atestado por profissional eventualmente designado pelo juiz para acompanhamento das visitas.

1. **Início do processo a requerimento da parte interessada.**

    A regra será mantida para o início das ações que digam respeito à alienação parental, sendo esta pertinente à parte interessada, notadamente o genitor alienado, que sofre as limitações de contato, visitas, deturpação da imagem e impedimento de convivência por parte do genitor alienador.

2. **Início do processo *de ofício* pelo magistrado.**

    De forma pouco comum no direito processual brasileiro, outorga-se ao magistrado, nos casos de alienação parental, a possibilidade de que o processo se inicie **de ofício pelo magistrado**. Funda-se essa hipótese na preservação do maior interesse das crianças e adolescentes envolvidos na situação danosa gerada pela alienação parental. O princípio da "prioridade absoluta" concedido às crianças e aos adolescentes, insculpido tanto no artigo 227, *caput*, da CF/88, quanto ao longo de todo o Estatuto da Criança e do Adolescente reforça a ideia de que as garantias previstas para os menores em situação de risco devem ser observadas não apenas pela família, mas, igualmente, pela sociedade e pelo Estado, de onde se extrai a possibilidade do início do processo em comento se dar de ofício.

3. **Manifestação da alienação parental em qualquer momento processual.**

   A ocorrência da alienação parental pode ser demonstrada desde o início do rompimento do vínculo afetivo do casal, ao longo do processo de divórcio/anulação ou dissolução da sociedade conjugal, ou mesmo dentro da própria convivência familiar, ainda estando o casal a conviver sobre o mesmo teto. Se a ocorrência das situações caracterizadoras da alienação parental se der no curso da relação processual, **a qualquer tempo**, existe a possibilidade de se requerer judicialmente a aplicação das medidas previstas nessa lei.

4. **Alienação Parental em ação autônoma ou incidental.**

   A **alienação parental** pode ser discutida em **ação própria**, ou de **modo incidental**, ao longo de outra ação já em curso, como, por exemplo, nos casos de ação de divórcio litigioso, ação de alimentos, ação de divisão de patrimônio (para as hipóteses em que o patrimônio não tenha sido dividido com o divórcio), ação de dissolução de união estável, ação de anulação ou de nulidade de casamento, ação de guarda de filhos etc... Enfim, em todas as ações que, por sua natureza intrínseca, possam representar conflitos e disputas entre os genitores, e, de modo especial, naquelas em que os ânimos exaltados decorrentes do fim do vínculo afetivo restarem demonstrados, haverá a real possibilidade de ocorrência de alienação parental, não na modalidade autônoma, mas como ação incidental.

5. **Da tramitação prioritária.**

   A alienação parental, por natureza, é uma situação denegritória contra um dos genitores ou seus familiares que se aprofunda e se torna mais complexa com o passar do tempo. De fato, a cada dia, a situação de alienação tende a tornar-se mais gravosa e menos reversível. Por estes motivos, resta patente a preocupação no sentido de aplicar celeridade aos feitos dessa natureza, tratando-os com prioridade na tramitação processual. Cartórios e varas judiciais devem estar preparados para acelerar o deslinde das matérias desse conteúdo, a fim de que, uma vez comprovada efetivamente a alienação, as medidas protetivas e a punição ao alienador sejam aplicadas o mais rápido possível.

6. **Da alienação parental inversa: do impedimento de convivência dos filhos com o genitor idoso.**

Após o advento da Lei de Alienação Parental, a jurisprudência nacional passou a reconhecer a existência de outras formas de "alienação" perpetradas entre membros da mesma família, que não sejam necessariamente entre um genitor contra o outro. Tal situação vem sendo tratada como "alienação parental inversa", e pode ser feita, como no julgado abaixo, entre irmãos, mas também entre outros parentes ou pessoas que convivam no mesmo ambiente familiar.

▶ Jurisprudência – TJSC.

> APELAÇÃO CÍVEL. AÇÃO DE INDENIZAÇÃO POR DANOS MORAIS. RELAÇÃO FAMILIAR DISSIDENTE DAS PARTES, IRMÃS ENTRE SI, EM RELAÇÃO À GENITORA. ELEMENTOS ANÁLOGOS À ALIENAÇÃO PARENTAL EM RAZÃO DO ESTADO DE VULNERABILIDADE E DOENÇA DA GENITORA. PONDERAÇÃO DOS DEVERES, DIREITOS E PRESSUPOSTOS DAS RELAÇÕES FAMILIARES. UTILIZAÇÃO ARBITRÁRIA DE ABUSOS ANÁLOGOS A MEDIDAS RESTRITIVAS, SEM AMPARO EM DECISÃO JUDICIAL. RESPONSABILIDADE CIVIL. PRESSUPOSTOS CONFIGURADOS. DANO MORAL RECONHECIDO. RECURSO DESPROVIDO. Incontroverso entre as partes, apenas que a genitora sofria de uma série de problemas de saúde, incluindo a degenerativa doença de Alzheimer. Diante do contexto, é de certa forma compreensível a distorção de percepções entre as partes sobre as vontades da genitora. É que a doença, específica, debilita o enfermo de tal forma que, sabidamente, é comum que este seja facilmente sugestionável ou convencido. Disto, é de se mitigar as acusações mútuas, de que as partes, cada uma, considera-se a legítima defensora dos reais interesses da genitora. **Tendo em vista o estado de vulnerabilidade da genitora e a patologia específica, o caso não deixa de se parecer com aquele da alienação parental, ao inverso.** Em verdade, o que se observa são medidas, próprias daquelas protetivas do Direito de Família, como interdição, tomadas de forma arbitrária e ao arrepio da Lei e dos ditames que regem as relações familiares. O ato de privar a irmã do contato com a genitora, sponte sua, independentemente de autorização judicial e dadas as circunstâncias do caso, gera dano moral indenizável. (TJSC, AC Nº 0006690-70.2012.8.24.0005, Relator: Domingos Paludo, Primeira Câmara de Direito Civil, J. 25/08/2016).

Art. 5º Havendo indício da prática de ato de alienação parental, em ação autônoma ou incidental, o juiz, se necessário, determinará **perícia psicológica ou biopsicossocial**.

§ 1º O laudo pericial terá base em **ampla avaliação psicológica ou biopsicossocial**, conforme o caso, compreendendo, inclusive, **entrevista pessoal** com as partes, **exame de documentos** dos autos, **histórico do relacionamento do casal e da separação, cronologia de incidentes, avaliação da personalidade dos envolvidos** e exame da forma como a **criança ou adolescente se manifesta** acerca de eventual acusação contra genitor.

§ 2º A perícia será realizada **por profissional ou equipe multidisciplinar habilitados**, exigida, em qualquer caso, aptidão comprovada por histórico profissional ou acadêmico para diagnosticar atos de alienação parental.

§ 3º O perito ou equipe multidisciplinar designada para verificar a ocorrência de alienação parental terá prazo de **90 (noventa) dias** para apresentação do laudo, prorrogável exclusivamente por autorização judicial baseada em justificativa circunstanciada.

1. **Da necessidade (ou obrigatoriedade?) da perícia realizada por equipe multidisciplinar.**

O *caput* do artigo em comento traz a informação de que o magistrado, havendo indício de Alienação Parental, determinará **perícia psicológica ou biopsicossocial**, quando necessário. Na verdade, parece que, por se tratar de matéria de técnica pericial, cujos conhecimentos especializados estão fora do âmbito jurídico, o magistrado deverá sempre requerer a prova da perícia, que compõe o **laudo técnico**. Não é uma faculdade do magistrado, **mas uma obrigatoriedade**, para fins de melhor atenção e cuidado com as crianças e adolescentes envolvidos. Inobstante as dificuldades observáveis em comarcas onde o magistrado não possa se valer de peritos devidamente capacitados, fica reiterável a pertinência de produção pericial para configurar e mensurar a extensão da Alienação Parental.

▶ **Jurisprudência – TJRS.**

> AGRAVO DE INSTRUMENTO. AÇÃO DE DIVÓRCIO. CONTROVÉRSIA SOBRE A GUARDA DA FILHA. SUPOSTA ALIENAÇÃO PARENTAL. DETERMINAÇÃO DE PERÍCIA. CABIMENTO. Como regra, deve o filho permanecer na guarda do genitor que ostentar melhores condições pessoais para exercê-la. Para tanto, mostra-se conveniente aguardar que venha aos autos resultado da perícia determinada na decisão atacada, pois, no cotejo dos interesses em disputa, deve prevalecer aquele que melhor atender as necessidades da menor. Negado seguimento ao recurso. (TJRS, AI Nº

LEI DA ALIENAÇÃO PARENTAL **Art. 6º**

70065722506, Relatora: Liselena Schifino Robles Ribeiro, Sétima Câmara Cível, J. 15/07/2015).

> **Art. 6º** Caracterizados atos típicos de alienação parental ou qualquer conduta que dificulte a convivência de criança ou adolescente com genitor, em ação autônoma ou incidental, o juiz poderá, **cumulativamente ou não**, sem prejuízo da decorrente responsabilidade civil ou criminal e da ampla utilização de instrumentos processuais aptos a inibir ou atenuar seus efeitos, segundo a gravidade do caso:
>
> I – **declarar a ocorrência de alienação parental e advertir o alienador**;
>
> II – **ampliar o regime de convivência familiar** em favor do genitor alienado;
>
> III – estipular **multa** ao alienador;
>
> IV – determinar **acompanhamento psicológico e/ou biopsicossocial**;
>
> V – determinar a **alteração da guarda para guarda compartilhada ou sua inversão**;
>
> VI – determinar a **fixação cautelar do** domicílio da criança ou adolescente;
>
> VII – declarar a suspensão da autoridade parental.
>
> Parágrafo único. Caracterizado mudança abusiva de endereço, inviabilização ou obstrução à convivência familiar, o juiz também poderá **inverter a obrigação de levar para ou retirar a criança ou adolescente da residência do genitor**, por ocasião das alternâncias dos períodos de convivência familiar.

1. **Aplicação de multa na hipótese de Alienação Parental.**

A aplicação de multa nos casos de **Alienação Parental** segue a tônica do Código Civil e do Código de Processo Civil, no sentido de haver uma sanção pecuniária aplicada ao alienante. A multa terá sempre uma natureza dúplice, qual seja:

A) punir o agressor, sendo uma modalidade de sanção civil; e

B) educar e prevenir a repetição do fato.

▶ **Jurisprudência – TJRS.**

> AGRAVO DE INSTRUMENTO. AÇÃO DE EXECUÇÃO DE FAZER. Imposição à mãe/guardiã de conduzir o filho à visitação paterna, como acordado, sob pena de multa diária (r$ 100,00). **Indícios de síndrome de alienação**

parental por parte da guardiã que respalda a pena imposta. Recurso conhecido em parte e desprovido. RIO GRANDE DO SUL, TJ (7ª Câmara Cível). Agravo de Instrumento nº 70023276330, 18.06.2008, Rel. Des. Ricardo Raupp Ruschel.

▶ **Jurisprudência – TJMG.**

> MULTA COMINADA EM 01 SM – MANUTENÇÃO. – A função da multa diária é compelir o acordante a cumprir a transação ou a decisão judicial. A multa objetiva atuar como meio de coerção legítimo e fazer com que a decisão judicial seja cumprida como determinado. (...) **A regulamentação da visita visa ao interesse da criança e o seu cumprimento é também de seu interesse, principalmente, de modo que são secundários, embora respeitáveis, os anseios dos pais. A exclusão da multa poderá tornar inócua a determinação judicial, visando a sua concretude e se não há motivo para obstar a visita do pai, esta lhe deve ser assegurada, motivo pelo qual a mesma deve ser mantida.** MINAS GERAIS, TJ (1ª Câmara Cível). Agravo de Instrumento nº 1.0702.09.554305-5/001, 19.05.2009, Rel. Des. Vanessa Verdolim Hudson Andrade.

2. **Da visita em ambiente terapêutico.**

O **ambiente terapêutico** seria local adequado, acompanhado e supervisionado por profissionais da área da psicologia, que possam estabelecer um ambiente próprio para que as visitas se realizem sem que a Alienação Parental ocorra. Configura-se com construção teórica que tem claros objetivos práticos, a de evitar/diminuir danos psicológicos nos momentos de visita.

▶ **Jurisprudência – TJRS.**

> AGRAVO DE INSTRUMENTO. REGULAMENTAÇÃO DE VISITAS PATERNAS. SÍNDROME DE ALIENAÇÃO PARENTAL. **O direito de visitas, mais do que um direito dos pais constitui direito do filho em ser visitado, garantindo-lhe o convívio com o genitor não-guardião a fim de manter e fortalecer os vínculos afetivos.** Evidenciado o alto grau de beligerância existente entre os pais, inclusive com denúncias de episódios de violência física, bem como acusações de quadro de síndrome de alienação parental, revela-se adequada a realização **das visitas em ambiente terapêutico.** RIO GRANDE DO SUL, TJ (7ª Câm. Cível). Agravo de Instr. nº 70028674190, 15.04.2009, Rel. Des. André Luiz P. Villarinho.

LEI DA ALIENAÇÃO PARENTAL   Art. 6º

▶ **Jurisprudência – TJRS.**

> REGULAMENTAÇÃO DE VISITAS. SÍNDROME DE ALIENAÇÃO PARENTAL. Evidenciado o elevadíssimo grau de beligerância existente entre os pais que não conseguem superar suas dificuldades sem envolver os filhos, bem como a existência de graves acusações perpetradas contra o genitor que se encontra afastado da prole há bastante tempo, **revela-se mais adequada a realização das visitas em ambiente terapêutico**. Tal forma de visitação também se recomenda por haver a possibilidade de se estar diante de quadro de síndrome de alienação parental. RIO GRANDE DO SUL, TJ (7ª Câmara Cível). Apelação Cível nº 70016276735, 18.10.2006, Rel. Des. Maria Berenice Dias.

3. **Discussão sobre a destituição (ou suspensão) do poder familiar nos casos de alienação parental. Falsas memórias e abuso sexual.**

Uma das alegações mais corriqueiras, no que diz respeito à alienação parental, é a de que o menor foi vítima de abuso sexual. A despeito de se tratar de situação absolutamente complexa, e de difícil comprovação fática, mormente quando o fato é descoberto posteriormente, existe risco real de se configurar a situação construção de "**falsas memórias**" no menor. A destituição do poder familiar, como punição, não foi acolhida pela comentada lei, mas a **suspensão** do mesmo poder familiar foi mantida e é possível de ser aplicada, como se depreende no julgado abaixo, anterior à Lei nº 12.318/2010.

▶ **Jurisprudência – TJRS**

> DESTITUIÇÃO DO PODER FAMILIAR. ABUSO SEXUAL. Síndrome da alienação parental. Estando as visitas do genitor à filha sendo realizadas junto a serviço especializado, não há justificativa para que se proceda a destituição do poder familiar. A denúncia de abuso sexual levada a efeito pela genitora, não está evidenciada, havendo a possibilidade de se estar frente à hipótese da chamada síndrome da alienação parental. Negado provimento. J. 10/11/2016.

▶ **Jurisprudência – TJRJ**

> Direito de Família. Destituição do Poder Familiar. Fortes suspeitas de abuso sexual do menor (quatro anos de idade, à época) por seu genitor. Matéria delicada que exige do julgador a fidelíssima observância do superior interesse do menor, com máximo apego às considerações técnicas

da equipe interdisciplinar. Histórico beligerante das partes, com diversas passagens pelo Judiciário em virtude de assuntos de família, culminando na presente demanda. Diante da maior gravidade e repercussão do direito versado neste processo, toma-se por uno o acervo probatório carreado aos autos, conglobando todos os exames psicológicos e estudos sociais realizados nas demandas pretéritas. Notícia de abuso sexual. **Extrema dificuldade de se aferir a verdade real, diante da vulnerabilidade da criança exposta a parentes egoístas e com fortes traços de hostilidade entre si. Liminar decisão que suspendeu os efeitos do poder familiar por cautela e para a preservação da integridade física e psíquica do menor. Síndrome da Alienação Parental e Falsas Memórias. Subsídios na Psicologia e na Psicanálise. A Síndrome da Alienação Parental traduz a programação da criança por um genitor para que ela, artificial e desmotivadamente, venha a repelir o outro genitor. A Síndrome das Falsas Memórias faz-se presente quando um genitor, de forma dolosa, incute no menos informações e dados inexistentes ou deturpados, para que se tornem verdades na frágil mente da criança. Espécie em que se constatam manobras tendentes à alienação parental, mas que não afastam o efetivo sofrimento psíquico vivenciado pelo menor quando em contato com seu pai, confirmado pela equipe técnica.** (...). Evidente impossibilidade de restabelecimento repentino dos laços entre pai e filho, até desaconselhável, ante o avançado estado de afastamento. **Se não há elementos absolutos e determinantes para a definitiva destituição do poder familiar do réu, por certo que há substrato suficiente para que seja mantida sua suspensão, modulando-se seus efeitos no tempo, tudo em prol do melhor interesse do menor, hoje, adolescente.** Recurso provido em parte. Ap. nº 0012031-40.2002.8.19.0208. Rel Des. Nametala Machado Jorge. Julgado em 10/09/2008.

4. **Declaração da alienação parental, advertência ao genitor alienador e ampliação da convivência com o genitor alienado.**

A explicitação da existência da alienação parental, por parte do juiz competente, através de declaração judicial, informa e torna pública a existência da conduta por parte do alienador. Após essa declaração, deve o magistrado tomar outras medidas, individualmente ou concomitantes, a fim de que as consequências da alienação parental sejam minoradas. Dentre as primeiras previstas no artigo em comento, temos a **advertência formal ao alienador**, que deve funcionar como uma espécie de aviso expresso, ou admoestação pública, e a segunda é a **ampliação do período de convivência do menor com o genitor alienado**, de forma que a alienação não reste frutífera, e que os efeitos danosos sejam diminuídos.

5. **Acompanhamento biopsicossocial e/ou psicológico.**

   Profissionais das áreas afins ao direito deverão ser requisitados para atuar nos casos de alienação parental, sempre que restar configurada a necessidade de aplicação da medida de acompanhamento biopsicossocial e/ou psicológico dos menores. O auxílio de **assistentes sociais**, de **pedagogos**, de **médicos psiquiátricos** e dos **psicólogos** será de fundamental importância para reordenar os conceitos de parentalidade e de convívio entre o genitor alienado e o os filhos.

6. **Determinação de fixação cautelar de domicílio para criança ou adolescente que esteja sendo vítima da alienação parental.**

   Trata-se, aqui, do emprego dos mesmos requisitos processuais previstos para a aplicação de medidas cautelares, quais sejam, *fumus boni juris* e o perigo da demora, nos casos em que restar comprovada a necessidade de que outro domicílio seja temporariamente determinado, para que os menores fiquem resguardados da conduta do genitor alienador. Observe-se que, em certos casos, não será aplicável alteração da guarda ou a determinação de guarda compartilhada, como, por exemplo, nos casos em que o outro genitor residir em local distante. Para casos tais, a fixação cautelar de domicílio para crianças e adolescentes é uma medida alternativa, colocada à disposição do juiz, para tentar coibir e combater os feitos da alienação parental.

> **Art. 7º** A atribuição ou alteração da guarda dar-se-á por preferência ao genitor que **viabiliza a efetiva convivência da criança ou adolescente com o outro genitor** nas hipóteses em que seja inviável a guarda compartilhada.

1. **Da alteração da guarda (inversão) e da aplicação da guarda compartilhada.**

   A atribuição ou alteração da guarda dará preferência ao genitor que viabiliza a efetiva convivência da criança ou adolescente com o outro genitor, nas hipóteses em que seja inviável a guarda compartilhada. Havendo **guarda compartilhada**, a determinação deverá ser no sentido de outorgar a cada genitor, sempre que possível, a obrigação de levar a criança ou o adolescente à residência do outro genitor ou a um local ajustado por ocasião das alternâncias dos períodos de convivência familiar.

   A Lei de Alienação Parental, assim como o Código Civil, dá **preferência à guarda compartilhada**, em franca oposição à guarda unilateral. Isto se depreende do final do artigo em comento, visto que a atribuição ou alteração da guarda unilateral somente deverá ser efetivada "nas hipóteses em que seja inviável a guarda compartilhada".

1.1 Da Real Possibilidade de Inversão de Guarda nos casos de mudança de domicílio sem justificativa.

Sobre a inversão da guarda nos casos de imotivada mudança de domicílio de um dos genitores com a criança, cabe uma importante sugestão para fins de correta aplicação da Lei de Alienação Parental.

A mudança de domicílio, muitas vezes para locais bem distantes da residência do genitor, é uma das formas de agressão mais potentes que podem ser realizadas no âmbito da alienação parental. Duas razões justificam essa compreensão: primeiro porque separa fisicamente genitor alienado e filho (muitas vezes sendo uma separação radical); segundo porque implicará, para o genitor alienado e afastado geograficamente, um gasto significativo para poder visitar o filho levado para locais distantes, muita das vezes necessitando se deslocar para outros Estados.

Em situações dessa natureza, a recomendação é que seja aplicada a inversão da guarda, para que o genitor alienado possa conviver com o filho, pelo menos durante certo tempo. Por exemplo, a criança viver um período de, pelo menos um ano, com um dos pais, e depois o mesmo período com o outro. Ressalte-se que essa "mobilidade" dos filhos não é recomendada em nenhuma outra hipótese, mas não se afigura outra alternativa mais interessante para salvaguardar o direito de convivência do menor com ambos os genitores.

O ideal, na verdade, seria evitar que o filho seja levado a morar em local distante de um dos genitores por razões meramente sórdidas e sem justificativa. Ou se determina a inversão da guarda (que, reforce-se, está expressamente prevista em lei), ou a alienação terá surtido os efeitos desejados, e o genitor alienado vai ficar cada vez mais longe da sua prole.

▶ **Código Civil: Preferência do legislador pela guarda compartilhada.**

> *Art. 1.584. A guarda, unilateral ou compartilhada, poderá ser: (Redação dada pela Lei nº 11.698, de 2008).*
>
> *§ 2º Quando não houver acordo entre a mãe e o pai quanto à guarda do filho, será aplicada, sempre que possível, a guarda compartilhada. (Incluído pela Lei nº 11.698, de 2008).*

LEI DA ALIENAÇÃO PARENTAL   Art. 8º

> Art. 8º A alteração de domicílio da criança ou adolescente **é irrelevante** para a determinação da competência relacionada às ações fundadas em direito de convivência familiar, **salvo se decorrente de consenso entre os genitores ou de decisão judicial.**

1. **Alteração de domicílio com objetivo de dificultar o acesso à justiça.**

   Muitas vezes, é possível que o **alienador** procure dificultar o acesso à justiça por parte do alienado, alterando o domicílio do menor. Como se sabe, existe tradicional regra de competência e de determinação e domicílio, segundo a qual os menores, sendo absolutamente incapazes, terão domicílio necessário no domicílio dos pais ou responsáveis. Segundo a Lei de Alienação Parental, a **alteração de domicílio da criança ou adolescente** é irrelevante para a determinação da competência relacionada às ações fundadas em direito de convivência familiar, salvo se decorrente de consenso entre os genitores ou decisão judicial. A mudança de domicílio, muitas vezes para um local bastante distante do genitor alienado, não pode servir com uma das armas da disputa do casal.

2. **Artigos correlatos de referência geral à matéria:**

   ▶ **ECA:**

   > *Art. 98. As medidas de proteção à criança e ao adolescente são aplicáveis sempre que os direitos reconhecidos nesta Lei forem ameaçados ou violados:*
   >
   > *(...)*
   >
   > *II – por falta, omissão ou abuso dos pais ou responsável;*
   >
   > *Art. 146. A autoridade a que se refere esta Lei é o Juiz da Infância e da Juventude, ou o Juiz que exerce essa função, na forma da lei de organização judiciária local.*
   >
   > *Art. 147. A competência será determinada:*
   >
   > *I – pelo domicílio dos pais ou responsável;*
   >
   > *II – pelo lugar onde se encontre a criança ou adolescente, à falta dos pais ou responsável.*
   >
   > *Art. 148. A Justiça da Infância e da Juventude é competente para:*
   >
   > *(...)*

319

Parágrafo único. Quando se tratar de criança ou adolescente nas hipóteses do art. 98, é também competente a Justiça da Infância e da Juventude para o fim de:

a) conhecer de pedidos de guarda e tutela;

b) conhecer de ações de destituição do poder familiar, perda ou modificação da tutela ou guarda;

Art. 9º (VETADO)

Art. 10. (VETADO)

Art. 11. Esta Lei entra em vigor na data de sua publicação.

Brasília, 26 de agosto de 2010; 189º da Independência e 122º da República.

LUIZ INÁCIO LULA DA SILVA
Luiz Paulo Teles Ferreira Barreto
Paulo de Tarso Vannuchi

Capítulo VI
Lei do Bem de Família

LEI Nº 8.009, DE 29 DE MARÇO DE 1990.

Conversão da Medida Provisória nº 143, de 1990

Dispõe sobre a impenhorabilidade do bem de família.

Faço saber que o **PRESIDENTE DA REPÚBLICA** adotou a Medida Provisória nº 143, de 1990, que o Congresso Nacional aprovou, e eu, NELSON CARNEIRO, Presidente do Senado Federal, para os efeitos do disposto no parágrafo único do art. 62 da Constituição Federal, promulgo a seguinte lei:

▶ **Considerações Iniciais sobre o Bem de Família.**

Ordinariamente, o Bem de Família é pensado como uma proteção de natureza econômica para a estrutura e manutenção da organização de família, sendo, tradicionalmente, o imóvel destinado pele chefe da família para abrigo e moradia desta. Tal imóvel, em face da sua importância – haja vista que a família não pode ser alijada de um espaço para sua estada, proteção e morada – não pode ser penhorado em execução por eventuais dívidas do proprietário, prejudicando diretamente os membros da família ali residentes.

Na perspectiva histórica, a preocupação com a impenhorabilidade do Bem de Família é decorrente da construção do direito norte-americano, com sua origem no *Homestead Exemption Act*, de 26 de janeiro de 1839. As razões de surgimento da respectiva norma se basearam em fortíssima crise econômica que abalou os Estados Unidos da América entre os anos 1837 a 1839, gerando recessão, desemprego e miséria.

No Brasil, sua origem legislativa encontra-se no Código Civil de 1916, sob forte crítica da doutrina e da jurisprudência da época, que viam pouca aplicabilidade no instituto em face do excesso rigor protecionista de cunho imobiliário, que atendia pequenina parte da população na época.

Posteriormente, houve a busca por um redimensionamento da matéria através do Decreto-lei nº. 3200, de 19 de abril de 1941.

A Lei do Bem de Família (Lei nº. 8.009/1990), instituiu o Bem de Família impenhorável, pouco depois da entrada em vigor da Constituição Federal de 1988. Paralelamente, o Código Civil continuou regendo a matéria, que foi reforçada sensivelmente pelo CC/02, com acolhimento das premissas principiológicas da Carta de 1988, e uma clara intenção de "constitucionalização do Direito Civil". A ampla proteção da família, dos direitos dos filhos menores, a noção de pluralidade, dignidade humana e proteção plena da igualdade inserem o Bem de Família no contexto da propriedade funcionalizada (função social), com nítida ampliação da abrangência do instituto.

Alvaro Villaça, em obra emblemática sobre o tema, conceitua o Bem de Família como sendo:

> "um patrimônio especial, que se institui por um ato jurídico de natureza especial, pelo qual o proprietário de determinado imóvel, nos termos da lei, cria um benefício de natureza econômica com o escopo de garantir a sobrevivência da família em seu mínimo existencial, como célula indispensável à realização da justiça social"[32]

Para **Paulo Lobo**, na perspectiva teórica da constitucionalização do Direito Civil, se refere ao Bem de Família da seguinte maneira:

> "Bem de família é imóvel destinado à moradia da família do devedor, com os bens móveis que o guarnecem, que não pode ser objeto de penhora judicial pra pagamento de dívida. Tem por objeto proteger os membros da família que neve vivem da constrição decorrente da responsabilidade patrimonial, que todos os bens econômicos do devedor ficam submetidos, os quais, na execução, podem ser alienados a terceiros ou adjudicados ao credor. O bem ou os bens que integram o bem de família ficam afetados à finalidade de proteção da entidade familiar." [33]

Finalmente, cumpre mencionar que a proteção do Bem de Família está insculpida na perspectiva teórica do Patrimônio Mínimo, com base em consolidado pensamento de **Luiz Edson Fachin**, senão vejamos:

> "Quando a Lei faz referência ao imóvel próprio do casal ou da entidade familiar, há que se observar que a família não é apenas agrupamento de pessoas, mesmo inexistindo filhos ou se tratando de união livre estável,

---

32. AZEVEDO, Álvaro Villaça. *Bem de Família*. São Paulo, Revista dos Tribunais, 2000, p. 15.
33. LOBO, Paulo. *Famílias*. São Paulo, Saraiva, 2015, p. 370.

ou de pessoas com estado civil de solteiras; protege-se pessoa que mora sozinha em imóvel próprio e sem família"[34]

O Bem de Família, portanto, consoante insculpido na Lei 8.009/90, cinge-se a nítida vertente constitucional, vez que atende ao preceituado no Art. 6º da CF/88, ao incluir a moradia no rol dos Direitos Sociais, dando ao regime protetivo contornos ainda mais nítidos. Nesse sentido, importante destacar as palavras de **Ingo Sarlet**:

> *"Nada obstante anteriores referências ao longo do texto constitucional na sua redação original, o direito à moradia só veio ser positivado expressamente com a Emenda Constitucional n. 26 de 14 de fevereiro de 2000, transcorridos, pois, doze anos da promulgação da CF, o que em parte é atribuído às resistências do Brasil em relação a diversos aspectos regulados pelos instrumentos internacionais concernentes à moradia. Isso não impediu, contudo, que já se viesse defendendo o reconhecimento de um direito fundamental implícito à moradia, como consequência da proteção à vida e à dignidade humana, já que vinculado à garantia das condições materiais básicas para uma vida com dignidade e com certo padrão de qualidade, consoante, aliás, ocorreu por parte do Conselho Constitucional francês. Hoje, contudo, não há mais dúvidas de que o direito à moradia é um direito fundamental autônomo, de forte conteúdo existencial, considerado até mesmo um direito de personalidade, pelo menos naquilo em que vinculado à dignidade da pessoa humana e às condições para o pleno desenvolvimento da personalidade, não se confundindo com o direito à (e de) propriedade, já que se trata de direitos distintos. (...) Como os demais direitos fundamentais, o direito social à moradia abrange um complexo de posições jurídicas objetivas e subjetivas, de natureza negativa (direito de defesa) e positiva (direito a prestações). Na condição de direito de defesa (negativo), o direito à moradia impede que a pessoa seja privada arbitrariamente e sem alternativas de uma moradia digna, por ato do Estado ou de outros particulares. Nesse contexto, destaca-se a legislação que proíbe a penhora do chamado bem de família, como tal considerado o imóvel que serve de moradia ao devedor e sua família (Lei n. 8.009/90, art. 3º), sobre o qual já há inúmeras decisões judiciais, inclusive no âmbito do Superior Tribunal de Justiça, das quais boa parte favorável à proteção do direito à moradia".* [35]

---

34. FACHIN, Luiz Edson. Estatuto Jurídico do Patrimônio Mínimo. São Paulo, Renovar, 2006, p. 146.
35. SARLET, Ingo Wolfgang. Comentário ao artigo 6º, caput. In: CANOTILHO, J. J. Gomes; MENDES, Gilmar F.; STRECK, Lenio L.; _____ (Coords.). Comentários à Constituição do Brasil. São Paulo: Saraiva/Almedina, 2013. p. 1.307-1.334. (epub).

▶ **Das modalidades de Bem de Família previstas no ordenamento jurídico brasileiro: o Bem de Família voluntário e o Bem de Família Involuntário.**

Existem duas modalidades de Bem de Família previstas no ordenamento jurídico brasileiro. A primeira é o chamado **"Bem de Família Voluntário ou Convencional"**, que está prevista no Código Civil a partir do Art. 1711, e que deverá ser instituído por ato de vontade dos cônjuges ou companheiros, pela entidade familiar ou por terceiros, através de escritura pública ou testamento. A instituição do Bem de Família convencional não pode ultrapassar um terço do patrimônio líquido das pessoas que fazem a inscrição no Registro de Imóveis.

Já a segunda modalidade, chamada de "Bem de Família Legal", previsto na lei em comento, que estabelece a impenhorabilidade de forma automática para o bem que serve de moradia da família, independentemente de registro em Cartório dessa condição especial do patrimônio. Ou seja, o bem é protegido sem maiores encargos e custos. Por tal razão, em face da duplicidade de regramentos, existe sólido posicionamento doutrinário no sentido de que o Bem de Família Legal abrange também o Bem de Família Convencional, e esta última modalidade poderia ser extinta do ordenamento jurídico brasileiro.

▶ **Artigo Correlato: Código Civil/2002.**

> *Art. 1.711. Podem os cônjuges, ou a entidade familiar, mediante escritura pública ou testamento, destinar parte de seu patrimônio para instituir bem de família, desde que não ultrapasse um terço do patrimônio líquido existente ao tempo da instituição, mantidas as regras sobre a impenhorabilidade do imóvel residencial estabelecida em lei especial.*
>
> *Parágrafo único. O terceiro poderá igualmente instituir bem de família por testamento ou doação, dependendo a eficácia do ato da aceitação expressa de ambos os cônjuges beneficiados ou da entidade familiar beneficiada.*

→ **Aplicação em Concurso Público:**
- PROVA: VUNESP.TJ-SP.Titular de Notas e Registros - Remoção.2016
  A instituição do bem de família sobre um terço do patrimônio líquido, por ato de vontade, nos moldes do Código Civil,
  a) deverá ser formalizada necessariamente por escritura pública, levada a registro no Registro de Imóveis

b) afasta as regras sobre a impenhorabilidade do imóvel residencial estabelecidas em lei especial
c) produz efeitos temporalmente ilimitados, salvo se novo título for levado ao Registro, modificando o conteúdo anterior
d) terá forma solene e dependerá do registro do título no Registro de Imóveis para sua constituição.
Resposta: Alternativa "d".

> **Art. 1º** O imóvel residencial próprio do casal, ou da entidade familiar, **é impenhorável e não responderá por qualquer tipo de dívida civil, comercial, fiscal, previdenciária ou de outra natureza**, contraída pelos cônjuges ou pelos pais ou filhos que sejam seus proprietários e nele residam, salvo nas hipóteses previstas nesta lei.
>
> Parágrafo único. A impenhorabilidade compreende o imóvel sobre o qual se assentam **a construção, as plantações, as benfeitorias de qualquer natureza e todos os equipamentos, inclusive os de uso profissional, ou móveis que guarneçam a casa**, desde que quitados.

1. **Da configuração do Bem de Família legal.**

O Bem de Família é considerado o ponto de partida para a aplicação da *teoria da repersonalização do Direito Civil*, na medida em que reúne Direitos da Personalidade e Direitos Patrimoniais nas mesmas regras protetivas. Nas palavras de **Flávio Tartuce**, *"o bem de família pode ser conceituado como o imóvel utilizado como residência da entidade familiar, decorrente de casamento, união estável, entidade monoparental ou outra manifestação familiar, protegido por previsão legal específica. Cite-se, nesse contexto, a proteção das uniões homoafetivas"*. [36]

A Lei nº. 8009/1990 aponta as regras de ordem pública que tratam da proteção do bem de família legal, ou seja, do bem que passa a ser protegido automaticamente, mesmo que não haja qualquer manifestação por parte do proprietário, e ainda que não tenha sido feito o registro no Cartório de Imóveis da escritura do Bem de Família. Protege-se, assim, indistintamente o patrimônio que serve de guarida para a estrutura familiar.

É de se destacar que não estão incluídos na garantia do Bem de Família a simples "posse", bem como também não integram as regras protetivas

---

36. Tartuce, Flávio. Direito Civil. Direito de Família. São Paulo, Método, 2015, p. 544.

os direitos reais sobre imóveis alheios como servidões, usufruto, uso e habitação.

→ **Aplicação em Concurso Público:**
- PROVA: FCC.DPE-BA.Defensor Público.2016
  A respeito da proteção ao bem de família, é correto afirmar que:
  a) decorre exclusivamente da lei, não havendo mais sentido o sistema anterior que contemplava o bem de família voluntário;
  b) sua finalidade precípua não é a proteção à família, mas sim, o direito de moradia como direito fundamental, tanto que pode contemplar bem ocupado por um único indivíduo, o que alguns autores chamam de família unipessoal;
  c) pode ser convencionado por escritura pública, testamento ou doação, o bem imóvel de qualquer valor do patrimônio do instituidor, desde que se destine à residência familiar;
  d) a proteção prevista na lei específica (Lei no 8.090/90) contempla o bem em que a família resida, independentemente da existência de outros bens no patrimônio;
  e) caso o valor do imóvel seja elevado a ponto de ultrapassar as necessidades comuns correspondentes a um médio padrão de vida, a lei exclui a sua impenhorabilidade.
  Resposta: Alternativa "b"

2. **Aplicação extensiva do conceito de Bem de Família para pessoas solteiras, separadas e viúvas.**

A aplicação da impenhorabilidade do Bem de Família para imóveis onde não necessariamente residem famílias, mas pessoas solteiras, viúvas, separados judicialmente, divorciados, celibatários etc... É avanço protetivo da interpretação jurisprudencial sobre a matéria, e ressalta o critério de bem de cunho especial. Nesse caso, não é necessário que haja, obrigatoriamente, um agrupamento ou arranjo familiar com pelo menos duas ou mais pessoas ali reunidas.

Com forte suporte na noção de proteção da moradia (Direito Social previsto no Art. 6º da CF/88), no respeito à dignidade humana dos envolvidos e na construção da Teoria do Patrimônio Mínimo, é plenamente possível estender a proteção da impenhorabilidade para imóveis habitados por uma única pessoa. Nesse sentido, a Súmula de nº. 364 do STJ.

▶ **Súmula – STJ.**

> Súmula: 364. O conceito de impenhorabilidade de bem de família abrange também o imóvel pertencente a pessoas solteiras, separadas e viúvas.

LEI DO BEM DE FAMÍLIA   **Art. 1º**

→ **Aplicação em Concurso Público. Questão discursiva.**
- PROVA: CESGRANRIO.CEF.Advogado.2012 - Discursiva
  João Silva, solteiro e sem filhos, reside sozinho em imóvel próprio adquirido no ano de 2010. Em 2011, João contratou empréstimo com o Banco XPTO no valor de R$ 100.000,00 (cem mil reais), pelo qual se obrigou a restituir mensalmente o valor de R$ 5.000,00 (cinco mil reais), em 30 prestações iguais. Pagas as 10 primeiras prestações, num total de R$ 50.000,00 (cinquenta mil reais), João é demitido de seu emprego, tornando-se impossível a continuidade do pagamento das prestações. Em razão do inadimplemento, o Banco XPTO ingressa com ação de cobrança para reaver o saldo do empréstimo realizado. Considerando-se que o imóvel em que João reside é o único bem de seu patrimônio capaz de solver a dívida contraída, em consonância com os princípios do Direito Civil contemporâneo, pode o bem imóvel único de pessoa solteira ser penhorado? Justifique sua resposta com base na lei e no posicionamento jurisprudencial.

→ **Aplicação em Concurso Público:**
- PROVA: CESPE/CEBRASPE.TJ-AM.Juiz Subsituto.2016
  A respeito do direito de família, assinale a opção correta
a) Dos nubentes que optam pelo regime de comunhão universal de bens não se exige a formulação de pacto antenupcial, ato solene lavrado por escritura pública
b) É considerado bem de família, insuscetível de penhora, o único imóvel residencial do devedor no qual resida seu familiar, ainda que ele, proprietário, não habite no imóvel
c) O fato de um casal de namorados projetar constituir família no futuro caracteriza a união estável se houver coabitação
d) O casamento putativo não será reconhecido de ofício pelo juiz
e) Se não houver transação em sentido contrário, as verbas indenizatórias integram a base de cálculo da pensão alimentícia
Resposta: Alternativa "b".

3. Da aplicação da Lei do Bem de Família para penhoras anteriores a sua vigência.

Por ser regra de cunho patrimonial com objetivo de garantir a manutenção da dignidade humana das pessoas residentes no ambiente familiar, o Superior Tribunal de Justiça – STJ firmou posicionamento sumulado no sentido de que as regras protetivas se aplicam a penhoras que ocorreram mesmo antes da entrada em vigor da Lei do Bem de Família, em nítido exemplo de "força retroativa da lei". O objetivo é o mesmo de manter a proteção patrimonial a todas as famílias que se enquadram na situação. Nesses termos, foi editada a Súmula de nº. 205:

▶ **Súmula – STJ.**

Súmula 205. A Lei nº 8.009/90 aplica-se à penhora realizada antes de sua vigência.

▶ **Jurisprudência do STJ.**

PROCESSUAL CIVIL. AGRAVO REGIMENTAL NO RECURSO ESPECIAL. INVENTÁRIO. PENHORA NO ROSTO DOS AUTOS. ALEGAÇÃO DA IMPENHORABILIDADE PREVISTA NA LEI 8.009/90 PELO ESPÓLIO. LEGITIMIDADE. <u>1. O espólio - cujo representante é a viúva do de cujus, com o qual residia (e permanece residindo após a sua morte) no imóvel constrito - tem legitimidade para pleitear a impenhorabilidade do bem, com base na cláusula do "bem de família", nos moldes da Lei 8.009/90.</u> 2. Agravo regimental não provido. AgRg no REsp 1341070 / MG. Ministro MAURO CAMPBELL MARQUES. Segunda Turma. DJe 11/09/2013.

▶ **Jurisprudência do STJ.**

AGRAVO REGIMENTAL NO AGRAVO EM RECURSO ESPECIAL. EXECUÇÃO. DEVEDORES PROPRIETÁRIOS DE DOIS IMÓVEIS. HIPÓTESE DE UM DOS IMÓVEIS DESTINAR A MORADIA DO FILHO. PRETENSÃO AO RECONHECIMENTO DA QUALIDADE DE BEM DE FAMÍLIA. IMPOSSIBILIDADE. IMPROVIMENTO. 1.- O Superior Tribunal de Justiça já consolidou seu entendimento no sentido de que a proteção ao bem de família pode ser estendida ao imóvel no qual resida o devedor solteiro e solitário. (...) 3.- Agravo Regimental improvido. AgRg no AREsp 301580 / RJ. Ministro SIDNEI BENETI. Terceira Turma. DJe 18/06/2013.

→ **Aplicação em Concurso Público. Questão discursiva.**

- PROVA: CESPE/CEBRASPE.AGU.Advogado-Geral da União.2015 - Discursiva
  Pedro e Maria, sua esposa, adquiriram do tio de Pedro, Fernando, bem imóvel localizado no litoral brasileiro. No instrumento de compra e venda, as partes registraram que o imóvel fora negociado pelo valor de vinte e nove salários mínimos, correspondente a um décimo do valor do imóvel, de acordo com a avaliação do fisco. A escritura de compra e venda foi lavrada por meio de instrumento público, por exigência do Cartório de Registro de Imóveis. O imóvel foi gravado como bem de família conforme a vontade manifestada pelos cônjuges, os quais quando da realização do negócio, já eram proprietários de outro imóvel, no qual residem. Alguns dias após a realização do registro da compra e venda, a União, credora de Fernando antes da alienação do bem, ajuizou contra ele ação de execução de título

extrajudicial. Considerando essa situação hipotética, redija um texto dissertativo, fundamentado na legislação e na jurisprudência do Superior Tribunal de Justiça, apontando (i) se a exigência, pelo Cartório de Registro de Imóveis, da lavratura do contrato de compra e venda por meio de instrumento público para a alienação do imóvel foi correta; (ii) se o bem adquirido de Fernando por Pedro e sua esposa poderia ter sido instituído como bem de família, considerando-se as hipóteses previstas na Lei n. 8.009/1990; (iii) se a União pode realizar a penhora do imóvel alienado a Pedro e Maria, caso seja demonstrada a existência de fraude contra credores, discorrendo, ainda, sobre os requisitos para a caracterização de fraude contra credores.

4. Ampliação do rol de bens protegidos pela impenhorabilidade.

A proteção contida na Lei n. 8.009/1990 alcança não apenas o imóvel da família, mas também os bens móveis indispensáveis à habitabilidade de uma residência e os usualmente mantidos em um lar comum. Esse é o entendimento consolidado do STJ para expandir o conceito do Bem de Família para além do imóvel que serve de residência ao agrupamento familiar. Por interpretação lógica, os bens móveis que servem ao uso e funcionalização do bem imóvel devem, identicamente, ser incluídos no rol de bens protegidos pela impenhorabilidade.

▶ **Jurisprudência do STJ.**

> AGRAVO REGIMENTAL NO RECURSO ESPECIAL. PENHORA DE BENS QUE GUARNECEM A RESIDÊNCIA DOS DEVEDORES. DUPLICIDADE. POSSIBILIDADE. AGRAVO REGIMENTAL NÃO PROVIDO. 1. "Os bens que guarnecem a residência são impenhoráveis, a teor da disposição da Lei 8.009/90, excetuando-se aqueles encontrados em duplicidade, por não se tratarem de utensílios necessários à manutenção básica da unidade familiar." (REsp 533.388/RS, Relator em. Ministro TEORI ALBINO ZAVASCKI, PRIMEIRA TURMA, DJ de 29/11/2004). 2. Agravo regimental não provido. AgRg no REsp 606301 / RJ. Ministro RAUL ARAÚJO. Quarta Turma. DJe 19/09/2013.

▶ **Jurisprudência do STJ.**

> RECLAMAÇÃO. DIVERGÊNCIA ENTRE ACÓRDÃO PROLATADO POR TURMA RECURSAL ESTADUAL E A JURISPRUDÊNCIA DO STJ. EMBARGOS À EXECUÇÃO. TELEVISOR E MÁQUINA DE LAVAR. IMPENHORABILIDADE. I.- É assente na jurisprudência das Turmas que compõem a Segunda Seção desta Corte o entendimento segundo o qual a proteção contida na Lei nº 8.009/90 alcança não apenas o imóvel da família, mas também os bens

móveis que o guarnecem, à exceção apenas os veículos de transporte, obras de arte e adornos suntuosos. II.- São impenhoráveis, portanto, o televisor e a máquina de lavar roupas, bens que usualmente são encontrados em uma residência e que não possuem natureza suntuosa. Reclamação provida. Rcl 4374 / MS. Ministro SIDNEI BENETI. DJe 20/05/2011.

→ **Aplicação em Concurso Público. Questão discursiva.**

- PROVA: CESPE/CEBRASPE.AGU.Advogado-Geral da União.2012 - Discursiva
De acordo com entendimento jurisprudencial e doutrinário dominantes, é possível a determinação da impenhorabilidade de bens móveis à guisa de proteção ao bem de família, na modalidade prevista na Lei n. 8.009/1990? Justifique sua resposta e cite exemplos pertinentes.

5. **Mitigação do requisito da "moradia no imóvel" pela jurisprudência.**

A rigor, o Bem de Família foi projetado para ser aplicado exclusivamente a bens imóveis que servissem de moradia para a família a ser protegida pela regra especial. Entretanto, a multiplicidade da vida cotidiana empresta exemplos muito interessantes, aí incluídos aqueles que fazem o bem servir como fonte de renda para a família, mesmo que esta não resida no imóvel, como nos casos em que o bem está locado, e com o valor dos alugueres se pagam outra moradia para o arranjo familiar.

Assim, é impenhorável o único imóvel residencial do devedor que esteja locado a terceiros, desde que a renda obtida com a locação seja revertida para a subsistência ou a moradia da sua família.

▶ **Súmula – STJ.**

> Súmula 486. É impenhorável o único imóvel residencial do devedor que esteja locado a terceiros, desde que a renda obtida com a locação seja revertida para a subsistência ou a moradia da sua família.

▶ **Jurisprudência do STJ.**

> AGRAVO REGIMENTAL NO AGRAVO EM RECURSO ESPECIAL. PENHORA DE BEM IMÓVEL. ALEGAÇÃO DE BEM DE FAMÍLIA. SÚMULA N. 486/STJ. NOVA ANÁLISE DO CONJUNTO FÁTICO-PROBATÓRIO. INCIDÊNCIA DA SÚMULA N. 7/STJ. **1. "É impenhorável o único imóvel residencial do devedor que esteja locado a terceiros, desde que a renda obtida com a locação seja revertida para a subsistência ou a moradia da sua família" (Súmula n. 486/STJ).** 2. (...) 3. Agravo regimental desprovido. AgRg

no AREsp 422729 / SP. Ministro JOÃO OTÁVIO DE NORONHA. Terceira Turma. DJe 04/09/2014.

▶ **Jurisprudência do STJ.**

> PROCESSUAL CIVIL. EXECUÇÃO POR TÍTULO EXTRAJUDICIAL. BEM DE FAMÍLIA. IMÓVEL LOCADO. PENHORA. JURISPRUDÊNCIA DO STJ. IMPOSSIBILIDADE. PROVIMENTO. I. A orientação predominante nesta Corte é no sentido de que a impenhorabilidade prevista na Lei n. 8.009/90 se estende ao único imóvel do devedor, ainda que este se ache locado a terceiros, por gerar frutos que possibilitam à família constituir moradia em outro bem alugado ou utilizar o valor obtido com a locação desse bem como complemento da renda familiar. II. Recurso especial conhecido e provido. REsp 714515 / SP. Ministro ALDIR PASSARINHO JUNIOR. Quarta Turma. DJe 07/12/2009.

6. **Da legitimidade de os integrantes da entidade familiar residentes no imóvel protegido pela Lei n. 8.009/90 possuem para se insurgirem contra a penhora do bem de família.**

A jurisprudência firmada no âmbito do STJ ratificou o posicionamento que vinha sendo estampado pela doutrina, no afã de que as demais pessoas que integram o arranjo familiar a ser protegido pelo Bem de Família podem se insurgir judicialmente contra a penhora determinada. Normalmente, tal procedimento se dá através de Embargos de Terceiros. A medida é previsível, pois todos os que residem naquele imóvel serão diretamente atingidos pela penhora.

▶ **Jurisprudência do STJ.**

> AGRAVO REGIMENTAL. ACÓRDÃO RECORRIDO QUE RECONHECEU A IMPENHORABILIDADE DO IMÓVEL COM BASE NO CONJUNTO PROBATÓRIO. SÚMULA STJ/07. EMBARGOS DE TERCEIRO INTERPOSTOS PELOS FILHOS OBJETIVANDO A PROTEÇÃO DO IMÓVEL. SÚMULA STJ/83. A IMPENHORABILIDADE DO BEM DE FAMÍLIA NÃO SE LIMITA APENAS AO IMÓVEL QUE SIRVA COMO RESIDÊNCIA DO NÚCLEO FAMILIAR. PRECEDENTES. AGRAVO REGIMENTAL IMPROVIDO. I – (...) **II - É assegurado aos filhos a interposição de Embargos de Terceiro objetivando a proteção ao bem de família.** Súmula STJ/83. III - A impenhorabilidade do bem de família não se limita apenas ao imóvel que sirva como residência do núcleo familiar. Os Princípios da Dignidade Humana e da Proteção à família servem, *in casu*, como supedâneo à interpretação da Lei n. 8.009/90.

Precedentes. IV - Agravo regimental improvido. AgRg no Ag 1249531 / DF. Ministro SIDNEI BENET. Terceira Turma. DJe 07/12/2010.

▶ **Jurisprudência do STJ.**

> PROCESSUAL CIVIL. RECURSO ESPECIAL. EMBARGOS DE TERCEIRO. LEGITIMIDADE ATIVA. ESPOSA DEVEDORA. FILHA. 1 - Não reconhecimento de legitimidade para oposição de embargos de terceiro à parte que figura como executada por ser também devedora indicada no título executivo. Precedentes. **2 - O filho, integrante da entidade familiar, é parte legítima para opor embargos de terceiro, discutindo a condição de bem de família do imóvel** onde reside com os pais. **3 - Garantia da função social do imóvel, preservando uma das mais prementes necessidades do ser humano, protegida constitucionalmente, que é o direito à moradia.** REsp 473984 / MG. Ministro PAULO DE TARSO SANSEVERINO. Terceira Turma. DJe 08/11/2010.

7. Da impossibilidade de renúncia ao benefício do Bem de Família.

Há entendimento pacífico, no âmbito do STJ, no sentido de que o reconhecimento do Bem de Família consiste em matéria de ordem pública, ou seja, não comporta renúncia por parte do titular.

▶ **Jurisprudência do STJ.**

> PROCESSUAL CIVIL E CIVIL. AGRAVO REGIMENTAL. EMBARGOS DE DECLARAÇÃO. RECURSO ESPECIAL. DIREITO REAL DE GARANTIA. CÉDULA RURAL HIPOTECÁRIA. IMÓVEL DADO EM GARANTIA. BEM DE FAMÍLIA. IMPENHORABILIDADE. NÃO INCIDÊNCIA. DÍVIDA CONSTITUÍDA EM FAVOR DA ENTIDADE FAMILIAR. ART. 3º, V, DA LEI N. 8.009/90. AGRAVO DESPROVIDO. 1. O benefício conferido pela Lei n. 8.009/90 ao instituto do bem de família constitui princípio de ordem pública que não admite a renúncia pelo titular, podendo ser elidido somente se caracterizada qualquer das hipóteses previstas nos incisos do art. 3º e no *caput* do art. 4º da referida lei. 2. Segundo a regra prescrita no art. 3º, V, da Lei n. 8.009/90, sobre o imóvel dado em garantia hipotecária não incide o benefício da impenhorabilidade do bem de família no caso de dívida constituída em favor da entidade familiar. Iterativos precedentes do STJ.

7.1 A indicação do bem à penhora não implica em renúncia à proteção do Bem de Família.

A indicação de bem a ser penhorado não pode induzir que o devedor renunciou ao direito da arguição da impenhorabilidade prevista na Lei nº. 8.009/90. O procedimento de indicação de bem a penhora faz parte da fase satisfativa/executória do processo civil, e deve ser cumprida regularmente.

▶ **Jurisprudência do STJ.**

> PROCESSUAL CIVIL. EMBARGOS À EXECUÇÃO. IMPENHORABILIDADE. LEI N. 8.009/90. RENÚNCIA INCABÍVEL. PROTEÇÃO LEGAL. NORMA DE ORDEM PÚBLICA. IMPENHORÁVEIS OS BENS MÓVEIS QUE GUARNECEM A RESIDÊNCIA DOS DEVEDORES. ASSISTÊNCIA JUDICIÁRIA GRATUITA. DECLARAÇÃO DE POBREZA. RECURSO ESPECIAL PROVIDO. 1. A indicação do bem à penhora, pelo devedor na execução, não implica renúncia ao benefício conferido pela Lei n. 8.009/90, pois a instituição do bem de família constitui princípio de ordem pública, prevalente sobre a vontade manifestada. (...). REsp 875687 / RS. Ministro LUIS FELIPE SALOMÃO. Quarta Turma. DJe 22/08/2011.

8. **Da vaga de garagem com matrícula própria.**

Consolidado entendimento do STJ sobre as vagas de garagem que possuem matrícula própria no registro de imóveis não constituem bem de família para efeito de penhora. Esse é o teor da Súmula n. 449/STJ, que autoriza, portanto, a execução sobre as vagas de garagem que são consideradas independentemente das respectivas unidades autônomas em condomínio edilício ou por lotes.

▶ **Súmula – STJ.**

> Súmula 449 - A vaga de garagem que possui matrícula própria no registro de imóveis não constitui bem de família para efeito de penhora.

▶ **Jurisprudência do STJ.**

> PROCESSUAL CIVIL. AGRAVO REGIMENTAL NO RECURSO ESPECIAL. ARGUMENTOS INSUFICIENTES PARA DESCONSTITUIR A DECISÃO ATACADA. APLICAÇÃO DA SÚMULA N. 449/STJ. SÚMULA N. 83/STJ. INCIDÊNCIA. I - É pacífico o entendimento no Superior Tribunal de Justiça segundo o qual "a vaga de garagem que possui matrícula própria no registro de imóveis não constitui bem de família para efeito de penhora", nos

termos da Súmula n. 449/STJ. II - (...) III – (...) IV - Agravo Regimental improvido. AgRg no REsp 1487718 / PR. Ministra REGINA HELENA COSTA. DJe 04/08/2015.

→ **Aplicação em Concurso Público:**

- PROVA: FGV.OAB.Exame XX-Salvador.2016

  Manoel, em processo judicial, conseguiu impedir que fosse penhorado seu único imóvel, sob a alegação de que este seria bem de família. O exequente, então, pugna pela penhora da vaga de garagem de Manoel. A esse respeito, assinale a afirmativa correta:

  a) A vaga de garagem não é considerada bem de família em nenhuma hipótese; portanto, sempre pode ser penhorada

  b) A vaga de garagem que possui matrícula própria no registro de imóveis não pode ser penhorada, por ser acessória ao bem principal impenhorável

  c) A vaga de garagem só poderá ser penhorada se existir matrícula própria no Registro de Imóveis

  d) A vaga de garagem que não possui matrícula própria no registro de imóveis não constitui bem de família para efeito de penhora

  Resposta: Alternativa "c".

9. Do momento da arguição da impenhorabilidade do Bem de Família.

Por ser norma protetiva de caráter geral, a impenhorabilidade do Bem de Família pode ser arguido em qualquer fase processual, mesmo que seja no momento da arrematação. O modo de arguição também é muito abrangente, podendo ser feito através de simples petição nos autos, não carecendo de ação declaratória ou outro tipo de ação própria. Existe, porém, uma orientação jurisprudencial no sentido de que a arrematação é o limite para tal arguição, sendo inválida se feita após esse momento.

▶ **Jurisprudência do STJ.**

> AGRAVO REGIMENTAL NO AGRAVO EM RECURSO ESPECIAL. COMPROVAÇÃO DA TEMPESTIVIDADE DO RECURSO ESPECIAL EM AGRAVO REGIMENTAL. SUSPENSÃO DO EXPEDIENTE FORENSE. POSSIBILIDADE. VIOLAÇÃO DO ART. 535 DO CPC. NÃO OCORRÊNCIA. ART. 538, PARÁGRAFO ÚNICO, DO CPC. AUSÊNCIA DE CARÁTER PROTELATÓRIO. SÚMULA N. 98/STJ. BEM DE FAMÍLIA. CARACTERIZAÇÃO. SÚMULA N. 7/STJ. APELAÇÃO. PEDIDO DE DISPENSA DE CUSTAS. INDEFERIMENTO. NECESSIDADE DE INTIMAÇÃO PARA RECOLHIMENTO. DESERÇÃO AFASTADA. ALEGAÇÃO DE IMPENHORABILIDADE DE BEM DE FAMÍLIA. EMBARGOS À EXECUÇÃO. POSSIBILIDADE. (...) 6. A impenhorabilidade do bem de

família, por ser matéria de ordem pública, pode ser alegada em qualquer momento processual, inclusive em embargos à execução. AgRg no AREsp 595374 / SP. Ministro JOÃO OTÁVIO DE NORONHA. Terceira Turma. DJe 01/09/2015.

▶ **Jurisprudência do STJ.**

> PROCESSUAL CIVIL. AGRAVO REGIMENTAL NO AGRAVO EM RECURSO ESPECIAL. ALEGAÇÃO DE IMPENHORABILIDADE DE BEM DE FAMÍLIA. EXTEMPORANEIDADE. ARREMATAÇÃO CONCLUÍDA. NULIDADE DA CITAÇÃO. INEXISTÊNCIA DE TÍTULO EXECUTIVO. APRECIAÇÃO DE TODAS AS QUESTÕES RELEVANTES DA LIDE PELO TRIBUNAL DE ORIGEM. INEXISTÊNCIA DE AFRONTA AO ART. 535 DO CPC. AUSÊNCIA DE PREQUESTIONAMENTO. DECISÃO MANTIDA. (...) 4. Na espécie, o posicionamento adotado na decisão do Tribunal de origem coincide com a jurisprudência desta Corte Superior, segundo a qual a impenhorabilidade do bem de família não pode ser alegada após concluída a arrematação. AgRg no AREsp 276014 / RS. Ministro ANTONIO CARLOS FERREIRA. Quarta Turma. DJe 19/12/2014.

Art. 2º Excluem-se da impenhorabilidade os **veículos de transporte, obras de arte e adornos suntuosos.**

Parágrafo único. No caso de imóvel locado, a impenhorabilidade aplica-se aos bens móveis quitados que guarneçam a residência e que sejam de propriedade do locatário, observado o disposto neste artigo.

Art. 3º A impenhorabilidade é oponível **em qualquer processo de execução civil, fiscal, previdenciária, trabalhista** ou de outra natureza, salvo se movido:

I – em razão dos créditos de trabalhadores da própria residência e das respectivas contribuições previdenciárias; (Revogado pela Lei Complementar nº 150, de 2015)

II – pelo titular do crédito decorrente do financiamento destinado à construção ou à aquisição do imóvel, **no limite dos créditos e acréscimos constituídos em função do respectivo contrato;**

III – pelo credor de pensão alimentícia;

III – **pelo credor da pensão alimentícia**, resguardados os direitos, sobre o bem, do seu coproprietário que, com o devedor, integre união estável ou conjugal, observadas as hipóteses em que ambos responderão pela dívida; (Redação dada pela Lei nº 13.144 de 2015)

> IV – **para cobrança de impostos**, predial ou territorial, **taxas e contribuições** devidas em função do imóvel familiar;
>
> V – para execução de **hipoteca sobre o imóvel** oferecido como garantia real pelo casal ou pela entidade familiar;
>
> VI – por ter **sido adquirido com produto de crime** ou para execução de sentença penal condenatória a ressarcimento, indenização ou perdimento de bens.
>
> VII – por obrigação decorrente de **fiança concedida em contrato de locação**. (Incluído pela Lei nº 8.245, de 1991)

1. **Das exceções à impenhorabilidade do Bem de Família**

    A preocupação geral da Lei do Bem de Família é com a previsão de impenhorabilidade dos imóveis que servem de moradia para o agrupamento familiar em proteção. Entretanto, a regra geral de impenhorabilidade não é absoluta, e comporta exceções previstas na própria norma, além de outros casos com interpretação extensiva conhecida pela jurisprudência. São hipóteses em que não há justificativa plausível para a manutenção da impenhorabilidade, ou – ainda mais sintomático – casos em que existe a ponderação entre direitos de grau e importância distintos, que precisam necessariamente ser preservados, uns em detrimento de outros. É o exemplo da preponderância concedida à satisfação do direito dos alimentos em prejuízo da regra da impenhorabilidade do Bem de Família.

2. **Veículos, Obras de arte e adornos suntuosos.**

    Objetos de alto valor econômico, como veículos, telas, quadros em geral, peças de ornamentação de artes e adornos considerados de alto luxo, suntuosos e com significativo preço estão excluídos da proteção da impenhorabilidade, não sendo possível a sua arguição. A medida é salutar pra evitar que o benefício protetivo se estenda para situações de nítidas condições econômicas favoráveis.

→ **Aplicação em Concurso Público:**

- PROVA: FCC.SEGEP-MA.Procurador do Estado.2016
    João é marceneiro e reside com sua família em imóvel de sua propriedade, no qual possui equipamentos profissionais, móveis que guarnecem a residência e um veículo de transporte, e onde edificou benfeitorias diversas, incluindo voluptuárias, tudo devidamente quitado. De acordo com a Lei nº

LEI DO BEM DE FAMÍLIA | **Art. 3º**

8.009/90, se executado em razão do inadimplemento de nota promissória, João poderá se valer da impenhorabilidade do bem de família, a qual compreende:
a) apenas os móveis que guarnecem a casa
b) os móveis que guarnecem a casa e os equipamentos profissionais, bem como benfeitorias, incluindo as voluptuárias, salvo adornos suntuosos
c) os móveis que guarnecem a casa e benfeitorias, exceto as voluptuárias
d) os móveis que guarnecem a casa, o veículo de transporte e benfeitorias, exceto as voluptuárias
e) apenas as benfeitorias
Resposta: Alternativa "b".

3. Da abrangência da impenhorabilidade.

A impenhorabilidade e a regra no Bem de Família legal, sendo presumida e com efeitos retroativos, inclusive, à própria vigência da Lei de Bem de Família. A regra da impenhorabilidade somente se aplica se o imóvel tiver por função a moradia ou residência da entidade familiar, **não tendo sido admitida a arguição de "simples domicílio".** Incluem-se, grosso modo, nessa regra, os imóveis alugados que geram rendas para a própria família e os bens móveis que guarnecem o lar, como fogão, geladeira, freezer, máquina de lavar roupas, armários, estofados, jogos de jantar, máquina de lavar louça, aparelho de som, etc...

Mais modernamente é preciso ter uma interpretação extensiva para reconhecer, ainda, equipamentos de informática que guarnecem muitas das residências no país, bem como certos jogos e equipamentos eletrônicos, naturalmente incorporados ao ambiente doméstico, como babás eletrônicas, sistemas de segurança, aparelhos de ar condicionado, sensores de presença, antenas receptoras de canais de TV por assinatura, aparelhos de internet, videogames, dentre outros. Finalmente, urge deixar registrado que quando se tratar de imóvel protegido pela regra do Bem de Família localizado na zona rural, outros utensílios e bens móveis – peculiares ao ambiente rural – devem ser assim considerados.

→ **Aplicação em Concurso Público:**
- PROVA: COPESE.UFT.Pref. De Palmas-TO.Procurador Municipal.2016
Considerando o estabelecido no Código Civil, analise as afirmativas a seguir:
I. O efeito jurídico da impenhorabilidade concedido ao bem de família abrange as pertenças e os acessórios do prédio residencial urbano ou rural destinado a domicílio familiar.

337

II. O efeito jurídico da impenhorabilidade concedido ao bem de família poderá abranger valores mobiliários, cuja renda será aplicada na conservação do imóvel e no sustento da família.

III. Podem os cônjuges, ou a entidade familiar, mediante escritura pública ou testamento, destinar parte de seu patrimônio para instituir bem de família, desde que não ultrapasse metade do patrimônio líquido existente ao tempo da instituição, mantidas as regras sobre a impenhorabilidade do imóvel residencial estabelecida em lei especial.

IV. A dissolução da sociedade conjugal extingue o bem de família. Extingue-se, igualmente, o bem de família com a morte de um dos cônjuges e a maioridade dos filhos.

Indique a alternativa CORRETA
a) Somente as afirmativas I e II estão corretas
b) Somente as afirmativas III e IV estão corretas
c) Somente as afirmativas I e III estão corretas
d) Somente as afirmativas II e IV estão corretas

Resposta: Alternativa "a".

3.1 Da possibilidade de penhora parcial do imóvel de alto valor.

A posição reiterada do STJ é no sentido de que não importa o valor do bem imóvel para que este seja protegido pela regra do Bem de Família. Isso inclui imóveis de valor muito alto, e tem gerado forte repercussão social negativa, ao se arguir que a lei, nesse caso, por ser de cunho nitidamente patrimonializante, protege os "mais ricos".

Entretanto, nos casos em que é possível o desmembramento de parte ideal do imóvel, a jurisprudência vem reconhecendo a hipótese de "penhora parcial do imóvel" para bens de elevado valor.

▶ Jurisprudência do STJ.

> RECURSO ESPECIAL - CUMPRIMENTO DE SENTENÇA EM AÇÃO DE COBRANÇA POR DESPESAS DE MANUTENÇÃO E MELHORIAS DE LOTEAMENTO - PRETENSÃO DE PENHORA DO ÚNICO BEM DE PROPRIEDADE DA EXECUTADA SOB A ALEGAÇÃO DE TRATAR-SE DE IMÓVEL DE LUXO (ALTO VALOR) - TRIBUNAL A QUO QUE MANTEVE O INDEFERIMENTO DO PEDIDO DE PENHORA DA UNIDADE HABITACIONAL INDIVIDUAL ANTE O NÃO ENQUADRAMENTO NAS HIPÓTESES DE EXCEÇÃO À ALUDIDA GARANTIA (IMPENHORABILIDADE). IRRESIGNAÇÃO DO EXEQUENTE. Hipótese: (...) 2. Em virtude do princípio da especificidade "*lex specialis derogat legi generali*", prevalece a norma especial sobre a geral, motivo pelo qual, em virtude do instituto do bem de família ter sido

especificamente tratado pelo referido ordenamento normativo, é imprescindível, tal como determinado no próprio diploma regedor, interpretar o trecho constante do caput do artigo 1º "salvo nas hipóteses previstas nesta lei", de forma limitada. Por essa razão, o entendimento do STJ é pacífico no sentido de que às ressalvas à impenhorabilidade ao bem de família obrigatório, é sempre conferida interpretação literal e restritiva. Precedentes. 3. A lei não prevê qualquer restrição à garantia do imóvel como bem de família relativamente ao seu valor, tampouco estabelece regime jurídico distinto no que tange à impenhorabilidade, ou seja, os imóveis residenciais de alto padrão ou de luxo não estão excluídos, em razão do seu valor econômico, da proteção conferida aos bens de família consoante os ditames da Lei 8009/90. 4. REsp 1351571 / SP. Ministro LUIS FELIPE SALOMÃO. Quarta Turma. DJe 11/11/2016.

→ **Aplicação em Concurso Público:**
- PROVA: CONSULPLAN.TJ-MG.Titular do Serviço de Notas e Registro-Remoção. 2017
  Acerca do bem de família, assinale a alternativa correta
a) A escritura de instituição de bem de família será registrada no Livro nº 2, sendo desnecessário seu registro no Livro nº 3, Registro Auxiliar
b) Na hipótese de o casal, ou entidade familiar, ser possuidor de vários imóveis utilizados como residência, a impenhorabilidade recairá sobre o de menor valor, salvo se outro tiver sido registrado, para esse fim, no Registro de Imóveis
c) O terceiro não poderá igualmente instituir bem de família por testamento ou doação, ainda que haja aceitação expressa de ambos os cônjuges beneficiados ou da entidade familiar beneficiada
d) O bem de família consistirá em prédio residencial urbano ou rural, com suas pertenças e acessórios, destinando-se em ambos os casos a domicílio familiar, mas não poderá abranger valores mobiliários
Resposta: alternativa "b".

4. Dos créditos para construção do imóvel sobre o qual recai o Bem de Família.

A regra é bastante lógica: o imóvel somente existe, em muitos casos, em face de empréstimos ou de financiamentos que foram realizados para tal construção. Seria pouco coerente que a impenhorabilidade servisse como fundamento para a não satisfação das dívidas que deram ensejo à construção do próprio bem. Cumpre lembrar que esse crédito deve ser exercido pelo titular da dívida decorrente do financiamento para a construção, e nos limites dos créditos e acréscimos decorrentes do contrato.

5. Da penhorabilidade nos casos de crédito decorrente do financiamento destinado à construção ou à aquisição do imóvel.

Comumente o bem imóvel sobre o qual recaí o Bem de Família é adquirido ou construído a partir de financiamento realizado junto a instituição bancária. Em tais casos, a essência do negócio é a aquisição de empréstimo para a finalidade de aquisição patrimonial. Não faria sentido, portanto, tornar impenhorável, em relação a tais dívidas, o bem imóvel dessa forma adquirido, sob pena de se "blindar" os imóveis frutos de financiamento de eventuais execuções sobre o não pagamento desses valores às instituições bancárias. Imaginar o sentido contrário seria deturpar completamente a lógica das instituições financeiras que se prestam a oferecer tais financiamentos.

De igual modo, é plenamente possível que a exceção à impenhorabilidade prevista no artigo 3º, II, da Lei n. 8.009/90 também inclua o imóvel objeto do contrato de promessa de compra e venda inadimplido.

▶ **Jurisprudência do STJ.**

> PROCESSO CIVIL E CIVIL. BEM DE FAMÍLIA. CARACTERIZAÇÃO. VALOR DO IMÓVEL. IRRELEVÂNCIA. PENHORABILIDADE. DÍVIDA ORIUNDA DE NEGÓCIO ENVOLVENDO O PRÓPRIO IMÓVEL. CABIMENTO. EXEGESE SISTEMÁTICA DA LEI Nº 8.009/90. DISPOSITIVOS LEGAIS ANALISADOS: ARTS. 1º E 3º, II, DA LEI Nº 8.009/90. (...) 3. Os imóveis residenciais de alto padrão ou de luxo não estão excluídos, em razão do seu valor econômico, da proteção conferida aos bens de família pela Lei nº 8.009/90. Precedentes. (...) **5. A regra do art. 3º, II, da Lei nº 8.009/90, se estende também aos casos em que o proprietário firma contrato de promessa de compra e venda do imóvel e, após receber parte do preço ajustado, se recusa a adimplir com as obrigações avençadas ou a restituir o numerário recebido, e não possui outro bem passível de assegurar o juízo da execução.** 6. Recurso especial provido.

6. Pelo credor de pensão alimentícia.

O crédito de pensão alimentícia é considerado, formalmente, de maior impacto e relevo que a proteção do direito à moradia. Por essa razão, o bem de imóvel que serve de residência para a família poderá ser penhorado para execução e satisfação de dívida de alimentos, não prevalecendo, nessa hipótese, a regra protetiva especial.

LEI DO BEM DE FAMÍLIA Art. 3º

6.1 Da irrelevância da origem a pensão alimentícia para fins de impenhorabilidade.

A exceção trazida pelo Art. 3º, III da Lei do Bem de Família independe da natureza dos alimentos devidos. Ou seja, tanto faz se são alimentos decorrentes de relações de família ou alimentos decorrentes de atos ilícitos (alimentos indenizatórios). Em ambos os casos, a presente exceção será possível de ser arguida. Dito de outra forma: mesmo nos casos de pensão alimentícia decorrente de ato ilícito, é possível a penhora do imóvel que seria protegido como Bem de Família, a fim de satisfazer a dívida. A matéria tem precedentes firmados no STJ.

→ **Aplicação em Concurso Público:**
- FCC.TST.Juiz do Trabalho Substituto.2017
  Orgão: TST - Tribunal Superior do Trabalho
  Cargo: Juiz do Trabalho | Carreira: Magistratura do Trabalho | Ano: 2017
  A Lei nº 8.009/1990 estabelece, em seu art. 1º, que o imóvel residencial próprio do casal, ou da entidade familiar, é impenhorável e não responderá por qualquer tipo de dívida civil, comercial, fiscal, previdenciária ou de outra natureza, contraída pelos cônjuges ou pelos pais ou filhos que sejam seus proprietários e nele residam, salvo nas hipóteses previstas nessa lei. À luz do referido artigo, considere:
  I. O STJ admite que faz jus aos benefícios da Lei no 8.009/1990 o devedor que, mesmo não residindo no único imóvel que lhe pertence, utiliza o valor obtido com a locação desse bem como complemento da renda familiar.
  II. Segundo entendimento firme do STF, é inconstitucional a regra que prevê a possibilidade de penhora do bem de família do fiador em locações urbanas, tendo em vista o princípio isonômico e o respeito à moradia do fiador como direito fundamental.
  III. Segundo orientação firme do STJ, o conceito de impenhorabilidade de bem de família abrange também o imóvel pertencente a pessoas solteiras, separadas e viúvas.
  IV. Segundo previsto em lei, pode ser penhorado o bem de família do empregador em razão dos créditos de trabalhadores da própria residência e das respectivas contribuições previdenciárias.
  Está correto o que se afirma APENAS em
  A) I e II
  B) I e III
  C) I e IV
  D) II e III
  E) III e IV

▶ **Jurisprudência do STJ.**

> AGRAVO REGIMENTAL NO AGRAVO EM RECURSO ESPECIAL. AÇÃO DE INDENIZAÇÃO POR ACIDENTE DE VEÍCULO. IMPUGNAÇÃO À PENHORA. PRESTAÇÃO ALIMENTÍCIA. EXCEÇÃO À PROTEÇÃO AO BEM DE FAMÍLIA. CABIMENTO. AGRAVO REGIMENTAL A QUE SE NEGA PROVIMENTO. 1 (...) 2. **A jurisprudência deste Sodalício ao interpretar o artigo 3º, inciso III, da Lei 8.009/90, assevera a irrelevância da origem da obrigação alimentícia, não importando se decorre de relação familiar ou se é proveniente de indenização por ato ilícito.** 3. Ao repisar os fundamentos do recurso especial, a parte agravante não trouxe, nas razões do agravo regimental, argumentos aptos a modificar a decisão agravada, que deve ser mantida por seus próprios e jurídicos fundamentos. 4. Agravo regimental a que se nega provimento. AgRg no AREsp 516272 / SP. Ministro LUIS FELIPE SALOMÃO. Quarta Turma. DJe 13/06/2014.

▶ **Jurisprudência do STJ.**

> AGRAVO REGIMENTAL NO RECURSO ESPECIAL. CIVIL E PROCESSO CIVIL. EMBARGOS DE DEVEDOR. EXECUÇÃO DE SENTENÇA. IMPENHORABILIDADE. **A EXCEÇÃO DO INCISO III DO ART. 3º DA LEI 8.009/90 APLICA-SE AOS ALIMENTOS DECORRENTES DE ATO ILÍCITO.** SÚMULA 83/ STJ. PRECEDENTES DESTA CORTE. AGRAVO DESPROVIDO. AgRg no REsp 1210101 / SP. Ministro PAULO DE TARSO SANSEVERINO. Terceira Turma. DJe 26/09/2012.

6.2 Da inclusão da regra de proteção de meação pela Lei nº. 13.144/2015.

A Lei nº. 13.144/2015 aplicou alteração no texto do referido inciso III do Art. 3ª da lei em comento, uma vez que incorporou a expressa ressalva da meação no cômputo do patrimônio a ser penhorado. A regra é um tanto quanto óbvia, pois a meação já precisaria estar sendo devidamente resguardada por disposição expressa do Direito de Família. A penhora, portanto, só pode ser oponível em relação aos bens exclusivos do devedor, resguardados os direitos, sobre o bem, do seu coproprietário que, com o devedor, integre união estável ou conjugal. Nas hipóteses em que ambos responderão pela dívida, haverá possibilidade de penhora do bem na integralidade.

▶ **Doutrina:**

> "Frise-se: a mudança não tornou impenhorável o imóvel do devedor de alimentos em sendo este meeiro (casamento ou união), mas apenas

disse o óbvio: a penhora só recai sobre a meação do devedor, preservando-se a meação do cônjuge ou companheiro. Contudo, o cônjuge ou companheiro não devedor dos alimentos sofrerá os efeitos da execução do bem imóvel indivisível e como garantia da meação receberá, em dinheiro, 50% do valor pago pelo arrematante. A redação dada ao dispositivo é: "resguardados os direitos" do meeiro. A mudança não torna o bem impenhorável. A interpretação pela qual, sendo o imóvel bem comum, integrando a meação do cônjuge ou companheiro, seria este impenhorável, coloca em risco o sustento do credor e não se coaduna com uma ponderação entre o direito à moradia (do devedor e de seu cônjuge ou companheiro) e o direito à subsistência (do credor dos alimentos)."[37]

7. **Não aplicação da impenhorabilidade ao bem imóvel que tenha sido adquirido com produto de crime ou para execução de sentença penal condenatória a ressarcimento, indenização ou perdimento de bens.**

Segundo **Carlos Roberto Gonçalves**, a hipótese trata da indenização decorrente da prática de ilícito penal, exigindo expressamente "sentença penal condenatória". Na primeira parte do inciso VI do Art. 3º, caso o Bem de Família tenha sido adquirido com produto do crime, o mesmo responde em sua totalidade, dada a origem criminosa dos valores despendidos em sua aquisição. Lado outro, se se tratar apenas de execução de sentença penal condenatória a ressarcimento ou indenização devida por um dos membros da entidade familiar, por ela somente responde a sua parte ideal, já que os demais não participaram da prática do ato delituoso. O perdimento de bens, da mesma forma, somente atingirá a parte ideal do condenado criminalmente.[38]

▶ **Jurisprudência do STJ.**

> PROCESSO CIVIL. DIREITO CIVIL. RECURSO ESPECIAL. ACIDENTE DE TRÂNSITO. EXECUÇÃO DE TÍTULO EXECUTIVO JUDICIAL CIVIL DECORRENTE DA PRÁTICA DE ATO ILÍCITO. COEXISTÊNCIA COM SENTENÇA PENAL CONDENATÓRIA COM O MESMO FUNDAMENTO DE FATO. PENHORA DE BEM DE FAMÍLIA. APLICAÇÃO DA LEI n. 8.009/1990. EXCEÇÕES PREVISTAS NO ART. 3º. IMPOSSIBILIDADE DE ANÁLISE DE VIOLAÇÃO AOS DISPOSITIVOS

---

37. Simão, José Fernando. *Duas importantes alterações a respeito do bem de família legal.* Disponível em: http://www.cartaforense.com.br/conteudo/colunas/duas-importantes-alteracoes-a-respeito-do-bem-de-familia-legal---parte-2/15752
38. GONÇALVES, Carlos Roberto. Direito de Família. São Paulo. Saraiva, 2015, p. 600.

CONSTITUCIONAIS. COMPETÊNCIA DO STF. VIOLAÇÃO DO ART. 535 DO CPC NÃO CONFIGURADA. (...) **4. De fato, o caráter protetivo da Lei n. 8.009/1990 impõe sejam as exceções nela previstas interpretadas estritamente. Nesse sentido, a ressalva contida no inciso VI do seu artigo 3º encarta a execução de sentença penal condenatória - ação civil *ex delicto* -; não alcançando a sentença cível de indenização, salvo se, verificada a coexistência dos dois tipos, for-lhes comum o fundamento de fato**, exatamente o que ocorre nestes autos. Precedente. 5. Recurso especial não provido.

8. **Não incidência da impenhorabilidade nas hipóteses de cobrança de impostos, predial ou territorial, taxas de condomínio e contribuições devidas em função do imóvel familiar.**

Tais dívidas são consideradas de natureza *propter rem* ou ambulatórias, isto é, vinculadas diretamente ao próprio bem imóvel. Tem a norma sustentação na noção de que o bem em essência não pode servir para deixar de se pagar dívidas dele próprio decorrentes. De grande utilização prática, tal regra inclui as taxas de condomínio. A matéria foi analisada e decidida pelo STF:

▶ **Jurisprudência do STF.**

> EMENTA: RECURSO EXTRAORDINÁRIO. BEM DE FAMÍLIA. PENHORA. DECORRÊNCIA DE DESPESAS CONDOMINIAIS. 1. A relação condominial é, tipicamente, relação de comunhão de escopo. O pagamento da contribuição condominial [obrigação "propter rem"] é essencial à conservação da propriedade, vale dizer, à garantia da subsistência individual e familiar --- a dignidade da pessoa humana. 2. Não há razão para, no caso, cogitar-se de impenhorabilidade. 3. Recurso extraordinário a que se nega provimento. RE 439.003/SP. Rel. Min. Eros Grau. J. 06/02/2007.

→ **Aplicação em Concurso Público:**

- PROVA: CESPE | Cebraspe. TJ-RJ. Juiz Substituto. 2017
Pedro alugou um imóvel pertencente a Maria. Os fiadores, João e Mateus, não renunciaram ao benefício de ordem nem optaram expressamente pelo benefício da divisão. Diante da ausência de pagamento de Pedro, Maria ajuizou ação de despejo cumulada com cobrança de alugueres vencidos e vincendos. Julgado procedente o pedido, na fase de execução do julgado, ante a ausência de bens de Pedro e João, foi penhorado imóvel de Mateus, o qual argumentou que o bem era destinado à sua residência com os filhos

LEI DO BEM DE FAMÍLIA

menores. Considerando essa situação hipotética à luz da legislação aplicável ao caso e da jurisprudência do STJ, assinale a opção correta:
a) É reconhecido benefício de ordem em favor de João, ainda que Pedro seja insolvente
b) Um dos pressupostos para o conhecimento de ações semelhantes à impetrada por Maria é a demonstração de atraso de, no mínimo, três meses no pagamento do aluguel
c) Mateus poderia alegar o benefício da divisão e exigir de João a parte que lhe cabe no pagamento
d) A penhora realizada sobre o bem de família de Mateus foi legítima.
Resposta: alternativa "d".

→ **Aplicação em Concurso Público:**

- *PROVA: FCC.Pref. de Campinas-SP.Procurador.2016*
  Carlos alugou, tendo como fiador Paulo, imóvel residencial pertencente a Fábio, deixando de honrar o pagamento dos aluguéis. Em razão do inadimplemento, Fábio ajuizou ação contra ambos, Carlos e Paulo, a qual foi julgada procedente. Na fase de cumprimento de sentença, Fábio requereu a penhora do único imóvel residencial de Paulo, no qual reside com sua família. Requereu também a penhora do único imóvel residencial de Carlos, o qual este alugou a terceiros para obtenção de renda necessária à moradia e subsistência de sua família. De acordo com jurisprudência dominante do Superior Tribunal de Justiça, é:
  a) inválida a penhora de ambos os imóveis, devendo recair sobre a renda do bem de Carlos, em sua totalidade
  b) inválida a penhora do bem de Paulo e válida a do bem de Carlo
  c) válida a penhora de ambos os imóveis
  d) inválida a penhora de ambos os imóveis, não podendo recair nem sequer sobre a renda do bem de Carlos
  e) válida a penhora do bem de Paulo e inválida a do bem de Carlos
  Resposta: Alternativa "e".

9. **Possibilidade de execução de hipoteca sobre o imóvel oferecido como garantia real pelo casal ou pela entidade familiar.**

Trata-se, nesse caso, de aplicação do princípio da boa-fé. Se a entidade familiar dá o bem em garantia de dívida, decerto, a decisão foi devidamente refletida e pensada. Nesse caso, não há outro caminho interpretativo que não seja o da "renúncia ao direito da impenhorabilidade". Assim, se uma vez dado o bem em garantia, posteriormente, na fase de execução, se argui pela impenhorabilidade, há comportamento contraditório, não tolerado pela regra gera da proibição do *"venire contra factum proprium".*

▶ **Jurisprudência do STJ.**

> CIVIL. DIREITO REAL DE GARANTIA. HIPOTECA. VALIDADE. AVERBAÇÃO NO CARTÓRIO DE REGISTRO DE IMÓVEIS. NÃO OCORRÊNCIA. BEM DE FAMÍLIA. EXCEÇÃO À REGRA DA IMPENHORABILIDADE. HIPÓTESE CONFIGURADA. (...) . 3. A ausência de registro da hipoteca não afasta a exceção à regra de impenhorabilidade prevista no art. 3º, V, da Lei n. 8.009/90; portanto, não gera a nulidade da penhora incidente sobre o bem de família ofertado pelos proprietários como garantia de contrato de compra e venda por eles descumprido. 4. Recurso especial provido. REsp 1455554 / RN. Ministro JOÃO OTÁVIO DE NORONHA. Terceira Turma. DJe 16/06/2016.

→ **Aplicação em Concurso Público. Questão discursiva.**

- *PROVA: MPE-SP.MPE-SP.Promotor Estadual.2015 - Discursiva*
  Encerrado o pedido de alvará para a alienação de bem de menor com o depósito judicial do produto obtido com a venda, Aldo e Lia, pais de Rita e Luiz, seus únicos filhos, requereram ao Juízo, no mesmo feito, o levantamento dessa verba, oferecendo em substituição exclusivo imóvel de sua propriedade, local de residência da família, cujo valor, segundo afirmaram, superaria em muito o crédito dos incapazes. O MM. Juiz determinou vista ao Ministério Público. Tendo em conta o princípio da eventualidade, como você opinaria nesse caso? Articule suas razões exclusivamente com base no direito material.

10. A complexa questão da penhorabilidade do bem de família do fiador em contrato de locação.

Provavelmente, nenhum tema gerou tanta discussão doutrinária e jurisprudencial acerca do Bem de Família quanto a possibilidade (ou não) de penhora do imóvel de residência da família do fiador em contrato de locação.

A questão é, de fato, complexa. Cumpre recordar que a Emenda Constitucional nº. 26 de 14 de fevereiro de 2000 incluiu a moradia como um direito social. Entretanto, a Lei do Bem de Família, no Art. 3º, VII excepciona a previsão constitucional ao autorizar a penhora do bem de família do fiador em caso de não pagamento do aluguel decorrente de contrato de locação ao qual o fiador era vinculado para garantir a satisfação da dívida. Dito de outra forma, passou a haver situação esdrúxula: o imóvel – Bem de Família - do locatário devedor não poderia ser penhorado, mas o imóvel – Bem de Família - do fiador da locação poderia ser penhorado.

Forte corrente doutrinária baseada no Direito Civil Constitucional desautoriza tal interpretação legal, recomendando a inconstitucionalidade da norma, por tratar os iguais de modo desigual. Essa, entretanto, não é a posição dominante na jurisprudência. Em julgamento de 2006, o STF validou e reconheceu como sendo constitucional o inciso VII do Art. 3º da Lei nº. 8009/1990, mesma posição adotada pelo STJ, que vai mais além, e amplia a eficácia da norma para contratos de locação com fiador realizados antes da entrada em vigor da Lei de Locações – Lei nº. 8.245/91.

▶ **Súmula – STJ.**

> Súmula 549: É válida a penhora de bem de família pertencente a fiador de contrato de locação.

▶ **Jurisprudência do STF.**

> FIADOR. Locação. Ação de despejo. Sentença de procedência. Execução. Responsabilidade solidária pelos débitos do afiançado. Penhora de seu imóvel residencial. Bem de família. Admissibilidade. Inexistência de afronta ao direito de moradia, previsto no art. 6º da CF. Constitucionalidade do art. 3º, inc. VII, da Lei nº 8.009/90, com a redação da Lei nº 8.245/91. Recurso extraordinário desprovido. Votos vencidos. A penhorabilidade do bem de família do fiador do contrato de locação, objeto do art. 3º, inc. VII, da Lei nº 8.009, de 23 de março de 1990, com a redação da Lei nº 8.245, de 15 de outubro de 1991, não ofende o art. 6º da Constituição da República. RE 407688/SP. Rel. Min. Cézar Peluso. J. 08/02/2006.

▶ **Jurisprudência do STJ.**

> LOCAÇÃO. FIANÇA. PRORROGAÇÃO DO CONTRATO. CLÁUSULA QUE PREVÊ A OBRIGAÇÃO ATÉ A ENTREGA DAS CHAVES. EXONERAÇÃO DO FIADOR. IMPOSSIBILIDADE. ENTENDIMENTO CONSOLIDADO A PARTIR DO JULGAMENTO DO ERESP N.º 566.633/CE. FIADOR. BEM DE FAMÍLIA. PENHORA. POSSIBILIDADE. NOVAÇÃO NÃO CONFIGURADA. (...) 2. <u>É válida a penhora do bem destinado à família do fiador em razão da obrigação decorrente de pacto locatício, aplicando-se, também, aos contratos firmados antes da sua vigência. Precedentes desta Corte e do Supremo Tribunal Federal.</u> AgRg no REsp 876938 / SP. Ministra LAURITA VAZ. DJe 03/11/2008.

▶ **Jurisprudência do STJ.**

> AGRAVO REGIMENTAL NO RECURSO ESPECIAL. LOCAÇÃO. FIANÇA. PENHORABILIDADE DO BEM DE FAMÍLIA DO FIADOR. POSSIBILIDADE. PRECEDENTES. FALTA DE IMPUGNAÇÃO A FUNDAMENTO DA DECISÃO AGRAVADA. ORIENTAÇÃO DA SÚMULA 182/STJ. APLICAÇÃO. (...) 2. <u>Esta Corte Superior de Justiça, acompanhando o entendimento do Excelso Pretório, firmado no julgamento do Recurso Extraordinário nº 407.688/SP, passou a adotar a compreensão segundo a qual, mesmo após a edição da Emenda Constitucional nº 26/2000, é legítima a penhora sobre bem de família de fiador de contrato de locação, a teor do inc. VII do art. 3º da Lei nº 8.009/90, acrescentado pelo art. 82 da Lei nº 8.245/91, inclusive para os pactos anteriores à vigência desse diploma legal.</u> Precedentes. 3. Agravo regimental a que se nega provimento.

→ **Aplicação em Concurso Público:**

- PROVA: FMP Concursos.MPE-RO.Promotor de Justiça Substituto.2017
  Em relação ao chamado bem de família legal, assinale a alternativa CORRETA:
  a) São impenhoráveis os veículos de transporte, obras de arte e adornos suntuosos
  b) Em se tratando de imóvel locado, a impenhorabilidade não se aplica aos bens móveis quitados que guarneçam a residência e que sejam de propriedade do locatário
  c) A impenhorabilidade é oponível para o caso de cobrança de impostos, predial ou territorial, taxas e contribuições devidas em função do imóvel familiar
  d) A impenhorabilidade não é oponível para execução de hipoteca sobre o imóvel oferecido como garantia real pelo casal ou pela entidade familiar
  e) A impenhorabilidade é oponível na hipótese de o bem ter sido adquirido com produto de crime ou para execução de sentença penal condenatória a ressarcimento, indenização ou perdimento de bens
  Resposta: alternativa "d".

Art. 4º Não se beneficiará do disposto nesta lei aquele que, sabendo-se insolvente, adquire de má-fé imóvel mais valioso para transferir a residência familiar, desfazendo-se ou não da moradia antiga.

§ 1º Neste caso, poderá o juiz, na respectiva ação do credor, transferir a impenhorabilidade para a moradia familiar anterior, ou anular-lhe a venda, liberando a mais valiosa para execução ou concurso, conforme a hipótese.

LEI DO BEM DE FAMÍLIA   **Art. 4º**

§ 2º Quando a residência familiar constituir-se em imóvel rural, a impenhorabilidade restringir-se-á à sede de moradia, com os respectivos bens móveis, e, nos casos do art. 5º, inciso XXVI, da Constituição, à área limitada como pequena propriedade rural.

1. **Da fraude na constituição do Bem de Família Legal.**

A constituição do Bem de Família Legal e automática, e tem como responsável por sua designação o próprio Estado, na perspectiva de se proteger o local de moradia da família. Tal proteção, de caráter universalizante (porque alcança a todos os arranjos familiares que sejam proprietários de imóveis) e abstrato (porque não faz distinção entre imóveis e quiser natureza) não pode servir para o estímulo a fraudes ou subterfúgios e ordem econômica e patrimonial.

Caso reste configurada a clara opção do (a) responsável pela família para a aquisição de bem imóvel de valor mais alto a fim de deixar de satisfazer o pagamento das suas dívidas, não deve prevalecer o benefício da impenhorabilidade. Ou seja, a má-fé não pode ser utilizada em benefício do próprio devedor.

Ressalta a lei que, para configurar tal hipótese, deve o responsável pela família ter conhecimento (o que será eventualmente provado em demanda judicial) da sua insolvência, e dessa forma, caracterizar a utilização do Bem de Família para escapar da execução ou concurso e credores.

2. **Da anulação da venda ou da transferência da impenhorabilidade.**

Configurada a fraude, nos termos acima expostos, e tendo o credor que se sentir prejudicado ingressado com Ação Judicial para ver resguardados seus direitos de pagamento, poderá requer ao magistrado da causa, alternativamente: *a)* transferir a impenhorabilidade para a moradia familiar anterior; ou *b)* anular a venda, liberando a mais valiosa para execução ou concurso.

No caso de transmissao da Impenhorabilidade, significa que mesmo havendo aquisição de bem imóvel de valor mais alto que o anterior, com nítido propósito fraudulento, o magistrado poderá tornar a nova morada penhorável por decisão judicial, enquanto a morada mais antiga, de valor mais baixo, continuará impenhorável, como se não tivesse ocorrido negociação para mudança de residência.

Na hipótese de anulação da venda, caso ainda mais grave, posto que interferirá no plano de validade de negócio jurídico, de maneira que o bem continue sendo objeto de penhora, e que as dívidas sejam devidamente quitadas.

3. Da residência familiar em imóvel rural.

Antes da edição da Lei do Bem de Família, havia divergência doutrinária sobre a possibilidade de aplicação da norma protetiva ao patrimônio especial nos casos de a moradia se localizar na zona rural. Havia, é fato, uma certa preferência interpretativa para a aplicação das regras exclusivamente para imóveis localizados em zonas urbanas. A redação da Lei nº. 8009/90 superou tal divergência e deixou claro ser possível o reconhecimento da impenhorabilidade também em imóveis rurais. Outra questão, então, passou a ser analisada: qual o limite da impenhorabilidade nos casos de imóveis rurais, haja vista que, muitas vezes, tais imóveis se configuram em bens de grandes proporções, como fazendas, lotes, sítios, chácaras, ranchos e etc.

Restou determinado, então, que nas situações em que a residência familiar constituir-se em imóvel rural, a impenhorabilidade restringir-se-á à sede de moradia, com os respectivos bens móveis que a guarnecem. Evita-se, assim, que enormes propriedades rurais se tornem "intocáveis". Procurou o legislador um equilíbrio entre o que ficou previsto para os imóveis urbanos e os imóveis rurais.

Identicamente, nos casos do Art. 5º, inciso XXVI, da CF/88, a área limitada como pequena propriedade rural é protegida constitucionalmente como um dos direitos e garantias fundamentais, voltada para aqueles que residem na zona rural e dali retiram seu sustento. Assim, tem-se que:

> CF/88. Art. 5º Todos são iguais perante a lei, sem distinção de qualquer natureza, garantindo-se aos brasileiros e aos estrangeiros residentes no País a inviolabilidade do direito à vida, à liberdade, à igualdade, à segurança e à propriedade, nos termos seguintes:
>
> XXVI - a pequena propriedade rural, assim definida em lei, desde que trabalhada pela família, não será objeto de penhora para pagamento de débitos decorrentes de sua atividade produtiva, dispondo a lei sobre os meios de financiar o seu desenvolvimento;

A norma é de cunho claramente protetivo, pois insculpida no cotejo das garantias constitucionais mais especiais. Há, ainda, forte discordância doutrinária no âmbito do Direito Constitucional sobre qual a delimitação exata do que se chamou de "pequena propriedade rural". Nesse sentido, temos, em comentário **Eugênio Facchini Neto** sobre o Art. 5º, XXVI da CF/88:

> "Dispõe a norma em comento que "a pequena propriedade rural, assim definida em lei, desde que trabalhada pela família, não será objeto de penhora para pagamento de débitos decorrentes de sua atividade produtiva, dispondo a lei sobre os meios de financiar o seu desenvolvimento". Aparentemente, a norma teria relevância meramente processual, estabelecendo mais um caso de impenhorabilidade. Todavia, um exame mais atento revela algumas conexões importantes, permitindo algumas conclusões relevantes. A norma foi inserida no rol dos direitos e garantias fundamentais do art. 5º – um dos mais importantes artigos de nossa Carta Maior. (...) A ideia de módulo rural – referida no CPC – estava, pois, diretamente vinculada à ideia de propriedade familiar. Sua dimensão variava conforme a região e o tipo de exploração nela predominante (módulo regional), o que permitia que cada propriedade rural, conforme sua localização e a composição das explorações agropecuárias nela existentes, tivesse o seu módulo do imóvel. Decretos e Instruções Especiais do Incra estabelecem as várias dimensões do módulo, conforme as regiões típicas que foram identificadas (nove regiões) e os diversos tipos de exploração (pecuária de grande, médio e pequeno porte, lavoura permanente e temporária, florestal, exploração hortifrutigranjeira, etc.)".[39]

E segue o renomado autor, agora tratando especificamente da regra relativa à Lei do Bem de Família:

> "Um outro fator de perturbação na definição da área impenhorável resultou da edição da Lei 8.009/90, que dispôs sobre a impenhorabilidade do bem de família. Seu art. 4º, § 2º, dispunha que "quando a residência familiar constituir-se em imóvel rural, a impenhorabilidade restringir-se-á à sede de moradia, com os respectivos bens móveis, e, nos casos do art. 5º, inciso XXVI, da Constituição, à área limitada como pequena propriedade rural". Tal dispositivo, em confusa redação, igualmente não fornece parâmetros adequados e suficientes para sua aplicação."[40]

→ **Aplicação em Concurso Público:**
- PROVA: CESGRANRIO.BACEN.Analista do Banco Central.2010

---

39. NETO, Eugênio Facchini. Comentário ao artigo 5º, XXVI .In: CANOTILHO, J. J. Gomes; MENDES, Gilmar F.; SARLET, Ingo W.; STRECK, Lenio L. (Coords.). Comentários à Constituição do Brasil. São Paulo:Saraiva/Almedina, 2013. p. 753-762 (epub).
40. NETO, Eugênio Facchini. Comentário ao artigo 5º, XXVI .In: CANOTILHO, J. J. Gomes; MENDES, Gilmar F.; SARLET, Ingo W.; STRECK, Lenio L. (Coords.). Comentários à Constituição do Brasil. São Paulo:Saraiva/Almedina, 2013. p. 753-762 (epub).

Art. 5º LEIS CIVIS ESPECIAIS NO DIREITO DE FAMÍLIA – *Dimitre Braga Soares de Carvalho*

Lúcio, servidor do Banco Central, inicia atividade fiscalizatória na instituição financeira Dev e Div S/A, deparando-se com documento em que Caio, empresário, estabeleceu, como bem de família, nos termos da lei civil, imóvel situado na zona rural de Jaboatão dos Guararapes/PE, no valor de R$ 1.000.000,00 e que, na época, correspondia a dez por cento do seu patrimônio pessoal total. Para fazer face às despesas do imóvel, instituiu também ações da empresa WYK, com cotação no mercado nacional, e que valiam, à época, R$ 100.000,00. Foi estabelecido que os dividendos integrariam o valor a ser aplicado na manutenção do imóvel. A instituição financeira Dev e Div foi escolhida por Caio para administrar os valores mobiliários e destiná-los aos seus herdeiros, no momento próprio. Houve o necessário registro no ofício imobiliário próprio, bem como nos registros atinentes aos valores mobiliários. Diante das regras aplicáveis ao bem de família, afirma-se que

a) os valores mobiliários sob a guarda de instituição financeira estão a salvo de qualquer liquidação.
b) o bem de família permite a execução em relação a dívidas civis posteriores à sua instituição.
c) o percentual de dez por cento do valor do bem extrapola a autorização legal.
d) não há necessidade de registrar o bem de família, segundo as regras do Código Civil.
e) imóvel rural não pode ser instituído como bem de família.

Resp. alternativa "a".

Art. 5º Para os efeitos de impenhorabilidade, de que trata esta lei, considera-se residência um único imóvel utilizado pelo casal ou pela entidade familiar para moradia permanente.

Parágrafo único. Na hipótese de o casal, ou entidade familiar, ser possuidor de vários imóveis utilizados como residência, a impenhorabilidade recairá sobre o de menor valor, salvo se outro tiver sido registrado, para esse fim, no Registro de Imóveis e na forma do art. 70 do Código Civil.

---

1. Da aplicação da regra da impenhorabilidade na hipótese de haver mais de um imóvel em nome da família.

A previsão de proteção do Bem de Família é restrita a um único bem imóvel utilizado para moradia familiar. Caso haja mais de um imóvel, haverá plana possibilidade de utilização dos demais bens para fins de satisfação da penhora. Proibição em sentido contrário seria nítida hipótese de descumprimento de ordem executiva, prevista na legislação.

Assim, no caso de mais de um imóvel estar registrado em nome da família a ser protegida pelo benefício do patrimônio especial do Bem de Família, deve ser utilizado o de menor valor para proteção da impenhorabilidade, sendo os demais passíveis de execução, a fim de quitar as dívidas em aberto pelo devedor.

A título de exceção ao critério do menor valor, a própria legislação especial faz restrição à possibilidade de indicação de Bem de Família pelo registro do imóvel em título próprio no Cartório de Registro de Imóveis. Trata-se, nesse caso, do Bem de Família Voluntário, anteriormente previsto no Art. 70 do Código Civil de 1916, e que passou a ser regido pelos Arts. 1711 a 1722 no Código Civil de 2002.

A matéria gera forte polêmica doutrinária, na medida em que a inclusão de determinado bem de maior valor na condição de Bem de Família Voluntário ocasionaria, em eventual execução, situação de desproporção caso os bens imóveis disponíveis tenham valores muito distintos. É o caso, por exemplo, de determinado cidadão, que possuindo duas casas, sendo uma delas muito mais valiosa que a outra, institui no Cartório de Registro de Imóveis da sua localidade a residência de valor muito superior como sendo impenhorável, dificultando a satisfação da dívida para seus credores, que terão que se "contentar" com a penhora do imóvel de valor reduzido.

Nosso posicionamento é no sentido de que, caso haja uma real desproporção entre os valores dos bens em questão, sobretudo quando o bem incluído através de registro público (Bem de Família Voluntário) tiver valor sensivelmente maior que o (s) outro (s) disponíveis para penhora, deve ser autorizada a penhora do bem imóvel de valor significativamente mais elevado, a fim de preservar a segurança jurídica e o respeito aos direitos dos credores. O Bem de Família não pode se revestir em instrumento apto ao descrédito do Poder Judiciário ou flagrante não pagamento dos valores devidos.

→ **Aplicação em Concurso Público:**
- PROVA: TRT-2,TRT-2.Juiz do Trabalho Substituto.2016
  Considerando-se o disposto no Código Civil, quanto ao bem de família, é INCORRETO afirmar que:
a) Comprovada a impossibilidade da manutenção do bem de família nas condições em que foi instituído, poderá o juiz, a requerimento dos interessados, extingui-lo ou autorizar a sub-rogação dos bens que o constituem em outros, ouvidos o instituidor e o Ministério Público
b) Não havendo disposição em contrário do ato de instituição, a administração do bem de família compete a ambos os cônjuges, resolvendo o juiz em caso de divergência

c) No caso de falecimento de ambos os cônjuges, a administração do bem de família instituído nos termos do Código Civil, passará ao filho mais velho, se for maior, e, do contrário, a seu tutor
d) A dissolução da sociedade conjugal extingue o bem de família
e) Extingue-se o bem de família com a morte de ambos os cônjuges e a maioridade dos filhos, desde que não sujeitos a curatela
Resposta: Alternativa "d".

> **Art. 6º** São canceladas as execuções suspensas pela Medida Provisória nº 143, de 8 de março de 1990, que deu origem a esta lei.
>
> **Art. 7º Esta lei entra em vigor na data de sua publicação.**
>
> **Art. 8º Revogam-se as disposições em contrário.**
>
> Senado Federal, 29 de março de 1990; 169º da Independência e 102º da República.
>
> NELSON CARNEIRO

▶ **Jurisprudência em Tese – STJ – Bem de Família.**

Trata-se de mecanismo de busca e pesquisa de Jurisprudência desenvolvido pelo Superior Tribunal de Justiça – STJ, com o objetivo de simplificar o acesso aos posicionamentos consolidados por aquela Corte. Abaixo de cada "tese", estão relacionados os Acórdãos de Referência e as Decisões Monocráticas que dão substrato à formação dos posicionamentos do STJ, juntamente com a informação sobre o Ministro Relator de cada processo, a data de julgamento e a sua data de publicação.

1) A impenhorabilidade do bem de família prevista no art. 3º, III, da Lei n. 8.009/90 não pode ser oposta ao credor de pensão alimentícia decorrente de vínculo familiar ou de ato ilícito.

→ **Acórdãos**

AgRg no AREsp 516272/SP, Rel. Ministro LUIS FELIPE SALOMÃO, QUARTA TURMA, Julgado em 03/06/2014, DJE 13/06/2014 AgRg no REsp 1210101/SP, Rel. Ministro PAULO DE TARSO SANSEVERINO, TERCEIRA TURMA, Julgado em 20/09/2012, DJE 26/09/2012 REsp 1186225/RS, Rel. Ministro MASSAMI UYEDA, TERCEIRA TURMA, Julgado em 04/09/2012, DJE 13/09/2012 EREsp 679456/SP, Rel. Ministro SIDNEI BENETI, SEGUNDA SEÇÃO, Julgado em 08/06/2011, DJE 16/06/2011

2) **Os integrantes da entidade familiar residentes no imóvel protegido pela Lei n. 8.009/90 possuem legitimidade para se insurgirem contra a penhora do bem de família.**

→ Acórdãos

EDcl no REsp 1084059/SP, Rel. Ministra MARIA ISABEL GALLOTTI, QUARTA TURMA, Julgado em 11/04/2013, DJE 23/04/2013 AgRg no Ag 1249531/DF, Rel. Ministro SIDNEI BENETI, TERCEIRA TURMA, Julgado em 23/11/2010, DJE 07/12/2010 REsp 473984/MG, Rel. Ministro PAULO DE TARSO SANSEVERINO, TERCEIRA TURMA, Julgado em 26/10/2010, DJE 08/11/2010 REsp 971926/SP, Rel. Ministro OG FERNANDES, Julgado em 02/02/2010, DJE 22/02/2010 REsp 1004908/SC, Rel. Ministro JOSÉ DELGADO, PRIMEIRA TURMA, Julgado em 22/04/2008, DJE 21/05/2008 REsp 931196/RJ, Rel. Ministro ARI PARGENDLER, TERCEIRA TURMA, Julgado em 08/04/2008, DJE 16/05/2008 REsp 511023/PA, Rel. Ministro JORGE SCARTEZZINI, QUARTA TURMA, Julgado em 18/08/2005, DJ 12/09/2005 REsp 436194/MG, Rel. Ministro BARROS MONTEIRO, QUARTA TURMA, Julgado em 05/04/2005, DJ 30/05/2005

3) **A proteção contida na Lei n. 8.009/1990 alcança não apenas o imóvel da família, mas também os bens móveis indispensáveis à habitabilidade de uma residência e os usualmente mantidos em um lar comum.**

→ Acórdãos

AgRg no REsp 606301/RJ, Rel. Ministro RAUL ARAÚJO, QUARTA TURMA, Julgado em 27/08/2013, DJE 19/09/2013 REsp 875687/RS, Rel. Ministro LUIS FELIPE SALOMÃO, QUARTA TURMA, Julgado em 09/08/2011, DJE 22/08/2011 Rcl 004374/MS, Rel. Ministro SIDNEI BENETI, SEGUNDA SEÇÃO, Julgado em 23/02/2011, DJE 20/05/2011 REsp 836576/MS, Rel. Ministro LUIZ FUX, PRIMEIRA TURMA, Julgado em 20/11/2007, DJ 03/12/2007 REsp 831157/SP, Rel. Ministro ALDIR PASSARINHO JUNIOR, QUARTA TURMA, Julgado em 03/05/2007, DJ 18/06/2007 AgRg no Ag 822465/RJ, Rel. Ministro JOSÉ DELGADO, PRIMEIRA TURMA, Julgado em 17/04/2007, DJ 10/05/2007 REsp 488820/SP, Rel. Ministra DENISE ARRUDA, PRIMEIRA TURMA, Julgado em 08/11/2005, DJ 28/11/2005 REsp 589849/RJ, Rel. Ministro JORGE SCARTEZZINI, QUARTA TURMA, Julgado em 28/06/2005, DJ 22/08/2005

4) **É impenhorável o único imóvel residencial do devedor que esteja locado a terceiros, desde que a renda obtida com a locação seja revertida para a subsistência ou a moradia da sua família (Súmula n. 486/STJ).**

→ **Acórdãos**

AgRg no AREsp 422729/SP, Rel. Ministro JOÃO OTÁVIO DE NORONHA, TERCEIRA TURMA, Julgado em 21/08/2014, DJE 04/09/2014 REsp 1367538/DF,Rel. Ministro PAULO DE TARSO SANSEVERINO, TERCEIRA TURMA, Julgado em 26/11/2013, DJE 12/03/2014 AgRg no AREsp 215854/SP, Rel. Ministro ANTONIO CARLOS FERREIRA, QUARTA TURMA, Julgado em 04/10/2012, DJE 16/10/2012 REsp 714515/SP, Rel. Ministro ALDIR PASSARINHO JUNIOR, QUARTA TURMA, Julgado em 10/11/2009, DJE 07/12/2009 REsp 1095611/SP, Rel. Ministro FRANCISCO FALCÃO, PRIMEIRA TURMA, Julgado em 17/03/2009, DJE 01/04/2009

5) **A vaga de garagem que possui matrícula própria no registro de imóveis não constitui bem de família para efeito de penhora. (Súmula n. 449/STJ)**

→ **Acórdãos**

AgRg no REsp 1487718/PR, Rel. Ministra REGINA HELENA COSTA, PRIMEIRA TURMA, Julgado em 23/06/2015, DJE 04/08/2015 AgRg no AREsp 683843/MS, Rel. Ministro LUIS FELIPE SALOMÃO, QUARTA TURMA, Julgado em 21/05/2015, DJE 27/05/2015 AgRg nos EDcl no AREsp 563900/RS, Rel. Ministro HUMBERTO MARTINS, SEGUNDA TURMA, Julgado em 16/10/2014, DJE 28/10/2014 AgRg no REsp 1305389/RS, Rel. Ministro RICARDO VILLAS BÔAS CUEVA, TERCEIRA TURMA, Julgado em 20/03/2014, DJE 27/03/2014 EDcl no Ag 1179583/PR, Rel. Ministra MARIA ISABEL GALLOTTI, QUARTA TURMA, Julgado em 15/05/2012, DJE 24/05/2012

6) **O conceito de impenhorabilidade de bem de família abrange também o imóvel pertencente a pessoas solteiras, separadas e viúvas. (Súmula n. 364/STJ)**

→ **Acórdãos**

AgRg no REsp 1341070/MG, Rel. Ministro MAURO CAMPBELL MARQUES, SEGUNDA TURMA, Julgado em 03/09/2013, DJE 11/09/2013 AgRg no AREsp 301580/RJ, Rel. Ministro SIDNEI BENETI, TERCEIRA TURMA, Julgado em 28/05/2013, DJE 18/06/2013 EDcl no REsp 1084059/SP, Rel. Ministra MARIA ISABEL GALLOTTI, QUARTA TURMA, Julgado em 11/04/2013, DJE 23/04/2013 REsp 1126173/MG, Rel. Ministro RICARDO VILLAS BÔAS CUEVA, TERCEIRA TURMA, Julgado em 09/04/2013, DJE 12/04/2013 REsp 950663/SC, Rel. Ministro LUIS FELIPE SALOMÃO, QUARTA TURMA, Julgado em 10/04/2012, DJE 23/04/2012 EDcl no Ag 1180270/SP, Rel. Ministro

JOÃO OTÁVIO DE NORONHA, QUARTA TURMA, Julgado em 10/05/2011, DJE 19/05/2011

7) **A impenhorabilidade do bem de família é oponível às execuções de sentenças cíveis decorrentes de atos ilícitos, salvo se decorrente de ilícito previamente reconhecido na esfera penal.**

→ Acórdãos

REsp 1021440/SP, Rel. Ministro LUIS FELIPE SALOMÃO, QUARTA TURMA, Julgado em 02/05/2013, DJE 20/05/2013 AgRg no Ag 1185028/SP, Rel. Ministro ALDIR PASSARINHO JUNIOR, QUARTA TURMA, Julgado em 01/06/2010, DJE 30/06/2010 REsp 1036376/MG, Rel. Ministro MASSAMI UYEDA, TERCEIRA TURMA, Julgado em 10/11/2009, DJE 23/11/2009 REsp 790608/SP, Rel. Ministro JOSÉ DELGADO, PRIMEIRA TURMA, Julgado em 07/02/2006, REPDJ 11/05/2006

REsp 1440786/SP ,Rel. Ministra NANCY ANDRIGHI, TERCEIRA TURMA, Julgado em 27/05/2014, DJE 27/06/2014 AgRg no AREsp 091178/RJ, Rel. Ministro SIDNEI BENETI, TERCEIRA TURMA, Julgado em 21/08/2012, DJE 05/09/2012 AgRg no Ag 1176507/SP, Rel. Ministro RAUL ARAÚJO, QUARTA TURMA, Julgado em 01/03/2011, DJE 21/03/2011 AgRg no Ag 1254681/MS, Rel. Ministro ALDIR PASSARINHO JUNIOR, QUARTA TURMA, Julgado em 05/10/2010, DJE 18/10/2010

9) **É possível a penhora do bem de família para assegurar o pagamento de dívidas oriundas de despesas condominiais do próprio bem.**

→ Acórdãos

REsp 1401815/ES, Rel. Ministra NANCY ANDRIGHI, TERCEIRA TURMA, Julgado em 03/12/2013, DJE 13/12/2013 AgRg no AgRg no AREsp 198372/SP, Rel. Ministro RAUL ARAÚJO, QUARTA TURMA, Julgado em 19/11/2013, DJE 18/12/2013 AgRg no REsp 1196942/MG, Rel. Ministro RICARDO VILLAS BÔAS CUEVA, TERCEIRA TURMA, Julgado em 12/11/2013, DJE 21/11/2013 EDcl no Ag 1384275/SP, Rel. Ministro PAULO DE TARSO SANSEVERINO, TERCEIRA TURMA, Julgado em 13/03/2012, DJE 20/03/2012 AgRg no Ag 1041751/DF,Rel. Ministro JOÃO OTÁVIO DE NORONHA, QUARTA TURMA, Julgado em 06/04/2010, DJE 19/04/2010 AgRg no Ag 1164999/SP, Rel. Ministro SIDNEI BENETI, TERCEIRA TURMA, Julgado em 06/10/2009, DJE 16/10/2009

10) O fato do terreno encontrar-se desocupado ou não edificado são circunstâncias que sozinhas não obstam a qualificação do imóvel como bem de família, devendo ser perquirida, caso a caso, a finalidade a este atribuída.

→ Acórdãos

REsp 1417629/SP, Rel. Ministra NANCY ANDRIGHI, TERCEIRA TURMA, Julgado em 10/12/2013, DJE 19/12/2013 AgRg no Ag 1348859/PR, Rel. Ministro MASSAMI UYEDA, TERCEIRA TURMA, Julgado em 16/08/2012, DJE 24/08/2012 REsp 825660/SP, Rel. Ministro JOÃO OTÁVIO DE NORONHA, QUARTA TURMA, Julgado em 01/12/2009, DJE 14/12/2009 REsp 1087727/GO, Rel. Ministro ALDIR PASSARINHO JUNIOR, QUARTA TURMA, Julgado em 06/10/2009, DJE 16/11/2009

11) Afasta-se a proteção conferida pela Lei n. 8.009/90 ao bem de família, quando caracterizado abuso do direito de propriedade, violação da boa-fé objetiva e fraude à execução.

→ Acórdãos

AgRg no AREsp 689609/PR, Rel. Ministro JOÃO OTÁVIO DE NORONHA, TERCEIRA TURMA, Julgado em 09/06/2015, DJE 12/06/2015 REsp 1364509/RS, Rel. Ministra NANCY ANDRIGHI, TERCEIRA TURMA, Julgado em 10/06/2014, DJE 17/06/2014 AgRg no AREsp 334975/SP, Rel. Ministra MARIA ISABEL GALLOTTI, QUARTA TURMA, Julgado em 07/11/2013, DJE 20/11/2013 REsp 1200112/RJ, Rel. Ministro CASTRO MEIRA, SEGUNDA TURMA, Julgado em 07/08/2012, DJE 21/08/2012 REsp 772829/RS, Rel. Ministro MAURO CAMPBELL MARQUES, SEGUNDA TURMA, Julgado em 16/12/2010, DJE 10/02/2011 AgRg no REsp 1085381/SP, Rel. Ministro PAULO GALLOTTI, Julgado em 10/03/2009, DJE 30/03/2009

12) A impenhorabilidade do bem de família hipotecado não pode ser oposta nos casos em que a dívida garantida se reverteu em proveito da entidade familiar.

→ Acórdãos

AgRg nos EDcl no REsp 1463694/MS, Rel. Ministro JOÃO OTÁVIO DE NORONHA, TERCEIRA TURMA, Julgado em 06/08/2015, DJE 13/08/2015 AgRg no Ag 1355749/SP, Rel. Ministro MARCO BUZZI, QUARTA TURMA, Julgado em 26/05/2015, DJE 01/06/2015 AgRg no REsp 1462993/SE, Rel. Ministra

MARIA ISABEL GALLOTTI, QUARTA TURMA, Julgado em 19/05/2015,DJE 01/06/2015 AgRg no AREsp 439788/PR, Rel. Ministro RAUL ARAÚJO, QUARTA TURMA, Julgado em 05/05/2015, DJE 25/05/2015 AgRg no AREsp 654284/RJ, Rel. Ministro MARCO AURÉLIO BELLIZZE, TERCEIRA TURMA, Julgado em 28/04/2015, DJE 01/06/2015 AgRg no REsp 1292098/SP, Rel. Ministro PAULO DE TARSO SANSEVERINO, TERCEIRA TURMA, Julgado em 14/10/2014, DJE 20/10/2014

13) A impenhorabilidade do bem de família não impede seu arrolamento fiscal.

→ Acórdãos

AgRg no REsp 1492211/PR, Rel. Ministro HUMBERTO MARTINS, SEGUNDA TURMA, Julgado em 18/12/2014, DJE 03/02/2015 AgRg no REsp 1496213/RS, Rel. Ministro MAURO CAMPBELL MARQUES, SEGUNDA TURMA, Julgado em 18/12/2014, DJE 19/12/2014 REsp 1382985/SC, Rel. Ministra ELIANA CALMON, SEGUNDA TURMA, Julgado em 15/08/2013, DJE 22/08/2013 AgRg no REsp 1127686/PR, Rel. Ministro ARNALDO ESTEVES LIMA, PRIMEIRA TURMA, Julgado em 21/06/2011, DJE 27/06/2011

14) A preclusão consumativa atinge a alegação de impenhorabilidade do bem de família quando houver decisão anterior acerca do tema.

→ Acórdãos

AgRg no AREsp 635815/SP, Rel. Ministro MARCO BUZZI, QUARTA TURMA, Julgado em 19/05/2015,DJE 27/05/2015 AgRg no AgRg no REsp 991501/MS, Rel. Ministra MARIA ISABEL GALLOTTI, QUARTA TURMA, Julgado em 24/02/2015, DJE 27/02/2015 AgRg no AREsp 607413/RJ, Rel. Ministro LUIS FELIPE SALOMÃO, QUARTA TURMA, Julgado em 16/12/2014, DJE 19/12/2014 AgRg no AREsp 070180/RS, Rel. Ministro SIDNEI BENETI, TERCEIRA TURMA, Julgado em 25/06/2013, DJE 01/08/2013 REsp 880844/SP, Rel. Ministra NANCY ANDRIGHI, TERCEIRA TURMA, Julgado em 16/09/2008, DJE 08/10/2008 AgRg no REsp 1049716/DF,Rel. Ministro MASSAMI UYEDA, TERCEIRA TURMA, Julgado em 15/10/2009, DJE 30/11/2009

AgRg no REsp 1364512/SP, Rel. Ministro MOURA RIBEIRO, TERCEIRA TURMA, Julgado em 07/04/2015, DJE 15/04/2015 AgRg no AREsp 624111/SP, Rel. Ministro MARCO AURÉLIO BELLIZZE, TERCEIRA TURMA, Julgado em 10/03/2015, DJE 18/03/2015 AgRg no Ag 928463/SP, Rel. Ministro

ROGERIO SCHIETTI CRUZ, Julgado em 11/11/2014, DJE 01/12/2014 REsp 1363368/MS, Rel. Ministro LUIS FELIPE SALOMÃO, SEGUNDA SEÇÃO, Julgado em 12/11/2014, DJE 21/11/2014 AgRg no REsp 1347068/SP, Rel. Ministro RICARDO VILLAS BÔAS CUEVA, TERCEIRA TURMA, Julgado em 09/09/2014, DJE 15/09/2014 AgRg no RMS 024658/RJ, Rel. Ministro NEFI CORDEIRO, Julgado em 03/06/2014, DJE 20/06/2014 REsp 1410965/SP, Rel. Ministro SIDNEI BENETI, TERCEIRA TURMA, Julgado em 22/05/2014, DJE 13/06/2014

16) É possível a penhora do bem de família de fiador de contrato de locação, mesmo quando pactuado antes da vigência da Lei n. 8.245/91, que acrescentou o inciso VII ao art. 3º da Lei n. 8.009/90.

→ Acórdãos

AgRg nos EDcl nos EDcl no AgRg nos EDcl no REsp 771700/RJ, Rel. Ministro VASCO DELLA GIUSTINA (DESEMBARGADOR CONVOCADO DO TJ/RS), Julgado em 28/02/2012, DJE 26/03/2012 AgRg no REsp 1025168/SP, Rel. Ministro OG FERNANDES, Julgado em 14/06/2011, DJE 01/07/2011 AgRg no REsp 853038/SP, Rel. Ministro CELSO LIMONGI (DESEMBARGADOR CONVOCADO DO TJ/SP), Julgado em 26/04/2011, DJE 18/05/2011 REsp 1110453/RN, Rel. Ministro ARNALDO ESTEVES LIMA, QUINTA TURMA, Julgado em 18/02/2010, DJE 15/03/2010 AgRg no REsp 876938/SP, Rel. Ministra LAURITA VAZ, QUINTA TURMA, Julgado em 14/10/2008, DJE 03/11/2008 AgRg no REsp 1049425/RJ, Rel. Ministro HAMILTON CARVALHIDO, Julgado em 10/06/2008, DJE 29/09/2008 EDcl nos EDcl no AgRg no REsp 700527/SP, Rel. Ministra MARIA THEREZA DE ASSIS MOURA, Julgado em 26/05/2008, DJE 16/06/2008

17) A impenhorabilidade do bem de família é questão de ordem pública, razão pela qual não admite renúncia pelo titular.

→ Acórdãos

AgRg nos EDcl no REsp 1463694/MS, Rel. Ministro JOÃO OTÁVIO DE NORONHA, TERCEIRA TURMA, Julgado em 06/08/2015, DJE 13/08/2015 AgRg no AREsp 537034/MS, Rel. Ministro RAUL ARAÚJO, QUARTA TURMA, Julgado em 26/08/2014, DJE 01/10/2014 REsp 1365418/SP, Rel. Ministro MARCO BUZZI, QUARTA TURMA, Julgado em 04/04/2013, DJE 16/04/2013 AgRg no AREsp 264431/SE, Rel. Ministro LUIS FELIPE SALOMÃO, QUARTA TURMA, Julgado em 05/03/2013, DJE 11/03/2013 REsp 1200112/RJ,

Rel. Ministro CASTRO MEIRA, SEGUNDA TURMA, Julgado em 07/08/2012, DJE 21/08/2012 REsp 1115265/RS, Rel. Ministro SIDNEI BENETI, TERCEIRA TURMA, Julgado em 24/04/2012, DJE 10/05/2012 AgRg no REsp 1187442/SC, Rel. Ministro ALDIR PASSARINHO JUNIOR, QUARTA TURMA ,Julgado em 03/02/2011, DJE 17/02/2011

18) **A impenhorabilidade do bem de família pode ser alegada em qualquer momento processual até a sua arrematação, ainda que por meio de simples petição nos autos.**

→ Acórdãos

AgRg no AREsp 595374/SP, Rel. Ministro JOÃO OTÁVIO DE NORONHA, TERCEIRA TURMA, Julgado em 25/08/2015, DJE 01/09/2015 AgRg no AREsp 276014/RS, Rel. Ministro ANTONIO CARLOS FERREIRA, QUARTA TURMA, Julgado em 16/12/2014, DJE 19/12/2014 REsp 1313053/DF,Rel. Ministro LUIS FELIPE SALOMÃO, QUARTA TURMA, Julgado em 04/12/2012, DJE 15/03/2013 REsp 1345483/SP, Rel. Ministro RICARDO VILLAS BÔAS CUEVA, TERCEIRA TURMA, Julgado em 09/10/2012, DJE 16/10/2012 AgRg no REsp 1076317/PR, Rel. Ministra MARIA ISABEL GALLOTTI, QUARTA TURMA, Julgado em 05/04/2011, DJE 11/04/2011 AgRg no Ag 697227/SP, Rel. Ministro SIDNEI BENETI, TERCEIRA TURMA, Julgado em 18/09/2008, DJE 08/10/2008 AgRg no REsp 853296/GO, Rel. Ministro HUMBERTO GOMES DE BARROS, TERCEIRA TURMA, Julgado em 14/11/2007, DJ 28/11/2007 RMS 011874/DF, Rel. Ministro ALDIR PASSARINHO JUNIOR, QUARTA TURMA, Julgado em 17/10/2006, DJ 13/11/2006 REsp 640703/PR, Rel. Ministro TEORI ALBINO ZAVASCKI, PRIMEIRA TURMA, Julgado em 15/09/2005, DJ 26/09/2005

19) **A Lei n. 8.009/90 aplica-se à penhora realizada antes de sua vigência. (Súmula n. 205/STJ)**

→ Acórdãos

AgRg no REsp 240934/ES, Rel. Ministro PAULO DE TARSO SANSEVERINO, TERCEIRA TURMA, Julgado em 21/10/2010, DJE 19/11/2010 REsp 434856/PR, Rel. Ministro BARROS MONTEIRO, QUARTA TURMA, Julgado em 22/10/2002, DJ 24/02/2003 AgRg no REsp 287157/GO, Rel. Ministra NANCY ANDRIGHI, TERCEIRA TURMA, Julgado em 27/06/2002, DJ 09/09/2002 REsp 256085/SP, Rel. Ministro ARI PARGENDLER, TERCEIRA TURMA, Julgado em 02/05/2002, DJ 05/08/2002 REsp 063866/SP, Rel. Ministro VICENTE

LEAL, Julgado em 17/05/2001, DJ 18/06/2001 REsp 156412/MG, Rel. Ministro MILTON LUIZ PEREIRA, PRIMEIRA TURMA, Julgado em 15/02/2001, DJ 28/05/2001 REsp 167488/SP, Rel. Ministro ALDIR PASSARINHO JUNIOR, QUARTA TURMA, Julgado em 10/10/2000, DJ 12/02/2001

REFERÊNCIAS BIBLIOGRÁFICAS

ALVES, Joves de Figueiredo. Alimentos mais protegidos no Novo CPC. Disponível em: http://professorflaviotarture.blogspot.com.br/2016/05/alimentos-mais-protegidos-no-novo-cpc.html. Acesso em 17/05/2017.

ANDRIGHI, Fátima Nancy. *Juizado Especial de Família*. Disponível em: www.stj.jus.br/publicacaoinstitucional/index.php/.../article/.../380. Acesso em 17/05/2017.

AMARAL, Francisco. **Direito Civil**. *Introdução*. São Paulo, Renovar, 2002.

AZEVEDO, Álvaro Villaça. *Bem de Família*. Revista dos Tribunais, 2000.

BRITO, Rodrigo Azevedo Toscano de. "Situando o direito de família entre os princípios da dignidade humana e da razoável duração do processo". *In:* **Anais do V Congresso brasileiro de direito de família: família e dignidade humana.** Belo Horizonte: 2005.

DELLORE, Luiz. *Justiça Gratuita no novo CPC: Lado A*. Disponível em: <https://jota.info/colunas/novo-cpc/justica-gratuita-novo-cpc-lado-09032015>. Acesso em 16 de maio de 2017.

DIAS, Maria Berenice. A cobrança de alimentos no Novo CPC. Disponível em: <http://www.migalhas.com.br/dePeso/16,MI229778,21048-A+cobranca+dos+alimentos+no+novo+CPC>. Acesso em 13/10/2017.

_____. "A Estatização das Relações Afetivas e a Imposição de Direitos e Deveres no Casamento e na União Estável". **Anais do IV Congresso Brasileiro de Direito de Família.** Belo Horizonte: Del Rey, 2003.

_____. "Liberdade Sexual e Direitos Humanos". In: **Anais do III Congresso Brasileiro de Direito de Família – Direito de Família e o Novo Código Civil.** Belo Horizonte: Del Rey, 2001.

_____. **Manual de Direito das Famílias**. 3ª ed. São Paulo: Revista dos Tribunais, 2011.

DINIZ, Maria Helena. **Curso de Direito Civil**. Direito de Família. São Paulo: Saraiva, 2009.

DIDIER JR., Fredie. Curso de Direito Processual Civil. Vol. 5. Salvador: Juspodivm, 2016.

ERARHARDT JR., Marcos. **Direito Civil**. Salvador: IusPodivm, 2009.

GAMA, Guilherme Calmon da. **Direito Civil. Família**. São Paulo. Ed. Atlas, 2009.

FACHIN, Luis Edson. **Estatuto Jurídico do Patrimônio Mínimo**. São Paulo, Renovar.

_____. **Direito de Família – Elementos Críticos à luz do novo Código Civil Brasileiro**. Renovar, 2004.

LEAL, Adisson Taveira Rocha. **Alienação Parental: por uma visão conceitual.** Disponível em: <www.**consulex**.com.br/**consulexnet**.asp>. Acesso em: *23/04/2010*.

HARTMANN, Rodolgo Kronemberg. Comentários ao Novo Código de Processo Civil. Coordenação: Antônio do Passo Cabral Ronaldo Cramber. 2ª ed. Rio de Janeiro: Forense, 2016.

LEITE, Eduardo de Oliveira. **Famílias Monoparentais**. São Paulo: Editora Revista dos Tribunais, 2003.

LISBOA, Roberto Senise. **Manual de Direito Civil. Direito de Família e Sucessões**. São Paulo: Saraiva, 2009.

LÔBO, Paulo Luiz Netto. **Entidades Familiares Constitucionalizadas: Para Além do Numerus Clausus**. Belo Horizonte: Del Rey, 2002.

_____. **Famílias**. São Paulo: Saraiva, 2015.

_____. **Teoria Geral das Obrigações**. São Paulo: Saraiva, 2005.

LOUZADA, Ana Maria Gonçalves. **Família e Jurisdição**. Coordenadores: Eliene Ferreira Bastos e Asiel Henrique de Sousa. Belo Horizonte: Del Rey, 2006.

MADALENO, Rolf. **Direito de Família: aspectos polêmicos**. 2ª ed. Porto Alegre: Livraria do Advogado, 1999.

MELO, André Luiz Alves. *Novo CPC permite Ações de Família no juizado especial*. Disponível em: <http://www.conjur.com.br/2016-ago-02/andre-melo-cpc-permite-acoes-familia-juizado-especial>. Acesso em 16/05/2017.

MIRANDA, Pontes de. **Tratado de Direito de Família** – volume III. Atualizado por Wilson Rodrigues Alves. Bookseller. 1ª Ed. Vol. 01. Campinas – São Paulo. 2001. P. 255.

MATOS, Ana Carla Harmatiuk. **As Famílias não Fundadas no Casamento e a Condição Feminina**. Rio de Janeiro: Renovar, 2000.

NADER, Paulo. **Curso de Direito Civil. Direito de Família**. Rio de Janeiro: Forense, 2011.

Nóbrega, Guilherme Pupe da. Embargos à execução: questões atuais. Disponível em: <http://www.migalhas.com.br/ProcessoeProcedimento/106,MI238155,31047-Embargos+a+execucao+questoes+atuais>. Acesso em 13/10/2017.

SANTOS, Regina Beatriz da Silva Papa dos. **Indenização na Separação**. In: *Boletim do Instituto Brasileiro de Direito de Família*. Belo Horizonte, nº 15, ano II, 2002.

SARLET, Ingo Wolfgang. Comentário ao artigo 6º, caput. In: CANOTILHO, J. J. Gomes; MENDES, Gilmar F.; STRECK, Lenio L.; (Coords.). Comentários à Constituição do Brasil. São Paulo: Saraiva/Almedina, 2013. p. 1.307-1.334. (epub).

SCAFF, Fernando Campos. **Aspectos Gerais da União Estável**. Revista IOB de Direito de Família. Nº 48 – jun.-jul./2008. Porto Alegre: Síntese, 2008.

Tartuce, Flávio. **Direito Civil. Direito de Família**. São Paulo, Método, 2015.

TEPEDINO, Gustavo. (org.) **Temas de Direito Civil**. Rio de Janeiro: Renovar, 2004.

VENOSA, Sílvio de Salvo. **Código Civil Interpretado**. São Paulo: Saraiva, 2011.

Anotações

www.editorajuspodivm.com.br

Pré-impressão, impressão e acabamento

grafica@editorasantuario.com.br
www.editorasantuario.com.br

Aparecida-SP